高等学校交通运输与工程类专业规划教材

公路工程机械化施工与管理

（第3版）

郭小宏　编著
焦生杰　主审

内 容 提 要

本书系统地介绍了公路工程机械化施工与管理的基本概念与原理。重点论述了路基路面机械化施工工艺、单机基本作业方法、单机施工作业方法；路基路面机械化施工方案形成，施工机群配置、组织与调度等。针对我国目前公路施工企业施工机械管理情况，介绍了适用于公路施工企业机械管理的方法。另外，对近年来国内外公路机械化施工与管理的部分新成果，也进行了相应的介绍。

本书可作为机械设计制造及自动化（工程机械专业方向）、土木工程、交通运输、工程管理、工程造价、道路与铁路工程、管理科学与工程等专业本科、研究生教学的教材或教学参考书，也可供从事公路、铁路、市政、水电施工的技术人员及管理人员参考。

本教材配有多媒体课件，可通过加入道路工程课群教学研讨 QQ 群（328662128）获取。

图书在版编目（CIP）数据

公路工程机械化施工与管理 / 郭小宏编著. — 3 版. — 北京：人民交通出版社股份有限公司，2019.8
ISBN 978-7-114-15755-4

Ⅰ. ①公… Ⅱ. ①郭… Ⅲ. ①道路工程—机械化施工—高等学校—教材②道路工程—机械化施工—施工管理—高等学校—教材 Ⅳ. ①U415.6

中国版本图书馆 CIP 数据核字（2019）第 170636 号

高等学校交通运输与工程类专业规划教材

书　　名：公路工程机械化施工与管理（第3版）
著 作 者：郭小宏
责任编辑：李　瑞
责任校对：张　贺
责任印制：张　凯
出版发行：人民交通出版社股份有限公司
地　　址：（100011）北京市朝阳区安定门外外馆斜街3号
网　　址：http://www.ccpress.com.cn
销售电话：(010)59757973
总 经 销：人民交通出版社股份有限公司发行部
经　　销：各地新华书店
印　　刷：北京鑫正大印刷有限公司
开　　本：787×1092　1/16
印　　张：19.75
字　　数：475 千
版　　次：2005 年 8 月　第 1 版
　　　　　2009 年 8 月　第 2 版
　　　　　2019 年 8 月　第 3 版
印　　次：2021 年 5 月　第 3 版　第 2 次印刷　总第 15 次印刷
书　　号：ISBN 978-7-114-15755-4
定　　价：55.00 元

（有印刷、装订质量问题的图书由本公司负责调换）

第3版前言

本版教材在第2版基础上,结合各高校在使用本教材时所提出的建议,以及近年来机械化施工的新技术、新颁布的规范和技术规程等,对相关内容作了较大的修改与完善,具体如下:

(1)对石质路基施工、热拌沥青混合料路面与改性沥青混合料路面施工等内容重新进行了编写,补充了新的内容;

(2)对路基路面机械化施工方案形成、施工机群配置与调度等内容进行了补充与完善;

(3)对其他各章内容,根据教学建议适当进行了增减;对机械化施工组织不再专门论述,而是将内容融入各章节中。

本版教材内容分两大部分:第一部分为机械化施工技术(第二章至第六章),主要介绍路基路面机械化施工工艺,单机基本作业方法、施工作业方法;第二部分为机械化施工管理(第七章至第十三章),主要介绍路基路面机械化施工方案形成,施工机群配置、组织、调度和施工机械管理。教师在教学过程中,可根据开设课程的实际情况,选择全部内容或部分内容讲解。

本版教材中,引用了近年来国内外公路机械化施工与管理的部分新成果,在此向这些成果的完成者与文献的作者表示感谢,向本教材第2版的编写者曹源文、李红镝表示感谢。

本版教材在编写过程中,担任主审的长安大学焦生杰教授提出了许多宝贵意见,在此表示衷心感谢。

由于我国公路机械化施工与管理技术的快速发展,新技术、新方法不断涌现,而作者掌握的资料有限,书中疏漏之处在所难免,敬请同行专家和读者提出宝贵意见。

作　者

2019 年 1 月

第2版前言

　　本版教材在保留第1版特色的基础上,结合近年来全国各高校在使用本教材时所提出的建议,对第1版教材内容作了较大的修改与完善。在教材内容选取上,加强对公路工程机械化施工与管理有重大影响的基本理论和技术基础知识的叙述;在与公路工程施工实际结合方面,用新的公路技术标准与规范、施工工艺与机械化施工技术替代已经过时的标准、规范、工艺与技术;在教材内容联系方面,以公路工程机械化施工工艺和管理程序为主线,贯穿整个教材;在教材体系安排上,以学生已学过的基本理论和知识为前提,章节之间的联系以机械化施工工艺和本教材提出的基本理论为基础,通过循序渐进的叙述,完成整个教材的编写;精简了内容,减少了学时数。

　　本版教材内容分三大部分:第一部分为机械化施工技术(第二章至第六章),主要介绍路基路面机械化施工基本作业方法、施工作业方法。第二部分为机械化施工组织(第七章至第九章),主要介绍机械化施工组织设计、施工组织方法、施工项目管理。第三部分为机械化施工管理(第十章至第十六章),主要介绍路基路面机械化施工方案形成、施工机群配置与调度和施工机械管理。

　　本书可作为机械设计制造及自动化(工程机械专业方向)、机械化施工与管理、高速公路机械化养护与管理、土木工程、工程管理、道路与铁路工程、管理科学与工程等专业本专科、研究生教学的教学或教学参考书。也可供从事公路、铁路、市政、水电施工的技术人员及管理人员参考。

本版教材由重庆交通大学郭小宏、曹源文、李红镝编写。编写分工为：第一、四、五、六、十、十一、十二章由郭小宏教授编写；第二、三、十三、十四、十五、十六章由曹源文教授编写；第七、八、九章由李红镝教授编写。全书由郭小宏教授统稿。

在本书的编写过程中，主审长安大学焦生杰教授提出了许多宝贵意见，在此表示衷心感谢。

由于我国公路机械化施工与管理技术的飞速发展，新技术、新方法不断涌现，而编者掌握的资料有限，书中疏漏之处在所难免，敬请同行专家和使用本书的单位与个人提出宝贵意见。

编 者
2009年6月

第1版前言

本书是根据《面向21世纪交通版(机械设计制造及自动化专业工程机械方向)》教材编写委员会西安会议的要求而编写的。

全书内容分三大部分:第一部分为机械化施工技术(第二章至第六章),主要介绍路基路面机械化施工基本作业方法、施工作业方法。第二部分为机械化施工组织(第七章至第九章),主要介绍机械化施工组织设计、施工组织方法、施工项目管理。第三部分为机械化施工管理(第十章至第十六章),主要介绍路基路面机械化施工方案形成、施工机群配置与调度和施工机械管理。

为使广大读者对目前机械化施工的最新技术有所了解,还对如混合料搅拌站的基本组成、改性沥青混合料路面施工、机群施工配置与静动态智能调度等技术成果,有选择性地做了介绍。

本书可作为机械设计制造及自动化(工程机械专业方向)、机械化施工与管理、高速公路机械化养护与管理、土木工程、工程管理、道路与铁路工程、管理科学与工程等专业本专科、研究生教学的教材或教学参考书。也可供从事公路、铁路、市政、水电施工的技术人员及管理人员的参考。

本书由重庆交通学院郭小宏、曹源文、李红镝,辽宁省交通高等专科学校阎佐廷、李光林、张振生编写。主编郭小宏、曹源文,副主编阎佐廷。各章分工为:第一、五、十一、十二章由郭小宏编写;第三、十四、十五章由曹源文编写;第七、八、九章由李红镝编写;第二、十六章由曹源文、阎佐廷编写;第四、六章由郭小宏、李光林编写;第十、十三章由郭小宏、曹源文、张振生编写。全书由郭小宏统稿。

在本书的编写过程中,主审长安大学焦生杰教授提出了许多宝贵意见,在此表示衷心感谢。

我国公路机械化施工与管理技术的飞速发展,新技术、新方法不断涌现,由于我们掌握的资料有限,书中疏漏之处在所难免,希望同行专家和使用本书的单位与个人提出宝贵意见,径寄重庆交通学院机电学院(邮政编码400074),以利适时修订。

编 者

2004 年 11 月

目录 CONTENTS

第一章　公路工程机械化施工综述 ·· 1
　第一节　公路工程机械化施工的概念与特点 ·· 1
　第二节　公路施工机械 ·· 3
　第三节　公路工程机械化施工的基本要求 ·· 5
　第四节　施工机械管理 ·· 6

第二章　路基土方机械化施工 ·· 8
　第一节　推土机作业 ·· 8
　第二节　铲运机作业 ·· 17
　第三节　平地机作业 ·· 23
　第四节　挖掘机作业 ·· 29
　第五节　装载机作业 ·· 38
　第六节　土方压实机械作业 ·· 42

第三章　石方机械与石质路基机械化施工 ·· 49
　第一节　凿岩机械作业 ·· 49
　第二节　爆破与清方作业 ·· 53
　第三节　石质路堑开挖施工作业 ·· 56
　第四节　填石路堤施工作业 ·· 58

第四章　路面基层(底基层)机械化施工 ·· 65
　第一节　稳定土拌和机作业 ·· 65
　第二节　稳定土厂拌设备作业特点 ·· 71

第三节	稳定土摊铺机作业特点	75
第四节	碎、砾石基层(底基层)机械化施工	77
第五节	稳定土基层机械化施工	84
第六节	石灰工业废渣基层机械化施工	92

第五章 水泥混凝土路面机械化施工 95

第一节	水泥混凝土搅拌站与拌和作业	96
第二节	水泥混凝土搅拌输送设备与输送作业	101
第三节	水泥混凝土摊铺机与摊铺作业	105
第四节	水泥混凝土路面机械化施工	111

第六章 沥青路面机械化施工 115

第一节	沥青加热设备与作业特点	116
第二节	沥青洒布机作业	120
第三节	沥青混合料搅拌设备与搅拌作业	124
第四节	沥青混合料摊铺机与摊铺作业	135
第五节	沥青路面机械化施工前准备工作	145
第六节	层铺法沥青路面施工作业	148
第七节	热拌沥青混合料路面与改性沥青混合料路面施工作业	155
第八节	路面压实机械化施工	161

第七章 施工机械选择与机械化施工方案 168

第一节	施工机械的使用性能	168
第二节	施工机械的生产率	169
第三节	施工机械的选择与机械化施工方案的形成	170
第四节	施工机械的购置、租赁与更新、改造	176

第八章 路基工程施工机群配置与调度 190

第一节	路基土方机械化施工机群组成	190
第二节	路基土方机械化施工机群运行状态与判断	192
第三节	施工机群运行状态与机群配置关系	198
第四节	路基土方机械化施工机群的配置方法	198

第九章 路面工程施工机群配置与调度 205

| 第一节 | 混合料搅拌站的选址 | 205 |
| 第二节 | 路面工程机械化施工机群的组成 | 213 |

  第三节 沥青混凝土路面施工机群静态、动态配置与调度 …………………… 215

  第四节 水泥混凝土路面施工机群静态、动态配置与调度 …………………… 231

第十章 施工机械使用管理 ………………………………………………………… 243

  第一节 施工机械运输安装与试运转 …………………………………………… 243

  第二节 施工机械合理使用与运行工况 ………………………………………… 245

  第三节 施工机械检查与使用管理原则 ………………………………………… 246

  第四节 施工机械油料 ……………………………………………………………… 250

第十一章 施工机械维修管理 ……………………………………………………… 256

  第一节 施工机械故障类型与维修 ……………………………………………… 256

  第二节 施工机械维护和修理制度 ……………………………………………… 260

  第三节 施工机械检修制度的实施 ……………………………………………… 262

  第四节 施工机械维修经济分析 ………………………………………………… 264

  第五节 施工机械的经济寿命 …………………………………………………… 267

第十二章 施工机械经济管理 ……………………………………………………… 274

  第一节 机械化施工(生产经营)方式 …………………………………………… 274

  第二节 施工机械台班费与使用费的计算 ……………………………………… 275

  第三节 施工机械折旧与大修理基金的提取 …………………………………… 277

  第四节 施工机械经济核算 ……………………………………………………… 282

第十三章 施工机械固定资产管理与统计管理 …………………………………… 285

  第一节 概述 ………………………………………………………………………… 285

  第二节 固定资产验收 …………………………………………………………… 286

  第三节 固定资产建账设卡、技术档案 ………………………………………… 288

  第四节 施工机械的清点、调拨与报废 ………………………………………… 290

  第五节 施工机械统计的性质和要求 ………………………………………… 294

  第六节 施工机械统计工作 ……………………………………………………… 295

参考文献 ……………………………………………………………………………………… 300

第一章
公路工程机械化施工综述

公路建设的特点是工程量浩大、野外作业多、施工工艺复杂、工程质量要求高、建设周期短,随着建设市场的成熟,施工企业更加注重工程施工的社会经济效益。在公路施工企业施工生产中,施工生产方式对企业社会经济效益的取得影响极大。不断采用先进的、生产效率更高的施工生产方式,是现代公路施工企业不断发展壮大的基础。

机械化施工是当今公路建设中采用的主要施工生产方式,采用与机械化施工生产方式相适应的组织与管理技术,是公路施工机械管理的重要内容。

第一节　公路工程机械化施工的概念与特点

一、公路工程机械化施工的概念

1. 公路机械化施工

公路机械化施工是指通过合理地选用施工机械、科学地组织施工、完成工程作业的全过程。

公路机械化施工的度量用机械化程度表示:

$$机械化程度 = \frac{利用机械完成的实物工程量(或工作量)}{全部工程量(或工作量)} \times 100\% \qquad (1\text{-}1)$$

由机械完成的实物工程量在总工程量中所占比例越大,其工程施工的机械化程度就越高。

在公路工程施工中,要完成某一工程项目任务,须根据工程项目本身的目标与具体作业环境,合理地选用施工机械,正确使用作业方法,科学地组织机械化施工;根据不断变化的工况,对施工机械与施工组织进行动态调整,以全面完成工程作业任务,达到工程项目目标要求。所以机械化施工不仅体现于机械化程度,而且要更注重于机械化的应用水平。因此机械化施工是涉及施工机械、施工技术、施工组织及施工管理等多学科的现代公路施工技术。

2. 公路施工机械

公路施工机械是指公路路基工程、路面工程、桥梁工程与隧道工程中,以及为完成这些工程项目所采用的机械化施工作业中,必备的施工机械设备。

3. 机械施工

机械施工是指用机械代替人的劳动、降低人的劳动强度或者完成人工无法完成的施工作业方式。

早期的公路土石方施工作业,由于作业工况多变、作业环境恶劣、作业安全措施不完善,工人的劳动强度大,施工速度低下,工程质量难以提高,某些复杂且具有一定危险的工程作业,由人工完成困难极大。在这样的情况下,人们开始使用一些机械代替人工作业,以减轻人的劳动强度,这形成了早期的机械施工作业方式。

随着机械制造技术的进步与机械产品的丰富,机械开始大量代替人工。在各种工程项目的建设中,机械逐渐取代人力,成为工程项目作业的主要工具,机械施工成为当时各种工程施工作业的主要方式。

从 20 世纪开始,由于高速公路的出现与发展,人们发现:在特定工程环境与工期、质量、安全要求下,仅靠机械施工这种作业方式完成工程项目难度越来越大。要高效地完成公路工程建设项目,须结合公路建筑材料、施工工艺与工程项目特定要求,选用适当的施工机械;须结合工程作业环境,采用正确的机械作业方法与机械组织方法;须根据不断变化的施工工况,对单台机械的作业参数与多台机械的性能参数,进行动态调整。从而选用机械、组织机械(单台机械与多台机械),在完成公路工程项目的全过程中就显得十分重要。为了适应高速公路施工要求的新变化,机械化施工开始成为公路工程施工作业的主要方式。

4. 单机作业与机群作业

施工机械是公路机械化施工的主要工具。在现代公路施工中,机械的作业方式有两种:单机作业与机群作业。

单机作业:是指对于某些施工任务或工程项目,仅用单台机械(或一种机械设备)进行作业,就可完成施工生产任务的作业方式。

机群作业:是指对某些施工任务或工程项目,由于工艺和项目的复杂性,需依据施工工序和各工序之间逻辑关系,选用多台机械(或多种机械设备)组成施工机械作业机群(简称:机群);机群内的各种机械设备,按照工艺要求完成相应工序的作业;处于不同工序的机械设备,按照各工序之间逻辑关系,依次(或分别)进行协同作业。这样一种依靠多台机械(或多种机械设备)协同作业,共同完成施工生产任务的作业方式,称为机群作业方式。

二、公路工程机械化施工的特点

公路工程机械化施工是减轻人工劳动强度、提高工效、加快建设速度、保证工程质量、节约资金和降低成本的重要手段,与人力施工相比,具有以下不同的特点。

(1)完成独特的施工任务。有些工程项目或工序是人力所无法完成的,或者具有一定的危险性,必须借助于机械,才能按一定的设计要求完成。如热拌沥青混合料路面施工,其中混合料搅拌、摊铺作业,具有一定的危险性,人工完成作业困难较大,而采用沥青混合料搅拌站、沥青混合料摊铺机进行搅拌与摊铺作业,不但进度快,而且作业质量远远超过人工作业。

(2)面对复杂工程项目,不同工序之间的协同作业更加协调、作业质量更高。自动化技术的进步与现代通信技术的广泛应用,使人们有能力在同一时间段,围绕某一复杂工程项目,展开多点协同施工作业。各作业点的机械设备在作业中,可以将作业对象的外部性状与内部质量数据,通过无线通信系统传至工程项目管理中心,并及时获取项目管理中心指令,采用自动(或人工)方法,调整正在作业中机械设备的作业参数,以使处于不同工序作业的机械设备,围绕工程项目总的生产与质量要求,实现有机配合、协同作业。我国港珠澳大桥、虎门二桥、秦岭终南山隧道等工程项目,就是围绕特定复杂工程项目,将自动化技术、现代通信技术与工程项目相结合,实现多点协同、准确作业、高标准实现项目生产目标的典型。

(3)大幅度地提高劳动生产率。随着互联网技术与人工智能技术的发展,目前施工机械性能日益完善、对工况与作业环境的感知更加迅速与精确,设备操作更加简便,施工中机群作业的协调更加方便。一般而言,机械化施工与人力劳动相比,其效率可提高几十倍甚至百倍以上。根据统计,在土方施工中,一台斗容 $0.5m^3$ 的挖掘机,可以替代 $80\sim90$ 个工人的体力劳动;一台中型推土机约等于 $100\sim200$ 人的工作量。在公路山岭长大隧道施工中,由多臂智能凿岩机、出渣自卸汽车和智能湿喷机组成的洞身开挖与初次支护机群作业系统,不但大幅度减少了洞内作业人员数量,而且使洞内作业环境获得极大改善,工程质量与进度大幅度提高。

(4)改善劳动条件。使用操作灵活,功能完善、威力巨大的机械,不但可以代替大量的体力劳动,并能在一定工期内和有限的工作面上完成大量的作业。由于现代施工机械都带有安全保护装置,施工生产的安全性得到极大提高。

(5)机动灵活。在公路工程施工中,随着工程的进展,施工队伍转移是经常的。相对而言,机械的调转比起大批的人员转移方便得多,适用于流动性大的工程施工。

第二节 公路施工机械

施工机械是公路机械化施工的物质基础,在公路施工中所使用的机械设备,具有下列特点:

(1)在施工中不改变其本身的实物状态,能够连续多次地在生产周期中使用。它随着其实体在施工过程中的磨损腐蚀、变质劣化及其有效使用期间的贬值程度,逐渐地、部分地将其价值转移到所生产的产品成本中去。它需要经过较长时间的使用,直到某种工作性能的有效寿命殆尽后才能报废。

(2)使用年限在一年以上。

(3)单位价值在限额以上。
(4)为施工生产所需要。

一、公路施工机械分类

公路施工机械主要应用于公路工程项目建设中,是工程机械的重要组成部分。我国将工程机械分为 12 大类:

(1)挖掘机械(单斗挖掘机、挖掘装载机、斗轮挖掘机等);
(2)铲土运输机械(推土机、装载机、铲运机、平地机、自卸汽车等);
(3)工程起重机械(塔式起重机、轮式起重机、履带式起重机、卷扬机、施工升降机、高空作业机械等);
(4)工业车辆(叉车、堆垛机、牵引车等);
(5)压实机械(压路机、夯实机械等);
(6)路面机械(摊铺机、搅拌设备、路面养护机械等);
(7)桩工机械(打桩机、压装机、钻孔机、旋挖钻机等);
(8)混凝土机械[混凝土搅拌机、搅拌(站)楼、振动器、混凝土泵、混凝土泵车、混凝土制品机械等];
(9)钢筋和预应力机械(钢筋强化机械、钢筋加工机械、预应力机械、钢筋焊机等);
(10)凿岩机械[凿岩机、破碎机、钻机(车)等];
(11)装修机械(涂料喷刷机械、地面修整机械、高空作业吊篮、擦窗机等);
(12)气动工具(回转式及冲击式气动工具、气动马达)。

这 12 大类的工程机械设备,组成了公路施工机械的主体。

二、公路施工机械的发展方向

公路施工机械种类多、型号多。施工企业所拥有设备的类型与数量以及设备的适应性、先进性和配套性等因素,决定着公路机械化施工的水平。随着机械设计、制造技术与人工智能的发展,为适应各种工程建设的需要,在机械质量不断提高的同时,施工机械正向着大功率、智能化、清洁化、高效率方向发展,呈现出了系列化、专用大型化、多用途小型化、信息化与自动化、节能与环保的发展趋势。

(1)广泛采用各行业的新技术,新结构和新产品不断涌现。

为适应公路建设的需要,公路施工企业必须面对工程类型、项目规模与施工生产要求变化带来的新挑战,这些变化与挑战,也对施工机械提出了新需求。为此公路施工机械行业广泛采用各行业的新技术,将这些新技术与传统施工机械技术相结合,使施工机械新结构、新品种不断涌现,在满足我国各种工程建设项目新需求的过程中,也使我国成为世界公路施工机械生产大国。

(2)产品系列化与专用大型化。

系列化公路施工机械的重要发展趋势,在近 60 年的发展进程中,我国公路施工机械已经从当初规格不全、产品单一,发展成为目前的 12 大类、300 个系列,形成从小型到特大型不同规格的产品,企业施工机械更新换代周期明显缩短、技术装备水平明显提高、公路施工能力明显得到加强。专用大型化是指大功率、大容量、大能力、专门用途的机种,这些机械产品的特点是技术含量高、投资大、研制与生产周期长,生产率高,适应特定大型工程的需要,能有效提高工程项目的施工进度、降低施工成本,改善施工作业环境。

(3)多用途小型化。

多用途小型化是为了适应不同的工程对象、不同的作业要求而发展起来的多功能、利用率高、机动轻便的小型施工机械。一方面是施工机械的通用性得到提高,同一台机械设备可以完成更多的施工作业,充分发挥了机械本身的效能;另一方面是尽可能利用机械作业代替人力劳动,提高企业生产效率,特别在城市以及狭窄施工现场的作业,多用途、小型化的施工机械适应了这些新的要求。

(4)信息化与自动化。

以人工智能为基础,结合信息技术与物联网技术,不断研制出融液压、液力、微电子、电子控制与信息技术为一体的智能系统,并广泛应用于公路施工机械的产品,实现了机械操作的自动化。借助卫星通信系统,由这些公路施工机械组成的施工机群,可在复杂地形与恶劣环境下,实现工程项目施工作业的无人化、机群动态配置的智能化。

(5)节能与环保。

为满足日益苛刻的环保要求,公路施工机械正不断降低发动机排放、提高机械工作效率、减轻作业中机械的振动、降低作业噪声,实现清洁生产。

第三节　公路工程机械化施工的基本要求

由公路工程机械化施工的特点与公路工程施工机械的发展方向可知:今后的公路项目施工,一定是将施工工艺、工程材料、机械设备与施工信息化、智能化、清洁化等相结合,机械设备作业与性能状态信息可以实现互联互通;面对各种复杂工程项目,机械设备既可以单机作业、也可以迅速组网实现机群作业;利用人工智能技术,将目前的路基、路面、隧道机械化施工作业方式转变为自动化、精确化的无人作业方式已经成为可能;环保技术的进步,为公路施工生产实现清洁化、工厂化,奠定了可靠的技术基础;道路材料再生与装备技术不断呈现的新成果,为资源循环利用机械设备的设计、制造与使用,开辟了绿色发展之路。

为了适应公路机械化施工的新变化,公路施工企业在进行工程施工前,应做好下列工作:

(1)作为公路施工企业,施工机械是企业施工生产的基本工具与基础,应努力提高企业的机械化装备水平。对可以采用机械作业的,应尽可能地采用机械,以代替或减轻人繁重的体力劳动,达到节约劳动力,改善劳动条件的目的;在人力不及的场合使用机械,有利于克服人工施工的局限,扩大施工范围。

(2)要有合理的施工组织计划指导工程施工。公路工程不仅受各种自然因素的影响很大,而且线路长,工程量大,投入使用的机械数量多、种类繁杂。如没有周密计划、合理组织和科学管理,必将会产生各分部或分项工程、各作业工序之间相互矛盾,机械调配紊乱,导致各种消耗增加、工期迟缓,甚至出现重复搬运的无效劳动,施工质量和安全难以保证。所以运用先进的管理科学技术,对公路施工组织进行周密详细设计,以最佳的施工方案组织施工,才能更好地发挥机械化施工的作用,体现其优越性。

(3)需要有足够数量、种类及规格的施工机械设备。根据工程项目不同的施工对象和要求,选择最适宜的机种和机型,进行不同机械的合理组合,不但是公路机械化施工的主要工作,也是机械设备正确实施单机作业和机群作业方式,确保整个施工过程中各个作业、各道工序的均衡协调,充分发挥机械化施工效能、加快施工进度、降低消耗和施工成本、保证工程质量,最终取得良好的经济效益的需要。

(4)需要有严密的施工保障技术措施。为保证施工机械的运转与正常作业,需要有充足的燃料能源,满足需求的附属设施和维修设备,良好的零配件供应及相适应的运输条件。同时需要一定数量具有业务专长的技术管理人员和技术工人。

(5)建立必要的信息处理与通信系统,方便及时掌握并控制工程施工中机械设备的作业状态,动态调整机群的配置与运行状态。

(6)了解并遵守国家和地方关于环境保护的要求,施工时实现对周边生态环境的免干扰或轻干扰。在公路用地界外,不破坏自然植被;尽量减少施工对项目所在地人们日常生活与社会活动的影响。

第四节　施工机械管理

随着公路工程项目复杂性的增加、施工生产规模的扩大,机械设备在工程施工中的地位和作用日益重要。从某种意义上讲,施工机械对工程施工任务的完成起着决定性的作用。因此,加强施工机械的管理工作,已成为施工企业管理的一项重要任务。

施工机械管理的目的,在于按照机械固有的规律,同时也按照客观的经济规律,使机械经常处于完好状态,提高生产率和利用率,延长使用寿命,不断降低运行成本,力求最大限度地发挥每一台机械设备的效能,从而高质量、高效率地为各项工程建设服务。

施工机械管理的内容,包括机械设备运动的全过程管理。即从选购、投入生产领域以及在生产领域内使用、维修保养及其价值补偿,直至报废退出施工生产领域的全过程。按物质的运动形态要进行技术管理,按价值运动形态要进行经济管理。通常技术管理由机械部门承担,经济管理由财务部门承担,两个部门都须按技术和经济两大规律做好施工机械管理工作,既要尊重科学规律,又要讲究经济效益。

施工机械管理的具体内容有:

(1)合理选用机械,发挥机械效能。

应根据企业的主要施工项目,选用施工机械。在选用机械时,应考虑施工项目的工程类型与内容、工期、作业条件,以及当地环境保护与生态保护的要求。对施工企业而言,机械设备选用涉及生产经营、工程技术与机械技术等问题,应给予高度重视。否则将导致入选机械的性能不好,或不符合企业的使用要求,造成设备的大量积压,或者大量增加使用费用。

(2)正确组织、使用机械,提高施工生产率。

设备就其价值而论,主要在使用阶段,这是设备寿命周期中最长的一段时间,也是决定寿命周期长短的主要环节。任何施工机械都有一定的使用范围和特定的使用条件,如土方机械的经济运距、限制坡度、超载等,沥青洒布机械的洒布温度、洒布精度等,沥青混合料摊铺机的摊铺厚度、摊铺宽度、铺层平整度等。只有按照一定的标准和规定,根据施工工艺的内在联系与要求,正确组织已选用的机械设备,按照机械操作要求,采用适当的作业方式,才能保证并提高机械设备的生产率,实现安全生产,取得理想的经济效益。

(3)做好维修保养,提高机械完好率。

施工机械在使用过程中,由于设备的物质运动,技术状况会不断劣化,产生某些不可避免的不正常现象,如松动、干摩擦、声响异常等,这些设备的隐患如不及时处理,会造成设备过早磨损,甚至导致严重事故。因此做好设备的维修保养工作,及时处理发生的问题,随时改善设备的技术状况,防患于未然,把事故消灭在发生之前,就能稳操主动权,为工程项目的顺利实施提供技术装备保障。

(4)加强配件管理,做到合理储备。

设立专门的配件仓库并由专人负责管理,对配件进行合理储备。配件管理人员要深入调查,统计所属机型易磨损、易损坏的配件。机械技术人员应向配件管理人员提供这方面的资料,以便做到合理储备,保证机械维修保养对配件的需求。

(5)更新改造,满足生产发展需要。

更新改造,就是把机型老化、生产效率低、能源消耗高的机械淘汰,代之以结构先进、技术完善、效率高、性能好、能源消耗低的机械设备。机械设备陈旧,不但生产效率低,而且也会使企业背着沉重的固定资产包袱,影响企业的经济效益。结合企业实际条件,不断采用先进的机械设备,逐步取代使用中低效、高耗、性能落后的机械,是提高机械化施工水平的重要内容,也是提高企业公路施工能力的重要途径。

第二章
路基土方机械化施工

路基是直接位于路面底基层下的承重结构层,承受着从底基层传递而来的行车荷载垂直应力作用,抵御环境因素的影响,是构成道路整体强度的主要组成部分。路基既要有足够的强度,又应具有良好的稳定性和耐久性。路基分土质路基和石质路基,本章主要讲土质路基机械化施工。

第一节 推土机作业

推土机是以履带式或轮式拖拉机牵引车为主机,再配置悬式铲刀的铲土运输机械(图2-1),是路基土方工程中最常用机械。它的特点是:所需作业面小、机动灵活、转移方便、短距离运土效率高,干湿地都可以独立工作,同时也可以配合其他机械施工,因此在路基土方工程机械化施工中得到广泛的应用。

一、推土机基本作业

推土机基本作业由铲土、运土、卸土和空回四个工作过程(图2-2)组成。提高推土机作业效率的原则是:铲土时应以最短时间、最短距离铲满土;运土时应尽量减少土壤漏损,使较多的土运送到卸土点;卸土时应根据施工条件采取不同的卸土方法,以达到施工技术要求和施工安全;空回时应以较快的速度驶回铲土处。

图 2-1 推土机
a)履带式推土机;b)轮式推土机

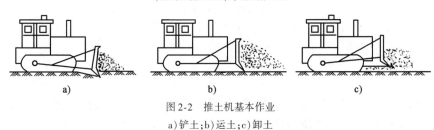

图 2-2 推土机基本作业
a)铲土;b)运土;c)卸土

推土机在铲土、运土、卸土过程中,为了尽可能地减少土壤散失,常用的有以下几种方法。

1. 接力(分段)推土法

这种推土法是分次推土、叠堆推运。分次的目的是使柴油机有喘息接力的机会。按推土距离的不同,此法又分四次、六次接力推土,如图2-3所示。

推土机第一次推土时,应以最大可能深度切入土中,以刨削式铲土为好,自近而远分段将土推运成堆,当估计能推满一铲刀时,再由远而近将各段土堆一次推运至卸土处。

作业中,应以最短的时间、最短的距离,使其铲刀前堆满土壤,并用铲刀推动。推土机推土的深度,视土壤的类别而不同,一般Ⅰ级土壤推土深度约20cm,铲刀的铲土角可以陡一些,约60°~65°。在Ⅲ级土壤中推土深度在 10~15cm,其铲土角可用52°~57°;至于在Ⅳ级以上的黏性土壤内则推土深度应在 0~15cm 范围内变动,铲土角应调至45°,这样推土效果最好。

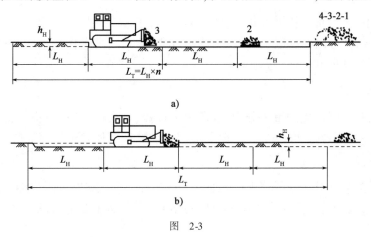

图 2-3

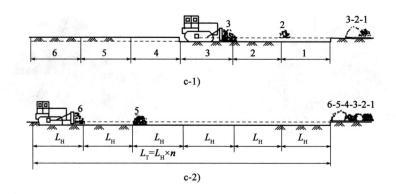

图 2-3 接力推土法
a)四次接力推土法;b)刨削式推土;c)六次接力推土法(c-1 第一段次,c-2 第二段次)
L_H-推土长度;h_H-推土深度;L_T-工作地段总长($L_T = L_H \times n$,n 为分段数)

2. 沟槽推土法

在运送土壤时,为了尽量减少运土损失,可在一固定作业线上多次推运使之形成一条土槽,或者利用铲刀两端外漏的土壤所形成的土埂进行运土,如图2-4所示。一般槽深不大于铲刀的高度。

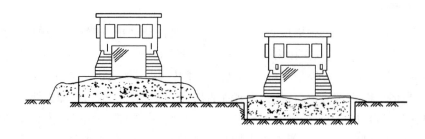

图 2-4 沟槽推土法

3. 并列推土法

两台以上同类型的推土机同步推土前进,如图2-5所示。两铲刀间隔不宜太小或过大,一般约 15~20cm,这样可以减少运土损失。这种方法要求驾驶员操作技术熟练,作业时要注意两台推土机的行进速度和方向,避免碰车。

4. 下坡推土法

利用下坡时推土机产生的重力分力,加速铲土过程、增大运土量,以提高推土效率。但下坡角不宜过陡,一般不超过 20°,否则空车后退爬坡困难,反而使推土效率降低。

5. 分层卸土法

图 2-6 所示为推土机在分层填土行驶时卸土的情况。推土机在前进中渐次地徐徐地提升刀架来卸土,铲刀提升的高度应等于所填土层的厚度。卸土路程的长度宜为 4~6m。

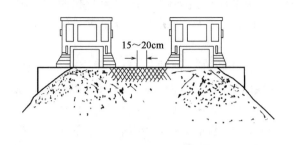

图2-5 并列推土法　　　　　图2-6 分层卸土法

6. 局部填土卸土法

图2-7所示为推土机自路侧取土坑或自路堑运土作业中,填筑路堤的卸土过程。作业中推土机一边前进(或停止),一边将铲刀慢慢地提升,以达卸土之目的。之后将铲刀重新放下,让推土机倒退行驶,将所卸土堆拖平。

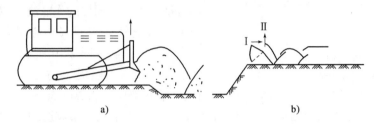

图2-7 推土机局部填土卸土法
a)局部填土；b)提起铲刀卸土下填摊平程序
Ⅰ-推土机前进；Ⅱ-铲刀提升

7. 快速卸土法

若自路堑取土填筑堑沟、深坑以及填筑高路堤作业中,推土机卸土时应迅速地提升铲刀来卸土。如图2-8所示。

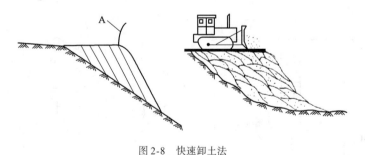

图2-8 快速卸土法
A-铲刀

二、推土机施工作业

1. 填筑路堤

推土机填筑路堤的作业方式,一般均为直接填筑,施工方法主要有两种,即横向填筑与纵向填筑。在平原地区多采用横向填筑,而在丘陵和山区多采用纵向填筑。

(1) 横向填筑路堤：这种作业方式是推土机在路堤的两侧或一侧取土，向路堤依次移送土壤。单台或多台推土机施工时，最好分段进行，这样可以增大工作面，分段距离一般以 20~40m 为宜，每段也可以按作业班组的能力划分。

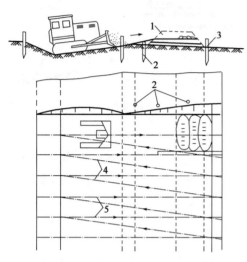

当推土机在一侧取土时，每段一台推土机，作业线路采用"穿梭"法进行，如图 2-9 所示。施工中，推土机铲满土后，可直送到路堤坡脚，卸土后按原路线退回到铲土始点。这样在同一线路中，按接力与沟槽推土法，送二三刀就可挖到 0.7~0.8m 深。此后推土机作小转弯倒退，以便向一侧移位，仍按同法推侧邻的土壤。以此类推地向一侧转移，直至一段路堤完工。然后推土机反向侧移，推平取土坑所遗留的各条土埂。

当推土机由两侧取土坑推土时，每段最好用两台推土机并用同样的作业法，面对路堤中心线推土，但双方一定要推过中心线一些，并注意路堤中心线的压实。图 2-10 所示为从两侧取土时作业线路图。当路堤填高时，应分层有序地进行，一般每层厚度为 20~30m，并分层压实。

图 2-9 推土机从一侧取土坑取土填筑路堤
1-路堤；2-标定桩；3-间距为 10m 的高标杆；4、5-推土机"穿梭"作业运行线

当推土机单机推土填筑路堤高度超过 1m 时，应设置推土机进出坡道，如图 2-11 所示。通道的坡度应不大于 1:2.5，宽度应与工作面宽度相同，长度为 5~6m。

当采用综合机械化施工时，路堤填筑高度超过 2m 后，多用铲运机完成。

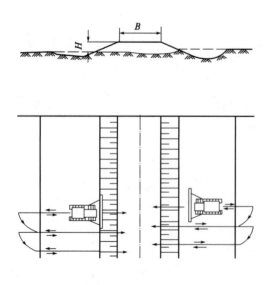

图 2-10 推土机从两侧取土坑取土填筑路堤作业线路
B-路基宽；H-路基高

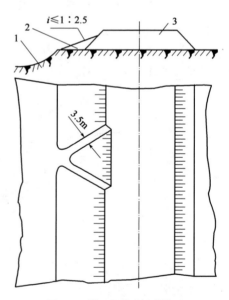

图 2-11 推土机作业坡道设置
1-取土坑；2-进入坡道；3-路堤

(2) 纵向填筑路堤：这种作业方法多用于移挖作填工程，其开挖深度与填筑高度可按设计高程确定，不受其他限制，只要挖方的土壤性质适用于填筑路堤即可。这种施工方法最经济，

但应注意开挖部分的坡度不能大于1:2,开挖中应随时注意复核路基高程和宽度,避免出现超挖和欠挖。在填土过程中,应根据施工地段的施工条件,分层填筑、分层压实。纵向填筑作业法,如图2-12所示。

(3)综合作业法填筑路堤:这种作业法实际上是横向纵向联合作业。将路堤沿线路每60~80m分为若干段,在每段的中部设一横向送土道,采用横向填筑法,将土壤由通道送到路堤上,再由推土机纵向推送散土,分层填筑,分层压实,如图2-13所示。

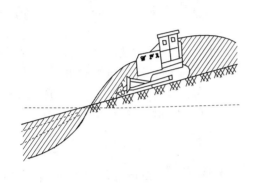

图2-12 推土机纵向移挖作业填筑路堤

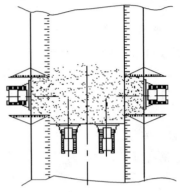

图2-13 推土机综合作业填筑路堤

2. 开挖路堑

用推土机开挖路堑,同样有两种施工情况:一种是在平地上开挖浅路堑,另一种是在山区开挖路堑或移挖作填开挖路堑。

(1)平地横向开挖路堑:用推土机横向开挖路堑,其深度宜在2m以内,如图2-14所示。开始推土机以路堑中线为界,向两侧横向按"穿梭"作业法进行,将路堑中挖出的土送至两侧弃土堆,最后再做专门的清理与平整。如开挖深度超过2m,则需与其他机械配合施工。

此外,对上述施工作业,推土机也可用环形作业法施工,如图2-15所示。施工时推土机可按椭圆形或螺旋形路线运行,这种运行路线可以对弃土堆进行分层平整和压实。

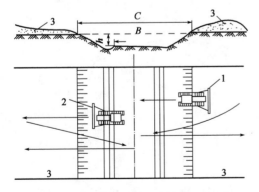

图2-14 推土机平地横向开挖路堑施工作业图
1、2—两台推土机采用"穿梭"作业法;3—弃土堆
B—路基宽;C—路堑宽;h—路堑深

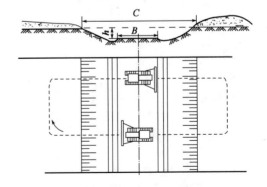

图2-15 推土机环行作业法开挖路堑施工作业图
B—路基宽;C—路堑宽;h—路堑深

不论采用何种开挖路堑和施工作业方法,都应注意排水问题,绝对不允许使路堑的中部下凹,以免积水。在整个路堑的开挖段上,应做出排水方向的坡度以利排水。在快挖至规定断面

时,应随时复核路基的高程和宽度,以免出现超挖或欠挖现象。通常在挖出路堑的粗略外形后,多采用平地机来整修边坡和边沟。

(2)山区纵向开挖路堑:纵向开挖路堑分为开挖傍山半路堑和深路堑。

开挖傍山半路堑

一般多用回转推土机进行,开挖时先由路堑边坡上部开始,沿路中线行驶,逐次由上而下,分段分层将土送至坡下填筑路堤处。由于推土机沿山坡施工,要特别注意安全。推土机应在坚实稳定的土壤上行驶,填土时应保持道路内侧低于外侧,行驶纵坡坡度不要超过推土机的最大爬坡角,如图2-16所示。

施工时,推土机的平面角应根据土壤的性质来调整,在Ⅰ、Ⅱ级土壤上施工时,可调至60°;Ⅲ、Ⅳ级土壤上可调至45°,推土时用铲刀的右角切入土壤,使被切下的土壤沿刀身向外送出。

推土机开挖傍山半路堑时,如果山坡坡度不大(25°以下)也可用直铲推土机,但下坡送土,最好是铲土数次后,将土壤堆成堆,再将土壤一起推送到边坡前沿,这样不但可以提高生产率,而且也较安全。

开挖深路堑

开挖深路堑施工时,通常与运土填筑路堤施工相结合。首先应做好准备工作,在开挖路堑的原地面线顶端各点和填挖相间的零点,都立起小标杆,同时挖平小丘,使推土机可以进入施工现场。开挖时可用1~2台推土机沿路中心线的平行线进行纵向堆填,如图2-17a)所示;等路堑挖至其深度的一半时,再用1~2台推土机,横向分层推削路堑斜坡,如图2-17b)所示。由斜坡上往下推的土壤仍由下面的推土机送到填土区,直到挖到路堑与路堤全部完成为止。

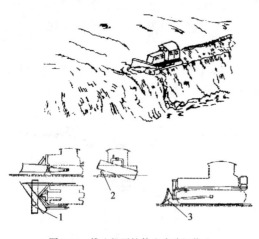
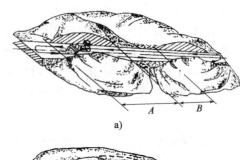
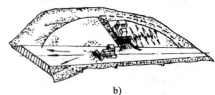

图2-16 推土机开挖傍山半路堑作业
1-平面角;2-倾角;3-铲土角

图2-17 推土机开挖深路堑作业
a)推土机纵向推填;b)纵向横向协作推填
A-挖方区;B-填方区

这种深路堑的开挖顺序,如图2-18所示。而且每层可按沟槽推土法开挖,并尽量利用地形做到下坡推土。

3.推土机其他辅助作业

推土机不但可以用于大土方量的工程施工,而且也可以用于其他辅助工作,如平整场地和回填土作业。

在平整场地时,应选用回转推土机,在Ⅰ、Ⅱ级土壤上平面角可调至60°。开始平整时,推土机应从已经平整过的,相当于设计高程的平坦部位开始。绝对不能在不平的位置处开始平整,否则当推到较远距离时,很容易形成一个斜面。若平整场地较大,最好分若干小区,再在各小区中选定高程,放平推土机再进行平整。

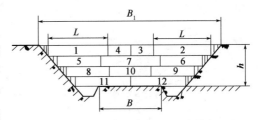

图2-18 推土机开挖路堑时的通行顺序横断面图
B-路基宽;B_1-路堑宽;L-沟槽宽

如果场地是松散土壤,不平度也较小,也可用直铲推土机,将铲刀松放在地面上,以倒驶的方式拖平。总之在场地平整中,不论是前进还是倒驶拖平,均应随时注意分块比平,以便随时纠正。

利用推土机进行涵洞回填时,也应选用回转推土机。回填时从涵洞的两侧交替推土,并尽可能地分层进行,以免压裂涵管。如用直铲推土机回填时,推土机驶离卸土位置时不要提升铲刀,应顺势后拖,顺便摊平土堆。当涵洞上面填土高过1m时,推土机方可在涵洞上行驶。

三、推土机使用范围与生产率的计算

1. 推土机使用范围

推土机在公路工程施工中,主要用于填筑路基、开挖路堑、平整场地、管道和沟渠的回填以及其他辅助作业。它适宜于Ⅳ级以下土壤的推运。当铲运Ⅳ级和Ⅳ级以上土壤和冻土时,必须先进行松土,如土壤中有少量的孤石,应先破碎再进行作业,孤石过多时不宜使用推土机,否则将使机械产生剧烈震动和磨损,大大缩短机械的使用寿命。推土机的合理运距为50~100m。

2. 推土机生产率

推土机生产率的计算方法,应根据推土机施工作业方式不同而有所不同。当用直铲推土机作业时,其计算单位是 m^3/h 或 m^3/d。用回转推土机进行铺平和侧向送土时,它的作业方法与平地机基本相同,因此其生产率可参照平地机生产率的计算公式计算。

(1)直铲作业时,推土机生产率的计算:

$$Q = \frac{3\,600 V K_B K_Y}{t_r} \tag{2-1}$$

式中:Q——推土机直铲作业时生产率,m^3/h;

V——铲刀前土堆的体积,m^3;

K_B——时间利用系数,一般为0.80~0.85;

K_Y——坡度影响系数,平地为1;上坡坡度5%~10%时为0.5~0.7;下坡坡度5%~15%时为1.3~2.3;

t_r——每完成一个工作循环的时间,s。

铲刀前土堆的体积 V 是按铲刀结构的几何尺寸和土壤在刀前形成自然坡度角 θ 时的土壤体积来计算的。土堆的纵断面如图2-19所示。其计算公式如下:

$$V = \frac{lh^2 K_n}{2K_s \tan\theta} \tag{2-2}$$

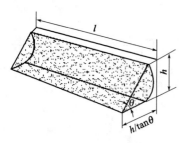

图 2-19 推土机铲刀前土堆体积

式中：l——铲刀刀身宽度，m；

h——铲刀刀身高度，m；

θ——刀前土堆的自然坡度角，°（见表 2-1）；

K_S——土壤的松散系数，见表 2-2；

K_n——推运时土壤的漏损系数，取值为 0.75～0.95，运距大时取大值。

推土机每完成一个循环所需时间 t_r 为：

$$t_r = \frac{L_1}{V_1} + \frac{L_2}{V_2} + \frac{L_1+L_2}{V_3} + 2t_0 + t_1 + t_2 \tag{2-3}$$

式中：L_1——铲土地段长，（一般为 6～10m）；

L_2——运土地段长，m；

V_1——铲土时行驶速度（Ⅰ挡），m/s；

V_2——运土时行驶速度（Ⅰ～Ⅱ挡），m/s；

V_3——空驶速度（Ⅲ～Ⅳ挡），m/s；

t_0——换挡所需时间，一般取 4～5s（动力换挡变速器可不计换挡时间）；

t_1——放下推土板所需时间，一般取 1～2s；

t_2——转向调头所需时间，一般取 10s，若推土机倒退至铲土处，则 t_1 可以不计。

土的自然坡度角　　　　表 2-1

种类 状态	碎石	砾石	砂石			黏土		轻亚黏土	种植土
			粗砂	中砂	细砂	腐殖土	壤土		
干	35°	40°	30°	28°	25°	45°	50°	40°	40°
湿	45°	40°	32°	35°	30°	35°	40°	30°	35°
饱和	25°	35°	37°	25°	20°	15°	30°	20°	25°

土的松散系数（K_S）　　　　表 2-2

土的种类和等级		土的松散系数 K_S		土的种类和等级		土的松散系数 K_S	
		标准值	平均值			标准值	平均值
Ⅰ	植物性以外的土	1.08～1.17	1.10	Ⅲ	—	1.24～1.30	1.25
	植物土、泥炭黑土	1.20～1.30	1.10	Ⅳ	除软石灰石外	1.26～1.32	1.30
Ⅱ	—	1.14～1.28	1.20		软石灰石	1.33～1.37	1.30

（2）平整场地时回转推土机生产率的计算：

$$Q = \frac{3\,600L(l\sin\phi - b)K_B}{n\left(\dfrac{L}{V} + t_1\right)} \tag{2-4}$$

式中：Q——平整场地时生产率，m²/h；

L——平整地段长度，m；

l——铲刀刀身宽度，m；

ϕ——铲刀平面回转角，°；

b——两相邻平整地段的重叠部分宽度，一般为 0.3～0.5m；

K_B——时间利用系数,一般为 0.80~0.85;

n——在同一地点上的重复次数,通常取 1~2;

V——推土机行驶速度,m/s;

t_1——推土机转向调头时间,s。

从推土机生产率的计算公式中可以看出,要提高生产率,首先应缩短推土机作业的循环时间,提高时间利用系数,降低土壤在运送中的漏损等。

为了缩短一个循环作业的时间,推土机在铲土时应充分利用发动机的功率以缩短铲土距离。合理选择运距,使运土和回程距离最短,并尽量创造下坡铲土的条件。此外应提前为下一工序做好准备,尽量做到有机配合。当推土机将土推到卸土位置时,应边提铲刀边换挡后退,在后退时就应选好下次落刀的位置。

为了提高时间利用系数,应消除不必要的非生产时间。如做好开工前的准备工作,避免因准备工作不善而停机。正确的施工组织,合理地选择机型,可以避免推土机因使用不当而不能充分发挥机械效能。此外在施工中应针对各种施工条件,采用正确合理的操作方法,如遇坚硬土壤应先翻送再推运,这样可以提高时间利用率。

为了减少土壤的漏损,运土时应采用土槽、土埂和双台并列推土等作业方法。这样不但可以提高运土效率,又可以增大铲刀前的土堆体积,提高生产效率。

总之,影响推土机生产率的因素是多方面的,在生产实际中,应根据施工条件,因地制宜,同时提高机械人员的技术素质与施工管理人员的管理水平。

第二节　铲运机作业

铲运机是一种挖土兼运土的铲土运输机械,它可以在一个工作循环中独立完成挖土、装土、运输和卸土等工作,并兼有一定的土壤压实和平整场地作用,主要用于大土方量的填挖和运输作业。如图2-20所示。

图 2-20　铲运机
a)自行式铲运机;b)拖式铲运机

一、铲运机基本作业与施工运行路线

1. 铲运机基本作业

铲运机基本作业由铲装、运输、卸土和回驶四个工作过程组成(图2-21)。与直铲式推土机一样,铲运机也是一种循环作业的土方工程机械。

(1)铲装过程[图2-21a)]：升起斗门，放下铲斗，铲运机前进，装在铲斗斗口下沿的铲刀切入土中，铲削的土层被挤入斗内，直到装满铲斗为止。

(2)运输过程[图2-21b)]：铲斗装满土壤后，关闭斗门，升起铲斗，铲运机行驶到卸土地点。

(3)卸土过程[图2-21c)]铲运机到达卸土地点后放下铲斗，斗口离地面一定距离（此距离即为铺土层厚度），开启斗门，斗内土随机械前进而卸下，边行驶边卸土，直到卸完。

(4)回驶过程：铲运机卸完土后，关闭斗门，升起铲斗，快速驶回到铲装地段，进行下一循环作业。

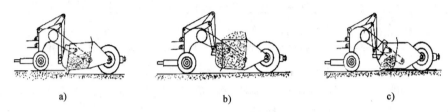

图2-21 铲运机基本作业
a)铲装；b)运输；c)卸土

由于铲运机的运输距离长，功率消耗大，所以欲提高铲运机的作业效率，应尽可能在最短的距离和时间内装满铲斗，运输中在注意安全的前提下，尽量提高运输速度，提高卸土的质量和速度，以缩短整个循环时间。

正确掌握铲斗斗门开启的大小，对铲装作业影响很大，因为铲运机装土时，土层是被挤入斗内的。在开始铲土时，土层是沿着斗底向后移动，直至斗壁为止，此时斗门宜开启60~70cm。如图2-22a)所示。

当继续铲土时，各土层堆置在前一层的上面，随着土层的堆高，土层就曲向前方，朝斗门的方向挤去，此时应将斗门开小些，以便土壤向斗门弯曲挤入，一般斗门开启25~40cm。如图2-22b)所示。

如要将土层继续挤入，使铲斗装得更满，则必须具有相当大的压力才能装入，为此应将斗门重新开大一些，一般为35~55cm。如图2-22c)所示。

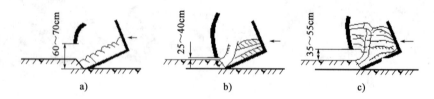

图2-22 铲运机铲装时斗门开启的合理位置

等到被铲下的土层无法挤入时，即可关闭斗门，升起铲斗进行运输。

2.铲运机施工运行路线

铲运机施工运行路线的选择，要综合考虑施工效率、地形条件、机械磨损等因素，以达到运距短、坡道平缓和修筑工作量小等要求。

在填筑路堤和开挖路堑工程中，常用的运行路线有椭圆形、8字形、之字形、穿梭形和螺旋形等。其中前面两种应用较多。

(1)椭圆形运行路线:这种路线适合于在路外100~500m处开挖路堑,运土至弃土堆和由取土坑取土填筑路堤,如图2-23所示。它的最大优点是在不同的地形条件下布置灵活,顺逆运行方向可以随时改变,同时运行中干扰也较小。缺点是重载上坡时的转角大、转弯半径较大。因此适用于地段狭小、运距短、高度不大的填筑路堤或开挖路堑作业。

(2)8字形运行路线:所谓8字形实际上是两个椭圆形的连接,如图2-24所示,但减少了两个180°的急转弯。它的优点是在一次循环运行中可以完成两次铲土和两次卸土,同时重载和空载行驶的距离都比较短,效率高,在同一个运行路线中可以容纳多台铲运机同时施工。缺点是要求有较大的施工场地,而且取土场在路线的两侧时,条件限制多,因此在小型工地较少采用。

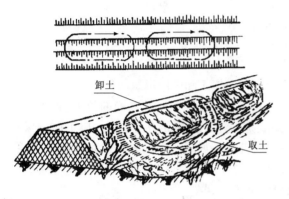

图2-23 椭圆形运行路线

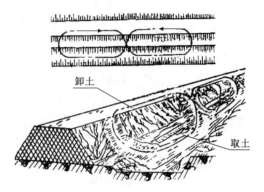

图2-24 8字形运行路线图

(3)之字形运行路线:之字形运行路线实际上是若干8字形首尾相接的路线,如图2-25所示。这种路线适用于在较长的地段施工,并宜于机群作业,即各机列队(每机间隔20m)依次行进填挖到尽头,作180°转弯后反向运行,只是所填挖的地段应与上次错开。这种运行路线有以下缺点:一次循环路线太长,施工面太长,在多雨季节很难施工。

(4)穿梭形与螺旋形运行路线:穿梭形运行路线如图2-26a)所示,与上述几种运行路线相

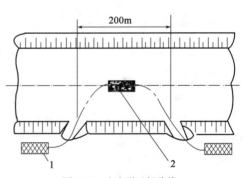

图2-25 之字形运行路线
1-铲土;2-卸土

比,铲运机空载行驶距离短,全程也较短,在一个循环中可以两次铲运作业,工效较高。缺点是对一侧取土坑有局限性,运行路线中完成一个循环有四次转弯,增加了运行时间,另外铲运机单侧磨损较严重。

螺旋形如图2-26b)所示,实际上是穿梭形的一种变形,铲运机纵向铲土后,转向路堤横向卸土,随后驶到路堤的另一侧取土坑再次铲装。这种运行路线的主要优点是运距短,工效高。缺点是急转弯多,铲运机易产生偏磨。

二、铲运机施工作业

1. 填筑路堤

利用铲运机进行路堤施工时,其取土距离应在路堤100m以外,填筑高度在2m以上较为

合理。2m以下的路堤最好采用推土机和铲运机联合作业,使两者各自发挥自己的优势。

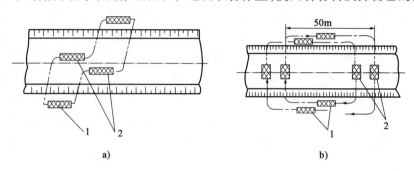

图2-26 穿梭形和螺旋形运行路线
a)穿梭形运行路线;b)螺旋形运行路线
1-铲土;2-卸土

利用铲运机填筑路堤时,按卸土方向不同,分为纵向填筑和横向填筑两种。

(1)纵向填筑路堤:首先检查桩号,边坡处应用明显的标杆标出其准确的位置,再根据施工规定进行底基层处理,然后按照选定的运行路线进行施工。填筑高度在2m以下时应采用椭圆形运行路线,如运行地段较长也可采用之字形。填筑高度在2m以上时,应采用8字形,这样可以使进出口的坡道平缓些。

填筑路堤时应从两侧分层向中间填筑,使填筑层始终保持两侧高中间低,这样可以防止铲运机向外翻,如图2-27所示。卸土时应将土壤均匀分布于路堤上,并确保轮胎全部能压到所卸土方,以保证路基的压实质量。当路堤两侧填筑到规定高程时,把中部填平,并使其具有一定的拱度。

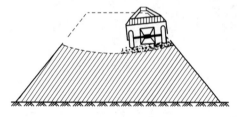

图2-27 纵向填筑路堤时由两侧向中间填筑

当路堤填筑高度在1m以上时,应修筑上堤运行通道。高度大于2m时,则每隔50~60m修筑上下通道或缺口,通道的最小宽度为4m,转弯半径不小于6m,上坡通道的坡度一般为15%~20%,下坡通道的极限坡度为50%。当路堤填筑完工后,所设的进出口通道和缺口都应封填。

(2)横向填筑路堤:其填筑方法与纵向相同,只是运行路线应根据施工现场的条件采用横向卸土的螺旋运行路线进行施工。

2. 开挖路堑

铲运机开挖路堑有两种作业方式:一种是横向弃土开挖,另一种是纵向移挖作填。

路堑应分层开挖,并从两侧开挖,每层厚15~20cm,这样做既能控制边坡,又能使取土场保持平整。同时还应沿路堑两侧纵向作出排水坡度。

(1)路堑在下列情况中,应采用横向开挖:堑顶地面有显著横坡,而上游一侧需设置弃土堆,阻挡地面水流入路堑;路堑上纵向运土距离太长,严重影响工效;不需要利用土方或利用不完时;长路堑由于施工条件的限制,机械只承担一段,而两端又无法纵向出土时。横向开挖路堑的施工方法与横向取土填筑路堤相似。

(2)当路堑须向堑口外相接的路堤处作填方时,应采用纵向移挖作填:铲运机应当利用地面纵坡,自路堑端部开始下坡铲土,并逐渐向堑内延伸挖土长度,而填筑路堤也应延伸一般铲运机可在路堑内作180°转向,从路堑的两端分别开挖。当延伸到路堑的中部,而长度在300m以内时,可改用直线迂回运行的方法,作纵向贯通运行,往返交替向两端挖运,如图2-28所示。如果地面的纵坡过陡,铲运机不能运行时,应先用推土机在路堑的端部推出15°左右的缓坡。此外在挖土区内每隔20~30m为铲运机开通一条回驶上坡道,并延伸至填土区内。这样铲运机可用较大功率下坡铲土,在空驶上坡道两侧卸土填筑逐步扩大通道宽度,直到工作面的全宽普遍具备正常运行条件。

铲运机在开挖路堑时,应先从两边开始,如图2-29所示,这样不致造成超挖或欠挖,否则将大大增加边坡修整工作量。特别是在边坡大于1:3,而又不能用机械修整时尤其应注意。

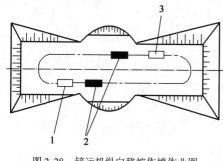

图2-28 铲运机纵向移挖作填作业图
1、3—铲土;2—卸土

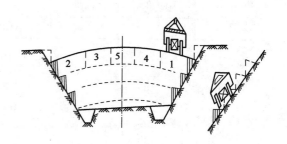

图2-29 铲运机开挖路堑的顺序

3. 平整场地

平整场地作业应先在挖填区高差大的地段进行,铲高填洼。待整个区域高程与设计高程之差在20~30cm后,先从场地平坦中部(或一侧)平整出一条标准带,然后由此向外逐步扩展,直到整个区域达标为止。施工作业面积较大时,可分块进行平整。

三、铲运机使用范围与生产率计算

1. 铲运机使用范围

铲运机可用于中距离大规模土方工程,在路基土方施工中一般用来开挖路堑、填筑路堤、平整场地,重载的铲运机在填土层上行驶时能起到压实作用。因铲运机生产效率高、机动性能好,是大土方量施工中最常用的机械之一。

拖式铲运机经济运距为100~800m,自行式铲运机经济运距为800~2000m。铲运机适用在Ⅰ、Ⅱ级土壤中工作,要求铲土地段应没有树根、树桩、大的石块和过多的杂草。用铲运机铲装Ⅲ、Ⅳ级以上的土壤及冻土时,必须事先进行预松。由于铲运过湿黏土时,装卸土比较困难,而当铲装干散的砂土时又不易装铲斗,因此铲运机一般选择在含水率不大(一般小于25%)的土壤中作业,不适宜在地下水位高的潮湿地区、岩石类地区进行作业。

铲运机在施工中,应尽可能利用地形下坡铲装和下坡运输,以提高生产率。但它与推土机有所不同,推土机下坡推土时,只要在推土机安全允许的情况下,坡度越大,效率越高。而铲运机却有一定的限制,一般铲运的下坡坡度不允许大于1:8~1:9(7°~8°),在这样的坡度上铲装效率最高。坡度过大时,铲下的土壤难以进入铲斗内,反而会降低生产效率。

铲运机的经济运距和行驶道路坡度是铲运机选型的重要依据之一。一般情况下,在经济运距范围内,运距短、坡度大、路面松软,以选择拖式铲运机为宜;如果运距较长、坡度大,宜采用双发动机驱动的自行式铲运机;路面较为平坦时选用单发动机驱动的自行式铲运机。

表2-3为各种铲运机的适用范围,供选择时参考。

各种铲运机的适用范围 表2-3

类别		堆装斗容(m³)		经济运距(m)		道路坡度
		一般	最大	一般	最佳	
拖式铲运机		2.5~18	24	100~1 000	100~300	1:6~1:4
自行式铲运机	单发动机 普通装载式	10~30	50	200~2 000	200~1 500	1:20~1:12
	单发动机 链板装载式	10~30	35	200~1 000	200~600	1:20~1:12
	双发动机 普通装载式	10~30	50	200~2 000	200~1 500	1:10~1:6
	双发动机 链板装载式	9.5~6	34	200~1 000	200~600	1:10~1:6

2. 铲运机生产率

铲运机生产率可由下式计算:

$$Q = \frac{3\,600 V K_B K_H}{t_Y K_S} \tag{2-5}$$

式中:Q——铲运机生产率,m³/h;

K_H——土壤充满系数(表2-4);

K_S——土壤松散系数(表2-2);

V——铲斗的几何容量,m³;

K_B——时间利用系数,一般取0.75~0.8;

t_Y——铲运机每一个工作循环所用的时间,s。

$$t_Y = \frac{L_1}{V_1} + \frac{L_2}{V_2} + \frac{L_3}{V_3} + \frac{L_4}{V_4} + nt_1 + t_2 \tag{2-6}$$

式中:$L_1 、L_2 、L_3 、L_4$——铲运、运土、卸土、回驶的行程,m;

$V_1 、V_2 、V_3 、V_4$——铲土、运土、卸土、回驶的行程速度,m/s;

t_1——换挡的时间,一般为15s;

t_2——每循环中始点和终点转向所用的时间,一般为15~20s;

n——换挡次数。

铲运机铲斗的充满系数 K_H 表2-4

土壤种类	充满系数	土壤种类	充满系数
干砂	0.6~0.7	砂土与黏性土(湿度4%~6%)	1.1~1.2
湿砂(湿度12%~15%)	0.7~0.9	干黏土	1.0~1.1

从式(2-5)可以看出,影响铲运机生产率的因素,有人为因素和施工组织方面因素两种,其中人为因素有铲斗的充满系数 K_H,一个工作循环所用的时间 t_Y 和时间利用系数 K_B。K_H 除了土壤性质的自然因素外,主要的是驾驶员操作技术的熟练程度、操作方法和其他的施工辅助措施等;t_Y 的影响因素主要是施工组织、驾驶员的操作方法和技术熟练程度;另外施工组织的好坏,也影响到一个工作循环中的每个环节及铲运机运行速度的提高。提高铲运机生产率通常采用下列措施:

对于Ⅲ级以上的土壤或冻土,应先用松土器预松,每次的松土深度不宜超过20～40cm,否则会影响铲运机的牵引力。此外,应清除铲土地段的树根、树桩、灌木丛和孤石等,以免影响铲运机铲装的运行时间。为了缩短铲运机的运行时间,在确定运行路线时,应尽可能地缩短运距,减少转弯次数,并尽量采用空车转弯和上坡;尽可能地采用高速挡,以保证铲运机特别是自行式铲运机高速行驶;应确保运土道路处于良好状态。

此外应尽量做到下坡铲土以增大铲土深度、缩短铲土时间和提高铲斗充满系数。

第三节　平地机作业

平地机(图2-30)是一种以铲土刮刀为主、配有其他多种辅助作业装置的工程机械。平地机的刮刀比推土机的铲刀具有更大的灵活性,能连续改变刮刀的平面角和倾斜角,并可使刮刀向任意一侧伸出,适用于公路、铁路、机场、矿山等大面积的场地平整作业,还可进行轻度铲掘、松土、路基成形、边坡修整、浅沟开挖及铺路材料的推平整型等作业。

一、平地机基本作业

1. 刀角铲土侧移

图2-31为平地机刀角铲土侧移作业。作业时,平地机刮刀切入土中铲取土壤,将土向平地机行驶方向的边侧移动一段距离,以达到土壤侧向移动的目的。施工前应先根据土质调整好刮刀的铲土角(切削角)和平面角,然后机械以Ⅰ挡速度前进,刮刀前端下降切入土中,后端抬升,形成较大的倾角。这样刀角铲削下的土壤被侧移于两轮之间。

为了便于掌握方向,一般情况下,刮刀的前置端应正对在前轮之后。遇有特殊情况时(如行驶路线上有障碍物),可将刮刀的前置端伸于外,再下降铲土。但此时铲削出的土壤应处于前轮的内侧,不被驱动后轮所压,以免影响平地机的牵引力[图2-31b]。

图2-30　平地机

刀角铲土侧移作业法适用开挖边沟、修整路型或填筑路堤。

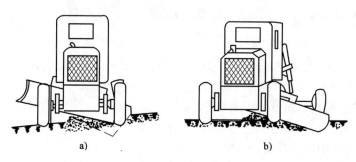

图2-31　刀角铲土侧移
a)刮刀一端下倾铲土;b)刮刀侧伸后下倾铲土

2. 刮刀刮土侧移

图 2-32 为平地机刮土侧移作业。作业前先根据施工对象的要求和土壤性质调整好平面角(一般为 60°~70°)和铲土角(约 45°)。机械以Ⅱ挡或Ⅲ挡速度前进,刮刀水平下降(倾角 0°)切入土中或其他材料中。随着平地机前进,被刮削的土壤沿刀面侧移卸于一侧。不论是机外卸土还是机内卸土,卸出的土壤不应处于后轮的轮迹上,以免影响平地机牵引力,给施工作业面的平整度带来一定的影响。为达此要求,在操作时除将刮刀侧伸外,同时将转盘侧移,后桥侧转一个角度,使平地机在机身斜置的情况下作业[图 2-32b)]。图 2-33 为弯道上进行铲土侧移作业的平地机,根据弯道情况,具有全轮转向功能的平地机前后轮作相应转向,既保证施工质量,又可提高施工效率。

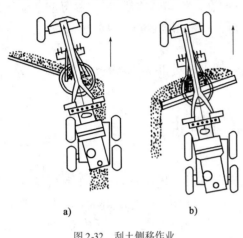

图 2-32 刮土侧移作业
a)机内卸土;b)机外卸土

刮土侧移作业法适用于移土填堤、平整场地、回填沟渠、铺散或路拌材料等作业。

图 2-33 全轮转向的平地机在弯道上作业

3. 刮刀刮土直移

图 2-34 为刮土直移作业。作业前,刮刀的铲土角调为 60°~70°,平面角调至 90°,倾角 0°。平地机以Ⅱ挡或Ⅲ挡速度前进,刮刀两端一起水平下降切入土中(在刮土直移作业中,一般刮刀切入土中的深度很小,被刮刀刮起的土壤被向前推送,少部分溢于两侧)。

刮刀刮土直移作业法适用于路基或场地最后精平工作及铺散材料等。

4. 机外刮土

图 2-35 为机外刮土作业。作业前,先将刮刀倾斜于机外,按照需要调整好一定的坡度角,刮刀的上端斜向行驶方向的前部,下端斜向行驶方向的后部。机械Ⅰ挡速度前进,刮刀贴向斜工作面,被刮下的土壤顺刀而下卸于两车轮之间。

机外刮土作业适用于修刷路堤、路堑边坡、边沟边坡等。

从上述各种作业中可以看出,平地机刮刀的各种角度调整是比较频繁而费时的,特别是刮刀上下升降控制切土深度。而带有自动找平装置的平地机,可以按照施工对象的要求,沿着一条基准线自动调整刮刀高度。这样不但能提高生产率,还可以保证工程质量。

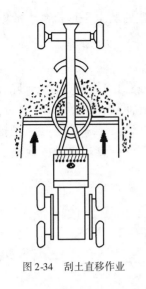

图 2-34　刮土直移作业

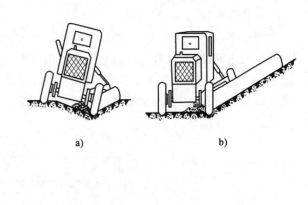

图 2-35　机外刮土作业
a) 修刷边坡边沟; b) 修刷路基路堑边坡

二、平地机施工作业

1. 修整路形

这种作业就是按照路堤、路堑的横断面图要求,将边沟开挖出的土送到路基中部,修成路拱。其施工顺序是:由路基的一侧开始前进,到达一路段的终点后掉头从另一侧驶回,如图 2-36 所示。平地机开始以较小的平面角采用刮刀刀角铲土侧移,将土壤从边沟处挖出,采用刮刀刮土侧移将土壤送到路基中间,最后用刮刀刮土直移将土堆刮平,使之达到设计高程。

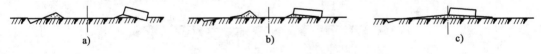

图 2-36　平地机修整路拱的施工顺序
a) 刀角铲土侧移; b) 刮刀刮土侧移; c) 刮刀刮土直移

铲土与送土的次数,应视路基宽度、边沟的大小、土壤的性质以及平地机的技术性能而定。通常,应先根据路基施工图纸的要求,设计好必要的工序及边坡土方铲出量,从一侧边沟挖出的土量应足够填铺同一侧路拱横坡所需的填土量,最后只需平整两三次,即可达到设计要求。

由于从边沟挖出的土是松的,当平地机驶过后,必然会出现轮胎印迹,这样在平地机第二层刮送土壤时,就很难掌握正确的标准,而且又不易把印迹刮平。为了使土壤铺筑达到要求,在刮第二层土壤时,最好用平地机在松土上返复行走,压实一遍。对于全轮转向的平地机,在刮送第一层土壤时,就将前后轮都转向,让机身侧置,这样前后轮刚好错开位置,此时平地机经过一次刮送,就可将前一行程的松土全部碾压一遍,有利于第二层的刮平,并容易掌握路拱横坡的标准。这也是全轮转向平地机的优点。

2. 修刷边坡

平地机修刷边坡作业,多用机外刮土进行。当路堤边坡坡度为 1:1.5～1:0.5,高度在 1.8m 以下时,用一台平地机单独作业;当路堤的高度在 4m 左右时,则用两台平地机上下联合作业,此时堤上的平地机应先行约 10m,堤下的平地机再开始工作。这样不会因堤上平地机刮下的土壤影响堤下平地机的作业,同时也便于堤下平地机按照堤上平地机刮出的坡度进行修刮,从而使两作业面很好吻合。

3. 开挖路槽

根据不同的设计方案,路槽的开挖有三种方式:第一种是把路基中间的土铲除,形成路槽,将挖出的土弃掉;第二种是在路基的两侧用土堆起两条路肩,形成路槽,使用这种方法,可以利用整形时的余土或预备土来堆填;第三种方式是将路槽开挖到设计深度的一半,把挖出的土修成路肩,这样挖填的土方量相等(设计时计算好),因此比前两种方式更经济合理。开挖路槽的施工顺序如图2-37所示。

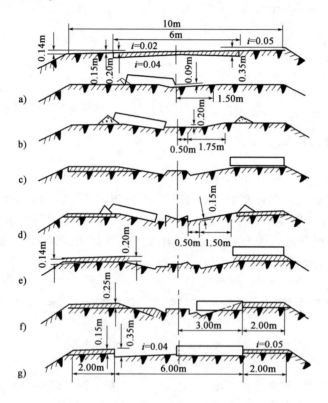

图2-37 平地机开挖路槽顺序

4. 路拌路面材料

在修筑碎石路面、加固土路面以及路面的稳定土层施工中,除了采用专用路拌机械外,也可用平地机的刮刀进行拌和作业。

在路基上拌和路面材料有三种方法,如图2-38所示。

(1)当土壤和拌和料(石灰或水泥)分层摊铺在路基上进行施工时,施工顺序是:首先用平地机齿耙把土壤耙松,并用刮刀刮平;再在其上摊铺结合料,也用刮刀刮平;然后开始拌和。

第一次先将料向外刮:第一行程,平地机先用刮刀沿路槽中线铲入,将土与结合料向外刮送,刮送时刮刀一定要触及硬土层,此时被铲除的土与结合料就在路肩上列成一堆;第二行程,刮刀沿路槽中线铲入,又把土和结合料堆向路肩另一边,形成第二土堆。所需铲刮次数视路槽宽度而定。这是第一次拌和。

第二次拌和是将各列土堆依次向路槽中心刮回,以后依次拌和以此类推,直到拌和均匀为止。最后用大平面角刮刀将拌和材料刮平并修成路拱,如图2-38a)所示。

(2) 当结合料堆置在路基中线上时,其拌和方法应先将路基中部的土翻松,再将结合料堆置在已翻松的土上。此后用刮刀将土壤和结合料向两边铲开,这样一次就能完成初拌和的效果。此后和前述相同,向内外交替刮拌,直至拌和均匀为止。再将路面修成一定拱度,如图2-38b)所示。

(3) 当结合材料堆置在两侧路肩时,由于两种材料呈长条堆形状,应首先将一侧材料刮至路基中间铺平,再将另一侧的材料刮入,铺在第一层材料上。尔后按照在路基上拌和土壤和结合料的方式进行拌和和铺平,如图2-38c)所示。

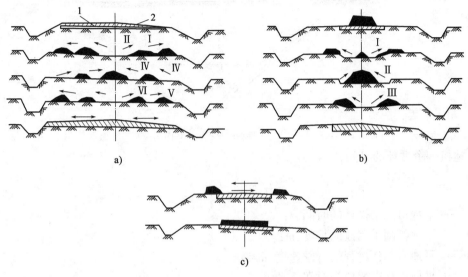

图 2-38 平地机路拌材料顺序示意图

三、平地机生产率

根据施工对象不同,平地机生产率计算方法各异。

1. 平地机生产率的一般计算方法

$$Q = \frac{3\,600 A K_{\mathrm{B}} L}{t_{\mathrm{T}} \phi K_{\mathrm{S}}} \tag{2-7}$$

式中:Q——平地机的生产率,m^3/h;

A——刮刀每次铲削土壤的面积,m^2;

L——平地机每一工作行程的长度,m;

ϕ——两行程之间重叠系数(1.15~1.7);

K_{B}——时间利用系数(0.85~0.9);

K_{S}——土壤松散系数,见表2-2;

t_{T}——平地机一个循环的时间,s。

刮刀每次刮削土壤的面积 A 与刮刀长、平面角和切土深度有关,它应是刮刀纵向投影面上的一个小三角形面积,如图2-39所示。一般情况下,铲土时刮刀切入土中的宽度相当于刀

身的 1/3～1/2,因此,刮刀的刮土面积 A 为:

$$A = \left(\frac{1}{6} \sim \frac{1}{4}\right) lh\sin\alpha\cos\beta \qquad (2-8)$$

式中:l——刮刀长度,m;
　　　h——刮刀切土深度,m;
　　　α——刮刀的平面角,°;
　　　β——刮刀的倾斜角,°。

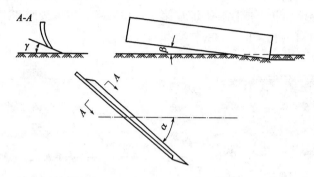

图 2-39　平地机刮刀铲土面积图

平地机一个循环的时间 t_T 应为:

$$t_T = \frac{L}{V} + t_1 \qquad (2-9)$$

式中:t_T——平地机一个循环的时间,s;
　　　L——平地机刮土路段的长度,m;
　　　V——平地机工作过程的行驶速度,m/s;
　　　t_1——平地机终点的掉头时间,s。

2. 平地机用作路基整形时的生产率计算方法

平地机路基整形时的作业有铲土、侧移和直移三道工序。而三道工序的作业行程也不同。铲土作业行程数:

$$n_1 = \frac{A\phi}{2A'} \qquad (2-10)$$

式中:n_1——铲土作业行程数;
　　　A——两侧取土坑的断面面积,m²;
　　　A'——刮刀每次铲土面积,m²;
　　　ϕ——两行程中的重叠系数(1.1～1.2)。

侧移作业行程数:

$$n_2 = \frac{L_0 \phi_2}{L_n} \qquad (2-11)$$

式中:n_2——侧移行程数;
　　　L_0——路基一侧需移土的平均距离,m;
　　　L_n——平地机刮刀一次可侧移的距离,由刮刀调整的平面角 α 而定,m;
　　　ϕ_2——移土中两行程重叠系数(1.1～1.2)。

最后直移作业行程数,只考虑刮平,一般取直移过程行程数 $n_3 = 2$ 或 3 次即可。

由于平地机在路基整形时,每走完一个行程有两次掉头,因此在完成 L 长一段路基的全部整形工作时,所用时间为:

$$t_T = 2L\left(\frac{n_1}{V_1} + \frac{n_2}{V_2} + \frac{n_3}{V_3}\right) + 2t_1(n_1 + n_2 + n_3) \tag{2-12}$$

式中:V_1、V_2、V_3——平地机铲土、侧移和直移三过程的运行速度,m/s;

t_1——每次掉头时间,s。

所以,平地机修整路形时的生产率为:

$$Q = \frac{3600 LAK_B}{2L\left(\frac{n_1}{V_1} + \frac{n_2}{V_2} + \frac{n_3}{V_3}\right) + 2t_1(n_1 + n_2 + n_3)} \tag{2-13}$$

式中:L——修整的路段长度,m。

3. 平地机整平场地时的生产率计算方法

平地机整平场地时,只考虑刮刀的平面角,而不考虑倾斜角,其生产率计算如下:

$$Q = \frac{3600 L(l\sin\alpha - 0.5)K_B}{n\left(\frac{L}{V} + t_1\right)} \tag{2-14}$$

式中:Q——平地机的生产率,m^2/h;

L——整平路段长度,m;

l——刮刀宽度,m;

K_B——时间利用系数(0.85～0.95);

n——整平好一段所需行程数;

α——刮平的平面角,°;

V——整平时的行驶速度,m/s;

t_1——掉头所需时间,s。

从上述公式中可以看出,平地机每次的行程长度越长,所刮的土壤也越多,相对的行程次数减少,掉头也减少。因为平地机机轴距大,每次掉头所需的时间较其他机械要长得多,因此应尽可能地减少掉头次数。工作过程中切土深度、平面角、铲土角以及切土宽度都视土壤性质而定,其中铲土角和平面角在刮刀调整后,在一个行程中是不变的;切土深度在一个行程中视土壤性质进行调整,只有在土壤性质不同、移送距离不同时,才对铲土角和平面角进行调整。

施工中如果只用一台平地机修整路形,就必须经常停车去调整各个角度,从而使非生产时间增加。如果选用 2～3 台平地机联合作业,分别承担不同的作业内容,工作中停车调整减少,则能大大提高工作效率。

第四节　挖掘机作业

挖掘机(图 2-40)是利用挖斗来挖取土壤,并将土壤卸在自卸汽车上,或者将挖取的土壤直接卸在弃土场上的一种土方工程机械,它是土石方工程施工的主要机械。据统计,工程施工中约60%以上的土石方是挖掘机械完成的。其特点是效率高、产量大、机动性较差。

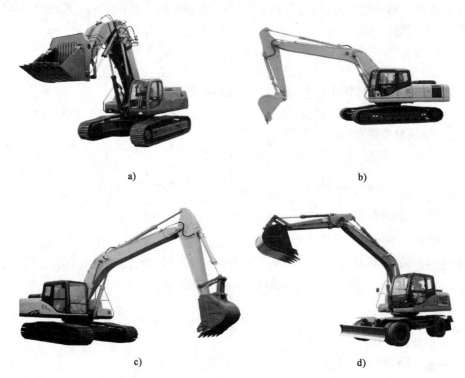

图 2-40 挖掘机
a)正铲式挖掘机;b)反铲式挖掘机;c)履带式挖掘机;d)轮式挖掘机

一、挖掘机的工作过程与基本作业

1. 正铲式挖掘机

（1）工作过程：正铲式挖掘机是循环作业式机械，每一工作循环包括挖掘、回转、卸料和返回四个过程，如图2-41所示。

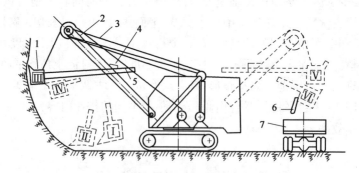

图 2-41 正铲式挖掘机工作过程简图
1-铲斗;2-动臂;3-铲斗提升钢索;4-鞍形座;5-斗杆;6-斗底;7-自卸汽车；Ⅰ～Ⅵ-挖掘过程顺序

①挖掘过程：先将铲斗下放到工作面底部（Ⅰ），然后提升铲斗，同时使斗柄向前推压（有的小型挖掘机依靠动臂下降的重力来施压），斗内装满土料（Ⅱ→Ⅲ）。

②回转过程:先将铲斗向后退出工作面(Ⅳ),然后回转,使动臂带着铲斗转到卸料处上空(Ⅴ)。在此过程可适当调整斗的伸出度和高度适应卸料要求,以提高工效。

③卸料过程:打开斗底卸料(Ⅵ)。

④返回过程:回转挖掘机转台,使动臂带着空斗返回挖掘面,同时放下铲斗,斗底在惯性作用下自动关闭(Ⅵ~Ⅰ)。

(2)基本作业:在正铲式挖掘机工作过程中,随着挖掘工作的进展,工作面离机械越来越远,当到达一定程度后(例如斗柄伸出2/3时),挖掘机必须向前移动一段距离才能继续工作。挖掘机在挖掘过程中不断向前推进,逐渐扩大挖掘范围,这时根据施工要求,正铲式挖掘机基本作业可采用侧向开挖法、正向开挖法或中心开挖法。

侧向开挖法

侧向开挖法如图2-42所示。挖掘机在工作中只挖一侧工作面,另一侧敞开,作为自卸汽车与挖掘机的运行路线,是平行的,在挖掘机的侧面装料。它的主要优点是,卸土时动臂回转角度可小于90°,自卸汽车可以一辆接一辆地依次装车,不需倒车,工作循环时间缩短,效率高。缺点是挖土宽度为最大宽度的60%~70%,由于挖掘面积小,因此需经常向前移位。

正向开挖法

正向开挖法如图2-43所示。挖掘机以最大挖土宽度在挖掘断面上直通挖进,即挖掘机的正面和两侧均为工作面,挖掘机逐渐向前推进,自卸汽车在机后两侧待装。它的主要优点是,机械移位次数较少。缺点是由于自卸汽车是停在机械后面,卸土时动臂转角较大(必须大于90°),增加了每一循环时间,降低挖掘机的生产效率,而且运输线路较窄,车辆必须倒进去,或者在窄道掉头,造成车辆拥挤,调度困难,影响挖掘机卸料。

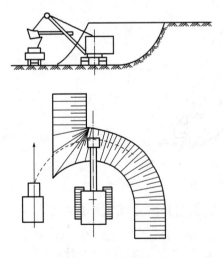

图2-42 侧向开挖法

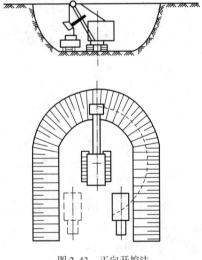

图2-43 正向开挖法

中心开挖法

中心开挖法如图2-44所示。是为了提高正向挖掘的效率,由正向开挖法适当演变而成。开挖时先从挖掘区宽度的中心做正向开挖[图2-44a)],当向前挖至转角超过90°时,就转向两侧开挖[图2-44b)],自卸汽车均按"八"字形停车待装。这样不仅可以保证挖掘机移位方便,平均卸料回转半径小于90°,而且自卸汽车调车也较方便。

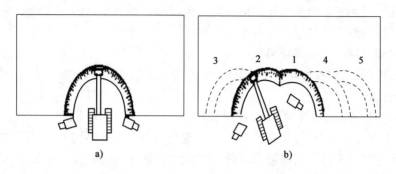

图 2-44 中心开挖法

2. 反铲式挖掘机

(1)工作过程:反铲式挖掘机工作过程如图 2-45 所示,先将铲斗向前伸出,让动臂带着铲斗落在工作面上(Ⅰ);然后将铲斗向着挖掘机方向拉转,从而在动臂和铲斗等重力以及牵引索的拉力作用下,使斗内装满土(Ⅱ);将斗保持(Ⅱ)状态连同动臂一起提升到(Ⅲ),再回转至卸料处进行卸料。反铲有斗底可打开式与不可打开式两种。前者可准确地卸料于自卸汽车上(Ⅳ),后者需将铲斗向前伸出,使斗口朝下卸料(Ⅴ)。

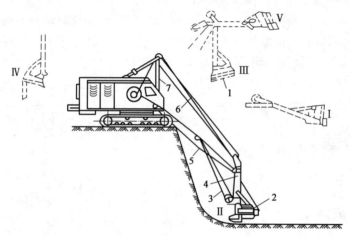

图 2-45 反铲式挖掘机工作过程简图
1-斗底;2-铲斗;3-牵引钢索;4-斗杆;5-提升钢索;6-前支架;7-Ⅰ~Ⅴ工作过程

(2)基本作业:反铲式挖掘机有两种基本挖掘方式:沟端开挖法和沟侧开挖法。

沟端开挖法

沟端开挖法如图 2-46a)所示。挖掘机停在沟端,开挖时逐渐倒退向后延伸挖掘。开挖窄沟时,装土的自卸汽车可停在沟侧,动臂只要回转 45°即可卸料。如果所挖沟宽度为机械的最大挖掘半径 2 倍时(即机械每停置一处在 180°的回转范围挖掘),车辆只能放置在沟端未挖这一侧(挖掘机后退方向),挖掘机反转 90°回转才能卸料。

此法在挖掘更宽的沟渠时,可采用分段开挖[图 2-46b)]。机械在倒退挖到尽头后再换位置反向开挖毗邻一段。每段宽度不宜过大,以保证车辆停在沟侧。这样可减少挖掘机回转角度,提高生产效率。此法挖出沟的边坡较陡,可达到垂直。

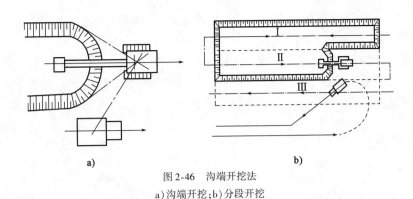

图 2-46 沟端开挖法
a) 沟端开挖;b) 分段开挖

沟侧开挖法

沟侧开挖法如图 2-47 所示。挖掘机停在沟侧,车辆停在沟端,机械作 90°回转卸料。由于每循环所用的时间短,所以效率高。但挖掘机始终沿沟侧行驶,因此开挖过的沟边坡较大。

这种开挖方式是反铲式挖掘机的辅助作业方式,路侧取土坑取土直接填筑路堤。当土质条件较理想时,可以采用这种作业方式。

3. 拉铲式挖掘机

(1) 工作过程:拉铲式挖掘机的工作过程如图 2-48 所示。首先将铲斗以提升钢索 2 提升到位置(Ⅰ),拉收和放松牵引钢索 3,使斗在空中前后摆动(视情况也可不摆动),然后共同放松提升钢索和牵引钢索,铲斗就被抛掷在工作面上(Ⅱ→Ⅲ)。然后拉动牵引钢索,铲斗在自重作用下切

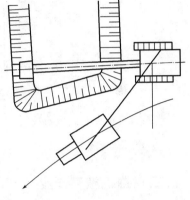

图 2-47 沟侧开挖法

入土中,使铲斗装满土(Ⅳ)(一般情况下当铲斗拉移 3~4 倍长的距离时,可装满)。然后提升铲斗,同时放松牵引钢索,使铲斗保持在斗底与水平面呈 8°~12°仰角,不让土料撒出。在提升铲斗的同时将挖掘机回转到卸载处。卸料时制动提升钢索,放松牵引钢索,斗口就朝下卸料。再转回工作面进行下一次挖掘。

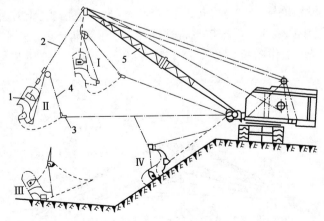

图 2-48 拉铲工作过程简图
1-铲斗;2-提升钢索;3-牵引钢索;4-卸料索;5-动臂;Ⅰ~Ⅳ-工作过程顺序

(2)基本作业:拉铲式挖掘机有两种基本挖掘方式:沟侧开挖法和沟端开挖法。

沟侧开挖法

挖掘机机位于沟侧,挖宽可等于或大于甩斗法的挖掘半径。此外在弃土场工作时,可以使土壤甩出的距离较远。这种开挖方法主要用来取土填筑路堤和开挖基坑,如图2-49a)所示。

沟端开挖法

挖掘机停在沟的一端,如图2-49b)所示,开挖的宽度可达挖掘半径的2倍,开出沟渠的边坡较陡,可以两侧卸土。

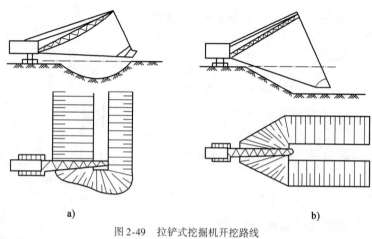

图2-49 拉铲式挖掘机开挖路线
a)沟侧开挖;b)沟端开挖

二、挖掘机施工作业

挖掘机施工时,不论是开挖路堑还是填筑路堤,都必须与运输车辆配合,只是前者开挖要符合路堑横断面的要求,而后者则不受限制。

1. 开挖路堑

在开挖路堑时,应严格按照路堑纵横断面图取土,不允许超挖,同时应尽量少留土。为了正确作出路堑开挖施工方案,在开挖前首先要掌握有关资料,如路堑纵断面图(图2-50),了解该路堑的路线高程、里程桩号、土方量、土壤性质等。根据土壤性质、土方量、施工进度要求等情况,选择铲斗形式、斗容量。再根据挖掘机性能(斗臂和斗柄长度、挖掘半径、挖掘高度等)设计挖掘工作断面图。工作断面图应严格规定断面开挖层次、机械与运输车辆的停车位置等。

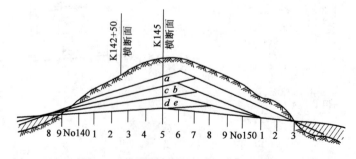

图2-50 路堑纵断面及挖掘机掘进道示意图

(1)正铲式挖掘机开挖路堑:有两种方法,即全断面开挖和分层开挖。如路堑的深度在5m以下时,可采用全断面正向开挖,挖掘机一次向前开挖至路堑设计高程。自卸汽车在同一平面上,它可以布置与挖掘机并列或在其后,如图2-51所示。这样施工比较简单,但挖掘机必须横向移位,方可挖掘到设定宽度。

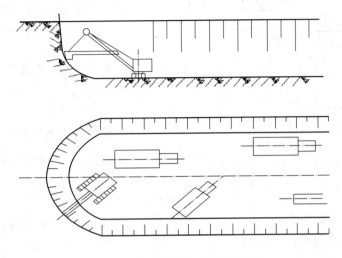

图2-51 正铲式挖掘机全断面开挖路堑

当路堑深度超过5m时,应分层开挖。即挖掘机在纵向行程中先把路堑开挖一部分,自卸汽车布置在一侧与挖掘机开挖路线平行。这样往返开挖几个行程,直至将路堑全部开通,如图2-52所示。第一开挖道工作面的最大高度不应超过挖掘机的最大挖土高度,一般以停在路堑边缘的车辆能装料即可。至于其他各次的开挖道都可以按要求位于同一水平之上,这样可利用前次开挖好的开挖道路线。

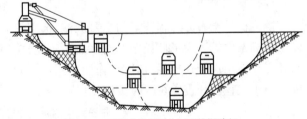

图2-52 正铲式挖掘机分层开挖深路堑

挖掘机各次开挖后在边坡上留下的土角,可以用推土机或挖掘机修整。

(2)反铲式挖掘机开挖路堑:由于反铲式挖掘机适于开挖停机面以下的土壤,因此挖掘机应布置在路堑顶两侧进行,根据情况选用沟端法或沟侧法开挖。

2.填筑路堤

挖掘机由取土坑或取土场取土填筑路堤时,对挖掘机来说工作比较简单,只要按照以上所介绍的几种形式进行作业,并在选定的取土场开辟有利地形的工作面,挖出所要求的土壤即可。但是挖掘机如何与自卸汽车配合,则应很好组织。图2-53为正铲式挖掘机与自卸汽车配合填筑路堤时的运行路线图。挖掘机在取土场有四个掘进道,而车辆的运行路线是根据路堤边桩分层,有序地填筑,每层厚度为30~40cm。填土可用车辆本身压实,或用压路机碾压。

挖掘机与自卸汽车配合作业时,所需车辆数除与挖掘机、车辆的性能有关外,同时与运输距离、道路状况、驾驶员的素质有关。另外也与平整土壤和压实的机械能力有关。因此应尽可

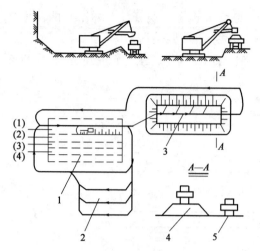

图 2-53 正铲式挖掘机与自卸汽车配合的运行路线图
1-取土场；2-不适用的废弃土；3-重车道；4-路堤；5-自卸汽车

能使这些机械发挥最大效能。

所需自卸汽车数，可以通过估算得出数量，然后通过实践再进一步落实，使所需车辆数量即能满足挖掘机不断工作的要求，又不使汽车停置不用。

所需自卸汽车可用式(2-15)计算：

$$n = \frac{t_1}{t_2} \qquad (2-15)$$

式中：n——所需自卸汽车数量；

t_1——自卸汽车一个循环(装、运、卸、回)所用时间，min；

t_2——挖掘机装满一车所需时间，min。

为了使挖掘机与车辆更经济合理地配合，车厢的容积应为挖掘机斗容的整数倍，一般不低于 $1:3 \sim 1:4$。

挖掘机施工中，由于涉及自卸汽车、推土机(或平地机)、压实机械等，因此利用挖掘机进行公路土方的开挖与填筑作业，实际上是以挖掘机为主，组成一个路基工程施工机群进行施工，有关这方面的内容，将在后面章节中叙述。

三、挖掘机使用范围与生产率计算

1. 挖掘机使用范围

挖掘机是土石方工程施工的主要机械，选用挖掘机施工时要考虑地形条件、工程量的大小以及运输条件等。为了使挖掘机发挥最大效能，使用挖掘机时应考虑最小工程量和最低工作面高度。使用正铲式挖掘机时，工作面的最小高度如表 2-5 所列。使用正铲式和拉铲式挖掘机时最小工程量如表 2-6 所列，否则很不经济。

正铲式挖掘机工作面最小高度   表 2-5

斗容量(m^3) \ 工作面高度(m) \ 土壤级别	1.5	2.0	2.5	3.0	3.5	4.0	5.0
Ⅰ~Ⅱ	0.5	1.0	1.5	2.0	2.5	3.0	—
Ⅲ	—	0.5	1.0	1.5	2.0	2.5	3.0
Ⅳ	—	—	0.5	1.0	1.5	2.0	2.5

正铲、拉铲式挖掘机最小工程量   表 2-6

铲斗容量(m^3)	正铲式挖掘机		拉铲式挖掘机	
	工程量(m^3)	土壤级别	工程量(m^3)	土壤级别
0.5	15 000	Ⅰ~Ⅳ	10 000	Ⅰ~Ⅱ
0.75	20 000	Ⅰ~Ⅳ	15 000	Ⅰ~Ⅱ
0.75	—	—	12 000	Ⅲ

续上表

铲斗容量(m³)	正铲式挖掘机		拉铲式挖掘机	
	工程量(m³)	土壤级别	工程量(m³)	土壤级别
1.00	15 000	Ⅴ~Ⅵ	15 000	Ⅰ~Ⅱ
1.00	25 000	Ⅰ~Ⅳ	20 000	Ⅲ
1.50	25 000	Ⅴ~Ⅵ	20 000	Ⅰ~Ⅱ

如果工程量较小,但又必须用挖掘机施工时,可选用斗容量较小、机动性强的轮式全液压挖掘机比较经济合理。

挖掘机适用于在如下的土壤和物料工作:

(1)工作物为Ⅰ~Ⅳ级土壤和松动后的Ⅴ级以上土壤和物料。

(2)可用于装载和开挖爆破后的石方以及不大于斗容的石块。

机械传动的正铲挖掘机,其工作面只能在停机面上,而机械传动的反铲挖掘机,其工作面只能在停机面以下。液压传动、液压操纵的正反铲挖掘机,其工作面不受这种限制。

2. 挖掘机生产率

单斗挖掘机的生产率主要取决于铲斗的容量、工作速度以及被挖土壤的性质,可按式(2-16)计算:

$$Q = qn\frac{K_H}{K_S}K_B \tag{2-16}$$

式中:Q——挖掘机生产率,m³/h;

q——铲斗几何容量,m³;

K_H——铲斗充满系数;

K_S——土壤松散系数;

K_B——时间利用系数(0.7~0.85);

n——挖掘机每小时工作次数,其计算公式如下:

$$n = \frac{3\ 600}{t_1 + t_2 + t_3 + t_4 + t_5} \tag{2-17}$$

式中:t_1——挖掘机挖土时间,s;

t_2——自挖土处转至卸土处的时间,s;

t_3——调整卸料位置和卸土时间,s;

t_4——空斗返回挖掘面的时间,s;

t_5——铲斗放至挖掘面始点的时间,s。

铲斗充满系数K_H为铲斗所装土壤体积与铲斗几何容积的比率,由于土壤的性质和工作装置的形式不同,其最大值如表2-7所示。挖掘机每小时的挖掘次数可参考表2-8。

挖掘机铲斗充满系数最大值　　表2-7

材料	湿土壤、砂黏土、表皮土	砂砾石、压实土壤	硬黏土	爆破良好岩石	爆破不好岩石
充满系数	1~1.25	0.95~1.25	0.8~1.00	0.65~0.85	0.5~0.65

挖掘机每小时挖掘次数　　　　　　表 2-8

工作装置	斗容量(m³)			
	0.5	0.5	1	2
正铲	215	200	180	160
反铲	175	155	145	—
抓斗	175	155	145	125
拉斗	160	150	135	—

从上述有关挖掘机的施工过程和施工组织可以看出，提高挖掘机的生产率应从以下几方面进行：

一是施工组织设计方面。与挖掘机配合的自卸汽车应尽量达到挖掘机生产能力的要求，而装载的容量应为铲斗容量的整数倍。要采取适当的施工作业方法，挖掘机卸料与车辆装料的位置，应尽可能在挖掘机铲斗卸土所能及的圆弧线上，减少不必要的调整时间，从而可以提高装车效率。

此外自卸汽车的行驶路线，在施工组织中应事先拟定好，清除不必要的上坡道。对于挖掘机的各掘进道，必须做到各有一条空车放送道，以免进出车辆相互干扰。各运行道应保持良好状态，以利运行。

二是施工技术操作过程方面。挖掘机驾驶员应具有熟练的操作技能，以缩短每一个工作循环的时间，由于技术熟练，可以使工作过程进行联合操作，进一步缩短工作循环时间。

此外挖掘机的技术状况，铲斗斗齿的锋利程度等，对挖掘机生产率都有影响，根据试验，当斗齿磨损到不能使用时，铲土时其切削阻力将增加 60%～90%。所以在施工中应注意斗齿的磨损情况，损坏后应及时修复或更换新齿。

第五节　装载机作业

装载机（图 2-54）是一种兼有推土机和挖掘机两者工作能力，可以进行挖掘、推运、平整、装卸和牵引等多项作业的土方工程机械。可用于装载松散物料、爆破后的碎石及对土壤作轻度的铲掘工作，同时还能用于清理、刮平场地、短距离装运物料等作业。其优点是适应性强，作业效率高，操纵简便，是一种发展较快的循环式作业机械。

一、装载机基本作业与铲装方法

装载机的基本作业由铲装、转运、卸料和返回四个工作过程组成（图 2-55）。其工作过程如下：

（1）对松散物料的铲装作业：首先将铲斗放在水平位置，并下放至与地面接触，然后以一、二挡速度（视物料性质）前进，使铲斗斗齿插入料堆中，如图 2-56a）所示。此后，边前进边装满，将铲斗升到运输位置（离地约 50cm）再驶离工作面进入转运过程，如图 2-56b）所示。如装满有困难时，可操作铲斗的操作杆，使铲斗作上下颤动，如图 2-56c）所示，或稍举动臂。其装载过程如图 2-56 所示。

图 2-54 装载机

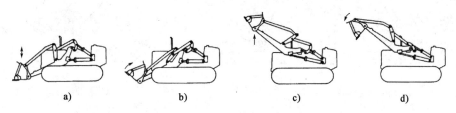

图 2-55 装载机基本作业
a)铲装过程;b)转运过程(1);c)转运过程(2);d)卸料过程

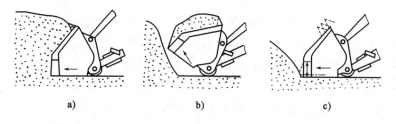

图 2-56 装载机铲装松散物料

(2)铲装停机面以下物料的铲装作业:铲装时应先放下铲斗并转动,使其与地面成一定的铲土角,然后前进,使铲斗切入土中,切土深度一般保持在 150~200mm,直至铲斗装满,然后将铲斗举升到运输位置,再驶离工作面运至卸料处。铲斗下切的铲土角为 10°~30°。对于难铲的土壤,可操纵动臂使铲斗颤动,或者稍改变一下切入角度。其装载过程如图 2-57 所示。

图 2-57 装载机铲装停机面以下土壤

(3)对于土丘的铲装作业：铲装土丘时，装载机采用分层铲装法或分段铲装法。采用分层铲装法时，装载机向工作面前进，随着铲斗插入工作面，逐渐提升铲斗，或者随后收斗直至装满，或者装满后收斗，然后驶离工作面。开始作业前，应使铲斗稍稍前倾。这种方法由于插入不深，而且插入后又有提升动作的配合，所以插入阻力小，作业比较平稳。由于铲装面较长，可以得到较高的充满系数，如图 2-58 所示。

如果土壤较硬，也可采取分段铲装法。这种方法的特点是铲斗依次进行插入动作和提升动作。作业过程是铲斗稍稍前倾，从坡角插入，待插入一定深度后，提升铲斗。当发动机转速降低时，切断离合器，使发动机恢复转速。在恢复转速过程中，铲斗将继续上升并装一部分土，转速恢复后，接着进行第二次插入，这样逐段反复，直至装满铲斗或升到高出工作面为止，如图 2-59 所示。

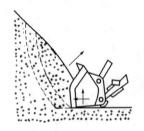 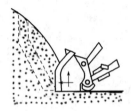 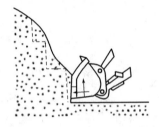

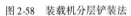

图 2-58　装载机分层铲装法　　　　　　　图 2-59　装载机分段铲装法

二、装载机施工作业

装载机施工作业主要是与自卸汽车配合填筑路堤。同挖掘机与自卸汽车配合大致相同，只是挖掘机铲装后靠铲斗回转至装车处卸土，而装载机靠移动整机至装车处卸土。

在施工中，装载机的转运、卸料与自卸汽车停车位置配合的好坏，对生产率影响较大，因此合理地组织施工十分重要。一般的组织原则是根据堆场的大小和料堆的情况，尽可能做到来回行驶距离短、转弯次数少。最常用的组织方式有"V"形和"穿梭"式。

(1)"V"形是车辆停在一个固定位置，与铲装工作面的方向斜交或垂直，如图 2-60 所示。装载机装满料后，在倒车驶离工作面的同时转向 30°~45°，然后对准车辆向车内卸料。卸料后在驶离车辆时，也同样转向 30°~45°，然后对准工作面前进，进行下一次铲装。

这种方法对于铰接式装载机特别有利，铲斗装满后只需后退 3~5m，即可转向驶向车辆卸料。有时为了更好地配合自卸汽车，也可采用双"V"形，即两台装载机分别从两侧对一台车辆装载，这样可以进一步缩短装车时间。此法适用于场地较宽的场合。

(2)当场地较窄时，装载机可采用"穿梭"式装车。这种方式是装载机只在垂直工作面的方向前进、后退，而自卸汽车则在装载机与工作面之间像"穿梭"一样来回接装与驶离，如图 2-61 所示。车辆待装位置可以平行于工作面，也可与工作面斜交。装载机驶离工作面的距离一般不超过 6~10m，使车辆能安全通过即可。这种方式的优点是装载机不需反复转向，一方面减少机械磨损，另一方面降低工人劳动强度。但是两者必须配合默契，否则会相互等待，干扰工作。

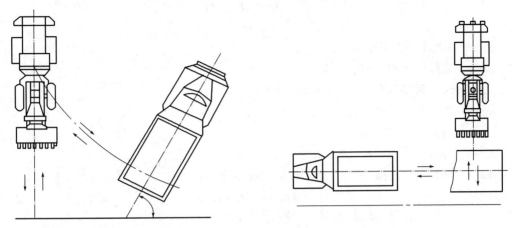

图 2-60　采用"V"形装车　　　　　图 2-61　采用"穿梭"式装车

总之,装载机与自卸汽车配合装车必须根据料场的地形、地质以及材料的类别和周围环境不同,来选择不同性能的装载机和作业方法。

三、装载机的使用范围与生产率计算

1. 装载机的使用范围

装载机的使用范围主要取决于使用场所、土石料特性和工作环境,使用时应注意以下几点。

(1)装载机的经济合理运距。装载机在运距和道路坡度经常变化的情况下,如果整个采、装、运作业循环时间少于 3min,自铲自运是经济合理的。

轮胎式装载机与自卸汽车配合工作的合理运距见表 2-9,它与设计年土石方生产量、装载机斗容和装载量有关。加大装载机容量就可增加合理运距。

轮胎装载机与自卸汽车配合的合理运距　　　　表 2-9

年生产量(10 000t)	10	30		50		80		100 以上	
自卸汽车载重量(t)	10	10	27	10	27	10	27	10	27
装载机重量(t)	装载机合理运距(m)								
2	470	170	260	110	160	80	110	71	65
4	760	280	450	190	280	130	190	118	108
5	920	350	540	240	340	170	230	155	143
9.9		800	1190	560	750	400	520	384	347
16		890	1330	630	830	440	570	432	387

(2)装载机的斗容与自卸汽车车厢容积的匹配。通常以 2~4 斗装满一车厢为宜,车厢长度要比装载斗宽大 25%~75%,装载机铲斗 45°倾斜卸载时,斗齿最低点的高度要比车厢侧壁高 0.2~1m。

(3)充分发挥装载机的效率。应充分考虑装载机作业循环时间、装载机行走与转弯速度。

2. 装载机生产率的计算

装载机生产率按式(2-18)计算:

$$Q_\mathrm{T} = \frac{3\,600 q K_\mathrm{B} K_\mathrm{H} t_\mathrm{T}}{t K_\mathrm{S}} \tag{2-18}$$

式中：Q_T——装载机生产率，m^3/h；
q——装载机额定斗容量，m^3；
K_B——时间利用系数，一般取 0.75～0.85；
K_H——铲斗充满系数，见表 2-10；
t_T——每班工作时间，h；
K_S——物料松散系数，一般取 1.25；
t——每装一斗的循环时间，s，可按式(2-19)计算：

$$t = t_1 + t_2 + t_3 + t_4 \tag{2-19}$$

式中：t_1、t_2、t_3、t_4——铲装、载运、卸料、空驶所用的时间，s。

铲斗的充满系数 K_H　　　　　　　　　表 2-10

物　料	K_H	物　料	K_H
砂石、砂	0.83～0.90	普通土	0.9～1.0
湿的砂混合料	0.93～1.0	爆破后的碎石卵石	0.85～0.95
湿的砂黏土	1.0～1.1	爆破后的大块岩石	0.85～0.95

第六节　土方压实机械作业

压实机械是一种利用机械自重、振动或冲击等方法，对被压实材料重复加载，排除其内部的空气和水分，使之达到一定密实度和平整度的工程机械。

压实是保证公路工程质量的重要环节。其作用在于提高土壤的密实度，降低土体的透水性，减小毛细水的上升高度，防止水分积累和侵蚀，或因冻胀而引起不均匀的变形，以保证公路强度和稳定性。

一、土壤的压实原理及压实特性

1. 土壤的压实原理

大多数情况下，土都是"三相"结构，即由土粒、水分和空气组成，它们都具有各自的特性，并相互制约于一个统一体中，构成了土的各种物理特性（渗透性、黏滞性、弹性、塑性和力学强度等）。若三者的组成情况发生改变，则土的物理性质也随之改变。

压实就是用机械的方法改变土的结构，以达到提高土的强度和稳定性的目的。

土受压时，土粒空隙里空气的极少部分在压力作用下溶于水中，大部分空气被排出土外，而土粒则不断靠拢，重新排列成密实的新结构。土粒在外力作用下不断地靠拢，使土的内摩擦力和黏结力也不断增加，于是就相应地提高了土的强度。同时，由于土粒不断靠拢，使水分进入土体的通道减小而阻力增加，于是就降低了土的渗透性，减小了毛细水的上升高度，防止了水分的积累和侵蚀而导致的土基软化，或因冻胀而引起的不均匀变形，保证路基在全年各季节内都具有足够的力学强度。

2. 土壤的垂直载荷与沉陷的关系

土壤是压实机械的作业对象和支承基础,它的性状直接决定着压实机械的作用效能。土壤受压时,开始时空气排出较快,以后逐渐减慢,当压到一定程度后,空气几乎不再排出,如再压只能使土壤产生弹性变形。

压实机械在压实作业或行驶过程中,土壤受到压缩。由于土壤是土粒、水、空气三相组成的复合材料,很难用单纯的理论分析。通常用实验方法建立某些经验公式来表示压实机械与土壤的相互作用关系。

施加均布载荷于一块代表充气轮胎或履带接地面积的平板上,其静止沉陷量 Z 和压力 p 之间的关系如图 2-62 所示。该曲线可用以下经验公式表示:

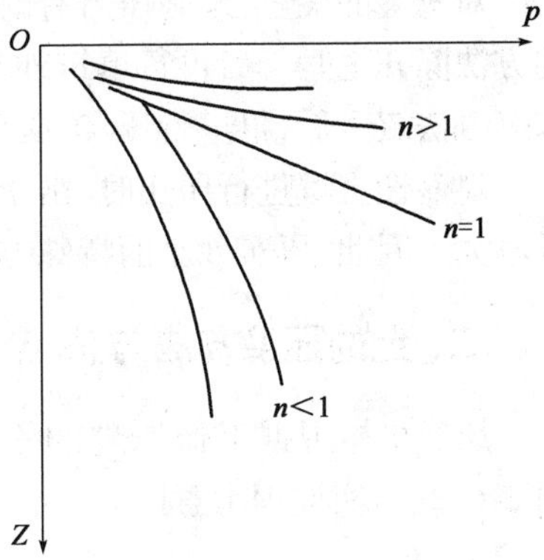

$$p = KZ^n \qquad (2-20)$$

图 2-62 土壤的沉陷量与压力关系曲线

式中:K——土壤的变形模数;
　　　n——土壤的变形指数。

图中曲线根据 n 值分为两组:$n<1$ 时为软弱土壤,在重复载荷作用下可能碎裂而失去强度;$n>1$ 时为不密实土壤,在重复载荷作用下变得密实而坚硬。

3. 土壤的压实特性

机械压实是一种动力作用,根据试验结果,土壤压实有以下规律:

(1)同一种类型的土壤,在同样的施压条件下,如果含水率不同,压实的密度也不相同。土壤含水率过高或过低其密实度都不能达到最大,土壤最佳含水率时的密实度见表 2-11。

各种土壤的最佳含水率和最大密实度　　表 2-11

土壤类别	最佳含水率(%)	最大密实度(kg/cm³)	土壤类别	最佳含水率(%)	最大密实度(kg/cm³)
砂土	8~12	1.8~1.88	亚黏土	12~15	1.85~1.95
亚砂土	9~15	1.85~2.08	重亚黏土	16~20	1.67~1.79
粉土	16~22	1.61~1.80	黏土	19~23	1.58~1.70
粉质亚砂土	18~21	1.65~1.74			

(2)对同一种土壤增加施压次数,可以在较小的含水率下得到较大的密实度,但这是有限度的。当达到这一限度后,如果还要提高密实度,就应增加施压的重量,但也有限,当达到这一限度后,再增加重量和施压次数,也只能引起弹性变形。

(3)土壤在外力作用下,所得到的压实效果是表层的密实度大,随着深度的增加其密实逐渐递减。

(4)非黏性土与黏性土的压实度是不相同的。前者在静力作用下压缩性较小,而在动力作用下,特别是在振动作用下很易压实。黏性土在含黏土颗粒多,或者含水分过多时,都不易压实。

从上述规律中可知,含水率的多少是直接影响土壤压实的一个重要因素。一般情况下自然土的含水率大多接近最佳含水率,因此,施工中对新铺土应及时压实。此外压实机械的重量、施压次数和分层厚度都会影响压实效果。对于一定重量的压实机械,如果增加压实次数,可以使土壤在较小的含水率下得到较大的密度,但这是有限的。如需进一步增加密实度则应增加压实机械的重量,或减少每压实层的厚度。

对较湿的黏土,经施压后有时会出现弹簧现象,这时必须进行处理,否则无法压实。处理的方法除开挖晒干后再行填筑外,对于大面积的弹簧土地段,可采用挖明沟、挖土井或设置脊沟等方法疏干后,再进行压实,必要时应将弹簧土挖掉,另换干土、砂砾土、煤渣等。

对砂性土壤进行压实时,由于水分不断地从砂土中渗透,虽然当时湿润,但瞬时即干,故效果不大。因此,压实砂土的特殊方法就是大量洒水,这样方可获得较好的压实效果。

二、土的压实方法与特点

压实机械根据工作原理的不同可分为静力压实、冲击压实和振动压实三种基本方法。图 2-63 是压实原理示意图。

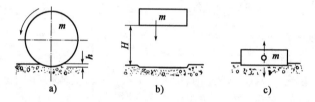

图 2-63　压实原理示意图
a)静力压实;b)冲击压实;c)振动压实

1. 静力压实

静力压实[图 2-63a)]是利用机械自身重力产生的静滚压力作用,迫使被压实材料产生永久性变形而达到压实的目的。静力压实机械由于受机械自重的限制,其压实深度和密实度受到一定的局限。静力压实机械的特点是循环延续时间长,材料应力状态的变化速度不大,但应力较大,对黏性土等压实效果好。

2. 冲击压实

冲击压实[图 2-63b)]是利用一块质量为 m 的物体,从一定高度 H 处落下,冲击被压材料,使之产生永久变形而达到压实目的。其特点是材料产生的应力变化速度很大,延续时间短。冲击压实机械主要用于作业量不大及狭小场地的压实作业,特别是对路肩和道路维修养护工程等的压实作业。

3. 振动压实

振动压实[图 2-63c)]是利用固定在质量为 m 的物体上的振动器所产生的激振力,迫使被压实材料作垂直振动,急剧减小土颗粒间的内摩阻力,使颗粒靠近,密实度增加,从而达到压实的目的。振动压实的特点是其表面应力不大,时间短,加载频率大,同时还可以根据不同的铺筑材料和铺层厚度,合理选择振动频率和振幅,以提高压实效果,减少碾压遍数。振动压实机械可广泛用于黏性小的砂土、土石填方等的压实。

随着振动压实机械的快速发展,其使用范围也在不断扩大,它可以根据不同的作业对象,选用花纹轮胎、光轮、凸块碾等进行碾压组合。有的机型已采用"滚入滚出"的组合工艺,可在施工现场快速更换轮碾。

20世纪80年代瑞典等国研制了振荡压路机,该类型压实机械是采用土力学土壤交变剪应力的原理,在碾轮内对称安装并同步旋转的激振偏心块(轴),使碾滚承受交变扭矩,对地面持续作用,形成前后方向的振荡波,使被压实材料产生交变剪应变。在这种水平激振力和滚轮垂直静载的共同作用下,实现对被压实材料在水平和垂直两个方向的压实。图2-64是振荡压实和振动压实的原理图。

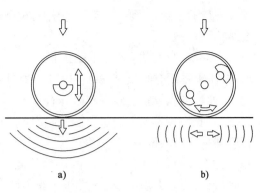

图2-64 振荡压实与振动压实的原理
a)振动压实原理;b)振荡压实原理

由图2-64可见,振荡压路机消除了振动压实因垂直振动和冲击给操作者和机械本身带来的损害,改善了工作条件,降低了能源消耗。正因为这种压路机所产生的激振力主要是沿行驶方向发生的,因此,特别适宜于建筑物群间的压实。

三、压实机械的选择和使用

图2-65是常用的不同类型的压实机械,分别适用于土基、基层及沥青混合料的压实。包括静力光轮压路机、轮胎压路机、振动压路机及振动平板夯和快速冲击夯等。

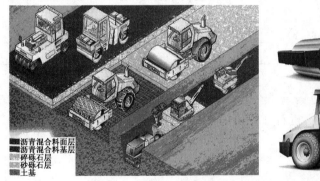

图2-65 适用于土基、基层及沥青混合料的常用压实机械

1. 压实机械选择的基本原则

施工中,对压路机的选择,应根据土壤类型和含水率、压实度标准、压实层厚度、压路机的生产率、施工条件以及和其他土方机械的配合等因素综合考虑。一般黏性土壤可选用光轮压路机;土壤含水率相对最佳含水率越小,则路基所需的压实功越大;铺设层较厚,特别是粗颗粒土壤,则需选用重型或超重型压路机,并给予较多遍数的碾压,但需防止由于压路机的压实功过大而破坏土壤的现象。另外,还应根据土方机械和运输工具的生产能力,相应地选择压路机数量和类型。碾压不同的路面时,压路机的选用及施工程序,应严格遵守有关规定。

在路基、路面的压实中,除了应正确选择不同性能的压实机械外,施压中还应特别注意压实的均匀性。一般在组织路基机械化施工中,应尽可能地利用土方施工机械和运输机械分层填筑、分层压实。

2. 不同压实机械的适用范围

(1)光轮压路机:光轮压路机单位线压力小,压实深度浅。轻型和中型光轮压路机适用于压实一般的土路基、砾石、碎石类基层,重型和特重型光轮压路机可压实块石填筑的路基和碎石结构层。

(2)轮胎压路机:轮胎压路机机动性好,便于转移;进行压实工作时,土壤与轮胎同时变形,全压力作用时间长,接触面积大,并有揉压的作用,压实效果好。适用于压实黏性土、非黏性土,如黏土、砂黏土、砂土和砂砾石等。

(3)振动压路机:振动压路机单位线压力大,振动力影响深,因此压实深度较大,压实遍数相应减少。振动压路机种类繁多,应用广泛。光轮振动压路机适用于压实非黏性土(砂土、砂砾)、碎石、块石。这种压实机械在断开振动机后还可作为静作用压实机械来进行整平作业。羊脚(凸块)式振动压路机既可压实非黏性土,又可压实含水率不大的黏性土和细颗粒砂砾以及碎石土。振动压路机适用范围见表2-12。

振动压路机适用范围　　　　　　　　表2-12

质量和类型	块石	砂砾石		粉土、粉质土、冻碛土		黏土	
		优良级配	均匀粒级	粉质砂、粉质砾石、冻碛土	粉土、砂质粉土	低、中强度黏土	高强度黏土
3t以下光轮		△	△	△	△		
3~5t光轮		○	○	△	△	△	
5~10t光轮	△	○	○	○	○	△	△
10~15t光轮	○	○	○	○	○	△	△
振动凸块式		△	△	△	○	○	
振动羊足式		△	△	△	○	○	○

注:○表示"适用";△表示"可用"。

(4)夯实机械:夯实机械分振动夯实及冲击夯实,体积小,重量轻,主要用于狭窄工作面的铺层压实。振动夯用于非黏性砂质黏土、砾石、碎石的压实;而冲击夯则适宜于黏土、砂质黏土和石灰土的夯实作业。

四、压路机生产率计算

压路机生产率是指单位时间内压实好的面积,计算见式(2-21):

$$Q = \frac{3\,600(B-b)LK_B}{\left(\dfrac{L}{V}+t\right)n} \tag{2-21}$$

式中:Q——压路机生产率,m^2/h;

B——压实带宽度,m;

b——相邻两压实重叠宽度,$b = B/3$;

L——压实带长度,m;

V——滚压速度,m/s;

t——终点换向时间,一般取3~5s;

n——同一地点需碾压的次数;

K_B——时间利用系数。根据现场作业条件确定:条件好时,$K_B = 0.6 \sim 0.8$;场地面积小,工作困难时,$K_B = 0.4 \sim 0.6$。

五、路基压实标准与压实质量控制

1. 路基压实标准

土壤密实度是衡量土壤压实效果的重要指标,它与土壤的强度和稳定性有十分密切的关系。我国是以压实度作为控制土壤密实度的标准。

所谓压实度就是实际达到的密实度 σ 与最大密实度 σ_0 之比,其比值用 K 表示,即:

$$K = \frac{\sigma}{\sigma_0} \tag{2-22}$$

正确确定压实度 K,不但对保证路基、路面的质量十分重要,而且还关系到压实工作的经济性。公路路基压实标准见表 2-13。

公路路基压实标准　　　　表 2-13

填挖类型		路面底面计起深度范围(cm)	压实度(%)	
			高速公路、一级公路	其他公路
路堤	上路床	0~30	≥95	≥93
	下路床	30~80	≥95	≥93
	上路堤	80~150	≥93	≥90
	下路堤	>150	≥90	≥90
零填及路堑路床		0~30	≥95	≥93

压实度 K 需根据公路所在地区的气候条件、土壤水温状况和路面类型等因素综合考虑确定,对冰冻、潮湿地区和受水影响大的路基要求应提高;对干旱地区和水文良好地段要求可低些;公路等级高要求高,等级低要求低。

2. 压实质量控制

土的压实应在接近最佳含水率的情况下进行。天然土含水率通常接近最佳含水率,因此填铺后应随即碾压。当含水率过大时,应将土摊开晾晒至要求的含水率时再整平压实。

填土的最佳含水率容许范围,与土的种类和压实度有关。在一定的压实度要求下,砂类土比细粒土的范围大。天然土过干时,可在前一天于取土地点,对土壤喷水浇洒,使水均匀渗入土中;也可将土运至路堤再喷水浇洒、拌和均匀。加水量可按式(2-23)计算:

$$V = (\omega_0 - \omega)\frac{Q}{1+\omega} \tag{2-23}$$

式中:V——所需加水量,t;
　　ω——天然土的含水率;
　　ω_0——最佳含水率;
　　Q——需加水的土的质量,t。

压实过程中,应经常检查压实度,合格后方可填筑其上一层。检验取样频率为:当路基填土宽度较窄时,沿路线纵向每 200m 检查 4 处,每处左右各 1 个点;当路基填土宽度较宽时,每 2 000m² 检查 8 个点,必要时可增加点数,以防止压实不足处漏检。

路基压实度的评定,以一个工班完成的路段压实层为检验评定单元,如检验不合格要及时补压。检查评定单元的压实度 K,按式(2-24)计算。若 $K \geq$ 压实度的标准值,则为合格。

$$K = \overline{K} - t_0 S \sqrt{n} \tag{2-24}$$

式中:$\overline{K}$——检验评定段内各检验点压实度的算数平均值;

t_0——t 分布表中随自由度和保证率(或置信率)而变的系数,通常保证率为95%;

S——检验值的均方差;

n——检验点数,应不少于 8~10 个点,汽车专用公路取高限,一般公路取低限。

第三章
石方机械与石质路基机械化施工

在路基工程施工中,当线路通过山区、丘陵以及傍山沿溪段时,会遇到集中或分散的岩土地区,这样就必须进行石方施工。此外在路面和其他附属工程中也需要大量的石料,因此也需要开采加工。

石质路基包括路堑开挖与路堤填筑,均已实现机械化施工。

第一节 凿岩机械作业

石方工程施工作业中,凿岩机械主要用于在坚硬岩石中钻凿炮孔,采用凿岩爆破法,将岩石从岩体上崩落下来,是石方工程施工的关键设备。

根据使用的动力不同,凿岩机有风动、电动、液压以及内燃凿岩机等。

一、风动凿岩机作业

风动凿岩机是一种双作用的活塞式风动工具,以压缩空气为驱动动力。压缩空气从储气筒经管路进入凿岩机的机体,通过配气机构的作用,使压缩空气交替地进入气缸的两端。在气缸两腔压力差的作用下,活塞在气缸中往复运动,冲击钢钎进行凿岩作业,如图3-1所示。

a)　　　　　　　　　　　　b)

图 3-1　风动凿岩机外貌与使用

a)手持式风动凿岩机外貌；b)风动凿岩机使用的现场情况

风动凿岩机的作业技术为：

(1)风动凿岩机作业时,要求凿岩机进风口处压缩空气干燥,风压应保持在500kPa,最低不得低于400kPa；要求使用洁净的软水,在不得已使用酸性或碱性水时,凿岩机工作完毕后应即注入一些润滑油,关水空运转稍许时间。

(2)启用新机器时要进行清洗重装,重装后都要开一下空车,检查运转是否正常。但空车时间不能超过2~3min,时间过长,气缸气垫区温度过高,容易产生研缸现象。

(3)做好管道清洗和例行的拆卸检修工作,使机器经常处于良好的工作状态,并应经常加注润滑油,严禁无油作业。

(4)操作上应注意先开风后开水,先关水后关风,并注意水压应低于风压,防止水倒流入凿岩机气缸内部,破坏机器的正常润滑,影响机器正常运转。

(5)当凿岩机卡钎器转动很慢时,应立即通过调压阀减少气腿的轴推力。如出现钎杆不转,经减小气腿轴向推力无效时,应立即停止凿岩,消除卡钎故障后再进行凿岩。

(6)工作完毕后,关闭水阀以小风让凿岩机作短时间空运转,排除积水,防止锈蚀。

(7)凿岩机较长时间停止使用时,应及时将其擦洗干净并涂上防锈油,放干燥处保存。

二、液压凿岩机作业

液压凿岩机是以高压液体为驱动力,动力消耗少,能量利用率高,使用日益广泛。液压凿岩机一般由机体、冲击机构、转钎机构、液压系统和排粉装置组成,如图3-2所示。

液压凿岩机的作业技术为：

(1)液压凿岩机在启动前,应检查蓄能器的充气压力是否正常；检查冲洗水压和润滑空气压力是否正确；检查润滑器里是否有足够的润滑油,供油量是否合适；检查油泵电机的回转方向。

(2)凿岩时,应把推进器摆到凿岩位置,使前端抵到岩石上,小心操作让凿岩机向前移动,使钻头接触岩石；开孔时,先轻轻让凿岩机推进,当针杆在岩中就位后,再调至全开位置。

(3)凿岩机若不能顺利开孔,则应先操纵凿岩机后退,再让凿岩机前移,重新开孔。

(4)在更换钎头时,应将钻头轻抵岩石,让凿岩机电动机反转,即可实现机动卸钎头。

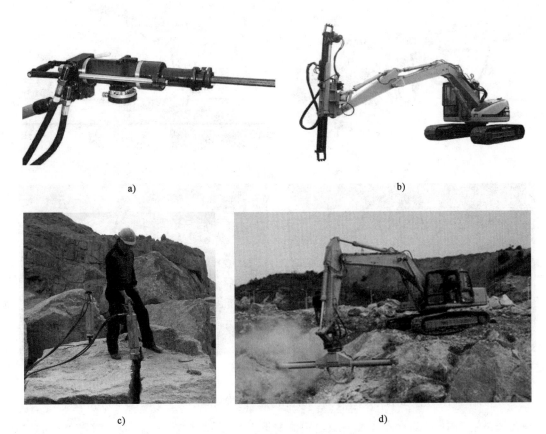

图 3-2 液压凿岩机外貌与使用
a)手持式液压凿岩机外貌；b)履带式液压凿岩机外貌；c)、d)液压凿岩机使用现场情况

(5) 液压元件的检修只能在十分清洁的条件下进行,连接机构拆下后,一定要用洁净紧配的堵头立即塞上。液压系统的机构修理后,在凿岩机重新使用之前,必须把液压油循环地泵入油路,以清洗液压系统的构件。

(6) 应定期检查润滑器的油位和供油量；定期对回转机构的齿轮加注耐高温油脂；定期检查润滑油箱中的油位,清除油箱内的污物或杂质。

(7) 若要长期存放,则应用紧配的保护堵头将所有的油口塞住,彻底清洗机器并放掉蓄能器里的气体。凿岩机应放在干燥清洁的地方存放。

三、凿岩台车作业

凿岩台车(图 3-3)是将一台或几台凿岩机连同推进器安装在特制的钻臂上,并配以底盘、进行凿岩作业的设备。

凿岩台车是在手持式凿岩机和底盘基础车上发展起来的、用于隧道及地下工程采用钻爆法施工的一种凿岩设备。它能移动并支持多台凿岩机同时进行钻眼作业。主要由凿岩机、钻臂、钢结构的车架、走行机构以及其他必要的附属设备以及根据工程需要添加的设备所组成。

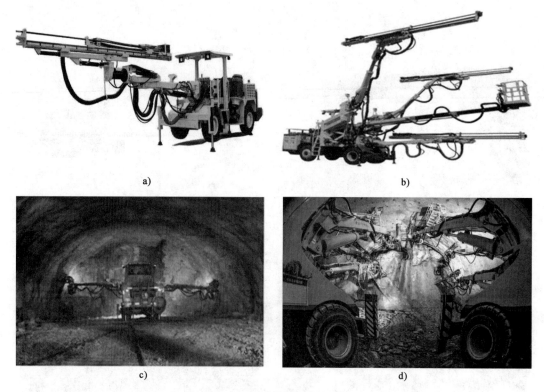

图 3-3 凿岩台车外貌与使用
a) 单臂凿岩台车外貌；b) 多臂凿岩台车外貌；c) 多臂凿岩台车作业情况；d) 多臂凿岩台车协同作业情况

在公路施工中，凿岩台车主要完成隧道洞身开挖中的钻孔与清孔作业。凿岩台车的作业技术为：

(1) 隧道洞身开挖施工工序：洞身开挖施工主要工序为：施工准备→钻孔设计→台车就位→测量放样→台车钻孔→装药堵塞→爆破→通风降尘→排危找顶→出渣→钻爆质量检测→下一循环。

(2) 钻孔设计：在施工前，应根据围岩的特性，运用相关软件对钻孔布置图、锚杆钻孔布置图、钻臂的钻孔路径和作业区域进行设计，将设计好的布孔图转换成台车电脑系统可识别的文件，导入凿岩台车的电脑系统中。

(3) 台车定位：测量人员用测量仪器测出台车上固定的棱镜与开挖面的相对位置，记录其数据；台车操作人员将定位数据输入台车电脑系统中，并利用台车钻臂进行台车钻孔定位；或者用激光定位。当台车的位置和布孔图与隧道的位置相互确定后，钻臂会根据设计的布孔图坐标系统自动计算其移动位置。无论是定位后移动了台车，或者钻孔过程中台车发生移动，都需要重新定位。

(4) 钻孔作业：钻孔作业包括：

① 清理掌子面上的浮石和破碎层以便于开孔和钻孔，将顶部和周边的凸石撬下来以保证周边孔的爆破质量，将底部留下的石渣清理干净，以便底板孔的施工。

② 启动车载电泵站，开启车载电脑系统，移动任意一个钻臂顶紧掌子面，自动定位台车与掌子面之间的位置坐标。

③台车定位后,在开始钻孔前,去掉定位标靶,将大臂移动到隧道边墙的边缘,检查定位是否正确。若上一个开挖循环正确,当大臂移动到边墙的边缘时,应与布孔图的隧道轮廓线大致重合。在开始自动钻孔前,确保大臂有足够的移动空间完成设计的布孔图。

④选择凿岩台车钻孔模式。目前的凿岩台车钻孔工作,可选择自动模式和手动模式。当操作人员按下自动模式按钮,凿岩台车按照预先设计的布孔图,在操作员的监控下,全自动、高精度的完成全部钻孔的钻凿,与此同时,操作人员可根据实际情况,随时介入进行人工干预,通过操作面板和手柄调节钻孔功率、推进速度、旋转速度、大臂方位等;当上下两个钻臂同时钻孔时,应避开在同一垂直线上,以免上面钻机钻孔时石头砸在下面钻机上;钻孔完成后,会自动用高压水将孔吹洗干净;台车按照设计钻孔的参数完成一个目标孔作业后,会自动寻找下一个目标孔,也可根据实际情况,进行人工干预。当操作人员按下手动模式按钮,操作人员通过控制面板和手柄来控制钻臂的移动,按照预先设计好的布孔图,操作钻臂的方位和角度,使钻臂的方位、角度与车载电脑上显示的设计参数相符合,推进梁向前推进顶到岩石,按下开始按钮,凿岩台车自动完成一个规划孔的钻凿过程。整个钻孔过程也可以手动操作完成。

⑤钻孔工序流程:凿岩台车一个钻孔回合的工序流程为:待机→预检无旋转负载→钻臂定位目标孔的位置→推进梁向前寻找岩石→开孔→加速钻孔→全功率钻孔→钻孔完成→清孔→回退凿岩机→推进梁回退→钻臂定位下一个孔→下一循环。

(5)作业控制:钻孔时,凿岩台车通过检查钻孔路径规划和实际的钻孔情况,避免钻孔过程中钻臂之间相互干涉碰撞。要严格按照设计的钻孔位置、深度、掏槽形式、周边孔倾角进行钻孔作业,对于掏槽眼和周边眼的钻眼精度要求比其他眼要高。钻孔作业时,钻臂通过压力参数反馈围岩的实际特性,根据反馈的围岩实际特性和掌子面情况,人工对设计的钻爆图进行及时优化。按钻爆设计进行装药和网络联接,爆破后用装渣和运渣设备进行出渣。检查掌子面爆破情况,根据爆破效果对钻爆布孔图进行改进,从而减少炸药消耗量,控制超欠挖,使爆破效果更理想,提高施工质量。

利用凿岩台车开挖隧道洞身,开挖的机械化程度高、自动化程度高、开挖精度高,减少了炸药用量,同时很好地控制超欠挖,减少了资源消耗,大大减少了劳动力,节约了劳动资源,改善了作业环境。目前凿岩台车已经成为公路隧道、铁路隧道施工中不可或缺的机械设备。

第二节 爆破与清方作业

石方爆破分为炮孔位置的选择、凿孔、装药、堵塞、引爆和清方等工序。

一、炮孔位置的选择

炮孔位置的选择十分重要,炮孔的位置、方向和深度都会直接影响爆破效果。选择孔位时应注意岩石的结构,避免在层理和裂缝处凿孔,以免药包爆炸时气体由裂缝中泄出,使爆破效果降低或完全失效。

炮孔应选在临空面较多的方位,如图3-4a)所示,或者有意识地改造地形,使第一次爆破为第二次爆破创造较多的临空面,如图3-4b)所示。其他爆破参数应根据工地的具体情况和实践经验来确定,一般经验数值如下:

1. 最小抵抗线

抵抗线过大会使岩块过大,且容易残留炮根,过小会导致岩石飞散和炸药的消耗量增加,一般为梯段高度的70%~80%。

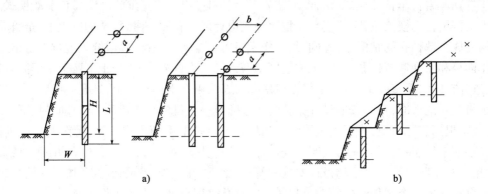

图 3-4 改造地形增加临空面
a) 双临空面的炮孔位置;b) 多临空面的炮孔位置

2. 炮孔深度

采用台阶式爆破时,炮孔的深度应该使爆破后的地面尽量与原地面平齐。较硬的岩石易留炮根,因此炮眼的深度 L 应大于岩层厚度 H,软岩石可小于台阶高度,一般是:

坚石:$L = (1.0 \sim 1.15)H$

次坚石:$L = (0.85 \sim 0.95)H$

软石:$L = (0.7 \sim 0.9)H$

3. 炮孔距离和行距的确定

两孔之间的距离为孔距 a,两排炮孔之间的距离为行距 b,孔距的大小与起爆方法和最小抵抗线 W 有关。

火花起爆:$a = (1.4 \sim 2.0)W$

电力起爆:$a = (0.8 \sim 2.3)W$

采用多排炮孔爆破时,炮孔应按梅花形交错布置,行距 b 约为 $0.86a$。

二、凿孔

选孔工作完成后,即可进行凿孔。凿孔的技术要求与采用何种爆破方法有关,目前使用的有浅孔爆破和深孔爆破两种。

1. 浅孔爆破

浅孔爆破常用于爆破的岩石数量不大,药包是装入平行排列的工作面内的,可凿成一行或多行炮孔。通常多用手提式凿岩机凿孔,孔径在75mm以内,深孔不超过5m,可用电力或速燃引爆线引起药包同时爆炸。这种爆破适用于工程不大的路堑开挖、采石和大块石地再爆破等。其用药量多按炮孔深度和岩石性质而定。一般装药深度为孔深的1/3~1/2。

2. 深孔爆破

对孔深大于5m,孔径大于75mm的炮孔进行爆破,通称深孔爆破。钻凿大型炮孔多采用冲击式凿岩机或潜孔凿岩机。因一次爆破的石方量大,从而加快施工进度,如果有适当的装运机械配合,则可以全面实现机械化快速施工。

三、装药

装药就是把炸药按照施工要求装入凿好的药孔内。装药的方式也是根据爆破方法和施工要求不同而各异,有以下几种:

1. 集中药包

如图3-5a)、图3-5b)所示。炸药完全装在炮孔的底部,这种方式对于工作面较高的岩石,崩落效果较好,但不能保证岩石均匀破碎。

2. 分散药包

如图3-5c)所示。炸药沿孔深的高度分散装置,这种方式可以使岩石均匀地破碎,适用于高作业面的开挖段。

3. 药壶药包

如图3-5d)所示。它是在炮孔的底部制成葫芦形的储药室,以增大装药量。这种方式适用于岩石量大而集中的石方施工。

4 坑道药包

如图3-5e)所示。它不同于上述各种方法的是药包装在竖井或平洞底部特制的储药室内。

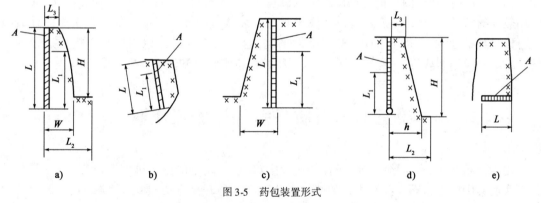

图3-5 药包装置形式

a)、b)集中药包;c)分散药包;d)药壶药包;e)坑道药包

A-堵塞物;L-炮孔深度;L_1-药包高度;L_2-岩石底面宽度;L_3-岩石顶面宽度;W-最小抵抗线;H-岩石厚度

四、堵塞

一般可用干砂、石粉、黏土和碎石等。堵塞物须捣实,一般用木棒或黄铜棒,切忌使用铁棒。棒的直径为炮孔直径的0.75倍,下端稍粗,约为炮孔直径的0.9倍。在棒的下端开有供导火索穿过的纵向导槽。

五、引爆

引爆就是利用起爆炸药制成的雷管、引火剂或导火索从炮孔的外部引入炮孔的药室使炸药爆破。目前工程中有火花起爆、电力起爆等。

六、清方

当石方爆破后还需按爆破次数分次清理,清理时一定要根据施工要求和石料的利用情况分别清理。

如开挖路堑无填方工程时,则被清理的石料必须使用挖掘机或装载机、配合运输工具运出施工现场,以利下次爆破。如是傍山筑路半填半挖,则爆破的碎石可作填方用,此时用推土机或装载机清方。

由于路基施工场地狭小,机械设备的布置和使用受限制,所以清方作业时要求机械设备的能力大、效率高,并且机动灵活和有一定的越野性能和爬坡能力。因此在选择清方机械时,要考虑以下技术经济条件:

(1) 工程期限所要求的生产能力。
(2) 工程单价。
(3) 爆破岩石和岩堆的大小。
(4) 机械设备进入工地的运输条件以及机械撤离和重新进入工作面是否方便。

对以上条件应综合加以分析,而不能孤立地只考虑某一方面。如果只考虑爆破的粒径便于正铲挖掘机的铲装,则对于某些结构的岩石来说,可能会大大增加爆破费用。反之,降低了爆破的费用,又会使粒径增大,而挖掘机又无法铲装,因此清方机械的选配是比较复杂的。

一般说正铲挖掘机的适应性比较强,但进出工点却比较缓慢;轮式装载机与挖掘机相比机动灵活,另外相同功率的正铲挖掘机和装载机相比,装载机可以铲装较大粒径的石块,而且可以用较少的斗数,装满载重量相等的运输工具。但装载机的卸载高度不如挖掘机。此外装载机可以自行铲运,挖掘机则不能。就经济性来说,运距在30～40m以内用推土机推运较为经济,40～100m用装载机比较经济,100m以上用挖掘机配合自卸汽车比较经济。

第三节　石质路堑开挖施工作业

由于岩石坚硬,石质路堑的开挖往往比较困难,这对路基的施工进度影响很大,尤其是工程量大而集中的山区石方路堑更是如此。因此采用何种开挖方法,是石质路堑开挖需要解决的重要问题。通常根据岩石的类别、风化程度、节理发育程度、施工条件及工程量大小等,选择爆破法、松土法或破碎法进行开挖。

一、爆破法开挖

爆破法是利用炸药爆炸的能量将土石炸碎,以利挖运或借助爆炸能量将土石移到预定位置。用这种方法开挖石质路堑,具有工效高、速度快、劳动力消耗少、施工成本低等优点。对于岩质坚硬,不可能用人工或机械开挖的石质路堑,通常要采用爆破法开挖,爆破后用机械清方,是非常有效的路堑开挖方法。

根据炸药用量的多少,爆破法又分为中小型爆破和大爆破,其中使用频率最高的是中小型爆破,大爆破的应用则受多种因素的限制。例如开挖山岭地带的石方路堑时,若岩层不太破碎,路堑较深且路线通过突出的山嘴时,采用大爆破开挖可有效提高施工效率。但如果路堑位于页岩、片岩、砂岩、砾岩等非整体性岩体时,则不应采用大爆破开挖。尤其是路堑位于岩石倾斜朝向路线且有夹砂层、黏土层的软弱地段及易坍塌的堆积层时,禁止采用大爆破开挖,以免对路基稳定性造成危害。

二、松土法开挖

松土法开挖是充分利用岩体的各种裂缝和结构面,先用推土机牵引松土器(图3-6)将岩体翻松,再用推土机或装载机与自卸汽车配合,将翻松的岩块搬运到指定地点。松土法开挖避免了爆破作业的危险性,而且有利于挖方边坡的稳定和附近建筑设施的安全,凡能用松土法开挖的石方路堑,应尽量不采用爆破法施工。

图3-6　松土器外貌与使用
a)单齿式松土器外貌;b)多齿式松土器外貌;c)松土器作业情况

随着大功率施工机械的使用,松土法愈来愈多地应用于石质路堑的开挖,而且开挖的效率也愈来愈高,能够用松土法施工的范围也不断扩大。

松土法开挖的效率与岩体破裂面情况及风化程度有关。岩体被破碎岩石分隔成较大块体时,松开效率较高。当岩体已裂成小石块或呈粒状时,松土只能劈成沟槽,效率较低。多齿松土器适用于松动较破碎的薄层岩体,而单齿松土器则适用于松动较坚硬的厚层岩体。

松土器型号及松土间隔应根据岩石的强度、裂隙情况、推土机功率等选择,最好通过现场松土器劈松试验来确定。遇到较坚硬的岩石,松土器难以贯入,引起推土机后部翘起或履带打滑时,可用另一台推土机在松土器后面顶推。坚硬完整的岩石难于翻松,可进行适当的浅孔松动爆破,再进行松土作业。

三、破碎法开挖

破碎法开挖是利用破碎机凿碎岩块,然后进行挖运等作业。这种方法是将凿子安装在推土机或挖掘机上,利用活塞的冲击作用使凿子产生冲击力以凿碎岩石,其破碎岩石的能力取决于活塞的大小。

破碎法主要用于岩体裂缝较多、岩块体积小、抗压强度低于100MPa的岩石。由于开挖效率不高,只能用于前述两种方法不能使用的局部场合,作为爆破法和松土法的辅助作业方式。

以上三种开挖方法各有特点,应视施工条件合理选用。

第四节　填石路堤施工作业

在山岭重丘区公路施工作业中,路堑深挖和隧道施工形成了大量大粒径碎石料,其中大多数石料经过合理处理后,可以作为路基填料。这样既能就地取材,又具有良好的社会经济效益。

石料具有透水性强、抗剪强度高和整体刚度大等特点,石料的这些工程特性让它成为一种良好的填方材料。因此在我国公路工程建设中,越来越多采用填石路基。

在现行规范的规定中,对常规粒径石料填筑路基,规定了具体的方法和要求,明确了填料的最大粒径范围。对于挖方弃石和隧道弃渣中超出常规粒径石料,应予废弃。

在特殊情况下,对于将超粒径石料作为路基填料时,应进行专门的试验与论证。由于石料具有较高的抗剪强度、较高的孔隙率和较强的渗透性,在填石路基的填筑规模较大的情况下,其路基结构、填料的工程特性、施工过程、质量检测方面与常规的填土路基有很大的差异,应视为一种特殊结构形式的路基。

目前尚无比较完善的技术方法和统一要求,对填石路基的施工过程与质量进行规范和评价。现行的《公路路基施工技术规范》中与填石路基施工有关的规定较少,技术规定也较为笼统。所以在实际工程中,对填石路基的施工与质量控制,主要是通过相关经验来进行。

一、填石路基填料的工程特性

填石路基填料主要是由粒径较大的块石、碎石和石屑等石料组成,与普通填土路基材料相比,其工程特性有明显的特点,相应地对填石路基的施工工艺、质量控制也提出了比较特殊的要求。

1. 粗粒土的概念及工程特性

(1)粗粒土的概念:粗粒土一般是指块石、碎石(或砾卵石)、石屑、石粉等粗颗粒构成的无黏性混合体,或是黏性土中含有大量粗颗粒的混合体。

粗粒料所包括范围很大,从大粒径砾石含量较多的粗粒土,到粒径大的石块的集合体。它们的工程特性因颗粒构成的差异而不同。

(2)粗粒土的工程特性

粗粒土的工程特性实质上和砂是相同的,是由大粒径颗粒集合而成的材料,同时也是没有凝聚力的摩擦性材料。

粒径及级配

填石路基的铺层厚度决定了填料的粒径,通常填料最大粒径不大于铺层厚度的 2/3,填料级配应符合铺层压实的要求,保证能够顺利进行压实施工。

填筑材料的物理特性,填料的粒径及级配都在不同程度上影响着压实效果。当材料的级配比较均匀时,其混合体形成的结构形式具备十分高的密实度,这时候想要通过增强压实来增加密实度是不可能的。为了达到相对较高的密实度,要在材料的空隙中填充小颗粒,即只有当材料由各种不同粒径的颗粒组成,并具有良好的级配时,才有可能被压实得更好。

填料的风化程度

石料的风化剥蚀程度对填石路基的稳定性有重要影响。在压实效果比较好的情况下,弱风化的石料具有充足的承载力,可以长期较好地保证路基的稳定性;而抗风化强度较弱的石料,在公路运营阶段很可能会由于自然环境等因素的影响,导致石料发生较大的碎裂或者解体,从而使路基沉降变形和路面损坏。

填料的吸水性

石料的吸水性增加时,其抗风化能力变弱,水稳性变差,同时在很大程度上增加了路基遇水膨胀开裂的可能性,因此不能将膨胀性岩石用来填筑路基。

含水率

含水率是填土路基中最重要的影响因素,然而在填石路基中,含水率的影响不大。如果有较多的细集料在填石路基的表面时,最好利用洒水来增加其压实效果。对于填石路基,路基填筑的整体结构对填料的含水率要求很小。

破碎性

粗粒料通常是由人工爆破出来的材料组成,这些材料中含有大量人们用肉眼看不到的潜在缺陷,这些缺陷比那些长期在自然环境中经受物理化学风化剥蚀作用的砂要更加的脆弱。通常粗粒土的刚度和强度会通过压实有所增加,然而如果粗粒料的颗粒破碎较严重,反而会对其力学特性产生不好的影响。

材料颗粒的破碎会使颗粒重新进行排列,从而空隙率减少,构造更加的稳定。但是过分的压实会破坏颗粒间的咬合力,从而引起强度变化。

2. 填料的压实特性及压实要求

(1)填料的压实特性:用于填石路基的填料是利用爆破开挖出来的石料或其他弃石料,具有粒径较大、透水性强、孔隙率大和抗剪强度高的特点,因此填石路基与一般的填土路基在结构、施工和质量控制上有相当大的区别,是一种具有特殊结构的新型路基。由于填料本身的工程性质,填石路基与填土路基在压实中有着显著的不同。

①填石路基的填料属于散体材料,就单个填石料而言其本身是密实而不可压缩的,颗粒多呈单粒状排列,颗粒间的接触方式是简单的邻接接触或咬合连接。填石路基的压实过程,实际上是碎石颗粒在压路机的重量和滚筒的振动力下克服填料颗粒间的相互作用力,颗粒重新组合排列、相互靠近密实,最后致使孔隙减小、密实度增加的过程。

②填石料的粒径一般较大,施工时的离散性也比较大。在缺少足够的细粒料填充的情况下,填料间会发生架空现象,使得填石路堤的孔隙尺寸偏大,渗透性强,可将其看作自由排水体。通常认为填石路堤的碾压过程中是没有气体和孔隙水排出的,只是克服颗粒间的阻力后的颗粒密实过程。填料的粒径大,透水性好,自由排水能力强,水分的保持比较困难,所以含水率在填石路堤的施工过程中的作用并不显著。

③由于填石料的特性,填石路基压实过程中经常会伴有颗粒破碎现象,从而导致填料粒径组成在施工过程中不断变化。所以填石路基的压实过程是一个动态稳定过程,是一个孔隙和密实度不断变化的过程。

综上所述,填石路基的压实过程是:摊铺后较为疏松的碎石料的内部应力,在外力的作用下发生改变,失去了摊铺时最初平衡状态;碎石料颗粒由于克服摩擦力,使彼此不断被挤密靠近,重新排列,使路基填筑体的孔隙减小,密实程度增大;随着外力的增大,碎石料颗粒移动,其间充填的能量增大,填筑体更加密实;当路基填筑的密实度到一定程度时,颗粒间孔隙较小,达到了新的更加稳定的应力平衡状态。此时若要进一步对填筑体压实,应增加外力作用,使填筑体的应力平衡状态被破坏,颗粒在力的作用下产生新的移动,填筑体形成新的应力平衡状态。

由此可见,填石路基压实的目的是:使碎石填料之间的结构,由松散状态变为接触状态,再变为坚实咬合状态,最后形成稳定的结构状态。

(2)填石路基的压实要求:由于填石路基填筑体上述的压实特性,所以路基在碾压过程中,要特别注意以下几点:

①填石路基的填料粒径很大,均匀性很差,会导致路基不同部位的密度和物理力学特性存在很大的差异。所以在压实过程中,应相应提出具体的技术措施,避免粒径变异过大;在施工过程中,加强多个工艺环节的填料粒径控制,减少压实环节质量控制难度。

②压实过程中,石料会不断被压碎,尤其软质岩在较大功率振动机械作用下,原有的粒径组成会发生变化,对路堤密度、强度以及稳定性都会产生较大的影响。所以要高度重视填石路基填料的破碎特性,对填石料本身强度应提出要求。

③由于填石料良好的透水性,且排水能力强,在一定情况下(如雨水冲刷或浸水路堤),路堤填筑体中的细粒料会流失,从而导致较大的沉降。所以应该采取针对性的质量控制措施加以防范。

二、填料的破碎性

破碎性是填石路基填料具有的重要特征之一。它与石料的抗剪强度和变形特性之间有着密切相关的联系,进而影响填石路基的整体强度与稳定性。

1. 填料破碎现象的产生

填石路基的压实,是对摊铺后松散的填料颗粒进行碾压,松散的碎石料在外力作用下打破了最初的应力平衡状态,填料颗粒克服摩擦力而发生相互移动,重新排列形成新的结构。但由于碎石填料的粒径较大和不规则的形状,可能会导致支架结构的形成。

碎石填料破碎,是在压实过程中,颗粒受到大于自身强度的外力时,支架结构的颗粒料会发生棱角的破碎现象。颗粒破碎后,会导致颗粒组成的改变,进而又形成挤密结构。如果继续施加外力也不能破坏这种平衡,则结构处于稳定的状态。但是由于填石料内部存在微小的裂痕,在增大压实功能的条件下,较大的应力作用会使颗粒料内部裂缝扩展,从而产生新的破碎现象,石料内部的应力平衡也跟着被打破,颗粒之间再次相互填充,结构又逐渐趋于稳定密实的平衡状态。

由此可见,石料的破碎现象主要分两种:棱角断裂和内部微裂缝贯通。

2. 填料破碎性的影响因素

从填料产生破碎现象的过程可见,填料破碎现象是在多种因素的综合作用的影响下产生的。主要有:

(1)填料强度:碎石填料的强度较高时,发生破碎现象较少;当强度较低时,碎石填料易发生破碎现象。随着填料的比重不同,破碎程度也有相当大的变化。一般情况下,随着填料比重的增加,破碎率降低。

(2)粒径组成:碎石填料的破碎会导致路基填筑体密度增加。但如果颗粒级配良好且孔隙率较低,在压力作用下可能没有破碎现象出现,或石料产生了破碎,填料的密度也不会有大幅的变化。所以石料的粒径组成,是影响填料产生破碎现象的重要因素。在其他相同的施工条件下,粒径组成对填料的破碎性的影响效果最为显著,良好的石料级配会使填料的破碎性朝有利于路基稳定的方向发展。

(3)压实功能:一方面,如果相对于压实功能,填料的强度较小,且石料为不良级配时,那么石料容易产生破碎现象;另一方面,即便是填料具有颗粒破碎的固有条件,但假如填料具有良好的级配和颗粒间孔隙较少时,那么在压实过程中也不容易产生颗粒料的破碎现象。

(4)颗粒形状:棱角状颗粒与圆形颗粒相比,难以产生内部变形,故在压实过程中需要更大的作用力或能量;但因颗粒接点处的应力集中,颗粒易破碎。

3. 填料破碎性对路基稳定性的影响

压实作用下的碎石料产生的破碎现象,对路基稳定性有一定的影响:一方面石料破碎会造成颗粒重新排列,孔隙减小,结构更趋紧密更稳定,有利于路基的整体稳定性;另一方面,如果压实作用力过大或填料颗粒软弱,会持续增加碎石料的破碎,从而影响路基的压实效果及其强度和稳定性。

由此可见,破碎性仅在一定的范围内有利于路基的强度和稳定性。

4. 填料破碎性的施工要求

为了让破碎的发生有利于路基的强度和稳定性,在施工中应根据填料的岩性、控制填料粒径组成等施工参数,从而使破碎现象朝好的方面发展,保证路基的强度与稳定性。

三、填石路基填筑作业

1. 填石路基填筑工艺

填石路基主要填筑工艺为:运料、卸料、铺料、整平和压实,见图 3-7。

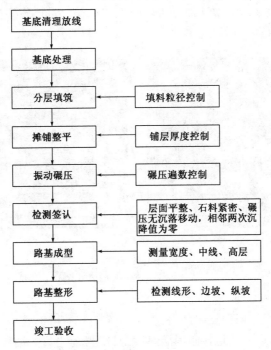

图 3-7　填石路基填筑工艺图

2. 填筑作业

填石路基的填筑作业按下列流程进行：

施工准备→测量放样→基底处理→运料→堆料→摊铺整平→剔除或解小超粒径填料、补充细料、人工找平→碾压施工→质量控制。达到要求后再进行下层施工。

(1)测量放样：由测量人员进行路线中线及边线放样，每侧路基比设计值加宽50cm，保证路基边缘压实质量，现场采用钢筋桩定出两边路基填筑边线、中线及相对应的高程，并在路基布置测量监测点，然后挂线施工。

(2)基底处理：组织施工机械进行清表，将路基用地范围内的垃圾、腐殖土、耕植土、草皮、树根等清除干净，并将其集中堆放在路线外指定位置。将基底范围内坑穴填平，然后静压1~2遍并初平。检测地基承载力，如达不到要求则继续碾压，直至符合要求为止(路堤高度小于10m时，地基承载力不宜小于150kPa)。

(3)运料：采用晾晒和洒水的方法将填料含水率调整到最佳含水率附近，当填料的含水率在最佳含水率附近时，用15t以上的自卸汽车将填料运到现场，装料时尽量粗细混装，避免大粒径石料过分集中。

(4)堆料：运料汽车将填料运到现场卸料时，应专人指挥，按水平分层、先低后高、先两侧后中间的原则组织卸料(堆料)。采用分层填筑方法填筑路基，根据现场的具体情况，每层的厚度取40cm、35cm、30cm不等，其中填料的最大粒径不超过铺层厚度的2/3。

(5)摊铺：采用推土机将填料分层摊铺。摊铺整平方法有：后退式摊铺法、渐进式摊铺法和混合式摊铺法。

后退式摊铺法

这种方法是在已压好的路基表面上自卸汽车采用后退的方式卸料，堆成许多密集的填料堆，然后用推土机进行整平。通常这种方法适用于细颗粒含量比较多的填料或是无超大粒径岩石的填料，如图3-8所示。

图3-8 后退式摊铺法
a)后退式卸料；b)摊铺后的铺层表面

渐进式摊铺法

这种方法是指运料汽车向前逐次卸料，推土机紧随其后摊铺整平。这种摊铺方式对于土石混填路基而言，首先可以有效地控制铺层厚度，其次摊铺之后的铺层结构状态也较为良好，易于平整。如图3-9所示。

图 3-9 渐进式摊铺法
a)推土机摊铺整平;b)摊铺后的铺层表面

混合式摊铺法

这种方法是指在已经压实的层面上,先采用后退法卸料,形成许多密集的填料堆,后在其上用渐进式摊铺法卸料,再用推土机整平,达到所规定的层厚。这种方法既拥有后退式的优点,又兼有渐进式的特点,比较适用于填筑层厚较大的情况,但比较费工一些。如图 3-10 所示。

图 3-10 混合式摊铺法

在实际施工中,由于渐进式摊铺法更能使路基表面平整,为压路机碾压提供一个比较好的工作面,有利于最后路基的压实以及路基的成形,一般推荐采用渐进式摊铺法。

(6)整平:指路基作业面上的辅助人员将铺层中刮出的粒径大于层厚的填筑石料解小或清除,推土机摊铺不到位的地方用人工补平,当石料级配差、粒径较大、石块间空隙较大时,用石渣和碎石屑填满每层表面的空隙。

整平的目的在于为碾压提供一个较好的压实面,使混合料中大粒径的弃石置于铺层的底面,细集料则置于路基的顶端,并且填充其中的孔隙,没有大块石料露出的情况出现。整平完成以后应检查路基表面情况,表面平顺,方可进行下一道工序。

(7)碾压施工:填石路基不同位置铺层、不同铺层层厚、不同土石构成比例的填料,对压实作业的要求是不同的。施工中,应针对特定铺层与填料的情况,根据实验室与试验路段的试验情况与要求,选定不同的压实机械,并进行压实组合。根据铺层压实要求,调整压实机械工作参数与作业参数,按照组合好的机具与压实程序,对摊铺后的填料进行压实。

一般先静压,然后振动碾压,最后再静压收面至表面无明显轮迹,即达到要求。碾压时先两边后中间、速度先慢后快、振动由弱至强,前后轮痕重叠30~50cm,前后相邻区段重叠2m,达到无漏压、无死角,以确保碾压质量。每压实完毕一层后,进行压实效果检测。如图3-11所示。

图3-11 填石路基铺层碾压

第四章
路面基层(底基层)机械化施工

在粉碎的或原状松散的土中掺入一定量的无机结合料(包括水泥、石灰或工业废渣等)和水,经拌和得到的混合料在压实与养生后,其抗压强度符合规定要求的材料称为无机结合料稳定材料。由于其具有稳定性好、抗冻性能强,结构本身自成板体、耐磨性差等特点,被广泛用于修筑路面结构的基层和底基层。

由于无机结合料稳定材料的刚度介于柔性路面材料和刚性路面材料之间,常称此为半刚性材料,以此修筑的基层或底基层亦称为半刚性基层(底基层)。

目前常用的无机结合料稳定材料有以下几种类型:水泥稳定土、石灰稳定土、石灰工业废渣稳定土等。各种稳定土可在拌和厂(场)集中拌和,也可沿路拌和,故施工方法有厂拌法和路拌法之分。高速公路和一级公路的半刚性基层对强度、平整度等技术性能有很高的要求,应采用施工质量好、进度快的厂拌法施工,其他公路的半刚性基层可用路拌法施工。

第一节 稳定土拌和机作业

直接在施工现场将稳定剂与土壤或砂石均匀拌和的施工技术称为路拌法施工技术,所使用的专用自行式机械称为稳定土拌和机(图4-1)。

在高速公路、一级公路施工中,稳定土拌和机用于修筑路面底基层;在二、三级公路或其他低等级公路施工中,可用于修筑路面的基层或面层。稳定土拌和机还用于处理软化路基。稳定土拌和机安装上铣刨转子后,还可以用来铣刨旧的沥青混凝土路面,完成就地破碎再生作业。

一、稳定土拌和机分类

稳定土拌和机由基础车辆和拌和装置组成。拌和装置是一个垂直于基础车辆行驶方向水平横置的转子搅拌器,通称拌和转子。拌和转子用罩壳封遮其上部和左右侧面,形成工作室,如图4-2所示。车辆行驶过程中,操纵拌和转子旋转和下降,转子上的切削刀具就将地面的物料削切并在壳内抛掷、混合。

图4-1 稳定土拌和机外貌

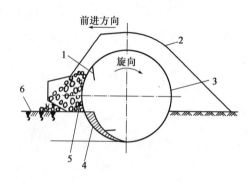

图4-2 拌和转子工作原理图
1-刀具;2-罩壳;3-转子;4-切屑;5-堆集物料;6-地面

根据结构特点,稳定土拌和机可分为以下几类:

1. 按行走装置的类型分类

可分为轮胎式和履带式,见图4-3a)、图4-3b)。

履带式稳定土拌和机多为大、中功率等级的稳定土拌和机,有双履带式、三履带式、四履带式的不同结构形式。履带式稳定土拌和机适合于大面积连续施工使用,它整机稳定性好,具有较好的自找平能力和较大的牵引附着力,拌和后作业面也较平整。

轮胎式稳定土拌和机有机动灵活,便于自行转移施工工地等优点,其运行速度一般在20~30km/h的范围内,是履带式行驶速度的3~4倍,它适合于施工工程量较小,需要在频繁转移工地的情况下使用。近年来,轮胎式稳定土拌和机由于采用了低压宽基轮胎,提高了整机稳定性和牵引附着性,因而获得了较多的应用。

2. 按移动的形式分类

可分为自行式、拖式和悬挂式三种,见图4-3c)、图4-3d)、图4-3e)。

自行式稳定土拌和机,其工作装置安装在轮胎式或履带式专用底盘上,这是当前世界各国生产的稳定土拌和机的主要形式。

拖式稳定土拌和机是利用牵引车牵引并驱动拌和装置,这类稳定土拌和机国内使用较少。

悬挂式稳定土拌和机是把工作装置安装在定型的拖拉机上,为了满足其工作速度的要求,一般要在拖拉机上附加副减速箱,这种稳定土拌和机多属于小功率等级的机型。

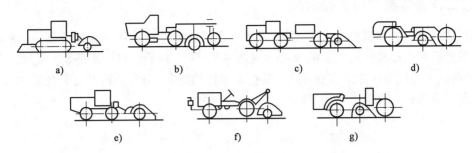

图 4-3 稳定土拌和机分类
a)履带式;b)轮胎式;c)自行式;d)拖式;e)悬挂式;f)后置式;g)中置式

3. 按其工作装置(即转子)的配置分类

可分为后置式和中置式两种,见图 4-3f)、图 4-3g)。

后置式稳定土拌和机的转子悬挂在底盘的后部,整机结构比较简单,制造、安装、保养、维修和更换转子或拌和刀具都比较方便,可实现拌后无轮迹。

中置式是把转子设置在底盘的中间,与后置式相比在作业过程中能起到自整平作用,拌后作业面较平整;但安装、维修和使用等方面不如后置式方便,且拌和后作业面留有轮迹。另外由于其转子设置在机架的下面,在机架的作用下,能保持较稳定的切削深度,而后置式在作业过程碰到硬土质时,转子可能会被抬起来,从而影响了切削与拌和的深度。

4. 按动力传动的形式分类

可分为机械传动、液压传动、机械-液压传动三种形式。

机械传动的特点是发动机的动力通过离合器、变速箱、传动轴等机械传动来驱动整台机械的各有关机构。以通用拖拉机为底盘的小型稳定土拌和机多采用机械式传动,它具有结构简单,易于维修,制造、使用成本低等优点。

液压传动(亦称为全液压传动)是指工作机构和行走机构均采用液压传动(其中的机型还配有机械减速机构,以满足稳定土拌和机的基本性能要求,也属于液压传动)。采用液压传动可简化整机结构,便于总体布置,易于实现自动控制,操作简单、轻便。当前国内外工厂生产的稳定土拌和机多采用液压传动。

机械-液压传动是指稳定土拌和机的行走机构和工作机构二者之一为机械传动,另一为液压传动。一台机械上采用两种传动方式使工厂的制造、装配复杂化,给使用也带来麻烦。由于机械传动效率高,国外工业发达的国家,可从专业厂选配机械传动零部件,组成合适的机械传动系统,所以有些机型仍采用这种混合传动形式,而行走系则采用液压传动。

5. 按切削土层的方向(即转子旋转方向)分类

可分为正转和反转两种。

正转是指转子刀头由上向下切入土中,入土后的运动方向与机械前进方向相反,切削阻力较大,但可以对切削下来的土颗粒进行二次破碎,有利于均匀拌和。

反转即刀头由下向上切入土中,入土后的运动方向与机械前进方向相同,切削阻力较小,对硬土层及切削旧沥青路面作业有利。

二、工作装置组成与工作原理

自行式稳定土拌和机由主机、工作装置和稳定剂喷洒控制系统三大部分组成(图4-4)。工作装置是稳定土拌和机的主要机构之一，主要由转子架、转子、刀具、罩壳等组成并与其悬挂支架相铰接，可通过液压油缸实现升降。其技术参数的确定、刀具结构及安装位置、安装方式的合理与否直接影响稳定土拌和机的拌和质量、生产效率。

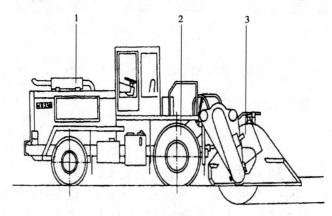

图4-4 稳定土拌和机外形图
1-动力及其传动系统；2-行走底盘；3-工作装置

转子是稳定土拌和机工作装置的关键部件，是拌和作业的工具，在柴油机动力的作用下，转子以高速旋转来切削、粉碎土壤并将土壤与无机结合料均匀拌和，如图4-5所示。

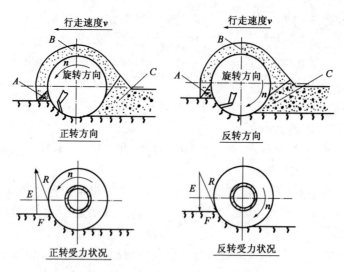

图4-5 转子旋转方向及受力分析示意图

在道路施工中所用的稳定土拌和机基本上都采用单转子，即一个转子集切削、粉碎、拌和等功能于一身。转子的旋转方向，有正转、反转之分。

在正转作业过程中，大块的材料被强制切碎，紧接着又被抛向后面，与罩壳尾板相碰撞，进行二次破碎，其工作时所受反力与机械行驶方向一致，可以减少行驶阻力，有利于拌和作业正常进行。转子正转方式主要用于拌和作业。

在反转作业过程中，刀具从下向上进行切削，切削厚度由薄到厚，其切削阻力比正转方式小，适用于铣削旧沥青混凝土路面或拌和硬度较高的稳定材料。反转方式增加了行驶阻力，但由于工作行驶速度很慢，故消耗的功率不会很大。

一般情况下，稳定土拌和机都可以根据不同的工况（拌和稳定材料或铣削旧沥青路面），选择转子正、反转作业方式，但相应地需要更换转子和刀具。

转子罩壳是用薄钢板与型钢焊接而成的，并制成近似半圆筒形，罩壳支撑在转子两端的轴颈上，随转子的升降而升降。转子罩壳有四个作用：在自身重量和转子重量的共同作用下，罩壳将整个转子遮盖起来并紧紧压在地面上，构成稳定土拌和工作室，以便在其中进行粉碎与拌和作业；拌和材料飞溅在转子罩壳内表面上可起到二次破碎及拌和作用；防止被拌和材料飞溅而伤人；对拌和好的稳定土层进行刮平整形。

稳定土拌和机的主要功能是对土壤进行破碎，并使土壤与无机结合料（即稳定剂）均匀拌和，这一过程是在由转子罩壳构成的工作室里，通过转子的高速旋转来完成的。根据作业对象（即土壤层硬度）的不同，选用的转子旋转方向也不同（即正转或反转）：当在松软的土层上进行拌和作业时，一般采用正转方式，即旋转的刀具从土层表面开始自上而下进行切削、破碎与拌和；当在坚硬的土层上进行拌和作业或铣削旧沥青混凝土路面时，用反转方式，即旋转刀具从土层的底部自下而上进行切削、破碎与拌和。

图 4-5 为稳定土拌和机对已铺撒在土层上稳定剂（石灰或水泥）与土壤的拌和作业过程。

从图中可以看出：正转时，高速旋转的刀具从土层上切下一块很薄的月圆形土屑，并把它抛向罩壳，这就是切削破碎过程；抛出的土壤以一定的力量碰撞罩壳壁，随后向四下飞散开，其中一部分土壤颗粒被粉碎，也有部分土壤颗粒再次与刀具相碰，或互相碰撞，这一过程被称为二次破碎；也有部分与罩壳碰撞后飞散开的土壤颗粒和沉落下来的土壤颗粒被刀具带起并抛向转子上部的罩壳壁 B 区内，其余部分土壤颗粒逐渐向前，置于 A 区并形成前长条土堆；位于 A 区的土壤将再次受到转子刀具的冲击、切削。以上的过程反复进行多次，土壤颗粒被破碎得很细，并与稳定剂均匀拌和，最后大部分土壤颗粒因失去速度而沉落在地面上，此时土壤因疏松而体积增大，并在罩壳后壁下面 C 区形成圆形土堆，经罩壳拖板下缘刮平、整形，形成一条具有一定厚度、且表面平坦的稳定土带层。

在反转时，转子刀具从沟底向上切削土壤，并将切下来的土壤沿机械前进方向向前抛，在转子前面形成长条形土堆；在同一作业状态下，长条土堆的尺寸将基本保持不变，并沿土壤处理路段连续延伸；被切下来的土壤有相当大的一部分被抛入 C 区，一部分被向上抛并撞击前壁，和罩壳相碰的土壤颗粒将向四下飞散，而且和刀具相碰的土壤颗粒将沿转子旋转方向被向罩壳壁抛去。可以看出，被处理的土壤基本上都被拌刀从转子上方抛到 C 区，经罩壳拖板下缘的刮平、整形，形成稳定土层带。

从上述的工作原理分析可知，整个拌和过程分为切削和拌和两个阶段，但这两个阶段不是绝对分开的，而是互相交织在一起，且往往是同时发生的。

三、作业与要求

1. 拌和机的功率选择

目前国产拌和机品种繁多，多为全液压传动，有带载荷自动调节装置的，亦有不带的。在购置机器时，要确定该机是否有效地发挥其全部的发动机功率，转子系统是否按全功率匹配，载荷调节装置控制特性是否正确,这两个条件不满足就不能保证该机能全部有效地发挥动力。即使转子液压系统按全功率匹配,不带荷载调节装置的机器,或调节装置设置不合理的机械只能发挥大约80%的动力。

2. 影响土壤破碎程度和拌和均匀性的因素

当刀具插入土壤母体分离切屑时,刀具的刃面拍击和挤压前方的土壤并弯曲切屑,使土壤切屑剪断、折断和破碎,称之为第一次破碎。第一次破碎随着切屑厚度减小和刃面前方挤压和拍击作用加强而增大,它在土壤的整个破碎过程中占主要地位。土壤在抛掷过程中互相碰撞和罩壳碰撞以及碰落后由后继刀具再次破碎称之为第二次破碎,其作用将随着抛掷速度增大而加强。

由于减小进距 S(为转子同一切削位置上相继切削的刀具轨迹之间的水平距离)将直接减小切屑厚度;增大切削角将加强刃面对前方土壤的挤压和弯曲作用;增大圆周速度将加强刀具分离切屑的拍击作用,同时增大抛掷土块的碰撞能量。因此 S、切削角以及切削速度将成为影响土壤破碎程度的主要因素。

拌和均匀性取决于单位体积的材料所受的拌和次数。减小 S 将增加拌和次数,改善拌和质量;切削角过小将使刃面沿轨迹从材料底部滑过,减弱拌和作用,适当增大切削角则有利加强材料的拌和过程;抛掷过程的分离作用对拌和质量有着重大影响,破碎质量愈好混合料愈易混合而不易分离抛掷速度较小则分离作用减弱。因此 S 和切削角是影响拌和均匀性的主要因素。

此外,反转转子的工作过程将减弱材料的抛掷作用而增加拌和作用,因此反转有助于改善轻质材料的拌和质量。

3. 进距 S 的影响

进距 S 随行走速度增大而增大时,比能耗 W_b(拌和单位体积土壤所消耗的功)呈递减趋势,因此从动力性、生产率和经济性考虑,应选用大进距进行作业。

4. 关于复拌问题

如果土壤较松或拌和浓度较小,机器动力富余时,应优先考虑提高作业速度,用大进距进行第一次拌和,用二次复拌来满足作业质量要求的施工工艺。例如某拌和机用大进距80~100mm 进行两次复拌方式,比用小进距 30mm 一次拌和方式提高生产率约为 30%~50%。

5. 确保配套机械的完好率

与稳定土拌和机配套的施工机械有:挖掘机、推土机、装载机、自卸汽车、粉料撒布机、平地机、洒水车、压路机等多种机械。在进行机械化施工作业时,除应确保稳定土拌和机无故障,能进行正常作业外,还要保证其配套机械的完好率,必要时(特别是单台配套机械机种)还应有一定量的备用机,这样才能保证并充分发挥稳定土拌和机的效率。否则任何一个环节的机械出问题,都可能会造成施工中断,影响施工进度,造成巨大经济损失。

6. 选择合理的施工路段

从理论上讲施工路段越长,其生产率越高。但从施工的综合条件考虑,则存在一个经济合理的施工路段。根据经验,一个施工路段以 500~1 000m 为宜。

7. 选择合理的拌幅

稳定土拌和机性能参数中的拌和宽度,是综合公路施工规范中各级公路基层宽度而优化选定的。

在施工时要依据具体的工程条件决定实际的拌幅数,可参考下式计算:

$$\eta_0 = \frac{B - \Delta b}{b - \Delta b} \tag{4-1}$$

式中:η_0——拌幅数;

B——施工路面基层宽度,m;

b——稳定土拌和宽度,m;

Δb——相邻拌幅的重叠量,一般 $\Delta b = 0.1\text{m} \sim 0.2\text{m}$。

实际的拌幅数应为整数倍,这样可以充分发挥机械的能力,又可以提高生产率。

8. 正确选择工作速度并保持拌和速度的恒定

稳定土拌和机的生产率和拌和质量是与其工作速度密切相关的。这里所说的速度是指稳定土拌和机作业时的行走速度和转子刀具的旋转速度。它随着地质条件、公路等级、筑路材料、配合比及铺层的厚度变化而变化。通常在开始施工时先要对机械进行调试,以选择最佳的机械行走速度及转子旋转速度来保证获得最佳的、均匀的拌和质量,同时还要尽可能地提高生产率、节约燃料、降低使用成本等。因此采用调速范围广、无级变速的全液压传动的稳定土拌和机是最佳选择。

恒定的拌和速度是指在某一施工路段进行拌和作业时,按工程条件、稳定材料的要求所设定的最佳机械行走速度和转子旋转速度。稳定土拌和机作业时,应能够自始至终保持这一速度恒定不变,只有这样才能获得均匀一致的拌和质量。

第二节 稳定土厂拌设备作业特点

在固定的场地集中进行稳定土混合料拌制的施工技术称为厂拌法施工,所使用的专用机械称为稳定土拌和设备(图4-6)。稳定土厂拌设备是路面工程机械的主要机种之一,专用于拌制各种以水硬性材料为结合剂的稳定混合料。由于混合料的拌制是在固定的场地集中进行,厂拌设备具有材料级配准确、拌和均匀、节省材料、便于计算机自动控制统计打印各种数据等优点,因而广泛用于公路和城市道路的基层、底基层施工,也适用于其他如货场、停车场、机场等需要稳定材料的工程。

厂拌法施工需配备大量的汽车、装载机来装运土、石材料和拌和好的稳定材料,当稳定材料运到现场后,还需要摊铺设备来摊铺稳定材料,因此厂拌法施工造价较高。

图 4-6 稳定土厂拌设备外貌

一、稳定土厂拌设备分类

稳定土厂拌设备可根据主要结构、工艺性能、生产率、机动性及拌和方式等分类。

1. 根据生产率

根据生产率稳定土厂拌设备可分为小型(生产率小于200t/h)、中型(生产率200～400t/h)、大型(生产率400～600t/h)和特大型(生产率大于600t/h)4种。

2. 根据拌和工艺

根据工艺性能稳定土厂拌设备可分为非强制跌落式、强制间歇式、强制连续式3种。

在强制连续式中又可分为单卧轴强制连续式和双卧轴强制连续式。在诸多的形式中,双卧轴强制连续式是最常用的搅拌形式。

3. 根据机动性

根据机动性稳定土厂拌设备可分为移动式、分总成移动式、部分移动式、可搬移式、固定式等结构形式。

(1)移动式厂拌设备:是将全部装置安装在一个专用的拖式底盘上,形成一个较大型的半挂车,可以及时转移施工地点。设备从运输状态转到工作状态时不需要吊装机具,仅依靠自身液压机构就可实现部件的折叠和就位。这种厂拌设备一般是中、小型生产能力的设备,多用于工程分散、频繁移动的公路工程。

(2)分总成移动式厂拌设备:是将各主要总成分别安装在几个专用底盘上,形成两个或多个半挂车或全挂车形式。各挂车分别被拖动到施工场地,依靠吊装机具使设备组合安装成工作状态,并可根据实际施工场地的具体条件合理布置各总成。这种形式多在中、大生产率设备中采用,适用于工程量较大的公路工程。

(3)部分移动式厂拌设备:是常见的一种布局方式,采用这种布局的设备在转移工地时将主要的部件安装在一个或几个特制的底盘上,形成一组或几组半挂车或全挂车,依靠拖动来转移工地,而将小的部件采用可拆装搬移方式,依靠汽车运输完成工地转移,这种形式在中、大生产率设备中采用,适用于城市道路和公路工程。

(4)可搬移式厂拌设备:是采用最多的厂拌设备,这种设备将各主要总成分别安装在两个或两个以上的底架上,各自装车运输实现工地转移,再依靠吊装机具将几个总成安装组合成工作状态。这种形式在小、中、大生产率设备中均采用,具有造价较低、维护保养方便等特点,适用于各种工程量的城市道路和公路工程。

(5)固定式厂拌设备:该设备固定安装在预先选好的场地上,一般不需要搬迁,形成一个稳定材料生产工厂。因此,一般规模较大,具有大、特大生产能力,适用于城市道路施工或工程量大且集中的工程中。

二、稳定土厂拌设备组成与工艺流程

稳定土厂拌设备可以根据工程设计的要求,集中拌制各种不同级配的稳定土混合料。其组成一般包括集料配料装置、结合料配给装置、水供给系统、搅拌机、皮带输送装置、成品料仓和控制系统等部分(图4-7)。

第四章 路面基层(底基层)机械化施工

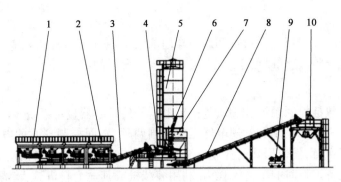

图 4-7 稳定土厂拌设备总体布置示意图

1-配料斗;2-粉料供给装置;3-集料皮带;4-搅拌机;5-粉料仓;6-螺旋提升机;7-粉料计量装置;8-成品皮带机;9-空压机;10-成品料仓

1. 配料装置

配料装置包括配料料斗、配料给料机、斗架和水平集料皮带输送机等部分。根据设备的生产率和级配材料粒径分级的多少,可选用由两个到多个配料料斗组成的配料机组进行配料。配料数量多少,可由装设在出料斗门上的闸板手动控制,即通过手轮调节闸门开启的高度,以调节给料;也可通过调速电动机驱动给料机,改变给料速度以调节给料量。配料给料机装设在配料料斗的下方,当配料料斗的数量增加时,配料给料机需相应地增长。工作时,各个配料斗给出的、已计量好的级配材料先落在配料给料机上,再由它将级配材料输送到斜置集料皮带输送机上。

2. 结合料配给装置

结合料配给装置包括粉料筒仓、螺旋提升机、小粉料仓和叶轮给料机等。其工作原理是:由散装水泥运输车运来的结合料(水泥或生石灰粉)通过运输车上的气动力输送装置输送到粉料筒仓内;而粉料筒仓的出料口与螺旋提升机的进料口相连接,进入螺旋提升机的结合料被输送到小粉料仓中;小粉料仓的出口装有叶轮给料机,叶轮给料机由调速电动机驱动,根据工程设计要求的配合比调好转速后,可以均匀连续地供给结合料,并直接落在斜置集料皮带输送机上。

斜置集料皮带输送机的作用是:将所配好的各种料和结合料直接输送到搅拌机中,以便搅拌机进行搅拌。

3. 水供给系统

水供给系统包括水箱、水泵(带电动机)、三通阀、节流阀、流量计、管路和喷水管等。其作用是:向搅拌机中喷水,控制和调节被拌混合料的含水率,以保证成品混合料的质量。

4. 搅拌机

搅拌机是厂拌设备的关键部件,其常用的结构形式是双卧轴强制连续式。其工作原理是:级配料和粉料从进料口连续进入搅拌机,搅拌机的双轴由里向外相反方向转动,带动桨叶旋转。在桨叶的作用下,各种级配料和水快速混合。桨叶沿轴向安装成一定角度,使物料沿轴向和横向快速移动拌和,被搅拌成均匀的混合料从出料口排出。有些厂拌设备的桨叶与搅拌轴的安装角度是可调的,以适应不同工况的要求。

5. 成品料仓

成品料仓包括立柱、料斗、溢料管和启闭斗门的液压或气压传动机构等，其作用是暂时存放拌和好的成品混合料，这样既便于装车，又可减少混合料的离析。

6. 控制系统

控制系统主要包括控制系统、电源、各执行电器元件及电器显示系统。厂拌设备的控制系统形式主要有计算机集中控制和常规电器元件控制两种，不同控制形式的电器控制系统有不同的结构组成。工作时，任何形式的控制系统都必须遵守路线中各设备启动和停机的程序。

稳定土厂拌设备工作时的工艺流程为：利用装载机或其他上料机具，将需要拌和的不同粒径的骨料分别装进不同的配料料斗中，再通过给料机采用容积计量或质量计量的方法，分别对各种骨料按施工要求的配合比进行配料；用气动力输送装置把结合料（水泥或石灰）输送到粉料储仓中，再通过计量系统进行配料；配好的各种骨料和粉料由皮带输送机输送到搅拌机中；水由供水系统经计量后泵送到搅拌机中与其他固体物料一起进行拌和，拌好的成品混合料从搅拌机的出料端直接卸入料仓中，以待自卸汽车装车运往施工工地，也可以将成品混合料通过堆料皮带输送机进行堆料存放，使用时再运往施工工地。

三、作业与要求

稳定土厂拌设备的作业包括厂拌设备的正确使用及成品料的生产技术。

1. 厂拌设备的正确使用

厂拌设备在正常使用前，应选配好与本设备相配套的装载机械、散装水泥罐车及成品料运输车辆等，备好充足的物料，以保证设备能连续高效工作。

稳定土厂拌设备包括的总成比较多，在使用中除了按照设备的使用说明书要求进行严格认真地操作使用、维修保养外，还应特别注意保证各皮带输送机的正常运行，防止皮带跑偏造成撕裂皮带的事故。

2. 成品料的生产技术

稳定土混合料的生产过程包括原材料的堆存、称量配料、搅拌及混合料运输等项工序，各工序执行的好坏，尤其是原材料的管理和搅拌混合料的质量管理，都将影响到混合料的最终质量。

（1）原材料的管理：稳定土厂拌设备是一种全自动连续作业的设备，被拌和物料的类型、规格和配合比较多，设备本身又不带筛分装置，因而拌出的混合料质量的好坏与所提供的原材料质量有很大的关系，所以在施工过程中必须对进入厂拌设备的各种原材料加强质量管理。

稳定土厂拌设备拌和时所用的原材料包括粗集料、细集料、粉料、水和添加剂等。首先，应确认其质量是否符合施工规范的要求，对不符合质量要求的原材料不予使用。其次，管理好原材料的储存，集料应储存在厂拌设备的现场，集料含水率的变化对混合料的质量有很大的影响，对来自不同产地的各种粒径的集料应分别储存在自然排水良好的料堆里，存放时间的长短取决于集料的级配和颗粒形状，一般以能将其内部的自由水分引出为准；同时还要考虑，在任何时候都应当储存有足够数量的集料，以保证厂拌设备能连续运转，不致因缺料而中断工作。在储存和配料的过程中，还应加强管理，注意避免不同粒径的集料混杂在一起。

所用的粉料（水泥、石灰、粉煤灰）最好是散装供应，运到施工现场后，应立即储存在干燥和通风良好的结构物内；现场应储存有足够数量的粉料，以保证厂拌设备能连续工作；储仓中的粉料每次工作结束时都应使用完,以防粉料在储仓中结块,影响下次使用;对于每种粉料的运输、卸料、储存等,均应有分隔设施。

(2)搅拌混合料的质量管理:搅拌的目的是将各种形状不同、粒径不一的粗细集料、粉料与水一起拌制成混合均匀、颜色一致的混合料即成品混合料。成品混合料的质量可用均匀性来衡量,即从拌制好的混合料中随机抽取出样品进行均匀性试验,要求各个样品试验结果的差值均在规定的范围之内。为了得到均质的混合料,除了对原材料进行严格的质量管理之外,还应保证组成混合料的各种原材料的配料称量准确。因此,必须经常对设备的称量系统按其使用说明书要求的步骤和方法进行校定,无论何时,发现称量或配料的精确度不能满足要求时,都应立即停机检查,进行必要的调整或修理,直到确认配料精度能够满足使用要求后,方可开机作业。

施工中对混合料的含水率有严格的要求,供水系统应能准确地称量总的搅拌用水量。要做到这一点,除了把要加入的水量称得准确无误外,还取决于是否确切地知道集料(特别是砂料)在配料称量时的含水率以及含水率的变化情况。对没有安装连续式含水率测定仪的厂拌设备,在使用时应当经常检测集料,特别是细集料(砂)的含水率。细集料的含水率试验每天应做两次以上,至少上午一次,下午一次,同时,在设备开始拌和物料之前和在发现含水率有变化时应立即进行抽检,将检测的结果随时通知控制台,以便调节供水量。这样可以保证设备拌制出的混合料始终处于最佳含水率状态。

第三节　稳定土摊铺机作业特点

稳定土摊铺机是将已拌制好的基层稳定土材料,按一定的技术要求(横断面形状和厚度),迅速而均匀地摊铺在已准备好的下承层上,并给予初步的捣实和整平(图4-8、图4-9)。

图4-8　稳定土摊铺机外貌

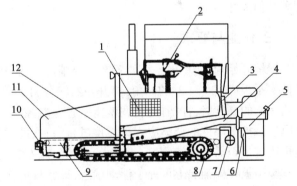

图4-9　稳定土摊铺机组成简图
1-发动机;2-方向盘;3-侧臂提升油缸;4-侧臂;5-熨平器;6-振捣器;
7-螺旋摊铺器;8-履带;9-刮板输送器;10-推滚;11-料斗;12-闸门

一、稳定土摊铺机的分类

1.按行走装置分类

可分为轮胎式和履带式两种。

轮胎式稳定土摊铺机的前轮为一对或两对实心小胶轮,可以起到增强载重能力,避免因其受荷载变化而变形的作用。后轮大多为大尺寸的充气轮胎。有的摊铺机为了增加自重,在轮胎内充氯化钠溶液并充气。轮胎式稳定土摊铺机的优点是:行驶速度快可自行在工地现场转移,费用低;弯道摊铺质量好;结构简单,造价低。其缺点是:对路面平整度敏感性较强;机内混合料的多少会改变轮胎的变形量,影响摊铺质量。

履带式稳定土摊铺机的履带上都安装有橡胶履带板,以免对路面造成压痕,同时也可降低对地面的压力,增大牵引力,其优点是:由于接地面积大,所以牵引力大,减小对下层的作用力,对下层的平整度不太敏感。其缺点是:行驶速度慢,不能长距离自行在工地现场转移;对地面较高的凸起点适应能力差,制造成本高。

2. 按使用场合的不同分类

可分为多用式和专用式两种。

所谓多用式即为多功能沥青混合料摊铺机,由于其既能用来摊铺沥青混合料,又能用来摊铺稳定土,故能做到一机多用,节省费用。但某些沥青混合料摊铺机由于综合性能及设计方面的原因,在摊铺稳定土时易造成材料离析;在宽幅摊铺时,熨平板两端部摊铺材料的均匀密实度较差,影响整体平整度。

专用式稳定土摊铺机由于其设计方面及综合性能均是围绕摊铺稳定土,故其摊铺稳定土效果较好。

二、稳定土摊铺机工作原理

稳定土摊铺机主要工作原理是:料斗接受自卸汽车卸入的混合材料,通过左右输送刮料板将料斗内混合料刮送至布料槽内,再由左右螺旋分料器将布料槽内混合料沿摊铺宽度均匀分配,然后由熨平板将混合料按规定的厚度、横坡要求,进行熨平和捣实,以获得基层所需的平整度和几何尺寸。

三、作业与要求

摊铺开始前,应将熨平板放置在与摊铺厚度(即松铺厚度)相称的木板上,调整找平开关,并使熨平板底呈1°~3°的仰角,打开左右输分料开关,进行送料,待分料槽中的混合料高度至其约3/4的高度时,挂挡摊铺,调整熨平板左右控制盒的找平开关,调熨平板的仰角,以改变摊铺厚度。摊铺厚度的调整应逐渐缓慢进行,每次的调整量不要过大,每次调整后应摊铺一段距离再决定是否需要继续调整。每次的调整量以左右前板上标尺一格为宜。

熨平板在摊铺层上可处于浮动状态,即常规的作业方法,可将基础不平对面层的影响降至最小。熨平板的位置取决于摊铺层的密实度和路基状况,熨平板可以平行于路基,也可能成一仰角。决定该仰角大小的因素有摊铺厚度、密实度、工作速度、材料成分等。应综合考虑上述因素,通过调节自动找平油缸来调整实际的摊铺厚度。

通过位于熨平板左右两侧的小控制台上的拨动式开关,均可以控制左右两侧自动找平油缸的上升或下降,改变铺层的厚度。也可以用手动直接操纵找平电磁阀来进行调整,找平电磁阀位于机身内侧前板的两边,分别控制相应的找平油缸。

通过改变熨平板前牵引点高度改变摊铺层的厚度,其调整机理是:当拨动式开关位于上升位置时,左右大臂的牵引点同时向上运动,此时熨平板前边角也向上,这使得熨平板下面的摊铺料增加,摊铺料顶起熨平板,该动作将持续到找平油缸达到死点位置。这一过程是连续的,因此可以说摊铺层厚度的改变只能是逐渐产生,不会发生突变。当找平油缸达到死点还需要摊铺厚度继续增加时,应该调整大臂端的鱼尾板和大臂的角度。

在摊铺大厚度(铺层层厚≥30cm)、大宽度(一次摊铺宽度≥1 045cm)稳定土铺层时,应特别注意集料离析和减少纵向接缝。这时应选用抗离析、大宽度摊铺机进行混合料摊铺,以避免普通稳定土摊铺机并机、分层摊铺中出现的过渡搭接、接缝离析、纵向裂缝及层间结合差等问题。混合料铺层一次成形,形成整体板块结构,有效提高基层抗压、抗剪、抗弯、抗冲击强度(图4-10)。

图4-10 稳定土摊铺机摊铺水泥稳定基层

第四节 碎、砾石基层(底基层)机械化施工

碎、砾石基层(底基层)是由一定级配的矿质集料经拌和、摊铺、碾压,当强度符合要求时得到的基层(底基层)。按强度形成原理的不同,矿质集料分为嵌挤型和密实型两种。嵌挤型碎石包括泥结碎石、泥灰结碎石、填隙碎石等,强度靠颗粒之间的摩擦和嵌挤锁结作用形成。密实型碎(砾)石具有连续级配,故也称级配型基层(底基层),其强度主要靠碎(砾)石颗粒间的密实、填充作用形成。本节主要介绍级配碎石、级配砾石基层(底基层)和填隙碎石基层施工技术。

一、碎、砾石基层(底基层)材料质量要求

1. 级配碎石基层(底基层)

级配碎石基层由粗、细碎石和石屑按一定比例组成碎石混合料,当级配符合要求时铺筑而成。级配碎石基层适用于各级公路的基层和底基层,还用作较薄沥青面层与半刚性基层之间的中间层,减轻和消除半刚性基层开裂对沥青面层的影响,避免出现反射裂缝。

符合级配要求的碎石可用几组颗粒组成不同的碎石或未筛分碎石与石屑掺配而成。用于基层时,碎石的最大粒径及颗粒组成等应符合级配范围的要求,级配曲线应连续圆滑。

级配碎石基层的强度主要由碎石颗粒间的密实、填充作用形成,对碎石颗粒的强度要求很高。碎石的压碎值应符合以下要求:

高速公路基层、一级公路基层不大于26%;一级公路底基层、二级公路基层不大于30%;二级公路底基层及二级以下公路基层不大于35%;二级公路以下公路底基层不大于40%。

石屑和其他细集料可以用碎石场的筛余细料、专门轧制的细碎石集料、天然砂砾等。若级配碎石中所含细料的塑性指数偏大,则塑性指数与0.5mm以下细料含量的乘积应符合以下要求：

年降水量小于600mm的中干旱和干旱地区,地下水对土基无影响时,该乘积不大于120;潮湿多雨地区,该乘积不大于100。

2. 级配砾石基层(底基层)

级配砾石基层是用粗、细砾石和砂按一定比例配制的混合料铺筑的,具有规定强度的路面结构层,适用于二级及二级以下公路的基层及各级公路底基层。

级配砾石基层的组成应符合级配要求,级配不符合要求的可用其他粒料掺配,到规定的级配后同样可作为级配砾石基层,塑性指数在6(潮湿多雨地区)或9(其他地区)以下的天然砂砾可直接用作基层。对于细料含量较多的砾石,可先筛除部分细料后再使用。塑性指数偏大的可掺加少量石灰或无塑性砂土。

级配砾石颗粒的级配曲线应连续圆滑。当塑性指数偏大时,塑性指数与5mm以下细土含量的乘积应符合与级配碎石相同的规定。级配砾石的压碎值应符合下列要求：

高速公路底基层、一级公路底基层或二级公路基层不大于30%;二级公路底基层、二级以下公路基层不大于35%;二级以下公路底基层不大于40%。

3. 填隙碎石基层(底基层)

填隙碎石基层是用单一尺寸的粗碎石作主骨料,用石屑作填隙料铺筑而成的结构层。

填隙碎石适用于各级公路的底基层和二级以下公路的基层,颗粒组成等技术指标应符合填隙碎石集料质量要求。填隙碎石基层以粗碎石作嵌锁骨架,石屑填充粗碎石间的空隙,使密实度增加,从而提高强度和稳定性。当缺乏石屑时,可用细砂砾或粗砂替代。碎石应用坚硬的各类岩石或漂石轧制而成,压碎值应符合下列规定：

用作基层,不大于26%;用作底基层,不大于30%。

若抗压碎能力不能满足上述要求,则填隙碎石基层的整体强度将难以得到保证。

二、施工工艺、施工方法及施工质量控制

1. 级配碎、砾石基层(底基层)施工

(1)路拌法施工:级配碎、砾石基层(底基层)施工工艺流程如图4-11所示。

①准备工作:

准备下承层

a. 基层的下承层是底基层及其以下部分,底基层的下承层是垫层或土基。下承层表面应平整、坚实,具有规定的路拱,没有任何松散的材料和软弱地点。

b. 下承层的平整度和压实度应符合规范的规定。

c. 土基不论路堤或路堑,必须用12~15t压路机或等效的碾压机械进行碾压检验(压3~4遍)。在碾压过程中,如发现土过干、表层松散,应适当洒水;如土过湿、发生"弹簧"现象,应采取挖开晾晒、换土、掺石灰或粒料等措施进行处理。

d. 对于底基层,根据压实度检查(或碾压检验)和弯沉测定的结果,凡不符合设计要求的路段,必须根据具体情况,分别采用补充碾压、加厚底基层、换填好的材料、挖开晾晒等措施,使之达到标准。

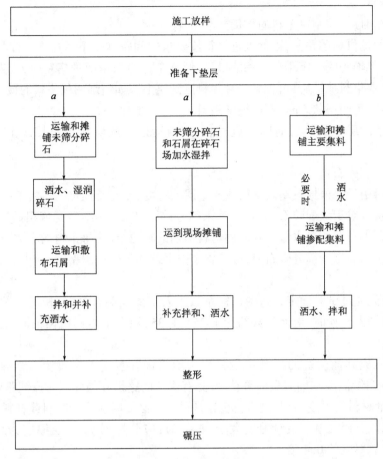

图 4-11 级配碎石、砾石基层(底基层)施工流程
a-级配碎石;b-级配砾石

e. 底基层上的低洼和坑洞,应仔细填补及压实。

f. 逐一检查下承层高程是否符合设计要求。

g. 新完成的底基层或土基,必须按规范规定进行验收。凡验收不合格的路段,必须采取措施,达到标准后,方能在上铺筑基层或底基层。

测量

a. 在下承层上恢复中线。直线段每 15~20m 设一桩,平曲线段每 10~15m 设一桩,并在两侧路面边缘外 0.3~0.5m 设指示桩。

b. 进行水平测量。在两侧指示桩上用红漆标出基层或底基层边缘的设计高程。

机具准备

a. 汽车或其他运输车辆、平地机、稳定土等运输、摊铺、拌和机械。

b. 洒水车。洒水利用就近水源洒水。

c. 压实机械,如轮胎压路机、钢轮压路机、振动压路机等。

d. 其他夯实机具,适宜小范围处理路槽翻浆等。

② 碎石料场加水湿拌:在料场洒水加湿未筛分碎石,使其含水率较最佳含水率大于 1% 左右,以减少运输过程中的集料离析现象(未筛分碎石的最佳含水量约为 4%)。

③运输集料:

a. 集料装车时,应控制每车料的数量基本相等。

b. 在同一料场供料的路段,由远到近将料按要求的间距卸于下承层上。卸料间距应严格掌握,并且要求料堆每隔一定距离留一缺口,以便施工。当采用两种集料时,应先将主要集料运到路上,待主要集料摊铺后,再将另一种集料运到路上。如粗细两种集料的最大粒径相差较多,应在粗集料处于潮湿状态时,再摊铺细集料。

c. 集料在下承层上的堆置时间不宜过长,集料运送一般应在集料摊铺工序前1~2天完成。

④洒水和湿润碎石:

a. 计算材料用量。根据各路段基层或底基层的宽度、厚度及预定的压实密度,计算各段需要的干集料数量。对于级配碎石,分别计算未筛分碎石和石屑(细砂砾或粗砂)的数量,根据料场未筛分碎石和石屑的含水量以及所用运料车辆的吨位,计算每车料的堆放距离。

b. 需现场洒水加湿未筛分碎石时,应使含水率保持在最佳含水率。

摊铺

a. 摊铺前,先通过试验确定集料的松铺系数。人工摊铺混合料时,松铺系数约为1.40~1.50;平地机摊铺混合料时,松铺系数约为1.25~1.35,稳定土摊铺机摊铺时,松铺系数约为1.20~1.30。

b. 用平地机或其他合适的机具将集料均匀地摊铺在预定的宽度上。当摊铺宽度大于22m,可适合分幅摊铺,要求铺层表面平整,并具有规定的路拱。与此同时摊铺路肩用料。

c. 检验松铺材料的厚度,看其是否符合预计要求。必要时应进行减料或补料工作。

d. 当级配碎石、砾石基层设计厚度大于16cm时,应分层铺筑,下层厚度为总厚度的0.6倍,上层厚度为总厚度的0.4倍。

⑤拌和及整形:应采用稳定土拌和机拌和级配碎、砾石。在无稳定土拌和机的情况下,也可采用平地机进行拌和。

a. 用稳定土拌和机拌和。宜拌和2遍以上,拌和深度应直到级配碎、砾石层底。

b. 用平地机拌和。将铺好的集料翻拌均匀,作业长度一般为300~500m,拌和遍数一般为5~6遍,拌和时平地机刀片的安装角度与位置如表4-1所示。

平地机拌和级配碎、砾石基层时的刮刀安装角度与位置　　表4-1

项　目	平面角 α(°)	倾斜角 β(°)	铲土角 γ(°)
干拌	30~50	3	45
湿拌	35~40	2	45

在拌和过程中,应用洒水车洒足所需的水分。拌和结束时,混合料的含水量应该均匀,较最佳含水量大1%左右,须避免粗细颗粒离析现象。

拌和均匀后的混合料,要用平地机按规定的路拱,进行整平和整形;然后平地机或压路机在已初平的路段上快速碾压一遍,以暴露潜在的不平整;再用平地机进行最终的整平和整形。在整形过程中,必须禁止任何车辆通行。

⑥碾压:铺层整形后,当混合料的含水量等于或略大于最佳含水量时,须用压实设备及时进行碾压。

直线段由两侧路肩开始向路中心碾压;在有超高的路段上,由内侧路肩开始向外侧路肩进行碾压。碾压时,压实轮迹应重叠轮宽20~30cm,压路机压实采用交错行进前行,以保证铺层整体压实的均匀性。

压路机的碾压速度,头两遍宜采用1.5~1.7km/h,以后用2.0~2.5km/h为宜。混合料铺层一般需碾压6~8遍。

级配碎石或砾石基层在碾压中还应注意以下几点:

a. 路面的两侧,应多压2~3遍。

b. 凡含土的级配碎石、砾石基层,都应进行滚浆碾压,直压到碎石、砾石层中无多余细土泛到表面为止。滚到表面的浆(或压实后变干的薄层土)应予清除干净。

c. 碾压全过程均应随碾压随洒水,使其保持最佳含水率。洒水量可参考表4-2,需结合季节洒水,待表面晾干后碾压,但厚度小于10cm时不宜摊铺后洒水,可在料堆上泼水,摊铺后立即碾压。碾压到要求的密实度。

碎石及砾石基层不同厚度、不同季节洒水量　　　　表4-2

厚度(cm)	季节		说　明
	春、秋季(kg/m²)	夏季(kg/m²)	
10	6~8	8~12	①天然级配砂、砾石含水率未计入,施工时应扣除天然含水率;②一般天然级配砂、砾石含水率约为7%;③天然级配砂、砾石最佳含水率为5%~9%。
15	9~12	12~16	
20	12~16	16~20	
25	15~20	20~28	

d. 开始时,应用轻型的压路机初压,初压两遍后,即时检测、找补。当发现混合料离析时,应将离析处的混合料挖出,分别掺入适量的碎砾石或砂,彻底翻拌均匀,并补充碾压,不能采用粗砂或砾石覆盖处理。

e. 碾压中若局部有"翻浆"现象,应立即停止碾压,翻松后晒干,或换含水率合适的材料后,再行碾压。

f. 两作业段的衔接处,应搭接拌和。第一段拌和后,留5~8m不碾压,待第二段施工时,将前段留下未压部分,重新拌和,并与第二段一起碾压。

g. 对于不能中断交通的路段,可采用半幅施工的方法。接缝处应对接,必须保证平整密合。

(2)中心站集中拌和(厂拌)法施工:级配碎石混合料除路拌法外,还可以在中心站用稳定土厂拌设备进行集中拌和。

①材料:宜采用不同粒级的单一尺寸碎石和石屑,按预定配合比在拌和机内拌制级配碎石混合料。

②拌制:在正式拌制级配碎石混合料之前,必须先调试所用的厂拌设备,使混合料的颗粒组成和含水率都达到规定的要求。

③摊铺:

a. 摊铺机摊铺。宜用稳定土摊铺机摊铺混合料。摊铺时,在摊铺机后面应设专人消除粗细集料离析现象。

b. 平地机摊铺。在没有摊铺机时,可采用平地机摊铺混合料。

④碾压：用单钢轮振动压路机、钢轮压路机和轮胎压路机进行碾压,碾压方法与要求和路拌法相同。

⑤接缝处理：

横向接缝

用摊铺机摊铺混合料时,对于当天摊铺段末端未压实的混合料,应与第二天摊铺的混合料一起混合后碾压,但应注意此部分混合料的含水率。必要时,应人工补洒水,使其含水率达到规定的要求。

纵向接缝

如摊铺机的摊铺宽度不够,必须分两幅摊铺时,宜采用两台摊铺机一前一后,相隔5~8m同步向前摊铺混合料。在仅有一台摊铺机的情况下,可先在一条摊铺带上摊铺一定长度后,再开到另一条摊铺带上摊铺,然后一起进行碾压。施工中一般应避免产生纵向接缝。

2. 填隙碎石基层施工

填隙碎石施工工艺流程：准备下承层→施工放样→运输和摊铺粗骨料→稳压→撒布石屑→振动压实→第二次撒布石屑→振动压实→局部补撒石屑并扫匀→振动压实→填满空隙→洒水饱和(湿法)或洒少量水(干法)→碾压。其中,运输与摊铺粗骨料及振动压实是确保施工质量的关键。

施工技术要点：填隙碎石施工时,细集料应干燥；采用振动压路机充分碾压,尽量使粗碎石骨料的空隙被细集料填充密实,而填隙料又不覆盖粗碎石表面自成一层,粗碎石应"露子"。填隙碎石的压实度用固体体积率来表示,用作基层时不应小于85%,用作底基层时不应小于83%。填隙碎石基层碾压完毕、铺封层前禁止开放交通。

3. 施工质量控制

确保基层的施工质量符合设计和技术规范要求是基层施工的首要任务。施工过程中应采取有效措施控制施工质量,如建立、健全工地现场试验、质量检查与工序间的交接验收制度；各工序完成后应进行相应指标的检查验收,上一道工序完成且质量符合要求后方可进入下一道工序的施工。施工质量控制的内容包括原材料与混合料技术指标的检验、试验路铺筑及施工过程中的质量控制与外形管理三大部分。

(1) 原材料与混合料质量技术指标试验：基层施工前及施工过程中原材料出现变化时,应对所采用的原材料进行技术指标试验,试验结果是判定材料是否适用于基层的主要依据。

(2) 试验路铺筑：在正式施工前应铺筑一定长度的试验路,以便考查混合料的配合比是否适宜,确定混合料的松铺系数、标准施工方法及作业段的长度等,并根据铺筑试验路的实际过程,优化基层的施工组织设计。

(3) 质量控制与管理：基层施工质量控制是在施工过程中对混合料的含水率、集料级配、结合料剂量、混合料抗压强度、拌和均匀性、压实度、表面回弹弯沉值等项目进行检查。在施工中,还须控制包括基层的宽度、厚度、路拱横坡、平整度等在内的技术指标,按规定的频度和质量标准进行检查。

三、施工机群配置及对机械的技术要求

由于基层材料的拌和和摊铺方法不同,基层(底基层)施工分路拌法和厂拌法两种。应根

据等级公路施工技术规范要求及施工单位所拥有的机械设备,决定该公路结构层施工机械的配备与组成,选用合适的施工方法。

根据施工作业方法不同,涉及的路拌机械和厂拌机械主要有装载机、稳定土拌和机、稳定土厂拌设备、自卸汽车、摊铺机、平地机、振动压路机、钢轮压路机及轮胎压路机、洒水车,并由这些机械组成相应的施工机械机群系统(简称:机群),以适应该结构层施工需要。

下面介绍基层(底基层)机群中一些主要机械的技术要求。

1. 稳定土拌和机

具体内容见本章第一节相关内容。

2. 稳定土厂拌设备

在集中厂拌法施工中,稳定土厂拌设备是关键设备之一。高速公路、一级公路路面基层施工应使用强制连续式拌和机。其性能要求为:

(1)保证搅拌材料均匀及单位时间内的产量。

(2)应具有保证集料最大粒径和级配符合要求的装置。

(3)能准确地按设计要求,自动控制(按重量或体积比例)添加剂剂量及加水量,并能随时进行准确的调整。

3. 摊铺机

在高速公路、一级公路稳定基层施工中,由厂拌设备拌好的稳定混合料由自卸汽车运到施工现场后,须使用稳定土摊铺机进行摊铺。对摊铺机的要求是:

(1)在任何设定的摊铺厚度和摊铺速度下,摊铺机的供料系统应能满足摊铺作业对混合料数量的需要。

(2)由于摊铺过程中混合料的流量经常发生变化,所以摊铺机的刮料板和螺旋布料器应具有各自独立驱动的无级调速系统,能按比例自动调节混合料的速度、流量,保证均匀平整的进行摊铺。

(3)螺旋布料器能满足各种不同材料、不同厚度的摊铺要求。在大厚度或大宽度摊铺时,具有抗集料离析的能力。

(4)具有自动调平和保持铺层厚度均匀的功能。

(5)具有保证直线行驶的左右驱动、自动功率分配及速度平衡装置。

(6)具有自动弯道摊铺作业功能。

(7)具有可调振幅和频率的振捣夯实梁及熨平板振动器。

4. 平地机

目前平地机在低等级公路路面基层稳定混合料摊铺作业中被广为采用。用平地机进行混合料的摊铺时,要达到设计高程需要进行多次的刮平、修正,容易造成粗细集料离析,甚至把粗集料刮推至路面边缘而造成流失。因此与稳定土摊铺机相比,在保证铺层厚度、设计高程、节约混合料和时间方面,平地机都处于劣势。

5. 压实设备

压实是保证工程质量的重量手段之一。选用配套压路机应考虑下列因素:工作量、铺层厚度、材料种类、公路等级、施工现场条件等。

(1) 工作量：压路机的工作量取决于摊铺机的摊铺能力。

(2) 铺层厚度和振幅频的选用：根据各种混合料的铺层厚度，选择压路机的质量等级及振动压路机的振幅和振频。当铺层厚度小于6cm时，最好用振幅在0.35~0.6mm的中型振动压路机；当铺层厚度在10cm以上时，建议采用振幅1.0mm左右的大中型振动压路机。

(3) 公路等级：高速公路、一级公路、二级及二级以下公路所选用的压路机，因密实度要求不同而应有所区别。

(4) 材料种类：碾压稳定混合料与碾压沥青混合料选用的压实机械不同。与沥青混合料相比，稳定混合材料比较松散，即使在最佳含水率的情况下，材料颗粒间也缺少黏结力，若用轮胎驱动的振动压路机进行碾压，因振动轮是被动的，在轮胎的推动下铺层混合料易产生被推移的问题，这一点往往不被重视或被疏忽而严重影响铺层的密实度。所以驱动轮的位置是很重要的，最佳方案是选用全轮驱动的钢轮压路机或选用前轮既是驱动轮又是振动轮的轮胎驱动的压路机。

如果含水率不当或受气温的影响，有时铺层表面会发生始终无法压实的情况而呈松散状，碾压的遍数越多压实效果越差。在这种情况下最好是洒水后稳压一下，再继续铺下一层。

(5) 施工现场条件：在工作量不大的狭窄地区作业，要选用机动性好的压路机。

第五节　稳定土基层机械化施工

稳定土基层具有整体性好、强度高、刚度大、水稳定性好、经济效益佳等特点，是二级以上公路的主要基层类型。按结合料种类和强度形成机理的不同，稳定土基层分为水泥稳定类和石灰稳定类两种。

一、稳定土基层（底基层）材料质量要求

1. 水泥稳定类基层

水泥稳定类基层是在粉碎的或原来松散的集料或土中，掺入适量的水泥和水，经拌和后得到的混合料，再通过压实及养生，当其抗压强度达到要求时所得到的结构层。

可用水泥稳定的材料包括级配碎石、砂砾、未筛分的碎石、砂砾土、碎石土、石屑等，经加工后性能稳定的钢渣、矿渣等也可用水泥来稳定。

水泥稳定类基层具有较高的强度及刚度，适用于各种交通量的公路路面基层和底基层，但水泥稳定细粒土（水泥土）的细料含量多、强度低，容易开裂，不应用作薄沥青混凝土面层的基层，只能用作底基层。在高速公路及一级公路的水泥混凝土路面板下，也不应用水泥稳定细粒土做基层。

对于水泥稳定类基层，其原材料质量要求是：各集料和土能被经济地粉碎，满足一定级配要求，便于碾压成形，并应满足相应指标要求。当用于高速公路及一级公路的基层（底基层）时，土的液限应小于25%，塑性指数小于6，集料压碎值不大于30%，粒径应满足相应要求；当用于二级及二级以下公路的基层（底基层）时，土的液限应小于40%，塑性指数小于17，集料压碎值不应大于35%（底基层可放宽到40%），粒径应满足相应要求，酸盐含量不应超过0.25%，有机质含量不应超过2%。超过上述规定时，不应单纯用水泥稳定，可先用石灰与土

混合均匀,闷料一昼夜后再用水泥稳定。普通硅酸盐水泥、矿渣硅酸盐水泥和火山灰质硅酸盐水泥,均可用于结合料。为了有充裕的时间组织施工,不应使用快硬水泥、早强水泥或受潮变质水泥,应选用终凝时较长(6 小时以上)的水泥,如 325 号水泥或 425 号水泥。水泥稳定类对水没有特别要求,一般人、畜饮用水即可。

2. 石灰稳定类基层

石灰稳定类基层是在粉碎的或原来松散的集料或土中,掺入适量的石灰和水,经拌和、压实及养生,当其抗压强度符合规定时得到的路面结构层。

可用石灰稳定的材料包括细粒土、天然砂砾土、天然碎石土、级配砂砾、级配碎石和矿渣等。同时用石灰和水泥稳定某种集料或土时,称为石灰水泥综合稳定类基层。

石灰稳定类混合料适用于各级公路路面底基层,也可用作二级公路的基层。与水泥稳定细粒土一样,石灰稳定细粒土(石灰土)不能用作薄沥青混凝土面层的基层,在冰冻地区的潮湿路段及其他地区的过湿路段,也不宜采用石灰土做基层或底基层。

对于石灰稳定类基层,其原材料质量要求是:对于集料和土的一般要求与水泥稳定类基层相同,而具体指标有所区别,土应选用塑性指数为 15~20 的黏质土或含有一定量黏质土的中、粗粒土,石灰质量应符合三级以上消解石灰或生石灰的质量要求。准备使用的石灰应尽量缩短存放时间,以免有效成分损失过多。若存放时间过长,则应采取措施妥善保管。其他原材料质量要求见水泥稳定类基层。

二、施工工艺、施工方法及施工质量控制

1. 石灰稳定土基层

石灰稳定土基层可采用路拌法和中心站集中拌和(厂拌)法两种施工方式。

(1)石灰稳定土基层路拌法施工工序流程如图 4-12 所示。

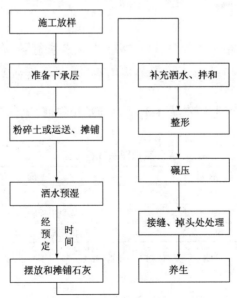

图 4-12 石灰稳定土基层施工流程

①准备工作:

准备下承层

按规范规定,对拟施工的路段进行验收。凡验收不合格的路段,必须采取措施,使其达到标准后,方能在上铺筑石灰稳定土层。

测量

在底基层或土基上恢复中桩,直线段每15~20m设一桩,平曲线段每10~15m设一桩,并在对应断面的路肩外测设指示桩。在两侧指示桩上用红漆标出石灰稳定土层边缘的设计高程。

备料

a.集料:采备集料前,应先将树木、草皮和杂土清除干净,并在预定采料深度范围内自上而下采集集料,不宜分层采集。如分层采集集料,则应将集料分层堆放在一场地上,然后从前到后(上下层一起装入汽车),将料运到施工现场。料中的超尺寸颗粒应予筛除。

b.石灰:石灰堆放在拌和厂时,宜搭防雨棚。石灰应在使用前7~10d充分消解。每吨石灰消解用水量一般为500~800kg。消解后的石灰应保持一定的湿度,以免过于飞扬,但也不能过湿成团,应尽快使用。

c.材料用量:根据各段石灰稳定土层的宽度、厚度及预定的压实度(换算为压实密度),计算各路段需要的干集料量。根据料场集料的含水率和运料车辆的吨位,计算每车料的堆放距离。根据石灰稳定土层的厚度和预定的干密度及石灰剂量,计算每平方米石灰稳定土需用的石灰数量,并计算每车石灰的摊铺面积,如使用袋装生石灰粉,则计算每袋石灰的摊铺面积。

②运料及卸料:

运料

对预定堆料的下层在堆料前应先洒水,使其湿润,不应过分潮湿而造成泥泞。集料装车时,应控制每车料的数量基本相等。在同一料场供料的路段,由远到近将料按计算的距离(间距)卸置于下承层中间或一侧。

卸料

卸料时,料堆距离应严格掌握,避免料不够或过多;料堆每隔一定距离应留一缺口;集料在下承层上的堆置时间不应过长。运送集料较摊铺集料工序宜提前1~2d。

③洒水预湿与摊铺集料:

通过试验确定集料的松铺系数(表4-3)。在摊铺集料前,应先在下承层上洒水使其湿润,但不应过分潮湿而造成泥泞。

混合料松铺系数参考值　　　　表4-3

材料名称	松铺系数	说　　明
石灰土	1.53~1.58	摊铺集料和石灰,机械拌和,人工整平
石灰土	1.68~1.70	料场集中拌和,运料、卸料后摊铺
石灰土、砂砾	1.52~1.56	料场集中拌和,运料、卸料后摊铺

料应在摊铺石灰的前一天进行。摊料长度应与施工日进度相同,以够次日摊铺石灰、拌和、碾压成形为准。

用平地机将集料均匀摊铺在预定的宽度上,表面应平整,并有规定的路拱。摊铺过程中,应注意将土块、超尺寸颗粒及其他杂物去除。

④洒水与摊铺石灰：

摊铺石灰时，如黏性土过干，应事先洒水闷料，使土的含水率略小于最佳值。细粒土宜闷料一夜；中粒土和粗粒土，视细土含量的多少，可闷 1~2h。

在人工摊铺的集料层上，用 6~8t 两轮压路机碾压 1~2 遍，使其表面平整，并有一定密实度。然后，按计算的每车石灰的纵横间距，将卸置的石灰均匀摊开。

石灰摊铺完后，表面应没有空白位置。测量石灰的松铺厚度，根据石灰的含水率和松密度，校核石灰用量是否合适。

⑤补充洒水与拌和：

a. 集料应采用稳定土拌和机拌和，拌和深度应达到稳定层底。应设专人跟随拌和机，随时检查拌和深度。拌和应适当破坏(约1cm左右)下承层的表面，以利上下层黏结。通常应拌和 2 遍以上。

b. 拌和过程中，及时检查含水率。用洒水车补洒水，使混合料的含水率等于最佳含水率或大于最佳值1%左右，洒水段应长些。拌和机械应紧跟在洒水车后面进行拌和，尤其在纵坡大的路段上更应配合紧密，以减少水分流失。拌和完成的标志是：混合料色泽一致，水分合适均匀。

c. 拌和石灰加黏土的稳定碎石或砂砾时，应先将石灰土拌和均匀，然后均匀地摊铺在碎石或破砾层上，再一起进行拌和。用石灰稳定塑性指数大的黏土时，由于黏土难以粉碎，宜采用两次拌和法。即第一次加 70%~100% 预定剂量的石灰进行拌和，闷放一夜，然后补足石灰用量，再进行第二次拌和。

⑥整形、碾压、接缝处拌和及碾压：

整形

混合料拌和均匀后，用平地机初步整平和整形。在直线段，平地地由两侧向路中心进行刮平；在平曲线段，平地机由内侧向外侧进行刮平。根据需要，可再返回刮一遍。

用平地机或轮胎压路机快速碾压 1~2 遍，然后根据测量结果平整，用平地机最后进行精平。

每次整形都要按照规定的坡度和路拱进行，特别要注意接缝处的整平，接缝必须顺直平整。

碾压

整形后，当混合料含水率处于最佳含水率 ±1% 范围时（如表面水分不足，应适当洒水），立即 12t 以上压路机、重型轮胎压路机或振动压路机，在路基全宽内进行碾压。

直线段，由两侧路肩向路中心碾压；平曲线段，由内侧路肩向外侧路肩进行碾压。碾压一直进行到要求的密实度为止。

在碾压过程中，石灰稳定土的表面应始终保持湿润。如表面水蒸发得快，应及时补洒少量的水。如有"弹簧"、松散等现象，应及时翻开重新拌和，或用其他方法处理，使其达到质量要求。

接缝处拌和及碾压

两工作段衔接处，应采用对接形式。前一段拌和后，留 5~8m 不进行碾压，后一段施工时，将前段留下未压部分，一起再进行拌和。

⑦养生：

a. 石灰稳定土在养生期间应保持一定的湿度，但不应过湿。养生期一般不少于7d。在养生期间石灰土表层不应忽干忽湿，每次洒水后，应用两轮压路机将表层压实。

b. 如石灰稳定土分层施工时,下层石灰稳定土碾压完后,可以立即在上铺筑另一层石灰稳定土,不需专门的养生期。

c. 养生期结束后,应立即喷洒透层沥青,并在 5~10d 内铺筑沥青面层。

⑧施工中应注意的问题:

接缝处"掉头"规定

拌和机械及其他机械不宜在已压成的石灰稳定土层上掉头。

纵缝的处理

石灰稳定土层的施工应尽可能避免纵向接缝,必须分两幅施工时,纵缝必须垂直相接,不应斜接。

一般情况下,纵缝可按下述方法处理:

在前一幅施工时,在靠中央一侧用方木或钢模板做支撑,方木或钢模板的高度与稳定土层的压实厚度相同。混合料拌和结束后,靠近支撑木(或板)的一条带,应人工进行补充拌和,然后进行整形和碾压。在铺筑另一幅时,或在养生结束时,拆除支撑木(或板)。第二幅混合料拌和结束后,靠近第一幅的一条带,应人工进行补充拌和,然后进行整形和碾压。

(2)中心站集中拌和(厂拌)法施工:石灰稳定土集中拌和,有利于保证配料的准确性和拌和的均匀性。

①备料:集料的最大粒径和级配应符合要求。必要时,应先筛除集料中不符合要求的颗粒。在潮湿多雨地区施工时,还应采取措施保护集料,特别是细集料(含土)和石灰应免遭雨淋。

②拌制:在正式拌制稳定土混合料之前,必须先调试所用的厂拌设备,使混合料的颗粒组成和含水率都达到规定的要求;应根据集料和混合料的含水率,及时调整搅拌缸中的供水量,使混合料拌和均匀;集料的颗粒组成发生变化时,应重新调试设备。

③运输:已拌成的混合料应尽快运送到铺筑现场。如运距远、气温高,则自卸汽车上的混合料应加以覆盖,以防水分过多蒸发。

④摊铺及碾压:下承层为石灰稳定土时,应先将下承层顶面拉毛,再摊铺混合料。摊铺应采用稳定土摊铺机。在没有稳定土摊铺机的情况下,可以用平地机摊铺混合料。

用摊铺机摊铺时,拌和机与摊铺机的生产能力要相协调。摊铺后应用压路机及时进行碾压。

⑤横向接缝处理:

a. 用摊铺机摊铺混合料时,每天的工作缝应做成横向接缝。摊铺机应驶离混合料末端。

b. 人工将末端混合料处理整齐,紧靠混合料放两根方木,方木的高度与混合料的压实厚度相同,整平紧靠方木的混合料。

c. 方木的另一侧用砂砾或碎石回填约 3m 长,其高度应高出方木几厘米。

d. 将混合料碾压密实。

e. 在重新开始摊铺混合料之前,将砂砾(或碎石)和方木除去,并将下承层顶面清扫干净和拉毛。

f. 摊铺机返回到已压实的末端,重新开始摊铺混合料。

g. 如压实层末端未用方木作支撑处理,在碾压后末端成一斜坡,则在第二天开始摊铺新混合料之前,应将末端斜坡挖除,并挖成一横向(与路中心线垂直)垂直向下的断面。挖出的混合料洒水到最佳含水率,拌匀后仍可使用。

⑥纵向接缝:应避免纵向接缝。如摊铺机的摊铺宽度不够,必须分两幅摊铺时,宜采用两台摊铺机一前一后,相隔8~10m同步向前摊铺混合料,一起进行碾压。在仅有一台摊铺机的情况下,可先在一条摊铺带上摊铺一定长度后,再开到另一条摊铺带上摊铺,然后一起进行碾压。在不能避免纵向接缝的情况下,纵缝必须垂直相接,严禁斜接。

⑦养生及路线处理:方法同路拌法。

在石灰稳定土基层施工中,为避免该层受弯拉而断裂,并在施工碾压时能压稳而不起皮,其层厚不宜小于10cm。

为拌和均匀和碾压密实,用12~15t压路机碾压时,压实厚度不宜大于15cm;用15~20t压路机碾压时,压实厚度应大于20cm,且应先轻后重进行碾压(分层铺筑时,下层宜稍厚)。

碾压后的压实度要求见表4-4。石灰稳定土基层施工须在最低气温0℃之上完成,并尽量避免在雨季施工。

石灰土基层、底基层压实度要求 表4-4

层 次		高速和一级公路	其他等级公路
基层	石灰稳定中、粗粒土		97
	石灰稳定细粒土		93
底基层	石灰稳定中、粗粒土	96	95
	石灰稳定细粒土	95	93

2. 水泥稳定土基层

水泥稳定土施工时,必须采用流水作业法,使各工序紧密衔接。特别是要尽量缩短从拌和到完成碾压之间的延迟时间。在施工时应做延迟时间对强度影响的试验,以确定合适的延迟时间。

水泥稳定土基层的施工方法主要有路拌法和中心站集中拌和(厂拌)两种。

(1)路拌法施工:水泥稳定土路拌法施工与石灰稳定土的施工相似,其工艺流程如图4-13所示。

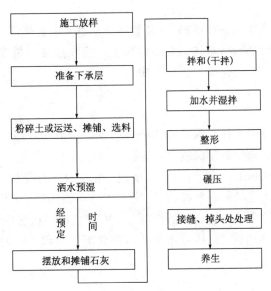

图4-13 水泥稳定土路拌法施工工艺流程

①准备工作：
准备下承层

当水泥稳定土用作基层时，要准备底基层；当水泥稳定土用作底基层时，要准备土基。无论底基层还是土基，都必须按规范进行验收，达到标准后，方可铺筑水泥稳定土层。

测量

首先是在底基层或土基上恢复中线。直线段每15~20m设一桩，平曲线段每10~15m设一桩，并在对应断面路肩外侧设指示桩。

其次进行水平测量。在两侧指示桩上用红漆标出水泥稳定土层边缘的设计高程。

确定合理的作业长度

确定路拌法施工每一作业段的合理长度时，应考虑如下因素：水泥的终凝时间；延迟时间对混合料密实度和抗压强度的影响；施工机械和运输车辆的效率和数量；操作的熟练程度；尽量减少接缝；施工季节和气候条件。

一般宽7~8m的稳定层，每一流水作业段以200m为宜。如稳定层较宽，则作业段应该再缩短。

备料

在采备集料前，应先将料场的树木、草皮和杂土清除干净。采集集料时，应在预定采料深度范围内自上而下进行，不应分层采集。在集料中超尺寸颗粒应予筛除。

计算材料用量

方法同石灰稳定土。

②运料及卸料：方法与石灰稳定土相同。

③摊铺集料与水泥：

摊铺集料方法与石灰稳定土相同。

摊铺水泥

在摊铺的集料上，用6~8t两轮压路机碾压一遍，使其表面平整。然后计算每袋水泥可以摊铺的纵横间距。

水泥应当日用汽车直接送到摊铺路段，每袋水泥从汽车上直接卸在做标记的地点，检查有无遗漏和多余后，打开水泥袋，将水泥倒在集料层上。应注意使每袋水泥的摊铺面积相等，水泥摊铺完后，表面应没有空白，但也不过分集中。

④拌和：

干拌

a.用稳定土拌和机拌和。拌和深度应达稳定层底。应设专人跟随拌和机，随时检查拌和深度并配合拌和机操作员调整拌和深度。

b.在没有专用拌和机械的情况下，也可用平地机相配合进行拌和。

先用平地机将铺好水泥的集料翻拌两遍，使水泥分布到集料中，但不翻拌到底，以防止水泥落到底部。第一遍由路中心开始，将混合料向路两侧翻，同时机械应慢速前进；第二遍相反，由两侧开始，将混合料向路中心翻，接着用平地机将底部料翻起。随时检查调整翻拌深度，使稳定土层全部翻透。

洒水湿拌

干拌过程结束时，如果混合料含水率不足，用洒水车洒水补充水分。在洒水工作中，洒水车不应使洒水中断,洒水距离应长些,水车起洒处和另一端掉头处都应超出拌和段 2m 以上。洒水车不应在正进行拌和以及当天计划拌和的路段上掉头和停留,以防局部水量过大。

洒水后,应再次进行拌和,使水分在混合料中分布均匀。拌和机械应紧跟在洒水车后面进行拌和,尤其在纵坡大的路段上应配合紧密,以减少水分流出。

洒水及拌和过程中,应及时检查混合料的含水率,可采用含水率快速测定仪测定混合料的含水率。混合料的最佳含水率也可以在现场人工控制。最佳含水率时的混合料,在手中能紧捏成团,落在地上能散开,并应参考室内击实试验最佳含水率的混合料的状态。水分宜略大于最佳值,应较最佳含水率大 0.5%~2.0%,不应小于最佳值,以补偿施工过程中水分的蒸发,并有利于减轻延迟时间的影响。

⑤整形与碾压:方法同石灰稳定土。

⑥横接缝和"掉头"处的处理:

a. 当天两工作段的衔接处,应搭接拌和。第一段拌和后,留 5~8m 不进行碾压;第二段施工时,前段留下未压部分,要再加部分水泥重新拌和,并与第二段一起碾压。当天其余各段的接缝都可这样处理。

b. 应注意每天最后一段末端缝(工作缝)的处理。在已碾压完成的水泥稳定土层末端沿稳定土挖一条宽约 30cm 的槽,直挖到下承层顶面。此槽与路的中心线垂直,靠稳定土一面应切成直线,而且应垂直向下。将两根方木(长度为水泥稳定土层宽的一半,厚度与其压实厚度相同)放在槽内,并紧靠着已完成的稳定土,以保护其边缘,防止第二天工作时被机械破坏。

c. 工作缝也可按下述方法处理:在水泥稳定土混合料拌和结束后,在预定长度的末端,按前述方法挖一条横贯全路宽的槽,槽内放两根与压实厚度等厚的方木,方木的另一侧用素土回填至 3~5cm 长,然后进行整形和碾压。第二天,邻接的作业段拌和结束后,除去顶木,用混合料回填,靠近顶木未能拌和的一小段,应人工进行补充拌和。

⑦纵缝的处理:水泥稳定土层的施工应该避免纵向接缝,在必须分两幅施工时,纵缝必须垂直相接,不应斜接。

⑧养生:水泥稳定土基层每一段碾压完成并经压实度检查合格后,应立即开始养生,不应延误。如水泥稳定土分层施工时,下层水泥稳定土碾压完后,过一天就可以铺筑上层水泥稳定土,不需经过 7d 养生期。在铺筑上层稳定土之前,应始终保持下层表面湿润。

为增加上下层之间的黏结性,在铺筑上层稳定土时,宜在下层表面撒少量水泥或水泥浆。

若水泥稳定土用作水泥混凝土路面板的基层,且面板是用小型机械施工的,则基层完成后不需养生就可铺筑混凝土面层。

⑨水泥稳定土基层养生方法如下:

a. 用不透水薄膜或湿砂进行养生。用砂覆盖时,砂层厚 7~10cm,砂铺匀后,应立即洒水,并保持在整个养生期间砂的潮湿状态。也可以用潮湿的帆布、粗麻布、草帘或其他合适的材料覆盖,但不得用湿黏土覆盖。养生结束后,必须将覆盖物清除干净。

b. 采用沥青乳液进行养生。乳液应采用沥青含量约 35% 的慢裂沥青乳液,使其能透入基层几毫米深。沥青乳液的用量 1.2~1.4kg/m^2,宜分两次喷洒。乳液分裂后,直接撒布 3~8mm 或 5~10mm 的小碎(砾)石,小碎石约撒布 60% 的面积(不完全覆盖,但均匀覆盖 60% 的面积,露黑)。养生结束后,沥青乳液相当于透层沥青。也可以在已完成基层上立即(或第二天)做下封层,利用下封层进行养生。

c. 无上述条件时,可用洒水车经常洒水进行养生,每天洒水的次数应视气候而定。整个养生期间应始终保持稳定土层表面潮湿,不应时干时湿。洒水后,应注意表层情况,必要时用两轮压路机压实。

除采用沥青乳液养生外,养生期不宜少于7d,如养生期少于7天就已做上承层,则应注意勿使重型车辆通行。若养生期间未采用覆盖等措施,除洒水车外,应封闭交通。

养生期结束后,应立即喷洒透层沥青或做下封层,并在5~10d内铺筑沥青面层。在喷洒透层沥青后,应撒3~8mm或5~10mm的碎(砾)石。如喷洒的透层沥青能透入基层,且运料车辆和面层混合料摊铺机在其上行驶不会破坏沥青膜时,可以不撒碎(砾)石。如面层为水泥混凝土时,也不宜让基层长期暴晒开裂。

(2)中心站集中拌和(厂拌)法施工:水泥稳定土可以在中心站用厂拌设备进行集中拌和,其施工方法与石灰稳定土厂拌法施工基本相同,不做赘述。

但在摊铺过程中,如中断时间已超过2~3h,又未按横向接缝方法处理,则应将摊铺机附近及其下面未经压实的混合料铲除,并将已碾压密实且高程和平整度符合要求的末端,挖成一横向(与路线垂直)垂直向下的断面,然后再摊铺新的混合料。

三、施工机群配备及对机械的技术要求

施工机群配备及对机械的技术要求,参考碎、砾石基层施工的方法和要求进行。

第六节 石灰工业废渣基层机械化施工

工业废渣包括粉煤灰、煤渣、高炉矿渣、钢渣(已经过崩解达到稳定)、其他冶金矿渣、煤矸石等。

路用工业废渣一般用石灰进行稳定,故通常称石灰稳定工业废渣(简称石灰工业废渣)。它包括两大类:

一是石灰粉煤灰类,又可分为石灰粉煤灰、石灰粉煤灰土、石灰粉煤灰砂、石灰粉煤灰砂砾、石灰粉煤灰碎石、石灰粉煤灰矿渣、石灰粉煤灰煤矸石等。这些材料分别简称二灰、二灰土、二灰砂、二灰砂砾、二灰碎石、二灰矿渣、二灰煤矸石等。

二是石灰其他废渣类,可分为石灰煤渣、石灰煤渣土、石灰煤渣碎石、石灰煤渣砂砾、石灰煤渣矿渣、石灰煤渣碎石土等。用石灰工业废渣铺筑的路面基层和底基层,分别称石灰工业废渣基层和石灰工业废渣底基层。也可以在基层或底基层前标以具体简名,如二灰砂砾基层、二灰土底基层等。

石灰工业废渣稳定土特别是二灰材料,具有良好的力学性能、板体性、水稳性和一定的抗冻性,其抗冻性较石灰土高得多。石灰工业废渣的初期强度低,但随龄期的增长幅度大。二灰土中粉煤灰用量越多,初期强度越低。在二灰中加入粒料、少量水泥或其他外加剂可提高其早期强度。但由于干缩、冷缩,易产生裂缝。

石灰工业废渣可适用于道路的基层和底基层,不应用作二级和二级以上公路路面的基层,而只能用作底基层。

一、石灰工业废渣稳定土基层材料质量要求

对于石灰工业废渣稳定土基层,其原材料质量要求是:粉煤灰的主要成分 SiO_2、Al_2O_3、Fe_2O_3,三者总含量应超过70%,烧失量不应超过20%;若烧失量过大,则混合料强度将明显降低,甚至难以成形。粉煤灰比表面积宜大于 $2500cm^3/g$,粒径变化范围为 $0.001\sim0.3mm$。干湿粉煤灰均可使用,但湿粉煤灰含水率不宜超过35%;干粉煤灰露天堆放时应洒水湿润,防止随风飞扬造成污染。使用时结团的灰块应打碎或过筛,清除有害杂质。煤渣是煤燃烧后的残留物,主要成分是 SiO_2 和 Al_2O_3,松干密度为 $700\sim100kg/m^3$,最大粒径不应大于 $30mm$,颗粒组成以有一定级配为佳。其他见石灰稳定类基层相关知识。

二、施工工艺、施工方法及施工质量控制

1. 石灰工业废渣稳定土基层施工

与其他稳定土一样,石灰工业废渣稳定土可在拌和厂(场)集中拌和,也可沿路拌和,故施工方法有厂拌法和路拌法之分。高速公路和一级公路的稳定土基层对强度、平整度等技术性能有很高的要求,应采用施工质量好、进度快的厂拌法施工,其他公路的稳定土基层可用路拌法施工。

(1)路拌法施工

石灰工业废渣稳定土基层路拌法施工的工艺流程可简述为:

准备下承层→施工放样→运输和摊铺集料→运输和摊铺粉煤灰或煤渣→运输和摊铺石灰→拌和及洒水→整形→碾压→接缝和掉头处的处理→养生。

施工技术要点可简述为:

①采用二灰时,应先将粉煤灰运到现场;采用二灰稳定土时,应先将土运到现场,通过试验确定各种材料及混合料的松铺系数,在同一料场供料的路段内,由远到近,按计算的距离把料卸置于下承层上,卸料距离应均匀;各种料的摊铺应采用层铺法,即每种材料按先后顺序摊铺均匀后,宜先用两轮压路机碾压 $1\sim2$ 遍,然后再运送摊铺下一种材料。摊铺每层材料时应力求平整,并具有规定的路拱。在洒水拌和过程中,应及时检查混合料含水率、拌和深度,要使石灰工业废渣基层全部都拌和均匀,且水分合适和均匀。

②对于二灰级配集料,应先将石灰和粉煤灰拌和均匀,然后均匀地摊铺在集料层上,再一起进行拌和。其他要求见石灰稳定土基层施工要点相关内容。

(2)中心站集中拌和(厂拌)法施工

石灰工业废渣稳定土厂拌法施工的工艺流程可简述为:

准备下承层→施工放样→厂拌稳定土混合料→运输拌好的混合料到施工现场→摊铺碾压→接缝处理→养生。

施工技术要点可简述为:

①下承层准备与施工放样按级配碎、砾石基层的方法和要求进行;原材料应符合技术要求,土块最大尺寸不应大于 $15mm$;粉煤灰块不应大于 $12mm$,且 $9.5mm$ 和 $2.36mm$ 筛孔的通过量应分别大于95%和75%;不同粒径的砾石或碎石以及细集料应分开堆放;石灰、粉煤灰和细集料都应有覆盖,防止雨淋过湿;配料应准确,拌和应均匀,混合料的含水率应略大于最佳含水

率,使混合料运到现场摊铺后,碾压时的含水率能接近最佳值;拌和机采用强制式拌和机或双转轴浆叶式拌和机;混合料的成品堆放时间不宜超过24h。

②关于横向接缝,如压实层末端未用方木做支撑处理,在碾压后末端成一斜坡,则在第二天开始摊铺新混合料之前,应将末端斜坡挖除,并挖成一横向(与公路中心线垂直)垂直向下的断面。

③石灰工业废渣稳定类混合料可在碾压完后3d内开始养生,养生期不少于7d。养生期内应使基层表面保持湿润或潮湿,一般可洒水或用湿砂、湿麻布、湿草帘、低黏质土覆盖,基层表面还可采用沥青乳液做下封层进行养生。

石灰工业废渣稳定类混合料需分层铺筑时,下层碾压完即可进行铺筑,下层无需经过7d养生。

2.施工质量控制

见级配碎、砾石基层施工相关内容。

三、主要施工机械配备及对机械的技术要求

主要施工机械配备及对机械的技术要求,按碎、砾石基层施工的方法和要求进行。

第五章
水泥混凝土路面机械化施工

水泥混凝土路面具有承载能力大、稳定性好、使用寿命长、日常养护费用少等优点,是各级公路路面的主要类型之一。

水泥混凝土路面类型主要包括素混凝土、钢筋混凝土、连续配筋混凝土、预应力混凝土、装配式混凝土、钢纤维混凝土等面层板和基(垫)层所组成的路面。目前采用最广泛的是就地浇筑的素混凝土路面,即除接缝区和局部范围(边缘和角隅)外不配置钢筋的混凝土路面。与其他类型路面相比,水泥混凝土路面具有以下特点。

(1)刚度大、强度高、板体性好。因而具有较高的承载能力和扩散荷载的能力。

(2)稳定性好。水泥混凝土的水稳定性和温度稳定性均优于沥青混凝土,而且,其强度能随时间而增长,不存在沥青路面的"老化"现象。水泥混凝土路面应用于气候条件急剧变化的地区时,不易出现沥青路面的某些稳定性不足的损坏(如车辙等)。

(3)耐久性好。由于混凝土路面强度和稳定性好,抗磨耗能力强,所以耐疲劳特性好。在保证设计和施工质量的情况下,可使用 20~40 年以上,而且它能通行包括履带式车辆在内的各种运输工具。

(4)抗侵蚀能力强。水泥混凝土对油、大多数化学物质不敏感,有较强的抗侵蚀能力。

(5)养护费用少。在正常设计、施工和养护的条件下,水泥混凝土路面的养护工作量和养护费用均比沥青路面小,为后者的 1/3~1/4。

(6)抗滑性能好。混凝土路面由于表面粗糙度好,能保持车辆有较高的安全行驶速度,特别在下雨时虽然路面潮湿,仍能保持较高的粗糙度而使车辆不滑行,从而提高车辆行驶的稳定性。

(7)有利于夜间行车。混凝土路面色泽鲜明,能见度好,对夜间行车有利。

(8)接缝多。接缝是混凝土路面的薄弱处,一方面增加了施工和养护的复杂性,另一方面在施工和养护不当时易导致唧泥、错台和断裂等现象。同时,接缝也容易引起行车跳动,影响行车的舒适性。

(9)对超载敏感。水泥混凝土是脆性材料,一旦作用荷载超出了混凝土的极限强度,混凝土板便会出现断裂。

(10)不能立即开放交通。除碾压混凝土外,其他混凝土路面需要一定的养生期,以获得足够的强度增长。因而铺筑完工后需要隔一定时期(14~21d以上)才能开放交通。如需提早开放交通,则需采取特殊措施。

(11)修复困难。混凝土路面出现损坏后,修补工作较沥青路面困难,且影响交通,修补后路面质量不如原来的整体强度高。

(12)噪声大。混凝土路面使用的中后期,由于接缝、变形(缝隙增大、错台等)而使平整度降低,车辆行驶时的噪声较大。

水泥混凝土路面施工所需机械主要为搅拌机、水泥混凝土拌和站、水泥混凝土摊铺机、水泥混凝土搅拌输送车、水泥混凝土输送设备等。

第一节　水泥混凝土搅拌站与拌和作业

一、概述

混凝土搅拌站(也有称搅拌楼)是用来集中搅拌混凝土的联合装置,亦称混凝土工厂。因其机械化和自动化程度较高,生产率较大,故常用于混凝土工程量大、施工周期长、施工地点集中的大、中型公路及桥梁、隧道工程、建筑施工以及混凝土制品工厂中。

混凝土搅拌站按工艺布置形式可分为单阶式和双阶式两类(图5-1)。

(1)单阶式

砂、石、水泥等材料一次就提升到搅拌站最高层的储料斗,然后配料称量直到搅拌成混凝土,均借物料自重下落而形成垂直生产工艺体系,其工艺流程见图5-2a)。此类形式具有生产率高、动力消耗少、机械化和自动化程度高、布置紧凑和占地面积小等特点,但其设备较复杂,基建投资大。单阶式布置适用于大型永久性搅拌站或水泥混凝土搅拌工厂。

(2)双阶式

砂、石、水泥等材料分两次提升,第一次将材料提升至储料斗;经配料称量后,第二次再将材料提升并卸入搅拌机,其工艺流程见图5-2b)。它具有设备简单、投资少、建成快等优点;但其机械化和自动化程度较低、占地面积大、动力消耗多。故该布置形式适用于中小型搅拌站。

搅拌站按装置方式可分为固定式和移动式两类。前者适用于永久性的搅拌站;后者则适用于施工现场。

图 5-1　水泥混凝土搅拌站外貌
a) 双阶式；b) 双阶式；c) 单阶式

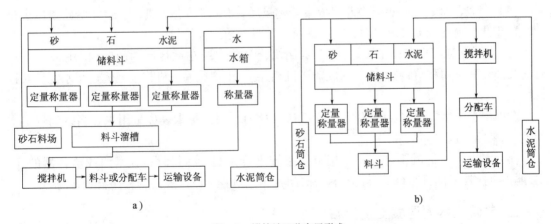

图 5-2　搅拌站工艺布置形式
a) 单阶式；b) 双阶式

大型搅拌站按搅拌机平面布置形式的不同，可分为巢式和直线式两种。巢式是数台搅拌机环绕着一个共同的装料和出料中心布置，其特点是数台搅拌机共用一套称量装置，因此，一次只能搅拌一个品种的混凝土。直线式指数台搅拌机排列成一列或两列，此种布置形式的每台搅拌机均需配备一套称量装置，但能同时搅拌几个品种的混凝土。

二、双阶式水泥混凝土搅拌站

双阶移动式混凝土搅拌站主要由混凝土搅拌机、集料与水泥称量设备、供水及其称量设备、集料堆场、水泥筒仓、运输机械、控制系统等组成(图 5-3)。

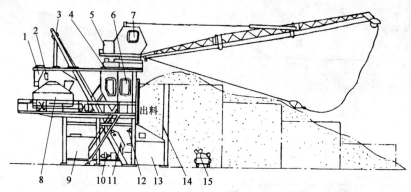

图 5-3 双阶移动式混凝土搅拌站主要结构

1-水泥秤;2-示值表;3-料斗卷扬机;4-回转机构;5-拉铲绞车;6-主操作室;7-拉铲操作室;8-搅拌机;9-水箱;10-水泵;11-提升料斗;12-电磁气阀;13-集料秤;14-分壁柱;15-空气压缩机

(1)混凝土搅拌机:混凝土搅拌机是搅拌站的主机,它决定着搅拌站的生产效率。

(2)集料的输送及储存:集料堆集在搅拌站的后部,用隔墙隔成若干个独立的料仓,分别储存砂子、石子。采用拉铲把半圆形堆料场的材料堆集起来,并将砂子及两种规格的石子分别运送到三个出料区上部。当控制出料区的三个闸门依次打开时,流入称斗的砂石料由秤进行累计称量。

(3)集料的称量装置:集料的称量装置即集料称量秤,它不但能满足集料的称量,还在称量过程中输出讯号,指令下一程序进行工作,控制集料出料区三个闸门的开闭。

(4)集料提升装置:在提升料斗完成集料称量后,由专门的卷扬机牵引料斗沿轨道向上提升。料斗升至搅拌机上方时,将料斗的底门打开,骨料落入搅拌机。

(5)水泥筒仓与水泥称量装置:两个水泥筒仓分别安装在搅拌站的两侧(图中未表示)。筒仓底部装有闸门和给料器,并与螺旋输送机相连接,由螺旋输送机将水泥输送至水泥秤斗进行称量。

搅拌用水由水泵抽水经计量水表、管道送入拌筒。用计量水表称量用水。当达到规定水量时,水泵停止供水。

(6)控制系统:混凝土搅拌站采用电器系统进行控制。称料时料仓闸门或给料器的开、闭,搅拌机搅拌时间,搅拌机卸料闸门的开、闭等工艺过程可以按规定的程序自动运行。

三、单阶式水泥混凝土搅拌站

单阶式水泥混凝土搅拌站一般为大型固定式搅拌设备,通常作为水泥混凝土搅拌工厂的主要设备,可高达 24~35m。

大型混凝土搅拌站的基本构造布置为:金属结构作垂直分层布置,机电设备分装各层、集中控制,搅拌站自上而下分为进料、储料、配料、搅拌、出料五层,图 5-4 所示为大型混凝土搅拌站主要结构。

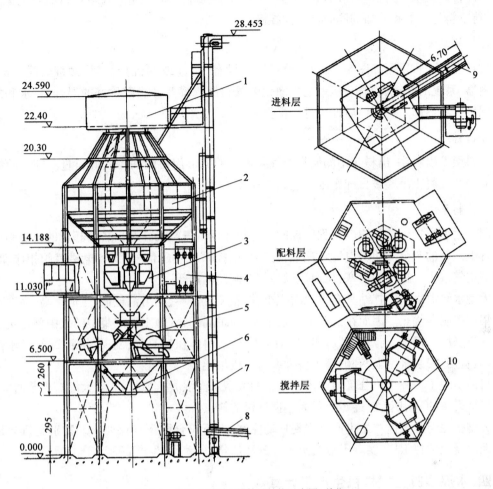

图5-4 单阶式混凝土搅拌站结构示意图(单位:m)
1-进料层;2-储料层;3-配料层;4-吸尘器;5-搅拌层;6-出料层;7-斗式提升机;8-螺旋输送机;9-胶带输送机;10-搅拌机

1. 进料层

进料层布置有砂、石和水泥的进料装置。它包括输送集料的带式输送机、分料用的电动回转料斗、输送水泥或混合料用的斗式提升机。若以气力输送水泥时,旋风分离器、管道、两路开关等都布置在进料层,见图5-4中进料层平面布置图。

2. 储料层

储料层装有六角(或八角)形金属结构装配式储料仓,料仓中央布置有双锥圆筒形水泥储料仓,沿储料轴线用钢板分隔成格,可同时储存两种不同标号的水泥。水泥仓周围为砂石集料储仓,彼此以钢板隔开,可同时分别储存各种粒径集料和掺合料,整个料仓坐落在有六根(或八根)支柱的钢排架顶部,以便随时提供原料。

3. 配料层

配料层内设料仓给料器、供水管路和储水箱、称料斗、电子配料装置、控制室、吸尘装置和集料斗等,如图5-4中配料层平面布置图所示。由控制室控制的电子自动称量装置按混凝土生产的配合比要求,分批地将砂石料、水泥、水和外加剂等称量好,并将配好的砂石料汇集到集料斗,待下料时与水和外加剂同时卸入搅拌筒。

4. 搅拌层

搅拌层平面布置图如图 5-4 所示,搅拌层内设有三台(或四台)双锥形倾翻式搅拌机、回转给料器、系统的电气控制柜、压缩空气净化装置和储气罐等。当配称好的混合料、水和外加剂经回转给料器卸入搅拌筒后即可进行搅拌。

5. 出料层

出料层设出料斗,出料斗中的储料由气泵带动的弧形门启闭而控制卸料量。卸出的混凝土由专用的混凝土吊罐或自卸车等运往施工现场。

6. 控制系统

国产大型搅拌楼均采用电气程序控制。各料斗门的气缸动作是由各个相应的电磁阀控制的。各电磁阀的主令按钮均设置在操纵箱内,当电控系统发出信号后,各电磁气阀相应动作,使压缩空气进入气缸推动活塞,从而操纵各料斗闸门的启闭。

大型水泥混凝土搅拌站具有占地面积小、设备布置紧凑、动力消耗低、生产率高、高度自动化和集中控制等优点。因而在混凝土工程量大、施工周期长、施工地点集中的大中型建筑工程中被广泛采用。但是,与双阶式搅拌站相比,建筑结构体积较高大,对基础要求严,基建投资大,拆装费用、安装难度大,一般需配备大型起重机吊装。

目前出现了一种可以分层整体吊装组合的大型水泥混凝土搅拌站,大大缩短拆装时间,提高了机械设备的利用率,已逐步克服大型搅拌楼的缺点。

大型水泥混凝土搅拌站生产已实现自动控制,运行符合国家环保要求。特别是目前建成的水泥混凝土搅拌工厂,实现了混凝土生产的清洁化、自动化,生产管理十分方便。

四、水泥混凝土搅拌机生产率计算

水泥混凝土搅拌机是水泥混凝土路面机械化施工的主体机械,它生产能力的大小是确定其他设备数量的重要依据,因此搅拌机生产率的计算是十分重要的。

水泥混凝土搅拌机的生产率可用下式计算:

$$Q = \frac{60GK_B}{t} \tag{5-1}$$

式中:Q——水泥混凝土搅拌机生产率,m^3/h;

G——搅拌机每次卸下水泥混凝土量,m^3;

K_B——时间利用系数;

t——搅拌机拌和一次所需时间,min;其中:

$$t = t_1 + t_2 + t_3 \tag{5-2}$$

式中:t_1——搅拌机加料时间,min;

t_2——搅拌机拌和时间,min;

t_3——搅拌机卸料时间,min。

第二节　水泥混凝土搅拌输送设备与输送作业

一、水泥混凝土搅拌输送车

混凝土搅拌输送车是运送混凝土的专用设备(图5-5)。一般是在混凝土制备点与浇灌点距离较远时使用,特别适用于公路、机场、水利等大面积的工程施工及特殊工程的机械化施工中运送混凝土。它的特点是在运量大、运距远的情况下,能保证混凝土的质量均匀。

图5-5　混凝土搅拌输送车外貌

1. 搅拌输送车的类型

目前国内外生产的混凝土搅拌输送车的形式很多。

根据搅拌筒驱动装置的不同,可分为机械式和液压式两类,其中以液压式的应用较广。

根据搅拌筒动力供给方式的不同,可分为两类:一类是动力从汽车发动机分动箱引出,通过减速器和开式齿轮直接驱动搅拌筒或通过油泵及液压马达驱动搅拌筒;另一类是采用单独发动机驱动搅拌筒。

2. 搅拌输送车的输送方式

根据搅拌站至施工现场距离和材料供应条件的不同,搅拌输送车可以分为下列几种输送方式:

(1)新鲜混凝土输送:对成品混凝土的输送,适用运距8～12km以下。先将搅拌输送车开至混凝土搅拌站的搅拌机出料口下,搅拌输送车的搅拌筒以进料速度旋转进行加料,加料完毕后输送车即驶出。在输送途中,搅拌筒对混凝土不断地慢速搅拌,以防止混凝土初凝和离析。输送车到达施工现场后,搅拌筒反转卸出混凝土。

(2)半干料搅拌输送:对尚未配足水的混凝土加足水量、边搅拌边输送。

(3)干料搅拌输送:若运距在12km以上,通常是将已经称量的砂、石和水泥等干配合料装入输送车的搅拌筒内,待运送到离施工现场前15～20min时,开动搅拌筒并加水搅拌。到达施工现场后,便完成搅拌,可反转卸料。

(4)搅拌混凝土后输送:当配料站无搅拌机时,搅拌输送车可作搅拌机使用。把经过称量的砂、石和水泥等物料加入输送车的搅拌筒,搅拌后再输送至施工现场。

3. 搅拌运输车典型结构

混凝土搅拌输送车一般由运载底盘、搅拌筒、驱动装置、给水装置和操纵系统等组成，如图5-6所示。

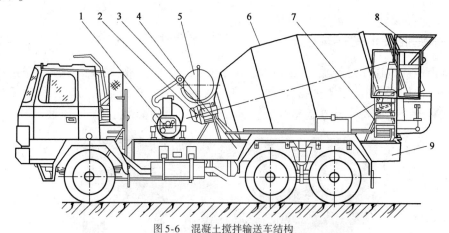

图5-6 混凝土搅拌输送车结构

1-泵连接组件；2-减速机总成；3-液压系统；4-机架；5-供水系统；6-搅拌筒；7-操纵系统；8-进出料装置；9-底盘车

(1)运载底盘：运载底盘一般采用现有的汽车底盘。有时为了降低重心，也采用半拖挂式专用底盘。

(2)搅拌筒：搅拌筒为单口型筒体，支承在不同平面的三个支点上，即筒体下端的中心轴安装在机架的轴承座内，另一端由滚道支承在一对滚轮上。搅拌筒轴线与水平面的倾斜角为16°~20°。筒体底部端面封闭，由上部的开口进料、卸料，见图5-7。

搅拌筒的内部壁面焊有两条相隔180°的带状螺旋叶片，以保证物料沿螺旋线滚动和上下翻动，防止混凝土离析和凝固。当搅拌筒正转时，物料顺着螺旋叶片进入搅拌筒内进行拌和；当搅拌筒反转时，拌和好的混凝土则沿着螺旋叶片向外旋出。卸料速度由搅拌筒的反转转速控制。为了引导进料，防止物料进入时损坏叶片，在筒口处设置一段导管。拌和好的混凝土沿着导管外表面与筒口内壁之间的环形槽卸出。

在搅拌筒料口一端设置有装料与卸料机构(图5-8)。与搅拌筒相连的进料斗铰接在支架上。

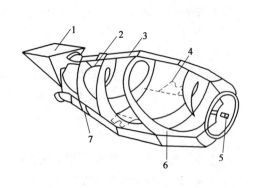

图5-7 搅拌筒内部构造

1-加料斗；2-进料导管；3-搅拌筒壳体；4-辅助搅拌叶片；
5-中心轴；6-带状螺旋叶片；7-环形滚道

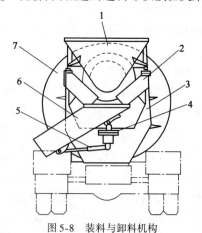

图5-8 装料与卸料机构

1-进料斗；2-固定卸料槽；3-支架；4-调节转盘；5-调节杆；
6-活动卸料槽；7-搅拌筒

进料斗的进料口与搅拌筒内的进料导管口贴紧,以防物料漏出。

二、水泥混凝土输送泵

1. 水泥混凝土输送泵的特点和分类

混凝土输送泵是输送混凝土的专用机械(图5-9),它配有特殊的管道,可以将混凝土沿管道连续输送到浇筑现场。采用混凝输送泵可将混凝土的水平输送和垂直输送结合起来,并能保证混凝土的均匀性和增加密实性。它的输送距离,沿水平方向能达205～300m,沿垂直方向可达40m。如果输送距离很长,可串联两个或多个混凝土泵装置。

图5-9 混凝土搅拌输送泵外貌

混凝土输送泵适用于大型混凝土基础工程、水下混凝土浇灌、隧道内混凝土浇灌、地下混凝土工程,以及其他大型混凝土建筑工程等。特别是对施工现场场地狭窄,浇筑工作面较小,或配筋稠密的建筑物浇筑,混凝土输送泵是一种有效而经济的输送机械。然而由于其输送距离和浇筑面积的局限性,混凝土最大集料粒径不得超过100mm,混凝土坍落度也不宜小于5cm,这些条件限制了其使用范围。

混凝土输送泵按转移方式可分为固定式、拖式、汽车式等;按构造和工作原理又可分为活塞式、挤压式和风动式。其中活塞式混凝土输送泵又因传动方式不同而分为机械式和液压式两类,其具体分类见图5-10。本节仅介绍活塞式混凝土输送泵。

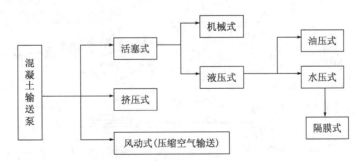

图5-10 水泥混凝土输送泵分类

2. 液压活塞式混凝土泵

(1)液压活塞式混凝土泵的原理:液压活塞式混凝土泵,是通过液压缸的压力油推动活塞,再通过活塞杆推动混凝土缸中的工作活塞来进行压送混凝土的,其工作原理如图5-11所示。

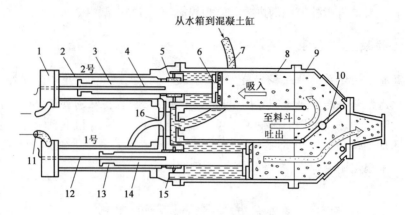

图 5-11 液压活塞式混凝土泵的原理

1-液压缸盖;2-液压缸;3-活塞杆;4-闭合油路;5-V形密封圈;6-活塞;7-水管;8-混凝土缸;9-阀箱;10-板阀;11-油管;12-铜管;13-液压缸活塞;14-干簧管;15-缸体接头;16-双缸连接缸体

当2号缸进油、1号缸排油时,2号活塞向左移动,将料斗中的混凝土吸入2号混凝土缸体;同时2号缸左侧密封油升压,并窜入1号缸左侧,推动1号活塞向右移动,从而把混凝土压入输送管道。当2号活塞继续左移,待其缸体与导管中行程开关重合时,电气接点闭合,电磁液压阀动作,液压缸和控制阀的油路相互切换,此时1号活塞左移吸入混凝土,而2号活塞右移压送混凝土。

如此不断循环,可以连续地将混凝土压送至浇筑位置。

(2)液压活塞式混凝土输送泵的典型结构如图5-12,该混凝土输送泵由下列主要机构组成,即:

①推送机构:用于将混凝土压入输送管道,使其克服管道阻力而输送到浇筑地点,由主液压缸、混凝土缸、支承连接件及水箱等部分组成,可参看图5-11。

②料斗及搅拌装置:该机构的作用是起储存调节作用,并对混凝土进行二次搅拌,以改善混凝土的可压送性;搅拌装置向混凝土缸喂料,以提高混凝土缸的吸入效率。

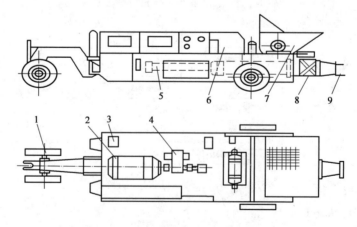

图 5-12 典型混凝土输送泵总成示意图

1-机架及行走机构;2-电动机及电气系统;3-液压系统;4-机械传动系统;5-推送机构;6-机罩;7-料斗及搅拌装置;8-分配阀;9-输送管道

③混凝土泵分配阀:采用旋转板阀,可以使一个混凝土泵缸在吸入冲程与料斗相连;同时另一个活塞杆处于推压冲程并与输出口相通。继续循环时活塞反向,分配阀板亦同时反向,从而使两个混凝土泵缸的吸入和推送冲程实现了交换。

第三节 水泥混凝土摊铺机与摊铺作业

一、概述

在公路路面、城市道路和机场跑道等水泥混凝土摊铺工程中,广泛采用水泥混凝土摊铺机进行水泥混凝土铺筑施工。

1. 水泥混凝土摊铺机的功能

水泥混凝土(以下简称混凝土)摊铺机是把经混凝土布料机摊铺于路基上的混凝土混合料,采用摊铺、振实、整平和抹光等作业程序,一次性完成混凝土铺筑成形的施工机械。将混凝土摊铺、振实、整平和抹光等作业完全集成在一个设备上,是目前水泥混凝土路面施工对混凝土摊铺设备的重要要求。

混凝土摊铺机在进行施工作业时,必须满足下列各项要求:

(1)摊铺必须均匀,不致使集料产生离析。

(2)摊铺在基层上的混凝土,须有均等的余留高度,供振实、整平和抹光之用。

(3)对摊铺的混凝土能充分地振实。振实是混凝土铺筑过程中最重要的作业程序,它对摊铺质量影响很大。

(4)经过振实的混凝土铺层,须得到整平,并达到设计要求,其误差应在规定范围内。

2. 混凝土摊铺机的分类

(1)按性能和施工方式分类:可分为轨道式和滑模式两种类型。

轨道式摊铺机是按水泥混凝土摊铺程序而设计的机械。早期的轨道式摊铺机是由多台完成单一作业程序的机械(布料机、振捣机和抹光机等)组成,故称之为"摊铺列车",在铺设的两根轨道上行驶与作业。目前已有可一次完成多种作业程序的综合型轨道摊铺机和可以大范围内调整摊铺宽度的桁架型轨道式混凝土摊铺机。

滑模式摊铺机是机架两侧装有长模板,对水泥混凝土进行连续摊铺、振实、整形的机械,能够自动铺筑出公路路拱、超高、平滑弯道和变坡,能适应面板厚度的变化,并能自动设置传力杆、拉杆乃至铺设大型钢筋网片。该机能够摊铺普通水泥混凝土路面、所有缩缝均设置传力杆的混凝土路面、间断配筋和连续配筋的钢筋混凝土路面等(图 5-13)。

由于这种机械集摊铺、振实、路型修整于一体,结构紧凑,操作方便,可实现自动控制,节省了人力、物力,加快了施工进度,提高了施工的经济效益。

(2)按用途分类:可分为路线铺筑机、路基铺筑机、路面和沟渠摊铺机等,其中沟渠铺筑机适用于河床的斜面摊铺,主要用于河道和堤坝的施工铺筑,它的宽度较大。

(3)按行走方式分类:可分为轮胎式、钢轮式和履带式,现代滑模摊铺机一般都采用履带行走机构,轨道式采用钢轮式。

图 5-13　典型滑模摊铺机外貌与使用

二、混凝土摊铺机的基本结构

混凝土摊铺机的结构因制造厂商及机型的不同而异,但工作装置一般由布料器、刮平板、振捣器(包括振捣棒和振捣梁)、整平机、抹光机等装置组成。同时,还需要机架、行走机构、操纵控制系统和其他一些辅助机构的有机配合。有的机型组成装置多、功能全,有的组成装置少、功能少;有的机型将全部装置集于一体;有的分成两台或两台以上的独立单机。

目前,在国内城市道路、公路路面和机场跑道等水泥混凝土摊铺工程中,一般以使用滑模式水泥混凝土摊铺机为主。

三、滑模式水泥混凝土摊铺机

滑模式水泥混凝土摊铺机(简称滑模摊铺机)是 20 世纪 60 年代初迅速发展起来的混凝土铺筑机械。滑模摊铺机在铺筑混凝土路面时,不需另设轨道和模板,依靠机器本身的模板,就能按照要求的路面宽度、厚度和拱度对混凝土挤压成形。

(1)滑模摊铺机的分类:滑模摊铺机可按路面滑模摊铺的工序、自动调平系统的形式、行走系统履带的数量、振动系统采用振动器的形式来进行分类。

按滑模摊铺工序的不同,滑模摊铺机主要有两种类型:一种是以美国 COMACO 公司的 GP 系列为代表,它把内部振捣器置于整机前方螺旋布料器的下方,然后通过外部振捣器振捣和成形盘成形,最后由修光机抹光。另一种是以美国 CMI 公司的 SF 系列为代表(图 5-14),它首先用螺旋布料器分料,由虚方控制板控制摊铺宽度上的水泥混凝土高度,然后通过内部振捣器振捣,再进入成形模板,之后再通过浮动抹光板。

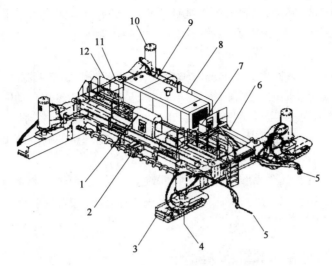

图 5-14 SF350 型滑模摊铺机外形

1-控制室;2-螺旋摊铺器总成;3-履带总成;4-转向传感器总成;5-调平传感器总成;6-伸缩式机架;7-扶梯;8-发动机;9-油箱;10-支腿立柱;11-端梁;12-走台扶梯

这两种类型中,前者可使水泥混凝土提早振实且水分上升,但对纵向上的密实度会带来影响,其优点是机械的纵向尺寸短,易于布置;后者纵向尺寸大,但能使水泥混凝土路面的摊铺质量得到保证。

按自动调平系统形式的不同,滑模摊铺机可分为两大类:一种是电液自动调平系统(以 COMACO 公司 GP 系列为代表);一种是全液压自动调平系统(以 CMI 公司的 SF 系列为代表)。

按行走系统履带数量的不同,滑模摊铺机可分为两履带式、三履带式和四履带式。

与两履带式比较,四履带式摊铺机具有找平能力强,行驶直线性能好等优点。

在两履带和四履带的选择上,一般摊铺宽度在 7.5m 以下,可以选择两履带滑模摊铺机;摊铺宽度在 7.5m 以上时,则应选择四履带滑模摊铺机为好;三履带滑模摊铺机主要是用来摊铺边沟、防撞墙、路肩等车道以外的水泥混凝土构造物。在履带变化方面,有的生产厂家采用卸下一条履带的方法,使四履带滑模摊铺机变为三履带,从而使一台摊铺机既能完成路面摊铺,又能兼作边沟、防撞墙、路肩等车道以外的水泥混凝土构造物的摊铺作业,拓宽了滑模摊铺机的使用范围。

按振动系统采用的振动器形式不同,滑模摊铺机分为电振动式和液压振动式。电振动式采用的是电动振动棒,液压振捣系统采用液压振动棒。

(2)滑模摊铺机的特点:

①滑模摊铺机不需要另设置轨道,结构紧凑,省去了大量的模板,节省大量的人力、物力及施工配套机具,施工作业效率高,施工速度快,生产率高,可大大缓解以前水泥混凝土路面施工点多线长、施工周期长、阻塞交通等问题。

②采用了技术先进的电液控制系统、全液压传动,自动化程度高,可实现无级调速。

③自动转向系统采用传感器检测信号,电液控制或液压控制系统控制转向,保证了行驶的直线性和弯道的平滑,可大大提高摊铺施工的速度和质量。操作方便,机动灵活。

④施工质量高。用滑模摊铺机摊铺水泥混凝土路面时,由于采用基准线引导,自动行走,

机器运动的轨迹与摊铺厚度的控制通过与基准线相接触的2~4组高灵敏度传感器检测,机械本身的各种运动全部采用液压传动,所摊铺的水泥混凝土路面的几何尺寸精度非常高,能高标准保证路面纵横坡度及平整度等指标要求。

⑤在铺设路面时,依靠装在机器上的滑动模板,就能按照路面要求宽度一次成形。用滑模摊铺机摊铺水泥混凝土路面时,全部摊铺过程都由机械按设定的参数自动完成,对水泥混凝土的振动、捣实、提浆、抹光等工艺过程按施工要求完成。频率可调的振动棒和捣实板不仅能保证水泥混凝土充分密实,而且可以通过控制提浆厚度来达到理想的耐磨效果,使路面有更长的使用寿命。

⑥因施工中路面只能一次成形,不能退回补救施工,因而对施工工序、工艺参数及混凝土的原材料质量、水泥混凝土配合比、搅拌质量和水灰比等要求比较严格。

⑦可实现一机多用,使用范围较广。

四、滑模摊铺机的作业装置与功能

滑模摊铺机的作业装置通常由螺旋摊铺器、刮平板、内振捣器、振捣梁、成形盘、定型盘和副机架组成,如图5-15所示。

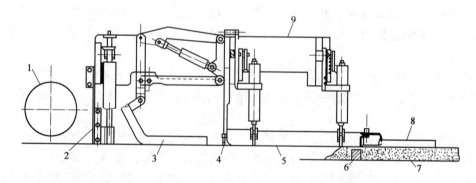

图5-15 滑模摊铺机的工作装置
1-螺旋摊铺器;2-刮平板;3-内部振捣器;4-振捣梁;5-成形盘;6-挡头;7-铺层;8-定型盘;9-副机架

1. 螺旋摊铺器

螺旋摊铺器位于机器的最前方,其功用是将运料车卸在路基上的混凝土料均匀地摊铺开。

2. 刮平板

刮平板安装在螺旋布料器的后面,其功用是初步刮平混凝土,并控制虚方混凝土的厚度,将适量的混凝土料供给后部的其他工作装置,多余的料被推向前方。

3. 振捣系统

振捣系统通常由振动棒和捣实板组成。

振动棒的功用是对物料进行振实,保证一定的密实度。振动棒也称为内部振捣器,其作用是通过高频振动消除混凝土内部间隙,排除空气并使混合料流体化。

捣实板的功用是将振动过的混凝土捣实,通过锤打混凝土铺层,将表面上的集料压入铺层内部,表面只留下灰浆以便修整路面,然后再由成形模板成形。

4. 摊铺装置

摊铺装置是将捣实后的混凝土铺层挤压成所需的路面形状的装置。它由虚方控制板、成形盘、超铺板、侧模板和浮动盘、抹布等组成。

虚方控制板亦称进料控制板,用来控制进入成形盘的振实后的混凝土的数量,进料过多或过少都将影响摊铺质量。

成形盘是将捣实后的混凝土进行挤压,并使铺层形成要求的路面断面形状的装置。成形模板通过路拱调节装置可按设计要求调整中央路拱。在弯道上作业时,也可调整单边坡,改变路面模板一侧的拱度,使中央路拱逐渐消失,直至成为单边坡。驶出弯道后驾驶员再次将路拱恢复到原设定值,以满足施工要求。

超铺板的作用是防止混凝土因坍落度稍大而坍边,从而保证了施工的质量。

侧模板的主要功用有两点,其一是摊铺机作业时使边线两侧挤压成形;其二是和超铺板一起作用减少边缘坍落。

在成形模板的后端还带有一块刚性结构的弹性悬挂浮动盘。它不振动,用来对混凝土路面进行较小的第二次平整。这一浮动盘与两侧的浮动模板,就构成定型盘。

在浮动盘内侧,设有机械传力杆置放机。传力杆打进去后,随着摊铺机的前进,传力杆自动脱模。传力杆间距大小的设置,由施工设计决定。传力杆可以两边同时打入,也可单边打入。

拖布装在浮动模板后面,主要作用是消除气泡,形成路面的粗糙度。

5. 水喷射系统

水喷射系统的功用有两个:一是为机器的清洗提供一定压力的水;二是在需要时,为混凝土的拌和加水。

6. 调平系统

自动调平系统是保持摊铺机的各种作业装置,始终能保持在同一预定水平高度上,从而保证铺路质量(图 5-16)。原理是在 4 个行走机构的支腿上分别安装有水平传感器,其上铰接有触杆,触杆的一端靠其自重始终压在基准绳上,其压力可通过调整触杆上的平衡配重加以改变。当摊铺机施工作业时,如果路基低了,机器的行走机构将下降,此时压紧在基准绳上的触杆就相应地升高,触杆因升高而偏转使水平传感器动作,从油泵出来的高压油进入支腿升降油缸的上腔,使机架上升,直到机器达到基准的水平位置为止;反之,如果路基高了,机架会相应地下降。

五、滑模摊铺机摊铺作业

滑模摊铺机的作业过程如图 5-17 所示(以 CMI 公司生产的 SF 系列产品为例)。

(1)螺旋摊铺器将自卸车或水泥混凝土搅拌车卸在路基上的水泥混凝土横向均匀地摊铺开;

(2)由一级进料计量装置刮平板初步刮平混凝土,将多余的混合料往前推移;

(3)用内部振捣器对混合料进行初步振实、捣固;

(4)用外振捣器再次振实,并将外露大粒径集料强制压入;

(5)由二级进料计量器进料,控制板(在成形盘前)再次刮平混合料,并控制进入成形盘的混凝土的数量;

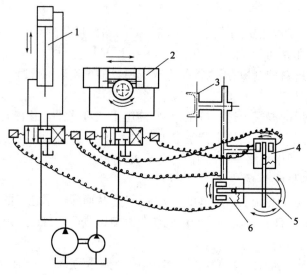

图 5-16 调平系统工作原理

1-调平升降油缸;2-转向油缸;3-机架;4-方向控制传感器;5-钢丝基准线;6-水平控制传感器

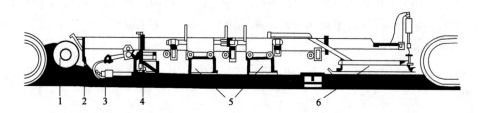

图 5-17 六步连续铺路法示意图

1-螺旋摊铺器;2-刮平板;3-内部振捣器;4-外振捣器;5-进料控制板、成形盘和侧板;6-定形盘和侧板

(6)用成形盘对捣实后的混凝土进行挤压成形;

(7)利用定型盘对铺层进行平整、定形和修边。

摊铺时,处于机器前方的混合料由螺旋布料器均匀地摊铺在路基上;随着机器的前进,由刮平板计量出进入内部振捣器的混凝土量,余料被推向前方;经内部振捣器高频振捣,排除铺层内部间隙和空气,再经过外部振捣器上下振实,强制外露集料下沉,从而填平压实了铺层,表面只留下灰浆;接着由进料控制板、成形盘和侧模板进行第二次计量和压实成形;最后由定形盘和侧模板整平抹光,完成路面铺筑。

六、水泥混凝土摊铺机生产率

水泥混凝土摊铺机的生产率以每小时摊铺的水泥混凝土体积来计算:

$$Q = bvh \tag{5-3}$$

式中:Q——摊铺机生产率,m^3/h;

b——摊铺带的宽度,m;

h——摊铺层的厚度,m;

v——摊铺机的行驶速度,m/h。

第四节 水泥混凝土路面机械化施工

高速公路、一二级公路水泥混凝土路面施工,因技术标准要求高、工程数量大,需保证施工进度和工程质量,宜采用机械化施工。

一、施工机群配置

水泥混凝土滑模摊铺机械化施工,涉及的机械见表 5-1。并由这些机械组成水泥混凝土路面施工机群。

滑模式摊铺机施工各工序可选用机械　　　　　表 5-1

工　序	可考虑选用的机械	工　序	可考虑选用的机械
混凝土拌和	搅拌站、装载机	切缝施工	切缝机
混凝土运输、卸料	自卸汽车、搅拌车	修整粗糙面	拉毛机
摊铺、捣实	滑模摊铺机		

因施工中各工序采用不同类型的机械,而不同类型的机械具有不同的工艺要求和生产率。因此整个机群需要考虑机械的选型和配置。

1. 主导机械选型

主导机械是指在整个机群中,承担主要工序施工任务的机械。主导机械对施工方式、施工质量、施工进度起着主要作用。

由于决定水泥混凝土路面质量和使用性能的施工工序主要是混凝土的拌和与摊铺成形。因此通常把混凝土摊铺机械作为第一主导机械,把混凝土搅拌机械作为第二主导机械。在机械选型时,应首先选定主导机械,然后根据主导机械的技术性能和生产率,选配配套机械。

主导机械的选择,除了考虑满足施工质量和进度的要求外,还要考虑到我国现阶段施工单位的技术人员素质、管理水平和购买能力等实际情况。而配套机械的选型和配套数量,则必须考虑保证主导机械充分发挥其最大效率,并且使配套机械的类型和数量尽可能少。

水泥混凝土路面滑模摊铺施工中,不同的滑模摊铺宽带,对混凝土搅拌站的生产能力有一定要求,具体见表 5-2。

滑模方式的混凝土搅拌站最小配置容量　　　　　表 5-2

摊铺宽度	滑模摊铺(m^3/h)	摊铺宽度	滑模摊铺(m^3/h)
单车道 3.75~4.5m	≥100	整幅宽≥12.5m	≥300
双车道 7.5~9m	≥200		

2. 配套机械

配套机械主要是指运输混凝土的车辆。选择的主要依据是混凝土的运量和运输距离。研究表明:运距在 5km 左右时,以 5~8t 中型自卸车最为经济。考虑到混凝土在运输过程中水分的散失和离析等问题,更远的运输距离以采用容量为 6m³ 以上的混凝土拌和运输车较为理想。

其他的配套机械包括养生剂喷洒器、切缝机、灌缝机、洒水车、移动发电机、装载机、水泵、移动电站等。

3. 机群配置

机群配置主要指搅拌站与摊铺机、运输车之间的机械配置情况。当搅拌机选定后,可根据机械的有关参数和施工中的具体情况,计算出搅拌机的实际生产率。

在配置水泥滑模摊铺机与搅拌站时,滑模摊铺机应在保证摊铺质量的前提下,使搅拌站和自身的生产率得到正常发挥,并在施工中保持均衡作业,协调一致。

当摊铺机和搅拌站的生产率确定后,车辆在整个系统内的配置实质上是车辆与搅拌站的配置。车辆的配套问题可以应用排队理论,找出合理的配套方案,详见第八章有关内容。

二、混凝土搅拌与运输作业

1. 搅拌

用机械铺筑的路面质量(密实度和平整度)以及施工进度,很大程度上取决于水泥混凝土的拌制质量。而拌制质量主要与混凝土配合比和搅拌方式有关。因此在选择搅拌机时,应主要考虑搅拌品质、搅拌能力、机械可靠度、工作效率和经济性。

2. 运输

为保证混凝土的工作性,在运输中,应考虑混凝土蒸发失水和水化失水,以及因运输的颠簸和振动使混凝土发生离析等。要减小这些因素的影响,其关键是缩短运输时间,并采取适当措施防止水分损失(如用帷布或其他适当方法将其表面覆盖)和离析。

机械化施工时,可以采用自卸汽车或搅拌车运输混凝土。一般情况下,坍落度 25 以下时用自卸汽车运输,坍落度大于 50 时用搅拌车运输。从开始搅拌到浇筑的时间,用自卸汽车运输时不得超过 1h,用搅拌车时不得超过 1.5h,若运输时间超过限值,或者在夏天铺筑路面时,宜使用缓凝剂。

3. 卸料

混凝土运到路面铺筑处卸下时,应直接卸在基层上。为防止混凝土离析和便于刮板摊铺,卸料堆应尽可能均匀。

三、摊铺、捣实、成形作业

首先由螺旋摊铺器把堆积在基层上的水泥混凝土,向左右横向铺开,刮平板进行初步刮平,然后振捣器进行捣实,振捣后整平、成形,形成密实而平整的表面。

四、防滑、养生与其他作业

1. 防滑处理

为了提高水泥混凝土面层的抗滑能力,当混凝土层整形结束后,应采取防滑处理。一般采用拉毛机或人工拉毛的方法进行路面的防滑处理。

2. 养生

混凝土表面修整完毕后,应进行养生,使混凝土板在开放交通前具备足够的强度和质量。

3. 切缝、填缝

按照公路水泥路面施工规范要求,对正在养生中的混凝土路面进行切缝,并按要求进行填缝。

五、机械化施工工艺

下面以铺筑加筋混凝土路面为例,介绍滑模摊铺机的机械化施工工艺。

采用滑模摊铺机铺筑加筋混凝土路面,宜采用双层铺筑法(图5-18、图5-19)。整个施工过程由下列两个连续作业行程来完成。

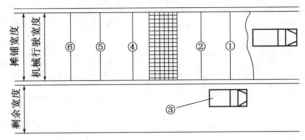

图5-18 滑模摊铺机施工时的施工机械组合
1-滑摸摊铺机;2-钢筋网格平板车;3-混凝土运输车;4-滑摸摊铺机;5-养护剂喷洒机;6-切缝机

图5-19 双层铺筑法施工时的机械组合示意图

1. 第一作业行程

滑模摊铺机牵引着装载钢筋网格的大平板车,从已整平的基层地段开始摊铺,此时从正面供应混凝土,随后的钢筋网格大平板车按规定位置将钢筋网格自动卸下,并铺压在已摊平的混凝土层上,如此连续不断地向前铺筑。

2. 第二作业行程

紧跟在第一行程之后,压入钢筋网格,随后进行混凝土面层摊铺、振实、整平、成形等作业程序。

钢筋网格用压入机压入混凝土中。压入机是摊铺机的一个附属装置,不用时可以卸下,使用时安在摊铺机的前面,它由几个液压千斤顶组成。

施工开始时,滑模摊铺机推着压入机前行,并将第一行程已铺好的钢筋网格压入混凝土内。滑模摊铺机则进行摊铺、振捣、整平、成形等工作。

最后进行防滑处理、喷洒养护剂、切缝、填缝等。

3. 侧向布料

滑模摊铺机施工时,可以配备1台反铲式挖掘机或装载机辅助布料。采用前置钢筋支架法设置伸缩缝传力杆的路面、钢筋混凝土路面时,应选配下列适宜的布料机械:

(1)侧向上料的布料机;
(2)带有侧向上料机构的滑模摊铺机。

滑模摊铺机施工时,作业参数见表5-3。

滑模摊铺机基本作业参数　　　　　表5-3

滑模摊铺机类型	摊铺宽度 (m)	摊铺厚度 (mm)	摊铺速度 (m/min)	空驶速度 (m/min)	行走速度 (m/min)
三车道滑模摊铺机	12.5~16.0	0~500	0~3	0~5	0~15
双车道滑模摊铺机	3.6~9.7	0~500	0~3	0~5	0~18

第六章
沥青路面机械化施工

沥青路面具有平整、耐磨、不扬尘、不透水、耐久等优点。由于沥青材料具有弹性、黏性、塑性,在车辆通过时,震动小、噪声低、略有弹性、平稳舒适,是我国公路路面的主要结构形式之一。其结构组成如图 6-1 所示。

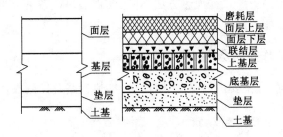

图 6-1 沥青路面结构层组成

沥青路面的不足是:易被履带车辆和尖硬物体所破坏,表面易被磨光而影响安全,温度稳定性差,夏天易软、冬天易脆并易产生裂缝。此外,铺筑沥青面层受气候和施工季节的限制,雨天不宜铺筑各种沥青面层,在寒冷地区气温较低时铺筑沥青面层,须辅以特殊技术措施,才能保证路面质量。

沥青路面属于柔性路面,其力学强度和稳定性主要依赖于基层与土基的特性。为了保证路面的各项技术要求,最好铺筑在用结合料处治过的整体性基层上。

修筑沥青路面一般要求等级高的矿料。等级稍差的矿料虽然借助于沥青的黏结作用，也可用来修路面。但当沥青与矿料之间黏附不好时，在水分作用下会逐步剥落。因此在潮湿地区修筑沥青路面时，应采用碱性矿料，或采取一定的技术措施提高矿料与沥青间的黏结力。

沥青类路面施工时要求温暖的气候条件，各工序要紧密配合。一些类型的沥青路面，完工后通常要求有一定的成形期（例如对于沥青贯入式路面与沥青表面处治路面，要在交通滚压的情况下逐步成形），在成形期内须加强初期养护。

沥青路面在整个使用期间，均需及时维修和保养。同时由于新的路面材料一般均能很好结合，使得沥青路面在使用初期容易修补。因此沥青类路面适宜分期修建。

沥青路面的主要结构形式有表面处治、贯入式、沥青碎石、沥青混凝土等。这几种沥青路面按施工工艺的不同分为层铺法、路拌法和厂拌法三类。其中层铺法是用分层洒布沥青、分层铺撒矿料和碾压的方法修筑；路拌法是在路上用机械将矿料和沥青材料就地拌和摊铺和碾压密实而成沥青面层；厂拌法是将规定级配的矿料和沥青材料在工厂专用设备上加热拌和，然后送到工地现场摊铺碾压而成沥青路面。

不同类型的沥青路面，采用不同的施工工艺和材料。本章主要介绍在沥青路面机械化施工中所涉及的主要机械设备的组成、工作原理及使用，在此基础上重点介绍常见的施工工艺。

第一节　沥青加热设备与作业特点

一、用途与类型

沥青作为沥青路面的胶结性材料，其感温性很强；其性质因自身温度不同，可呈固体、半流体和液体三种状态。在常温下，沥青多呈固态，必须予以加热熔化，使其达到一定的温度，并使用相应的设备进行输送和使用。沥青加热设备就是用来将固态沥青加热熔化，使其达到一定的温度并能保温的专用设备。根据加热方法不同，沥青加热设备可分为明火直接加热、中压水加热、导热油加热、太阳能加热、红外线加热。

二、基本组成、工作原理及使用特点

作为沥青加热系统，其主要由热源、热能输送、加热管路及控制操作等部分组成，不同类型的加热方法，其组成、工作原理有所不同。

1. 中压水加热

中压水加热沥青的主要流程及其系统基本组成，如图 6-2 所示。

中压水加热沥青系统由加热炉、循环泵、过滤器、注水泵、用热设备（沥青储存罐及加热罐）、电器控制部分及其他辅助装置组成。

中压水加热方法属于间接加热方法，是一种闭式循环加热系统。在系统的加热管道内充填着作为载热体的软化水，系统中不存在空气，但有一定的未被水充满的空间。当包含在循环系统中的加热管组被加热时，管内的水温得以升高，直至饱和温度（一般不超过200℃）；相应水压也随之升高，达到饱和压力（一般不超过1.60MPa）；借助循环泵的作用，将饱和水或汽水

混合物(或称湿饱和蒸汽)送到用热设备(如沥青库或沥青罐)内,与被加热物体(如沥青)进行热交换。

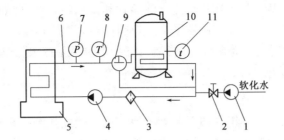

图 6-2 中压水加热系统示意图

1-注水泵;2-阀门;3-过滤器;4-循环泵;5-加热炉;6-加热管路;7-压力表;8、11-温度计;9-三通阀;10-用热设备

在这个热交换过程中,饱和水或汽水混合物因放出热量而逐渐冷却,其温度降至该压力的饱和温度之下(被称为过冷水);在循环泵的推动下过冷水返回加热炉被重新加热,当达到系统温度后又被输往用热设备参与热交换。如此不断地进行加热、冷却、再加热的循环,直至被加热物体达到所要求的工作温度而完成加热作业。

中压水加热系统在使用中应该注意:

为使中压水加热装置正常工作,中压水加热载体必须是软化水,在有条件的地方,亦可采用蒸馏水或火力发电厂的蒸汽冷凝水作为载热体,利用中压水加热沥青的设备,其系统的温度应控制在200℃以下,压力低于1.60MPa,即可满足工程使用要求。此种方法一般用于大中型固定式的沥青库的沥青加热。

2. 导热油加热

导热油加热沥青的工艺流程及系统基本组成如图6-3所示。

导热油沥青加热炉设备主要由导热油加热炉、热油循环泵、热负荷(即加热罐、储存罐)、膨胀槽等组成。导热油加热沥青的工作原理同其他间接加热工艺相似,均为载有较高温度的介质将热能传递给低温物质。其特点是,导热油加热炉对导热油进行加热储能,用热油泵强导热油作循环,经换热器(热负荷)把热能传递给沥青,以达到对沥青加热升温的目的。

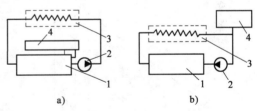

图 6-3 导热油加热系统图
a)注入式(压力式) b)吸出式(常压式)
1-导热油加热炉;2-热油循环泵;3-热负荷;4-膨胀槽

导热油有两种不同的热油循环方式,即注入式(压力式)和吸出式(常压式)。

(1)注入式(压力式)导热油走向为换热器(热负荷)→热油泵→加热炉→换热器(热负荷)。由于循环泵安装在加热炉导热油入口管线前,因此进口油温低,适于加热温度较低的系统;同时导热油循环通畅,炉内导热油压力一般都在0.4~0.5MPa,工作安全性能较常压式差,见图6-3a)。

(2)吸出式(常压式)导热油循环走向为加热炉→热油泵→换热器(热负荷)→加热炉,由于循环泵装于加热炉的导热油出口处,故泵的工作温度高,适于加热温度高的系统;同时,炉内导热油为常压,工作比较安全,见图6-3b)。

导热油加热沥青系统在使用中应注意:沥青加热过程中一般选用矿物型导热油为宜,考虑到导热油的使用要求和加热炉的结构特点,为了使加热罐内的沥青不致因局部过热或过冷而造成过大的温差,做到均匀加热,除对加热管的形状和排列组合密度做科学合理的设计外,加热罐内各处的沥青温度均由温度控制装置进行控制。导热油加热设备需经调试运行正常后才能进入正常使用。调试分为冷态调试和热态调试,冷态调试是在未加热状态下的调试,热态调试是在加热炉工作状态下的调试。具体方法参照有关说明书进行。

3. 太阳能加热

太阳能加热沥青系统基本组成如图6-4所示。太阳能加热沥青系统设备主要由集热窗、保温层等组成。太阳能加热沥青系统的工作原理是:利用温室效应的工作原理,用玻璃平板集热式加热装置,将太阳辐射能收集并传递给沥青,使之温度升高。

利用太阳能加热沥青属于光电转换中的低温利用技术。目前太阳能加热沥青还仅限于预热,其加热温度一般为70~90℃。若需升温,则需采用其他加热方式,如明火、导热油、中压水、电红外线等方式将沥青温度升至工作温度。在使用温室效应式的沥青加热装置时,为了获得较多的辐射能量,集热窗为正南向布置,并与地平面形成一定的倾角。

4. 红外线加热

红外线加热沥青系统基本组成如图6-5所示。红外线加热沥青系统设备主要由加热容器、隔热箱体、红外辐射元件(图中为板式)等组成。红外线加热沥青系统工作原理是:以电源作热源通过红外辐射元件产生红外辐射,红外线照射到沥青上,沥青对辐射能量产生吸收并辅以传导和对流的热交换方式使沥青温度升高。

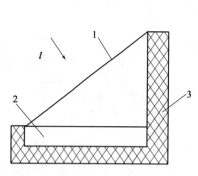

图6-4 平板集热式太阳能加热器原理图
1-集热窗;2-沥青;3-保温层

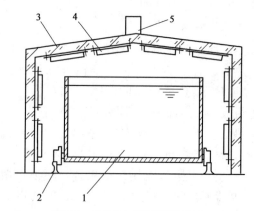

图6-5 红外线加热沥青基本组成
1-加热容器;2-进出轨道;3-隔热箱体;4-板式红外辐射元件;5-蒸汽出口

应用红外技术加热沥青,其热源的选择是多种多样的,但主要的还是电源,载热体(导热油、中压水、过热蒸汽等)和煤炭(原煤、煤粉或煤气)燃烧等。就目前国内外红外加热技术的应用现状而言,我国工程部门主要采用电源作热源,因此在采用红外技术加热沥青的地区应有足够的动力电源。在沥青加热过程中,红外沥青加热装置通常与太阳能沥青加热装置配套使用,太阳能装置可将沥青由常温固态加热至70~90℃的流动状态,然后由红外沥青加热装置继续加热至160~170℃。

5. 沥青脱桶装置

沥青脱桶装置是熔化桶装沥青的专用设备(图6-6),用以将固态桶装沥青从桶中脱出并加热至泵吸温度。有的沥青脱桶装置可将沥青的脱桶、脱水、加热和保温4种功能融为一体。

图6-6 导热油加热式沥青脱桶装置外貌

图6-7为导热油加热式沥青脱桶装置的结构简图。该设备主要由上桶机构,沥青脱桶室、沥青加热室、导热油加热管道、沥青脱水器、沥青泵、沥青管路与阀门等组成,可完成对桶装沥青的脱桶、脱水、加热和保温作业。

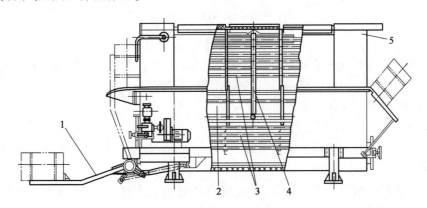

图6-7 导热油加热式沥青脱桶装置结构简图
1-上桶机构;2-沥青加热室;3-导热油加热管;4-沥青脱水器;5-沥青脱桶室

这种沥青脱桶装置的工作过程如下:

将沥青桶装入上桶机构,卸去口盖的桶口朝下;用液压缸起升臂架将沥青桶推入脱桶室,直至室内将桶装满;导热油被泵入脱桶装置后,先进入沥青加热室的加热管道,后进入脱桶室的加热管道;当脱桶室里的温度达到沥青熔化流动的温度时,沥青从桶内流入加热室;待沥青充满加热室后,拨动三通阀,接通内循环管道,沥青泵将含水的温度为95℃以上的沥青,泵至脱桶室顶部的平板上;沥青以薄层状态在流动中将水分迅速蒸发,水蒸气由顶部的孔口排出。当沥青中的水分排除干净,并被继续加热到所需的工作温度130～160℃以后,便可泵入其他保温罐中或直接被沥青混凝土搅拌设备使用;在循环作业中,已脱沥青的空桶由上桶机构上新桶时,靠其推力由沥青脱桶室的后部推出。

第二节 沥青洒布机作业

一、概述

沥青洒布机是一种黑色路面机械,它是公路、城市道路、机场和港口码头建设与养护的主要设备。当用贯入法和表面处治法修筑、修补沥青(或渣油)路面时,沥青洒布机可以用来完成高温液态沥青(渣油)的储存、转运和洒布工作(图6-8)。

图6-8 沥青洒布机外貌
a)机动式;b)自行式

沥青洒布机主要由储料箱和洒布设备两大部分组成。储料箱的作用是储存高温液态的沥青,并且具有一定的保温作用;洒布设备的作用是洒布沥青。高温液态沥青向储料箱的注入或由储料箱向洒布设备的输出均靠沥青泵来完成。

沥青洒布机大致可分两类:机动式和自行式。

机动式沥青洒布机是利用发动机的动力来驱动沥青泵,通过洒布软管和喷油嘴而进行沥青洒布作业,洒布管是手提的。

自行式沥青洒布机是将储料箱和洒布设备等都装在汽车底盘上,由汽车的发动机供给沥青洒布设备所需之动力。由于行动灵活、工作效率高、洒布质量好,适用于新建路面工程或高速公路、一二级公路路面的养护工程中,特别适用于沥青加工基地距施工工地较远的工程中。

二、自行式沥青洒布机的构造特点与洒布设备

洒布机将整套沥青洒布设备装在汽车的底盘上,并由汽车的发动机供给沥青洒布设备所需之动力。这种沥青洒布机(图6-9)除汽车本身外,其洒布设备主要由沥青箱、加热系统、传动系统、循环洒布系统、操纵机构以及计量仪表等部分组成。

1. 沥青箱

沥青箱是利用钢板焊接而成的椭圆形封闭长筒,在筒体外包有一层玻璃绒或矿渣棉制成的保温隔热层,隔热层外再用薄金属板套壳包住。

2. 加热系统

加热系统是为了在必要时(运距过长或气候过冷)能加热箱内的沥青而设置的。

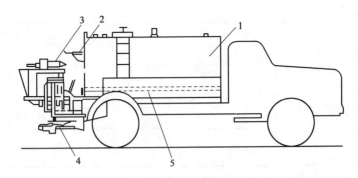

图 6-9 沥青洒布结构示意图
1-沥青箱;2-操纵机构;3-动力及传动装置;4-循环洒布系统;5-加热系统

3. 传动系统

自行式沥青洒布机的传动系统包括两大部分:一部分是将发动机的动力传递给汽车的驱动轮使车辆行驶的传动系统,这是由汽车底盘部分的传动系统来执行的;另一部分是驱动沥青洒布机的沥青泵工作的传动系统,它是由装在汽车变速箱右侧的分动箱来执行。

4. 循环洒布系统

循环洒布系统是沥青洒布机完成全部作业的基本部分,其作用如下:
(1)向沥青箱内吸进高温液态沥青,工作完后抽空沥青箱和洒布管内的余料。
(2)转输液态沥青,完成高温液态沥青的洒布工作。
(3)液态沥青通过循环管道的不断循环,使沥青箱内的沥青保持均匀的温度。

5. 操纵机构

沥青洒布机的操纵是由工人站在机后操作台上,通过手轮和操纵杆等机构进行操纵的。

三、沥青洒布机施工作业

1. 沥青洒布机分层洒布量的确定

沥青洒布机分层洒布沥青时,首先应根据公路工程技术规范的要求,确定每层的洒布量。表 6-1 所列为各种表面处治时的沥青用量。

沥青表面处治材料规格和用量表　　　　　表 6-1

沥青种类	类型	厚度(cm)	集料用量(m³/1 000m²)			沥青或乳液用量(kg/m²)			
			第一次 规格用量	第二次 规格用量	第三次 规格用量	第一次	第二次	第三次	合计用量
石油沥青	单层	1.0	S12　7~9	—	—	1.0~1.2	—	—	1.0~1.2
		1.5	S10　12~14	—	—	1.4~1.6	—	—	1.4~1.6
	双层	1.5	S10　12~14	S12　7~8	—	1.4~1.6	1.0~1.2	—	2.4~2.8
		2.0	S9　16~18	S12　7~8	—	1.6~1.8	1.0~1.2	—	2.6~3.0
		2.5	S8　18~20	S12　7~8	—	1.8~2.0	1.0~1.2	—	2.8~3.2
	三层	2.5	S8　18~20	S10　12~14	S12　7~8	1.6~1.8	1.2~1.4	1.0~1.2	3.8~4.4
		3.0	S6　20~22	S10　12~14	S12　7~8	1.8~2.0	1.2~1.4	1.0~1.2	4.0~4.6

续上表

沥青种类	类型	厚度(cm)	集料用量(m³/1 000m²) 第一次 规格 用量	第二次 规格 用量	第三次 规格 用量	沥青或乳液用量(kg/m²) 第一次	第二次	第三次	合计用量
乳化沥青	单层	0.5	S14 7~9	—	—	0.9~1.0	—	—	0.9~1.0
	双层	1.0	S12 9~11	S14 4~6	—	1.8~2.0	1.0~1.2	—	2.8~3.2
	三层	3.0	S6 20~22	S10 9~11	S12 4~6 S14 3.5~4.5	2.0~2.2	1.8~2.0	1.0~1.2	4.8~5.4

注：1. 煤沥青表面处治的沥青用量可比石油沥青用量增加15%~20%；
2. 表中乳液用量按乳化沥青的蒸发残留物含量60%计算，如沥青含量不同应予折算；
3. 在高寒地区及干旱风沙大的地区，可超出高限5%~10%。

沥青洒布量的多少与洒布机的行驶速度、洒布宽度以及沥青泵的生产率有关。其关系为：

$$Q_L = qvB \tag{6-1}$$

式中：Q_L——沥青泵的生产率，L/min；
q——每平方米面积洒布量，L/m²；
v——洒布机的行驶速度，m/min；
B——洒布宽度，m。

依据式(6-1)，根据泵的生产率、洒布宽度，即可确定洒布机的行驶速度，如表6-2所示。

根据洒布量、泵生产率、洒布宽度确定洒布机行驶速度　　表6-2

洒布量(L/m²)	泵生产率(L/min)					
	1 090	871	651	560	447	337
	洒布机行驶速度(m/min)					
1.5	290	232	174	150	126	90
2	218	174	133	112	89	68
2.5	174	139	106	90	70	56
7	62	50	38	32	26	19

注：此时洒布宽度为2.5m。

设计好上述作业表后，将洒布宽度的各控制阀由洒布手控制，驾驶员按表列行驶速度工作，即可保证达到规定的洒布量。

2. 每次洒布路段长度的确定

为了便于施工，当沥青洒布量确定后，应进一步确定每一罐的洒布路段长度，即：

$$L = \frac{VK}{qB} \tag{6-2}$$

式中：L——洒布路段长度，m；
V——洒布机油罐容量，L；
K——洒布带重叠系数(0.90~0.95)；
B——洒布的路面宽度，m；
q——单位面积洒布量，L/m²。

3. 沥青洒布机的技术使用

为了保证沥青洒布机的正常工作,在每次洒布完毕后都要将循环洒布管道中的残余沥青抽回到储料箱内。若当天不再使用,还要用柴油或煤油清洗沥青箱、沥青泵和管道,以防沥青凝固在各处,影响下次使用。此外,在每次使用前都要检查沥青泵是否被凝固的沥青堵塞,若发现有凝固现象,需用手提喷灯将其烤热熔化,直至泵的齿轮能灵活转动为止。

为了提高沥青的洒布质量,还需注意下列事项:

(1)要求洒布机有稳定的行驶速度(此速度可根据施工要求而确定)。同时要求汽车驾驶员与操作台上掌握洒油的操作者相互密切配合,动作协调一致,以确保沥青洒布均匀。

(2)要保持沥青的适当温度。因沥青的温度与其黏度成反比,而黏度又决定了沥青泵的输出量,若沥青的温度不适当,则其黏度的变化就会引起沥青泵输出量的变化,使洒布量不均匀,从而影响洒布质量。

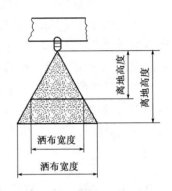

图 6-10 喷嘴离地高度与洒布宽度的关系

(3)要选择好喷嘴的离地高度。因喷嘴的离地高度不同时,其洒布的宽度也不同(图 6-10)。除此以外,还要求汽车轮胎有足够的气压。若轮胎低压作业,由于储料箱内液料的增减使轮胎变形较大,势必要影响到喷嘴离地高度的变化。

(4)要保持稳定的洒布压力。若洒布压力不稳,喷出沥青的扇形形状就会变化,致使洒布不均匀。

(5)在洒布作业时,要注意前后两次喷洒的接缝。一般纵向应重叠 10~15cm,横向应重叠 20~30cm。

(6)沥青洒布机在加注或洒布液态沥青时,由于沥青温度很高,因此必须注意安全,相互要密切配合,防止烫伤或跌倒。

四、沥青洒布机生产率的计算

沥青洒布机的生产率主要视沥青的运距、洒布机的准备工作和施工组织而定。其生产率可用下式计算:

$$Q_p = VK_H n_p \tag{6-3}$$

式中:Q_p——沥青洒布机的生产率,L/d;

V——沥青洒布机油罐容量,L;

K_H——油罐充满系数(0.95~0.98);

n_p——洒布机每班洒布次数。

$$n_p = \frac{60tK_B}{t_T} \tag{6-4}$$

式中:t——每天工作时数,h;

K_B——时间利用系数;

t_T——洒布机每一个循环所需时间,min。

$$t_T = t_1 + \frac{L_1}{v_1} + \frac{L_2}{v_2} + t_2 + t_3 + t_4 \tag{6-5}$$

式中：t_1——加满沥青油罐所需时间，min；
L_1——由沥青基地至工地的距离，m；
v_1——洒布机重车行驶速度，km/h；
v_2——洒布机空车行驶速度，km/h；
t_2——洒布一罐沥青所需时间，min；
t_3——洒布机两处掉头倒车时间，min；
t_4——准备洒布所需时间，min。

从上述过程可以看出，沥青洒布机用于沥青洒布的时间很短，大部分时间都用于运输，这样不但影响了洒布机的利用率，同时也影响洒布工作的进行，增加了非生产辅助时间。由于长距离运行，必然增加洒布机的数量，这样就更不合理。

为了更好地组织施工，减少洒布机的用量，目前在大型工程中多用大型沥青保温罐进行运输和储存，减少了沥青的运输距离，使洒布机的生产率大大提高。

保温罐车的数量可用式(6-6)计算：

$$n = \frac{Q}{t_\mathrm{T} V_1 K_\mathrm{H}} \tag{6-6}$$

式中：n——保温油罐车数量；
Q——洒布机只进行洒布不进行长距离运输时的生产率，L/d；
t_T——保温油罐往返工地与沥青基地之间一次的时间，h；
V_1——保温油罐的容量，L；
K_H——保温油罐的充满系数。

第三节 沥青混合料搅拌设备与搅拌作业

一、沥青混合料搅拌设备分类与沥青混合料拌制工艺

将不同粒级的碎石、天然砂或破碎砂等，按适当比例配合成符合规定级配范围的矿料混合料，并将矿料混合料加热，与适当比例的热沥青及矿粉一起，在规定温度下拌和所得的混合料称为热拌沥青混合料。拌制沥青混合料的机械与设备，称为沥青混合料搅拌设备。

沥青混合料中的碎石是混合料中的骨架，统称为集料。石粉作为填充料与沥青共同形成一种糊状黏结物，填充于集料之间，既可使沥青不致从碎石表面流失，又可防止水分的侵入，以增加集料之间的黏结强度，从而提高沥青路面的强度。此外，由于石粉的性质不随温度变化而变化，所以它与沥青混合而成的糊状物受温度变化的影响较小，这样可提高黏结物的稳定性，以利于沥青混合料的摊铺。

将沥青混合料摊铺到路面基层上，经过整形、压实即成为沥青混凝土路面面层。

为使沥青混合料在摊铺作业时具有良好的和易性与均匀性，拌制好的沥青混合料应具有140~160℃的工作温度和精确的配合比。通常应将沥青加热到145~165℃的工作温度，以保证沥青有足够的流动性，集料必须烘干并加热到160~200℃的温度，才能保证被沥青很好地裹覆和黏结在一起。此外，还要根据沥青混合料的用途，确定集料的级配以及集料与沥青黏结

剂的油石比。

沥青混合料的拌制工序及相应的搅拌设备对应的装置见表6-3。

沥青混合料加工工序及对应的装置 表6-3

拌制工序	各工序所对应的装置
冷集料的粗配与供给	冷集料的定量供给和输送装置
冷集料的烘干与加热	集料的烘干、加热与热集料输送装置
热集料的筛分、存储与二次称量、供给	热集料筛分装置及热集料储仓及称量装置
沥青的熔化、脱水及加热	沥青储仓、保温罐、沥青脱桶装置
石粉的定量供给	石粉储仓、石粉输送及定量供给装置
沥青的定量供给	沥青定量供给系统
各种材料的均匀搅拌	沥青混合料搅拌器
沥青混合料成品储存	沥青混合料成品储仓

另外，为了保证沥青混合料生产过程符合环境保护的相关要求，沥青混合料搅拌设备还必须设置除尘降噪与废气处理装置。

沥青混合料搅拌设备分类：

按生产能力分为大型、中型和小型三种。大型的生产率为400t/h以上，都属于固定式，适用于集中公路工程及城市道路工程；中型的生产率为30~350t/h，可以是固定式的或半固定式的，半固定式的是将设备设置在几个拖车上，在施工地点拼装，适用于工程量大且集中的公路施工；小型的生产率为30t/h以下，多为移动式的，即设备全部组成部分都设置在一辆半挂车或大型特制式汽车底盘上，可随施工地点转移，适用于工程量小的公路施工或一般养路作业。

按工艺流程可分为间歇强制式和连续滚筒式(图6-11，图6-13)。

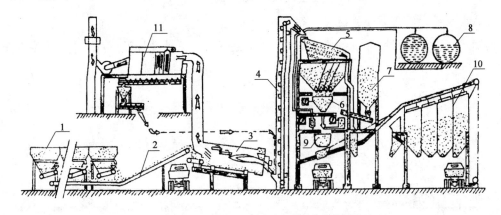

图6-11　间歇强制式沥青混合料搅拌设备总体结构图

1-冷集料储存及配料装置；2-冷集料带式输送机；3-冷集料干燥滚筒；4-热集料提升机；5-热集料筛分及储存装置；6-热集料计量装置；7-石粉储仓；8-沥青供给系统；9-搅拌器；10-成品料储仓；11-除尘装置

1. 间歇强制式沥青混合料搅拌设备

间歇强制式沥青混合料搅拌设备总体结构如图6-11所示，这种搅拌设备的工艺流程如图6-12所示。

(1) 不同规格的冷集料→冷集料定量给料装置中的各料斗按容积进行粗配→粗配后的

冷集料由皮带输送机转输 → 干燥滚筒内的火焰逆流将冷集料烘干并加热到足够温度 → 热集料被提升机转输 → 热集料由筛分机筛分后存入储斗暂时储存(以上过程为连续进行) → 热集料计量装置精确计量 → 搅拌器搅拌;

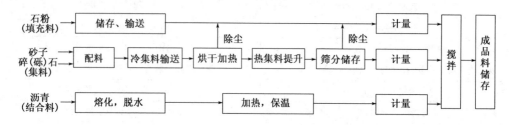

图6-12 间歇强制式沥青混合料搅拌设备工艺流程

(2)矿粉 → 矿粉储仓 → 定量给料装置 → 搅拌器搅拌;
(3)沥青 → 沥青保温罐 → 沥青定量装置 → 搅拌器搅拌;
(4)搅拌好的沥青混合料成品 → 混合料成品储仓或直接运往施工现场;
(5)干燥滚筒、热集料筛分机等所产生的粉尘 → 除尘装置将粉尘分离出来 → 粉尘储仓或矿粉给料装置再利用。

间歇强制式沥青混合料搅拌设备的工艺流程及工作原理的特点是:初级配的冷集料在干燥筒内采用逆流加热方式烘干、加热,经筛分、计量后,在搅拌器中与按质量计量的石粉、热态沥青搅拌成沥青混合料。因此间歇强制式搅拌设备能保证集料、集料与沥青的配合比达到相当精确的程度,也易于根据需要随时变更集料级配和油石比,拌制的沥青混合料质量好,可满足各种工程的施工要求。其缺点是,工艺流程长,燃料消耗量大,对除尘装置要求高(约占搅拌设备投资的 1/3 ~ 1/2),设备庞杂,建设投资大。

2. 连续滚筒式沥青混合料搅拌设备

连续式沥青混合料搅拌设备总体结构如图6-13所示,这种搅拌设备的工艺流程如图6-14所示。

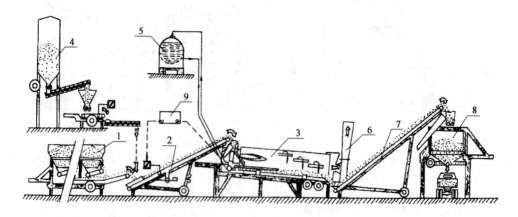

图6-13 连续滚筒式沥青混合料搅拌设备结构图

1-冷集料储存和配料装置;2-冷集料带式输送机;3-干燥搅拌筒;4-石粉供给系统;5-沥青供给系统;6-除尘装置;7-成品料输送机;8-成品料储仓;9-控制系统

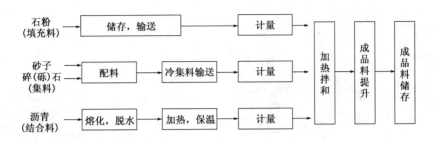

图 6-14　连续滚筒式沥青混合料搅拌设备工艺流程

（1）不同规格的冷集料 → 冷集料定量给料装置料斗 → 冷集料级配后由变速皮带机转输（以实现油石比控制）→ 干燥搅拌筒前半段烘干并加热到足够温度 → 干燥滚筒后半段进行搅拌。

（2）矿粉 → 矿粉储仓 → 皮带电子秤连续计量 → 冷集料皮带输送机（或干燥搅拌筒）。

（3）沥青 → 沥青供给系统 → 沥青输送系统 → 计量后的沥青进入干燥搅拌筒 →由沥青喷管将沥青喷入干燥搅拌筒后段 → 与加热后的集料一起搅拌。

（4）搅拌好的沥青混合料混合料 → 成品料输送机 → 混合料成品储仓待运。

在上述的工艺流程中，冷集料输送机转速、沥青的流量可通过控制系统自动调节，以使油石比精确。沥青混合料的制备在干燥搅拌筒内进行，即动态计量级配的冷集料和石粉连续从干燥滚筒的前部进入，采用顺流加热方式烘干加热，然后在干燥搅拌筒的后段与动态计量连续喷洒的热态沥青，采取跌落搅拌方式连续搅拌出沥青混凝土混合料。

与间歇强制式搅拌设备相比，连续滚筒式搅拌设备的优点是：工艺较简单，设备的组成部分较简单，投资省，维修费用低，能耗少，且由于湿冷集料在干燥搅拌筒内烘干，加热后即被沥青裹覆，使粉尘难以逸出，对空气污染少。其缺点是：集料的加热采用热气顺着料流的方向进行，故热利用率低，拌制好的沥青混合料的含水率较大，且温度也较低（110～140℃）。

目前，在我国高速公路、一二级公路沥青混凝土路面施工中，使用间歇强制式沥青混合料搅拌设备拌制沥青混合料。间歇强制式沥青混合料搅拌设备总体布置如图 6-15 所示。

二、沥青混合料搅拌设备主体构造与搅拌作业

1. 冷集料供给系统

冷集料供给系统由带有闸门的砂石料斗、给料器和输送机等组成。一般可根据需要设置 4～7 个料斗；料斗并列装在同一框架上，框架可装在固定立柱上；具有一定容积的料斗用来储存各种集料，物料由闸门卸出。给料器是用来对冷集料进行计量并按工程要求进行级配；输送机是用来将级配后的冷集料输送至干燥滚筒。

2. 冷集料烘干加热系统

在生产沥青混合料时，为了烘干集料并将其加热到所需要的工作温度，必须将集料反复地抛撒，并使集料与热气接触，以吸收热量，去除水分，提高温度。一般使用烘干加热系统使集料加热到一定温度并充分脱水，以保证计量精确和结合料对它的裹覆，使成品料具有良好的摊铺性能。

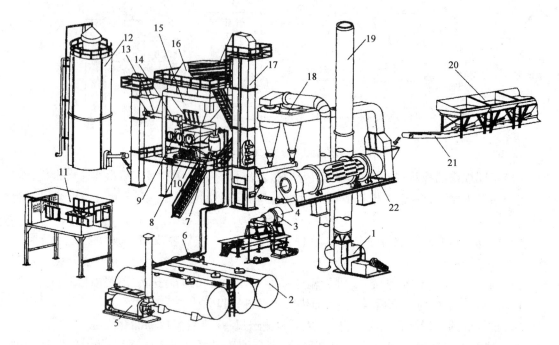

图6-15 间歇强制式沥青混合料搅拌设备布置简图

1-排风机;2-沥青保温罐;3-鼓风机;4-燃烧器;5-导热油加热装置;6-沥青输送泵;7-沥青称量桶;8-热集料称量斗;9-矿粉称量斗;10-搅拌器;11-操纵控制室;12-矿粉筒仓;13-矿粉提升机;14-矿粉输送机;15-热集料储存仓;16-振动筛;17-热集料提升机;18-集尘器;19-烟囱;20-冷集料储存及配料装置;21-集料输送机;22-干燥滚筒

冷集料烘干加热系统包括干燥滚筒(或干燥搅拌筒)和加热装置两大部分(图6-16)。工作中,干燥滚筒不断地转动,筒内的提升叶片不断将进入筒内的冷集料升起、抛下,同时燃烧器向筒内喷火火焰,冷湿集料就逐渐被烘干并加热到其工作温度。

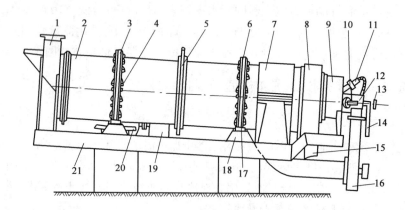

图6-16 冷集料烘干加热系统

1-加料箱和排烟箱;2-滚筒筒体;3、6-筒箍;4-胀缩件;5-传动齿圈(或链轮);7-滚筒冷却罩;8-卸料箱;9-火箱;10-点火喷头;11-燃料燃烧传感器;12-燃烧器;13-燃油调节器;14-燃油管;15-卸料槽;16-鼓风机;17-支承滚轮;18-防护罩;19-驱动装置;20-挡滑滚轮;21-机架

(1)干燥滚筒:干燥滚筒用来加热烘干冷湿集料。

为使湿冷集料在较短的时间内,用较低的燃料消耗充分脱水升温,对干燥滚筒要求是:集料在滚筒内应均匀分散,并在筒内有足够的停留时间;集料在筒内应与热气尽可能地多直接接触,以充分利用热能;干燥滚筒应有足够的空间,能容纳燃料燃烧后的热气和水分蒸发后的水蒸气,以免因气压过大而使粉尘逸散。

干燥滚筒内的集料加热方法有两种:火焰自滚筒的出料口一端喷入,热气流逆着料流方向穿过滚筒;火焰自滚筒的进料口一端喷入,热气顺着料流方向穿过滚筒。热气在滚筒内被集料吸走热量后,废气从烟囱排出。

逆料流加热时的烟气温度为 350~400℃,顺料流加热时的烟气温度为 180~200℃。由于逆料流加热方式的热量利用效果比顺料流加热方式要好得多,所以间歇强制式搅拌设备的干燥滚筒均采用逆料流加热方式。

(2)加热装置:加热装置的功用是将集料烘干并加热到工作温度。

目前与干燥滚筒相匹配的加热装置大都采用液体或气体燃料(通常以柴油或天然气为主)。因为液体燃料的优点是热值较高,可使燃烧室容积减小;燃烧后没有灰粉残渣;燃烧的热效率较高;操作方便,易于满足对不同温度的要求。所以被广泛作为各种沥青混合料搅拌设备加热装备的燃料。

加热装置由燃油箱、油泵管道、燃烧器、鼓风机和火箱等组成,若以重油为燃料,则燃油箱内设有加热管,并在燃油供给系统中设有重油预热器。

3. 热集料提升机

热集料提升机设置于间歇强制式搅拌设备中,其功用是将干燥滚筒卸出的热集料提升到一定的高度,并送入筛分装置内。提升机通常采用链斗提升机,它由主动链轮、从动链轮、链条、装于链条上的多个运料斗、提升机外罩及安装在提升机顶部的驱动装置、链轮张紧机构等组成。在大型搅拌设备上多采用导槽料斗、重力卸料方式,即主动链轮转动,装在链条上的料斗在提升机底部的受料斗内盛满热集料后被送至提升机顶部,转过主动链轮后,热集料靠其重力落入溜料槽并沿着料槽滑入振动筛内。重力卸料方式的链条运动速度低,可减少磨损及噪声(图6-17)。

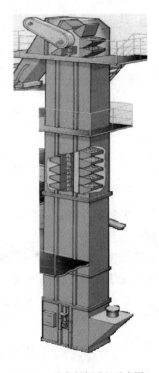

图6-17 热集料提升机示意图

4. 筛分装置与热集料储仓

筛分装置的功用是将热集料提升机输送来的集料按粒径大小进行分级,以便在搅拌之前进行精确的计量与级配(图6-18)。

在振动筛下方设置一排热集料储仓(图6-19),分别用来储存砂子、细碎石、中粒度碎石和大粒度碎石。储仓可以对应于每种集料独立,或用隔板将一个大的储仓隔开。各储仓下方设有能迅速启闭的斗门,其开度和级配比相适应。斗门的启闭一般通过气缸来操作。在每个料仓内部装有溢料管,防止过量的集料落入其他料仓内并因集料塞满振动筛下方的空间而损坏筛子。

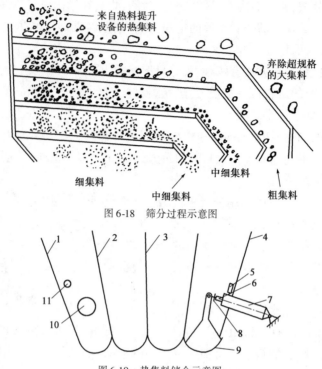

图 6-18 筛分过程示意图

图 6-19 热集料储仓示意图

1、4-壁板；2、3-隔板；5-快放阀；6-调节套；7-气缸；8-缓冲垫；9-放料门；10-料位器；11-温度传感器

5. 粉料储存和输送装置

粉料储存和输送装置的功用是对散装石粉进行储存，并在搅拌设备工作期间将一定量的石粉送至石粉计量装置内。该装置有漏斗式与筒仓式两种形式（图6-20）。漏斗式简单、上料高度低，一般用于生产率低或使用袋装石粉的搅拌设备上；筒仓式必须使用散装粉料，并配备有水泥罐车或斗式提升机，通过罐车上的气力输送设备或斗式提升机将粉料送入仓内，其劳动强度小、工作现场环境好，但结构复杂、附属设备多、成本高，多用于中、大型搅拌设备上。

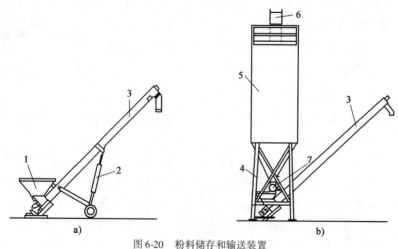

图 6-20 粉料储存和输送装置
a) 漏斗式；b) 筒仓式
1-漏料斗；2-支腿；3-螺旋输送器；4-支架；5-储料仓；6-空气过滤器；7-转阀

如图6-20b)所示,水泥罐车用压缩空气将粉料由筒仓式的粉料输送装置进口吹入,因空间突然增大,压缩空气压力突然降低,粉料靠自重沉积在仓内,带有粉尘的空气经布袋式空气滤清器过滤后排入大气。仓顶上设有料位器以探测粉料的高度。为防止粉料结拱,下料不畅,在仓底部安装有粉料疏松器。

在筒仓底部安装有转阀,在搅拌设备工作中,可通过转阀六只叶片的转动,均匀地为螺旋输送机喂料。

转阀给螺旋输送机所喂的料,由输送机送到单独的粉料称量斗内进行称量。

6. 沥青供给系统

沥青供给系统的功用是给沥青称量装置提供具有一定温度的热态沥青。该系统主要由沥青罐、沥青泵、沥青加热装置、三通阀、输送管道等组成。

7. 称量系统

间歇强制式沥青混合料搅拌设备的称量系统由石粉称量装置、热集料累加称量装置和沥青称量装置组成。

通常的称量方法有按重量计量和按容积计量两种。在搅拌设备上,热集料和石粉都是按重量计量的,沥青则两种计算方法都有,目前多采用按重量计量方法。

8. 搅拌器

间歇强制式搅拌设备均采用卧式双轴叶桨搅拌器(图6-21),其功用是将按一定比例称量好的集料、石粉和沥青均匀地搅拌成所需要的成品料。

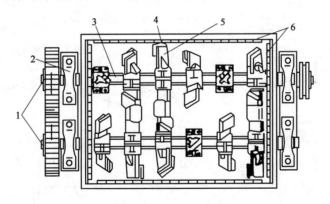

图 6-21 卧式双轴叶桨搅拌器
1-传动齿轮;2-轴承;3-搅拌轴;4-搅拌桨叶;5-搅拌臂;6-衬板

连续滚筒式搅拌设备的混合料搅拌是在干燥搅拌筒内完成的(图6-22)。湿冷集料和石粉由进料口入筒后,在冷拌区接受燃烧器加热之前,先一起冷拌一下;进入烘干加热区后,在火焰的辐射热和筒体的传导热作用下,集料被烘干,并加热到最大限度。集料在进入搅拌区之前,由在料帘区处所设置的一圈带格栅底的宽漏斗形叶片在随筒旋转时,将集料带上去,并沿筒的横截面陆续漏撒和抛撒下来,形成一个圆形料帘。料帘阻挡着火焰通过,而让热气通过,被抛撒成料帘的集料颗粒充分暴露在炽热的火焰之中,很快被烘干,温度急剧升高。在搅拌区内,沥青由喷管喷出,和热集料在此区域进行搅拌。搅拌工作由提升抛撒叶片完成。搅拌时,由于有热废气的对流作用,有利于拌制出均匀的混合料。

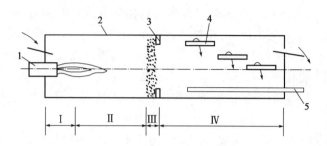

图 6-22　连续式干燥搅拌筒示意图

1-燃烧器;2-筒体;3-漏斗形叶片;4-提升撒落叶片;5-沥青喷管;Ⅰ-冷拌区;Ⅱ-烘干、加热区;Ⅲ-料帘区;Ⅳ-搅拌区

干燥搅拌筒工作中所形成的料帘,可提高热量的有效利用率,降低生产成本;料帘挡住了火焰,使喷到搅拌区的沥青不致被老化和烧焦,且因沥青喷出后吸附了筒内的飞尘,降低烟囱的排污程度;沥青可提早喷入搅拌区,以便与集料搅拌均匀。

9. 成品料储仓及输送装置

成品料仓主要用来调节搅拌设备与运输车辆间的生产不协调,提高搅拌设备的生产率,满足小批量用户需要,减少频繁开机停机。对于连续滚筒式搅拌设备,由于成品出口高度低,必须通过储料仓来解决成品的装车问题。

搅拌设备的成品料仓大多采用竖立的筒仓,1~4个筒仓并列支承在支架上(图6-23)。间歇式搅拌设备采用沿导轨提升的滑车运料;连续式搅拌设备则采用刮板输送器运料。

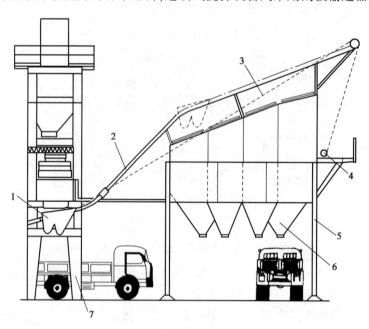

图 6-23　成品料储仓示意图

1-运料车;2-轨道;3-钢索;4-驱动机构;5-支架;6-成品料仓;7-搅拌楼

10. 除尘装置

沥青混合料搅拌设备在生产过程中,烘干、筛分、称量和搅拌等工序会有大量粉尘逸出,在集料烘干、加热过程中还有燃料燃烧所产生的废气排出,这些都将造成环境污染。除尘装置就

是要将这些污染物尽可能地收集起来,以净化环境,使之符合国家环保的要求。

沥青混合料搅拌设备用除尘器有一级除尘器和二级除尘器。前者只是滤除污染物中的粗粉尘,二级除尘除了进行一次粗滤外,还要再进行一次清除污染物中的微粉尘工作。

常用除尘装置按其工艺形式有干式和湿式两种。按其工作原理和结构形式可分为旋风式、袋式和水浴式三种。前两种属于干式,后一种属于湿式。旋风式为粗滤,袋式为细滤。一般小型搅拌设备只配备一级旋风式除尘器。大型搅拌设备为达到环保除尘要求,采用两级除尘,即除旋风式除尘器外,还配备有袋式除尘器或湿式除尘器。经袋式除尘后排尘量小于 $50mg/m^3$,湿式除尘后的排尘量小于 $400mg/m^3$。

(1) 干式旋风式除尘装置:旋风式除尘装置由旋风集尘筒、抽风机、吸风小筒、风管和烟囱等组成(图6-24)。

集尘筒上部呈圆筒形,其侧壁开有进气口可引进干燥滚筒带来的含尘废气及热集料提升机和筛分机来的含尘废气。圆筒内装有吸风小筒,吸风小筒与抽风管相连。

旋风式除尘器的工作原理是:在抽风机的吸力作用下,废气经风管进入旋风集尘筒内。在集尘筒内自上而下旋转运动时的离心力和气体又自下向上折回由小筒流出时的惯性力,使气体中粗粉尘分离出来并落至集尘筒下方。集尘筒下部呈圆锥形,它既作收集尘粒之用,又可使旋风圈缩小,加大含尘气体的流速,便于气体向上折返,进入小筒。落入锥形筒中的尘粒,可通过卸尘闸门回收到热集料提升机或石粉螺旋输送机内,作为粉料而被利用。

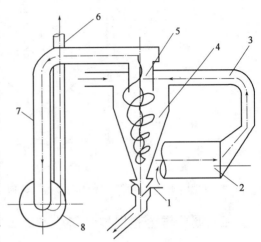

图 6-24 旋风式除尘器示意图
1-卸尘闸门;2-干燥滚筒;3-风管;4-旋风集尘筒;5-吸风小筒;6-烟囱;7-抽风管;8-抽风机

旋风式除尘器能收集粒径 $5\mu m$ 以上的灰尘,除尘效率最高为 85%。

(2) 袋式除尘装置:袋式除尘器是串联在旋风式除尘器后使用的二次除尘装置。

袋式除尘器(图6-25)由箱体、折流板、袋骨架、喉管、管座板、喷吹管、脉冲阀、差压计、螺旋输送器和控制器等组成。在箱体内装有数百个耐热合成纤维袋,其网眼极小,在过滤中可捕集 $0.3\mu m$ 以上的粉尘,除尘效率可达95%～99%。这种除尘器可使含尘气体净化到 $50mg/m^3$ 的程度。

袋式除尘器工作时,一级除尘后的含尘气体进入箱体,在折流板的截流下,含尘气体被分散流动,从每个滤袋外侧进入滤袋内,在滤袋的筛分、拦截、冲击、扩散和静电吸引等作用下,微尘贴附于滤布缝隙间,从而粉尘在烟气中分离出来。清洁的气体经抽风机、抽风管由烟囱排入大气。

随着粉尘在滤袋上的积聚,形成一定厚度的粉尘层,使滤布的过滤透气性大大降低,妨碍除尘器正常工作。因此,袋式除尘器在工作过程中必须经常及时清除滤袋上的积尘。目前,常采用脉动压缩空气来及时吹落黏附于过滤袋外面的粉尘,如图6-25所示。控制器控制脉冲阀定时间隔地在滤袋上方与烟气反向喷入高压小量压缩空气,使滤袋产生振动和抖动,将袋上的粉尘抖落到箱体的下部,并由螺旋输送器送至石粉料仓或热集料提升机入口处。

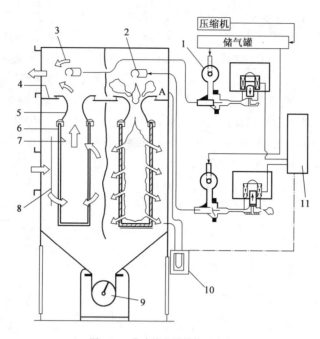

图 6-25　袋式除尘器结构示意图

1-脉冲阀;2-喷吹管;3-净气;4-管座板;5-喉管;6-滤袋;7-袋骨架;8-折流板;9-螺旋输送器;10-差压计;11-控制器

三、沥青混合料搅拌设备生产率计算

沥青混合料搅拌设备(图 6-26,图 6-27)生产能力的大小是确定其他设备数量的重要依据,其生产率可用下式计算:

$$Q = \frac{60GK_B}{t} \tag{6-7}$$

式中:Q——沥青混合料搅拌设备生产率,t/h;

　　　G——搅拌设备每搅拌好一次混合料的沥青混合料重量,t;

　　　K_B——时间利用系数;

　　　t——搅拌设备搅拌一次所需时间,min,按下式计算:

图 6-26　连续式沥青混合料搅拌设备外貌

图 6-27　间歇强制式沥青混合料搅拌设备外貌

$$t = t_1 + t_2 + t_3 \tag{6-8}$$

式中：t_1——搅拌设备加料时间，min；

t_2——搅拌设备搅拌时间，min；

t_3——搅拌设备卸料时间，min。

第四节　沥青混合料摊铺机与摊铺作业

一、沥青混合料摊铺机分类

沥青混合料摊铺机是将拌制好的沥青混合料（沥青混凝土或黑色粒料）按一定的技术要求（厚度和横截面形状）均匀地摊铺在路基或基层上，并给以初步捣实和整平的专用设备。还可用于摊铺各种材料的基层和其他结构物，例如，摊铺防护墙、铁路路基、RCC基础层材料、稳定土等，是修筑公路沥青路面不可缺少的关键设备。

目前，沥青混合料摊铺机均采用全液压驱动和电子控制、中央自动集中润滑、液压振动、液压无级调节摊铺宽度等新技术，自动化程度高，操作简单方便，视野好，并设有总开关、自动找平装置、卸载装置、闭锁装置，保证了摊铺路基、路面的平整度和摊铺质量。

沥青混合料摊铺机可按结构、功能、摊铺宽度、传动方式等进行分类。

(1)按摊铺宽度分类：分为小型、中型、大型、超大型四类。

小型摊铺机最大摊铺宽度一般小于3 600mm，主要用于低等级公路的路面养护和城市狭窄道路的修筑工程。中型摊铺机的最大摊铺宽度为4 000~6 000mm，主要用于一般公路路面的修筑工程，也可用于路面的养护作业。大型摊铺机的最大摊铺宽度一般在7 000~9 000mm之间，主要用于高速公路、一二级公路路面施工。超大型摊铺机最大摊铺宽度≥9 000mm，主要用于公路、机场、码头、广场等大面积沥青混合料路面施工。

(2)按熨平板的加热方式：分为电加热、液化石油气加热和燃油加热等三种形式。

电加热是由摊铺机的发动机驱动专用发电机产生的电能来加热其熨平板，这种加热方式使用方便，无污染，熨平板及振捣梁受热均匀、变形小。液化石油气（主要用丙烷）加热方式结构简单，使用较方便，但火焰加热不够均匀，污染环境，且燃气喷嘴需经常、仔细维护。燃油-轻柴油加热装置主要由燃油泵、喷嘴、自动点火控制器和鼓风机等组成，其优点是可以用于各种作业条件操作较方便，燃料供给容易，但结构复杂，易污染环境。

(3)按行走装置：分为轮胎式、履带式。

(4)按传动方式：分为机械式和液压式。

二、沥青混合料摊铺机基本构造与功用

沥青混合料摊铺机主要由基础车（发动机与底盘）、供料设备（料斗、输送装置和闸门），工作装置（螺旋布料器、振捣器和熨平装置）及控制系统等部分组成。其工作过程如图6-28、图6-29所示。

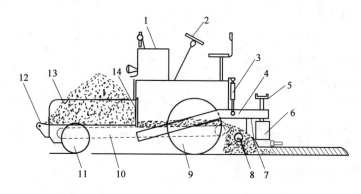

图 6-28 轮胎式沥青混合料摊铺机工作过程简图
1-控制台;2-方向盘;3-悬挂油缸;4-侧臂;5-熨平器调整螺旋;6-熨平器;7-振捣器;8-螺旋布料器;9-驱动轮;10-刮板输送器;11-方向轮;12-推滚;13-料斗;14-闸门

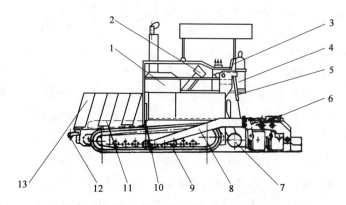

图 6-29 履带式沥青混合料摊铺机基本结构示意图
1-柴油机及其动力传动系统;2-驾驶控制台;3-座椅;4-加热气罐;5-侧臂液压油缸;6-熨平装置;7-螺旋布料器;8-侧臂;9-行走机构;10-调平系统液压油缸;11-刮板输送器;12-推滚;13-料斗

混合料从自卸汽车上卸入摊铺机的料斗中,经由刮板输送后转送到摊铺室,在那里再由螺旋布料器横向摊开。随着机械的行驶,这些被摊开的混合料又被振捣器初步捣实,接着再由后面的熨平板(或振动熨平板)根据规定的摊铺层厚度,修整成适当的横断面,并加以熨平(或振实熨平)。

自卸汽车在卸料给摊铺机时,应倒退到使其后轮碰及摊铺机的前推滚,然后将变速器放置空挡,升起车厢,由摊铺机推着汽车一边前进一边卸料。卸料完毕,汽车驶开,更换另一辆汽车按同样方法卸料。

混合料进入摊铺室的数量可由装在刮板输送器上方的闸门来控制,或由刮板输送器的速度来控制。摊铺层的厚度由两侧臂牵引点的油缸和上下调整螺旋来调整。

轮胎式摊铺机的前轮为一对或两对(大型)实心小胶轮,这样既可增强其承载能力,又可避免因受载变化而发生变形。后轮多为大尺寸的充气轮胎。履带式摊铺机的履带大多装有橡胶垫块,以免对地面造成履刺的压痕,同时降低了对地面的单位压力。

轮胎式摊铺机的优点是:行驶速度高(可达 20km/h),可自动转移工地,费用低;机动性和操纵性能好,对单独的小面积不平整适应性好,不致过分影响铺层的平整度;弯道摊铺质量好;结构简单,造价低。其缺点是:接地面积较小,牵引力较小;料斗内的材料多少会改变后驱动轮胎的变形量,从而影响铺层的质量。为了避免这种现象,自卸汽车应分次卸料,但这又会影响汽车的周转。

履带式摊铺机的优点是:接地面积大,对地面的单位压力小,牵引力大,能充分发挥其动力性;对路基的不平度不太敏感,尤其对有凹坑的路基不影响其摊铺质量。其缺点是:行驶速度低,不能很快地自行转移工地;对地面较高的凸起点适应能力差;机械传动式的摊铺机在弯道上作业时会使铺层边缘不整齐;此外,其制造成本较高。

由于履带式摊铺机有上述优点,目前,在世界各国沥青混合料摊铺中使用较多,尤其是大型机械。由于大型工程不需频繁转移工地,其行驶速度低的缺点也就不明显了。

履带式与轮胎式摊铺机的结构除行走装置及相应的控制系统有区别外,其余组成部分基本相似。

1. 供料设备

(1)料斗:料斗位于摊铺机的前端,用来接收自卸汽车卸下的沥青混合料。各类摊铺机料斗的结构形式基本相似,只是容量有所不同。其容量应满足该机在最大宽度和厚度摊铺时所需的混合料量。

(2)刮板输送器:刮板输送器就是带有许多刮料板的链传动装置。刮料板由两根链条同时驱动,并随链条的转动来刮送沥青混合料。此结构安装在料斗的底部。目前摊铺机采用的刮板输送器有单排和双排两种。单排用于小型摊铺机,双排用于大、中型摊铺机。

(3)螺旋布料器:螺旋布料器也称为螺旋分料器,是将刮板输送来的混合料分送到熨平板的前端,如图6-30所示。

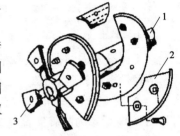

图6-30 螺旋布料器
1-轴;2-可换叶片;3-螺旋叶桨

螺旋布料器一般分成左、右两根,各自独立驱动,螺旋方向相反,旋转方向相同,这样可将刮板输送器送来的料横向铺开。螺旋布料器的驱动一般为液压驱动(两液压马达分别驱动左、右螺旋摊铺器,可实现左、右螺旋分别运转或同时运转),无级变速,以适应摊铺宽度、速度和铺层厚度的要求。

螺旋布料器一般都装配在机架后壁下方,也可作垂直方向高低位置调整,以便根据不同摊铺厚度提供均匀的料流。

2. 工作装置

用布料器铺好的沥青混合料,必须进行预压实,并按要求(厚度和路拱)进行整形和熨平。摊铺机上一般采用两种方案和装置来实现。一种是先用振捣梁进行预捣实,再用熨平装置整面熨平(图6-31);另一种是用振动熨平装置同时进行振实和整面、熨平(图6-32)。它们的主要区别是,前者紧贴在熨平板前面有一根悬挂在偏心动轴上的振捣梁,对混合料进行振捣,熨平板只起整面熨平作用,摊铺层密实度较低;后者则是通过熨平板上振动器使熨平板振动,经振捣梁捣实后的摊铺层,通过熨平板本身的振动对铺层进一步振实并整面熨平,其摊铺层密实度较高,可减少压路机的压实遍数。

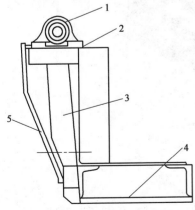

图6-31 振捣梁-熨平板
1-偏心轴轴承座;2-调整垫片;3-振捣梁;4-熨平板;5-护板

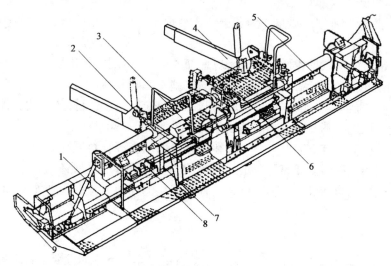

图 6-32 振动熨平装置
1-附加熨平板交承杆;2-轴承;3-导管;4-调平臂;5-导管;6-路拱调节器;7-滑动导向瓦;8-振荡器马达;9-端板

3. 自动找平装置

为了提高路面的平整度和精确的横截面形状,在摊铺机上另外装设一个纵坡调节、一个横坡调节自控系统,它们的功能远远超过机械本身的找平能力,可使路面的质量符合规定要求,这样一个自控系统就是沥青混合料摊铺机自动找平装置。

图 6-33 所示为品牌沥青混合料摊铺机比例脉冲式自动调平装置布置图。路面的不平度由纵坡调平传感器 16 和横波传感器 11 来检测。

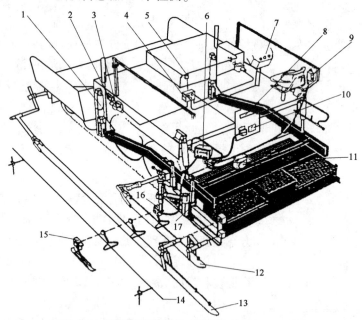

图 6-33 沥青混合料摊铺机比例脉冲式自动调平装置
液压系统:1-提升油缸;2-液压锁;3-电磁阀;8-压力表
电气与电子部分:4-分配箱;5-保险丝箱;6-控制系统;7-开关(手动/自控);9-远程控制器;10-连接自动调平装置的插座;11-横坡传感器;15-带滑橇的纵坡调平传感;16-带弓的纵坡调平传感器
基准参考部分: 12-2m 长的平均梁;13-7m 的平均梁;14-带桩柱的张紧装置基准线
机械部分:17-垂直调整的活塞杆和枢铰臂

纵坡的设计值是预先选定的。纵坡调平传感器的"触头"可以是弓式滑橇,它与基准呈45°角安置。此角可通过活塞杆和枢铰臂17来调整。

横坡的要求值是由远程控制器9来预定的。纵坡、横波两传感器将所检测出的实际值输送给控制系统6,在那里比较检测到的实际值与预定值之间的偏差,发指令给脉动的电磁阀3,使提升油缸1,一端进油,另一端回油,从而驱使牵引点做相应的升降,修正了偏差,保持熨平板在原有水平位置。

按照工作原理的不同,自动找平装置分挂线调平系统、平均梁调平系统、多声纳非接触式平衡梁(SAS系统)调平系统、以及激光调平系统4种。

(1) 挂线调平系统:该系统的基准是固定的,是沥青摊铺机最早使用的一种调平形式。挂线调平系统由挂线、触臂、纵坡传感器、横坡传感器,控制器等组成。触臂以一定的角度(一般为45°)搭置在挂线基准上,当摊铺机遇到不平度发生升降时会改变触臂的搭置角度,从而使传感器感知位置的变化。这种方式采用直径为2.0~2.5mm的钢丝绳,200m为一段,立杆间距10m,张紧力需在800~1 000kN之间。工作原理如图6-34所示。

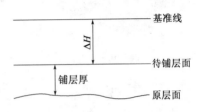

图6-34 原层面,待铺层,基准线之间的高程关系

挂线调平系统是通过控制待铺层面与基准线之间的高程差 ΔH 来控制待铺层面的平整度、厚度和高程等技术指标的。当摊铺机在行进的过程中遇到一个向下凹陷或向上凸起的不平度 ΔH 时,会引起牵引臂相对基准上下运动,纵向传感器通过触臂探测到牵引臂的升降并把信号反馈给调平控制器,控制器根据偏差信号的大小向摊铺机大臂升降油缸的电磁控制阀发出升或降的信号,调整熨平板牵引点的高度,从而使混合料铺层的厚度相应地得到增加或减小,保证铺层的平整度。

(2) 平衡梁调平系统:这种调平基准属于浮动的基准,随着摊铺机的行走,调平基准也在移动。平衡梁由前、后连接梁组成,前后连接梁的结构一致,分别位于摊铺机的前面和后面,在基准面和摊铺面上滑行,如图6-35所示。

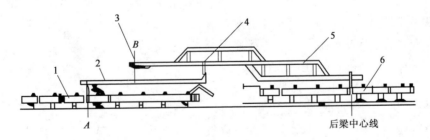

图6-35 平衡梁的结构特点及工作原理
1-前连接梁纵坡基准;2-前连接梁;3-纵向传感器;4-前、后连接梁大臂上的牵引点;5-后连接梁;6-后梁铺层基准

(3) 多声纳非接触式平衡梁(SAS系统)调平系统:由声纳追踪器和控制盒、平衡杆组成。一根平衡杆上装有四个声纳追踪器,声纳追踪器以地面为基准,每个探头每秒发射39次声脉,精确测出距离平均值,再通过传感器指挥机械本身的液压浮动装置来控制升降高度,以达到更好的光滑平整的摊铺效果。工作中声纳追踪器(为一个高程控制传感器)发射高频声脉冲,并测出从物理参照物(如地面)反射回来的回脉之时间,然后发出信号给控制盒,控制盒检测此

信息并控制升降油缸以维护适当的面层厚度,以达到平整的摊铺效果。

(4)激光调平系统:激光调平系统是利用激光扫描器采集一定长度范围内基准面的高低变化,经过过滤、平均,获得采集范围内基准面平均高度作为调平系统的虚拟基准。激光调平系统由数字控制器和激光探测元件构成。数字控制器的安装位置可以根据摊铺机操作手习惯选择。激光探测元件是激光扫描器,它既是激光发射器,也是激光接收器,其安装位置灵活,在高等级路面施工中一般安装在熨平板大臂上,位于螺旋分料器的前方。它可以发射一组多达 150 束密集激光束构成一个激光扫描面,相邻的光束之间相隔 1°,形成 150 个探点,如图 6-36 所示。

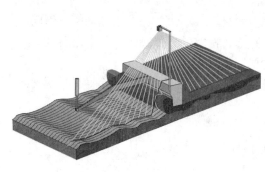

图 6-36　激光纵向扫描示意图

激光调平系统的工作原理(图 6-37):光波接触地面后的反射波 B 进入扫描器内的反射器,子系统测量从发射激光波到接受反射波所经历的时间周期为激光以恒定的速度传播,通过该时间周期可以计算激光波运行的距离,所用时间越长,距离越长。自激光扫描器的数据由 RSS 计算机进行分析处理。位于扫描器下方且在平均线上的点即为控制摊铺机工作的参考点(如图 6-38 所示)。

图 6-37　激光调平系统的工作原理图

激光调平系统最突出的特点是采用激光作为探测距离的介质,由于激光在空气中传播速度恒定不变,不需要对介质的传播速度进行定值检测校正,所以该系统测距精确,计算过程简单,易于保证计算精度,从而使获得的虚拟基准更加准确,受环境因素的影响较小。另外激光扫描器可以发

图 6-38　激光扫描滤波和平均基准选择示意图

射密集的激光束对基准面进行大范围的扫描,并且扫描过程是随摊铺机作业连续进行的,使数字控制系统对基准面的变化具有更早的预知性和更平缓、更稳定的过滤作用,进而获得良好的铺层平整度。

由于扫描长度可调,施工时可以根据现场情况设定扫描长度。例如在平直路段上采用较长的扫描长度可以在更大范围内扫描探测、采集基准面高程数据,并获得更好的长距离平均效果和路面平整度;在横向弯道或纵向坡道上施工时,可以根据弯道和坡道的缓急程度采用相应较短的扫描长度,这样可以准确地跟踪横向超高或纵向高程的连续变化,从而获得连续平整的弯道、坡道、匝道等。

因为系统是通过激光进行扫描,在能见度很低的情况下会严重影响激光的传输,从而影响系统的调平效果。另外系统对摊铺现场管理要求较高,如果在扫描范围内出现过多的杂物或人员流动,会影响到激光的传输而使系统工作不稳定,影响调平精度。

(5)几种找平方式的比较:

挂线调平方式

其特点是结构简单,线性度好,工作温度范围宽,可靠性高,使用寿命长,价格低廉。由于这种找平方式能较为准确地控高程,目前在路面基层稳定材料摊铺时,仍不失为一种有效的找平方式。在面层沥青料摊铺时,由于人为架线误差,支架间距不均,牢固度不易控制,刚线张紧力不足等缺点而影响找平基准精度,加上传感器在基准线上滑动时容易产生振动,系统本身不具备基本的信息过渡功能,既不能较好的保证高程精度,也不能保证较好的平整度。因此在高速公路、一级公路沥青面层施工中已较少采用。

平衡梁调平方式

这是目前沥青面层施工中普遍采用的一种找平方式。由于这种移动式基准的参考范围大,且采样点较多,所以具有高效的滤波功能,可缓慢改变铺层厚度,起到调平作用。这种找平方式较之于挂线调平,沥青面层的摊铺平整度,尤其是摊铺直线路段时的平整度得到了较大的改善。但也有如下不足:结构件过于庞大,难以保管,且运输费用高;黏附现象严重,清理困难;机械损坏率高;需要人工精细保修,工作烦琐;小弯道摊铺时易损坏梁架,且难保证摊铺平整度。

多声纳非接触式平衡梁调平方式

这种找平方式属于非接触式移动基准。它除具备机械式平衡梁的使用性能,还具有如下显著特点:数字控制,精确度高;非接触、无黏结、不必清洁,结构紧凑,使用方便;摊铺机可随意前进、后退,压路机可及时碾压铺层,保证碾压温度和密度;用于匝道、边坡、桥梁及特殊路面的摊铺找平效果及方便性尤为突出;起步、收尾、接缝处理良好。但由于声纳距地较近(50cm),挥发物易凝附于声纳发射上面和摊铺混合料上方的空气温度的变化,都会影响声纳传感器正常工作情况。

激光调平方式

由于激光调平方式使用了大范围的多点测量和计算机信息处理技术,使平均过滤功能更为明显。而且激光调平方式的无效物体识别功能彻底消除了找平调节油缸的误动作,因此其摊铺质量较之于以往各种找平方式具有更好的效果。

激光调平方式的测量长度通常为16m,当测量长度调到30m时,其测量精度会进一步提高。扫描长度和测量点的可设定,使得摊铺机在小弯道施工和桥面铺装等复杂工况作业时,摊铺更为方便,精度更易掌握,适应范围更为广泛。

三、沥青混合料摊铺机摊铺作业

1. 作业参数的确定

(1)摊铺宽度:公路路面的宽度往往超过摊铺机熨平板的标准宽度和加长后的总宽度,需要多次摊铺才能沿横断面铺满。为了减少摊铺次数,每一条摊铺带的宽度应按某型摊铺机的最大摊铺宽度来考虑。但是要避免最后剩一条很窄的地带,使摊铺机无法作业。

某宽度为 B 的路面所需纵向摊铺的次数(摊铺带的条数) n 可按下式计算：

$$n = \frac{B - x}{b - x} \qquad (6\text{-}9)$$

式中：B——路面宽度，m；
　　　b——摊铺机熨平板的总长度，m；
　　　x——相邻摊铺带的重叠量，$0.05 \sim 0.1$m。

式(6-9)的含意是：路面的宽度应为摊铺机的摊铺宽度减去重叠量后的整数倍。若 n 值不能为整数时，则应使最后一条摊铺带的宽度等于该摊铺机的标准摊铺宽度。使每一条摊铺带尽可能地宽，减少路面的纵向接缝，提高路面的铺筑质量，这是确定摊铺宽度时应遵循的原则之一。

(2)摊铺厚度：摊铺厚度应为设计厚度乘以松铺系数，沥青混合料的松铺系数通过试铺碾压确定，也可按沥青混凝土混合料为 $1.15 \sim 1.35$、沥青碎石混合料为 $1.15 \sim 1.30$ 取值，细粒式沥青混合料取上限，粗粒式混合料取下限。

(3)摊铺速度：为保证摊铺层符合密实度、平整度的要求，摊铺机应以恒速进行摊铺作业。合理的摊铺速度可根据沥青混合料的供给能力和摊铺宽度确定。

2.结构参数的调整

(1)熨平板工作长度：熨平板工作长度是根据摊铺带宽度进行调节的，其调节方法随熨平板延伸方式不同而异。液压伸缩式熨平板采用液压伸缩、无级调节；机械加长式熨平板采用机械固定方法分段接长调节。

(2)熨平板拱度：熨平板拱度的调整，须在其工作长度调整后进行。拱度值必须与道路横断面结构形状及施工工艺要求相符。

(3)熨平板工作仰角：熨平板的工作仰角由机型、铺层厚度、混合料种类和温度等因素决定，摊铺机使用说明中均有规定。

(4)熨平板前缘与分料螺旋叶片距离：沥青混合料摊铺机的熨平板与分料螺旋叶片之间的距离是可调的，其目的是为了适应不同摊铺厚度、基层强度、混合料油石比、集料粒径及其级配、混合料温度等变化时，需要调整的要求。

调整这一距离的原则是：摊铺厚度在 100mm 以下、中粒式或粗粒式混合料、集料最大粒径 75mm、混合料温度正常时，距离应适中；摊铺厚度大、集料粒径大、混合料温度较低时，此距离应加大；摊铺稳定土等软质材料、摊铺厚度较小、混合料粒径较小时，此距离应缩小。

(5)分料螺旋叶片离地高度：目前有些沥青混合料摊铺机的分料螺旋叶片的离地高度可以调整，以适应不同摊铺厚度的需要，即较大的离地高度用于厚层摊铺；较小的离地高度，用于薄层摊铺。螺旋叶片离地高度的调整范围，通常在 $0 \sim 300$mm 之间。

(6)振捣器的振捣频率及行程：振捣器振捣频率的调整，通常是大行程时采用低频，小行程时采用高频。调整时由低到高逐步增加。摊铺面层时每前进 5mm，振捣次数不得少于 1 次，并随时检测摊铺层的密实度。

振捣器的振捣行程调整分为有级调整和无级调整两种，调整范围一般在 $4 \sim 12$mm 之间。摊铺集料的粒径较大时使用大行程，反之则使用小行程。

(7)熨平板前刮料板的高度：熨平板前刮料板的离地高度，要根据摊铺层厚度和沥青混合料集料粒径大小进行调整。因为刮料板高度不同，使熨平板前面的沥青混合料数量不同，沥青混合料对熨平板工作面(底平面)的抬升力不同，熨平板工作仰角的变化将影响摊铺厚度和平整度,所以刮料板的高度要调整得当。

刮料板高度调整的要求是:薄层摊铺时刮料板刃部高出熨平板底平面 130~150mm 为宜,对液压伸缩熨平板,因系统刚度较小,上述数值应适当减小;摊铺厚度增加或沥青混合料集料的粒径较大时,此值应适当加大,反之此值应适当减小。调整后应保证刮料板底刃与熨平板底面平行。

3. 技术使用

(1)供料机构:沥青混合料摊铺机供料机构中的刮板输送器和螺旋分料器,两者在工作中应相互密切配合,即使用时应使两者的工作速度匹配恰当。在确定了它们的工作速度后,还要力求保持其匀速性。这是影响铺层质量密实度、平整度的一项因素。

刮板输送器的工作速度及斗门的开启度共同决定了混合料向布料槽的供料量。而刮板输送器的工作速度及斗门的开启度的控制方式因供料系统驱动方式不同而有所区别。对于机械式驱动的供料系统,通常刮板输送器的运转速度确定后不再变动,因此向布料槽的供料量基本上依靠斗门的开启度来调节。

在摊铺作业过程中,应始终保持布料槽内的材料数量处于螺旋直径的 2/3 位置。当通道内的材料过多或过少时,将会引起左右料位的上下运动,通过比例料位传感器发出不同的电信号,经放大后调节变量液压泵的电控系统,使供给液压马达的油量发生变化,以从而达到改变螺旋摊铺器和刮板输送器转速的目的,并最终使供料系统能始终处于初始设定的供料状态,以满足均匀、稳定供料的全自动要求。

(2)熨平板的加热:熨平板的预热与保温,是保证沥青混合料摊铺质量的措施之一。其目的是减少熨平板及其附件与沥青混合料的温差,以防止沥青混合料黏附在熨平板底面上而影响铺层表面质量。熨平板的预热在摊铺前进行,保温在摊铺暂时中断时进行。熨平板预热和保温时应注意以下几点:

①应将熨平板放置在现场平整地面上进行加热,尤其是摊铺宽度加长时。

②要掌握预热和保温时间,使熨平板温度接近沥青混合料的温度。要防止熨平板过热变形,尤其是用气体或液体燃料时要掌握火焰的大小,采用间歇燃烧、多次加热法,或靠自身导热,或靠热风循环进行交替加热,每次加热时间不大于10min。

③摊铺过程中若暂时中断的时间较短,可借助于刚摊铺的热铺层进行保温,此时应将熨平板提升液压缸锁死,避免熨平板下沉;若采用火焰保温,应尽量减小火焰强度。

④预热后的熨平板在作业时,若铺层出现少量沥青胶浆且有拉沟现象时,说明熨平板已过热,此时应让熨平板冷却片刻,然后再继续摊铺。

⑤使用燃气或燃油加热熨平板时要注意防火安全。

(3)自动调平装置的使用:

常用的摊铺基准的选择方法与放样

自动调平摊铺机的控制系统是根据检测到的偏差信号来进行工作的,要使熨平板稳定可靠地工作,必须有一个准确的基准。目前,在高速公路建设施工中常用的两种基准即固定弦线基准和移动式平均梁基准。

固定弦线基准:张紧绳是使用最普遍的(绝对)基准。在路基或底基层的不平度波长大于 5~6m,又不适于使用其他基准方法时,必须使用张紧绳作基准。张紧绳敷设方法如图 6-39 所示。

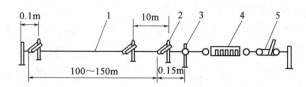

图 6-39 张紧绳敷设
1-张紧绳;2-桩柱;3-标柱;4-弹簧秤;5-张紧器

移动式平均梁基准:目前应用的平均基准梁长 16.8m,通过弹簧支承在滑靴上,可以上下浮动,它分两部分跨越摊铺机前后,通过前部浮动梁和后部浮动梁将原有的路面纵坡和新铺路面的平均高程结合在一起,基准梁下部的浮动滑靴对小波浪有滤波作用,长梁对大波浪可平滑过渡。施工过程中,避免了固定弦线基准的折线和人为误差影响,能较理想地满足路面平整度指标的要求。

一次摊铺路面宽度在 8~12m 的沥青路面施工,应在摊铺机两侧安装两个浮动基准梁,采用两侧控制;一次摊铺宽度在 8m 以下的沥青路面施工,可采用单侧浮动基准梁,另一侧高程采用横坡控制。采用两侧控制高程时,基准梁安装应对称,距摊铺机侧面距离一般为 90~120cm,浮动基准梁与摊铺机的连接安全可靠,各转动、浮动部分润滑应良好,前后基准梁应呈一条直线,浮动滑靴应清洁、无污物。摊铺机起步时,后面基准梁滑靴子下应垫适当的垫板,保证摊铺机起步后自动调平系统正常工作。初次摊铺的垫板厚度等于虚铺层厚度,与冷铺层连接的摊铺垫板厚度等于虚铺层厚度与铺层厚度的差,垫板的长度不小于基准梁长度,垫板应平直不变形,保证良好过渡。

纵向及横向控制装置的选用

摊铺宽度大于 8m 时应采用双侧高度控制装置,以防止熨平板结构刚度降低、产生变形而引起控制系统精度降低;摊铺宽度小于 8m 时,高度控制装置和横坡控制装置联合工作。

对于多层结构路面,第一层和第二层摊铺时应单侧或双侧敷设张紧绳。表层摊铺时可不用自动调平装置,使摊铺机在平整度良好的铺层上,充分发挥其自调平功能,并可避免基准架设误差和自动调平装置允许范围内误差的发生。

弯道摊铺宽度大于 8m 时,应使用双侧高度控制系统,减少厚度增量的发生。但由于此时的基准线只能是多段折线,有造成跟踪精度降低的可能性,所以在弯道摊铺宽度小于 8m 时,仍采用纵向和横向传感器同时工作为好,但应由专人操纵坡度给定器,将设计横坡值边连续输入控制系统,这样可获得圆滑而无增量的曲线路段。

自动调平装置的使用与调整

纵向及横向传感器的安装位置应尽量靠近牵引长度的终端,采用张紧绳做基准时应将纵向传感器的栅臂以 45°角搭靠在张紧绳上,并接通电源,对传感器预热 10min。

检查、调整纵向及横向传感器的"死区"(牵引臂锁销置于工作位置),横向传感器"死区"通常为 ±0.2%~±0.02%(按摊铺机使用说明书规定调整值),纵向传感器"死区"调整到栅臂端头动作上下 1.5~0.5mm(按摊铺机使用说明书规定值调整),液压缸尚未工作为宜(液压缸工作指示灯不亮),然后把传感器调整到中立位置,合上传感器开关。新摊铺机出厂时纵向及横向传感器"死区"范围已调整好,只需检查其是否与规定值相符。

在自动调平装置不工作的情况下,进行 15~20m 距离的试摊铺,并检查、调整下列项目:

摊铺厚度是否符合规范要求;传感器是否仍处于中立位置(其工作指示灯不亮);左右牵

引臂铰接点高度是否一致;液压缸行程是否处于中间位置。

随后将纵向及横向传感器的工作开关扳到"工作"位置,即自动调平装置开始工作。在摊铺过程中应注意观察并按使用说明书规定,校对牵引点的升降速度。

摊铺机停止作业时应先断开自动调平系统开关使调平液压缸处于静止位置。

四、沥青混合料摊铺机生产率计算

沥青混合料摊铺机(图6-40)的生产率以每小时摊铺的沥青混合料重量来计算:

$$Q = pbvh \tag{6-10}$$

式中：Q——摊铺机生产率,t/h;

b——摊铺带的宽度,m;

h——摊铺层的厚度,m;

v——摊铺机的行驶速度,m/h;

p——沥青混合料的密度,kg/m³。

图6-40 沥青混合料摊铺机外貌与使用
a)履带式摊铺机;b)轮胎式摊铺机;c)沥青混合料摊铺作业

第五节 沥青路面机械化施工前准备工作

一、材料的准备

1. 粗集料

粗集料为经加工(破碎、筛分)而成的、具有足够强度和耐磨性的、粒径大于2.36mm的碎石、破碎砾石、筛选砾石、矿渣等集料。粗集料应该洁净、干燥、无风化、无杂质,有良好的颗粒形状,应由具有生产许可证的采石场生产,破碎砾石应采用粒径大于50mm的颗粒轧制。

粗集料的粒径规格,按现行《公路沥青路面施工技术规范》规定选用,当粗集料不符合规格要求,经确认与其他材料配合后的级配符合沥青面层的矿料使用要求时,也可使用。

路面抗滑表层粗集料,应选用坚硬、耐磨、抗冲击性好的碎石或破碎砾石,不得使用筛选砾石、矿渣及软质集料。筛选砾石仅适用于三级及三级以下公路的沥青表面处治或拌和法施工的沥青面层的下面层,不得用于贯入式路面及拌和法施工的沥青面层的中、上面层。

酸性岩石的石料,用于高速公路、一级公路和城市快速路、主干路时,宜用针入度较小的沥青。为保证与沥青的黏附性,宜采用抗剥离措施,其方法如下:

(1)用干燥的磨细消解石灰或生石灰粉、水泥作为填料的一部分,其用量宜为矿料总量的1%~2%。

(2)在沥青中掺加抗剥离剂。

(3)将粗集料用石灰浆处理后使用。

粗集料质量应符合现行《公路沥青路面施工技术规范》规定。用于高速公路、一级公路和城市主干路沥青路面表面层及各类道路抗滑表层的粗集料应符合石料磨光值的要求。允许在硬质粗集料中掺和部分较小粒径磨光值达不到的粗集料,其最大掺和比例由磨光值试验定。

在粗集料的生产中,宜采用锤式或反击式等破碎机进行石料加工,形成有棱角的块状立方体,减小针片状含量,增加料间的挤嵌力。

2. 细集料

细集料为天然形成或经加工而成的粒径小于2.36mm的天然砂、机制砂及石屑等集料,要求洁净、干燥、无风化、无杂质,并有适当的颗粒组成,其规格应符合现行《公路沥青路面施工技术规范》规定要求。

细集料应与沥青有良好的黏结能力。黏结性能差的天然砂及用花岗岩、石英岩等酸性石料破碎的机制砂或石屑不宜用于高速公路、一级公路和城市快速路、主干路沥青面层。必须使用时,需采取抗剥离措施。

应采用优质天然砂和人工机制砂配制沥青混合料,缺砂地区,也可采用石屑。石屑规格须符合现行《公路沥青路面施工技术规范》要求。

3. 填料

填料是在沥青混合料中起填充作用的矿物质粉末。沥青混合料的填料宜采用石灰岩或岩浆岩中的强基岩石等憎水性石料经磨细得到,要求洁净、干燥、质量符合规定。当采用水泥、石灰、粉煤灰作填料时,用量须符合现行《公路沥青路面施工技术规范》规定。沥青混合料搅拌站采用袋式除尘的粉尘可作为矿粉的一部分回收使用,但每缸回收粉尘用量不得超过填料总量的25%,掺有粉尘的填料塑性指数不得大于4%,其余质量要求与矿粉相同。

4. 道路石油沥青

道路石油沥青适合于各级、各类沥青路面。在选用沥青时,应符合现行《公路沥青路面施工技术规范》中的相关规定。

沥青面层所用的沥青标号,应根据地区气候条件、施工季节气温、路面类型、沥青种类等规定选用。

5. 乳化石油沥青

乳化石油沥青为石油沥青与水在乳化剂、稳定剂的作用下经乳化加工制得的均匀的沥青产品。按其使用方法分为喷洒型(用 P 表示)及拌和型(用 B 表示)乳化沥青两大类。

乳化沥青适用于沥青表面处治路面、沥青贯入式路面、常温沥青混合料路面,以及透层、黏层与封层。应根据使用目的、矿料种类、气候条件选择乳化沥青类型。

6. 液体石油沥青

液体石油沥青为用汽油、煤油、柴油等溶剂将石油沥青稀释而成的沥青产品,也称轻制沥青或稀释沥青。适用于透层、黏层及拌制常温沥青混合料。

7. 煤沥青

煤沥青为由煤干馏得到的煤焦油再经蒸馏加工制成的沥青。适用于透层、黏层,也可用于三级及三级以下的公路和城市次干道路的道路铺筑沥青面层。热拌沥青混合料路面的表面层不宜采用煤沥青。

煤沥青的标号根据用途不同可按现行《公路沥青路面施工技术规范》规定选用。

二、施工机械检查

沥青路面施工前对各种施工机具应做全面检查,并应符合下列要求:

(1)沥青洒布机:应检查油泵系统、洒油管道、量油表、保温设备等有无故障,并将一定数量沥青装入油罐,在路上先试洒、校核其洒油量。

(2)沥青混合料搅拌设备与运输设备:拌和设备在开始运转前要进行一次全面检查,注意联结的紧固情况,检查搅拌器内有无积存余料,冷料运输机是否运转正常,仔细检查沥青管道各个接头,严禁吸沥青管有漏气现象,注意检查电气系统。对于机械传动部分,还要检查传动链的张紧度。检查运输车辆是否符合要求,保温设施是否齐全。

(3)沥青混合料摊铺机:应检查其规格和主要机械性能,如振捣板、振动器、熨平板、螺旋摊铺器、离合器、刮板输送器、料斗闸门、振捣熨平系统、自动找平装置等是否正常。

(4)压实设备:应检查各压路机规格和主要机械性能(如转向、启动、振动、倒退、停驶等方面的能力)及振动轮表面的磨损情况,振动轮表面如有凹陷或坑槽不得使用。

三、铺筑试验路段

高速公路、一、二级公路在施工前应铺筑试验段,铺筑试验段是公路施工与管理不可缺少的步骤与内容。其他等级公路在缺乏施工经验或初次使用重大设备时,也应铺筑试验段。当同一施工单位在材料、机械设备及施工方法与其他工程完全相同时,经主管部门批准,也可利用其他工程的结果,不再铺筑新的试验路段。

试验段的长度应根据试验目的确定,宜为 100~200m,太短了不便施工,得不出稳定的数据。试验段宜在直线段上铺筑。如在其他道路上铺筑时,路面结构等条件应相同。路面各层的试验可安排在不同的试验段。

热拌沥青混合料路面试验段铺筑分试拌及试铺两个阶段,应包括下列试验内容:

(1)根据沥青路面各种施工机械相匹配的原则,确定合理的施工机械、机械数量及组合方式。

(2)通过试拌确定搅拌机的上料速度、搅拌数量与时间、搅拌温度等操作工艺。
(3)通过试铺确定以下各项：
①透层沥青的标号与用量、喷洒方式、喷洒温度；
②摊铺机的摊铺温度、摊铺速度、摊铺宽度、自动找平方式等操作工艺；
③压路机的压实顺序、碾压温度、碾压速度及碾压遍数等压实工艺；
④确定松铺系数、接缝方法等。
(4)验证沥青混合料配合比设计结果，提出生产用的矿料配比和沥青用量。
(5)建立用钻孔法及核子密度仪法测定密实度的对比关系。确定沥青混凝土或沥青碎石面层的压实标准密度。
(6)确定施工产量及作业段的长度，制订施工进度计划。
(7)全面检查材料及施工质量。
(8)确定施工组织及管理体系、人员、通讯联络及指挥方式。

在试验段的铺筑过程中，施工单位应认真做好记录，监理工程师或工程质量监督部门应监督、检查试验段的施工质量，及时与施工单位商定有关结果。铺筑结束后，施工单位应就各项试验内容提出试验总结报告，并取得主管部门的批复，作为施工依据。

第六节　层铺法沥青路面施工作业

一、沥青表面处治路面

沥青表面处治是用沥青和细粒料按层铺或拌和方法施工的厚度不超过3cm的薄层路面面层。由于处治层很薄，一般不起提高强度作用，其主要作用是抵抗行车的磨耗和大气作用，增强防水性，提高平整度，改善路面的行车条件。

沥青表面处治通常采用层铺法施工。按照洒布沥青及铺洒矿料的层次多少，沥青表面处治可分为单层式、双层式和三层式三种。

单层式为洒布一次沥青，铺撒一次矿料，厚度为1.0~1.5cm，一般用作交通量300~500辆/昼夜的道路面层和原沥青路面的防滑层。双层式为洒布二次沥青，铺撒二次矿料，厚度为2.0~2.5cm，一般用作交通量500~1000辆/昼夜的道路面层和损坏较轻的沥青面层加固(或改善和恢复已老化的沥青面层)。三层式为洒布三次沥青，铺撒三次矿料，厚度为2.5~3.0cm，一般用作交通量1000~2000辆/昼夜的道路面层。

1. 施工工序及要求

层铺法沥青表面处治施工，有先油后料和先料后油两种方法，其中以前者使用较多，现以三层式为例说明其工艺程序。

三层式沥青表面处治路面施工程序为：

备料→清扫基层、放样和安装路缘石→浇洒透层沥青→洒布第一次沥青→撒铺第一次矿料→碾压→洒布第二层沥青→铺撒第二层矿料→碾压→洒布第三层沥青→铺撒第三层矿料→碾压→初期养护。

单层式和双层式沥青表面处治的施工程序与三层式相同，仅需相应地减少两次或一次洒布沥青、铺撒矿料与碾压工序。

(1)清扫基层:在表面处治层施工前,应将路面基层清扫干净,使基层矿料大部分外露,并保持干燥。对有坑槽、不平整的路段应先修补和整平,若基层整体强度不足,则应先予补强。

(2)浇洒透层沥青:透层是为使沥青面层与非沥青材料基层结合良好,在基层上浇洒乳化沥青、煤沥青或液体沥青而形成透入基层表面的薄层。沥青路面的级配砂砾、级配碎石基层及水泥、石灰、粉煤灰等无机结合料稳定土或粒料的半刚性基层上必须浇洒透层沥青。

透层应紧接在基层施工结束表面稍干后浇洒。当基层完工后时间较长,表面过分干燥时,应在基层表面少量洒水,并待表面稍干后浇洒透层沥青。透层沥青应采用沥青洒布车喷洒。

在无机结合料稳定半刚性基层上浇洒透层沥青后,应立即撒布用量为 $2\sim3m^3/km^2$ 的石屑或粗砂。在无结合料粒料基层上浇洒透层沥青后,当不能及时铺筑面层,并需开放施工车辆通行时,也应撒铺适量的石屑或粗砂,此种情况下,透层沥青用量宜增加 10%。撒布石屑或粗砂后,应用 6~8t 钢轮式压路机稳压一遍。

透层洒布后应尽早铺筑沥青面层。

(3)洒布第一次沥青:在透层沥青充分渗透后,或在已做透层并已开放交通的基层清扫后,即可洒布第一次沥青。沥青的洒布温度根据施工气温及沥青标号选择。

沥青洒布的长度应与矿料铺撒相配合,应避免沥青洒布后等待较长时间才铺撒矿料。

如需分两幅洒布时,应保证接茬搭接良好,纵向搭接宽度宜为 10~15cm。洒布第二次、第三次沥青,搭接缝应错开。

(4)铺撒第一次矿料:洒布第一次沥青后(不必等全段洒完),应立即铺撒第一次矿料。其数量按规定一次撒足。局部缺料或过多处,用人工适当找补,或将多余矿料扫出。两幅搭接处,第一幅洒布沥青后应暂留 10~15cm 宽度不撒矿料,待第二幅洒布沥青后一起铺撒矿料。

无论机械或人工铺撒矿料,撒料后应及时扫匀,普遍覆盖一层,厚度一致,不应露出沥青。

(5)碾压:铺撒一段矿料后(不必等全段铺完),应立即用 6~8t 钢轮双轮压路机或轮胎压路机碾压。

碾压时应从路边逐渐移至路中心,然后再从另一边开始压向路中心。每次轮迹重叠宽度宜为 30cm,碾压 3~4 遍。压路机行驶速度开始不宜超过 2km/h,以后可适当增加。

(6)第二层、第三层施工:第二层、第三层的施工方法和要求与第一层相同。但可采用 8~10t 压路机压实。

沥青表面处治所用材料应按规范相关规定选用,所用集料最大粒径应与处治层的厚度相等,其规格和用量宜按表 6-1 选用。沥青表面处治施工后,应在路侧另备 S12(5~10mm)碎石或 S14(3~5mm)石屑、粗砂或小砾石,其数量按 $(2\sim3)m^3/1000m^2$ 作为初期养护用料。

(7)初期养护:除乳化沥青表面处治应待破乳后水分蒸发并基本成形后方可通车外,其他处治碾压结束后即可开放交通。通车初期应设专人指挥交通或设置障碍物控制行车,使路面全部宽度获得均匀压实。成形前应限制行车速度不超过 20km/h。

在通车初期,如有泛油现象,应在泛油地点补撒与最后一层矿料规格相同的养护料并仔细扫匀。过多的浮动矿料应扫出路面外,以免搓动其他已经黏着的矿料。

2. 施工要求

沥青表面处治施工时,应符合:沥青表面处治宜选择在一年中干燥和较炎热的季节施工,并宜在日最高温度低于15℃到来以前半个月结束;各工序必须紧密衔接,不得脱节,每个作业段长度应根据压路机数量、洒油设备等来确定,当天施工的路段应当天完成,以免产生因沥青冷却而不能裹覆矿料和尘土污染矿料等不良后果;除阳离子乳化沥青外不得在潮湿的矿料或基层上洒油。当施工中遇雨时,应待矿料晾干后才能继续施工。

二、沥青贯入式路面

沥青贯入式路面是在初步碾压的矿料(碎石或破碎砾石)上,分层洒布沥青,撒布嵌缝料,或再在上部铺筑热拌沥青混合料层,经压实而成的沥青路面,其厚度一般为4～8cm(乳化沥青贯入式路面厚度应小于5cm)。适用于二级及二级以下道路的面层,也可作为沥青混凝土路面的联结层。

沥青贯入式路面具有较高的强度和稳定性,其强度的构成,主要依靠矿料的嵌挤作用和沥青材料的黏结力。由于沥青贯入式路面是一种多孔隙结构,为了防止路表水的浸入和增强路段的水稳定性,其面层的最上层必须加铺拌和层或封层(沥青贯入式作为基层或联结层时,可不做此封层),同时,做好路肩排水,使雨水能及时排除出路面结构。

1. 施工程序及要求

沥青贯入式面层的施工程序为:

备料→放样和安装路缘石→清扫基层→浇洒透层或黏层沥青→铺撒主层集料→第一次碾压→洒布第一次沥青→铺撒第一次嵌缝料→第二次碾压→洒布第二次沥青→铺撒第二次嵌缝料→第三次碾压→洒布第三次沥青→铺撒封面集料→最后碾压→初期养护→封层。

其中:备料、放样和安装路缘石、清扫基层、初期养护等工序与沥青表面处治路面相同,这里就其余工序分述如下。

(1)浇洒透层或黏层沥青:浇洒透层沥青前面已经介绍,这里介绍黏层沥青。黏层是使新铺沥青面层与下层表面黏结良好而浇洒的一种沥青薄层,黏层沥青宜用沥青洒布车喷洒,喷洒黏层沥青应注意:

①要均匀洒布。

②路面有杂物、尘土时应清除干净。当有沾黏的土块时,应用水刷净,待表面干燥后浇洒。

③当气温低于10℃或路面潮湿时,不得浇洒黏层沥青。

④浇洒黏层沥青后,严禁除沥青混合料运输车外的其他车辆、行人通过。

(2)铺撒主层集料:摊铺集料应避免大、小颗粒集中,并应检查其松铺厚度。应严禁车辆在铺好的矿料层上通行。

(3)第一次碾压:主层矿料摊铺后应先用6～8 t的钢轮压路机进行初压,速度宜为2km/h,碾压自路边线逐渐移向路中心,每次轮迹重叠值为30cm,接着应从另一侧以同样方法压至路中心。碾压一遍后检验路拱和纵向坡高,当不符合要求时应找平再压,直至石料基本稳定,无显著推移为止。然后应用10～12t压路机(厚度大的贯入式路面可用12～15t压路机)进行碾压,每次轮迹应重叠1/2以上,碾压4～6遍,直至主层矿料嵌挤紧密,无显著轮迹为止。

(4)洒布第一次沥青:主层矿料碾压完毕后,即应洒布第一次沥青。其作业要求与沥青表面处治相同。

(5)铺撒第一次嵌缝料:主层沥青洒布后,应立即趁热铺撒第一次嵌缝料,铺撒应均匀,铺撒后应立即扫匀,个别不足处应找补。当使用乳化沥青时,石料撒布必须在乳液破乳前完成。

(6)第二次碾压:嵌缝料扫匀后应立即用 8～12t 钢轮压路机进行碾压,轮迹重叠 1/2 左右,随压随扫,使嵌缝料均匀嵌入,宜碾压 4～6 遍,如因气温高,在碾压过程中发生蠕动现象时,应立即停止碾压,待气温稍低时再继续碾压。

碾压密实后,可洒布第二次沥青,铺撒第二次嵌缝料,第三次碾压,洒布第三次沥青,铺撒封层料,最后碾压,施工要求同上。最后碾压采用 6～8t 钢轮压路机,碾压 2～4 遍即可开放交通。

如果沥青贯入式路面表面不撒布封层料,加铺沥青混合料拌和层时,应紧跟贯入层施工,使上下成为整体。贯入部分采用乳化沥青时,应待其破乳、水分蒸发且成形稳定后方可铺筑拌和层。当拌和层与贯入部分不能连续施工,又要在短期内通行施工车辆时,贯入层与贯入部分的第二遍嵌缝料应增加用量 2～3 m^3/km^2。在摊铺拌和层沥青混合料前,应清除贯入层表面的杂物、尘土以及浮动石料,再补充碾压一遍,并应浇洒黏层沥青。

沥青贯入式路面的集料应选择有棱角、嵌挤性好的坚硬石料,其规格和用量宜根据贯入层厚度按表 6-4 或表 6-5 选用。道路石油沥青、煤沥青或乳化沥青,用量应按表 6-4 或表 6-5 选用。

沥青贯入式路面材料规格和用量(单位:集料 $m^3/1\,000m^2$;沥青及沥青乳液 kg/m^2) 表 6-4

沥青品种	石油沥青					
厚度(cm)	4		5		6	
规格和用量	规格	用量	规格	用量	规格	用量
封层料	S14	3～5	S14	3～5	S13(S14)	4～6
第三遍沥青		1.0～1.2		1.0～1.2		1.0～1.2
第二遍嵌缝料	S12	6～7	S11(S10)	10～12	S11(S10)	10～12
第二遍沥青		1.6～1.8		1.8～2.0		2.0～2.2
第一遍嵌缝料	S10(S9)	12～14	S8	16～18	S8(S6)	16～18
第一遍沥青		1.8～2.1		2.4～2.6		2.8～3.0
主层石料	S5	45～50	S4	55～60	S3(S4)	66～76
沥青总用量	4.4～5.1		5.2～5.8		5.8～6.4	

沥青品种	石油沥青				乳化沥青			
厚度(cm)	7		8		4		5	
规格和用量	规格	用量	规格	用量	规格	用量	规格	用量
封层料	S13(S14)	4～6	S13(S14)	4～6	S13(S14)	4～6	S14	4～6
第五遍沥青								0.8～1.0
第四遍嵌缝料							S14	5～6
第四遍沥青					S14	0.8～1.0		1.2～1.4
第三遍嵌缝料						5～6	S12	7～9
第三遍沥青		1.0～1.2		1.0～1.2	S12	1.4～1.6		1.5～1.7
第二遍嵌缝料	S10(S11)	11～13	S10(S11)	11～13		7～8	S10	9～11
第二遍沥青		2.4～2.6		2.6～2.8	S9	1.6～1.8		1.6～1.8
第一遍嵌缝料		18～20	S6(S8)	20～22		12～14	S8	10～12
第一遍沥青	S6(S8)	3.3～3.5		4.0～4.2	S5	2.2～2.4		2.6～2.8
主层石料	S3	80～90	S1(S2)	95～100		40～45	S4	50～55
沥青总用量	6.7～7.3		7.6～8.2		6.0～6.8		7.4～8.5	

注:1.煤沥青贯入式的沥青用量可较石油沥青用量增加 15%～20%。
　　2.表中乳化沥青是指乳液的用量,并适用于乳液浓度约为 60% 的情况,如果浓度不同,用量应予换算。
　　3.在高寒地区及干旱风沙大的地区,可超出高限,再增加 5%～10%。

上拌下贯式路面的材料规格和用量（单位：集料 $m^3/1000m^2$，沥青及沥青乳液 kg/m^2） 表6-5

沥青品种	石油沥青					
厚度(cm)	4		5		6	
规格和用量	规格	用量	规格	用量	规格	用量
第二遍嵌缝料	S12	5~6	S12(S11)	7~9	S12(S11)	7~9
第二遍沥青		1.4~1.6		1.6~1.8		1.6~1.8
第一遍嵌缝料	S10(S9)	12~14	S8	16~18	S8(S7)	16~18
第一遍沥青		2.0~2.3		2.6~2.8		3.2~3.4
主层石料	S5	45~50	S4	55~60	S3(S2)	66~76
沥青总用量		3.4~3.9		4.2~4.6		4.8~5.2
沥青品种	石油沥青		乳化沥青			
厚度(cm)	7		5		6	
规格和用量	规格	用量	规格	用量	规格	用量
第四遍嵌缝料					S14	4~6
第四遍沥青						1.3~1.5
第三遍嵌缝料			S14	4~6	S12	8~10
第三遍沥青				1.4~1.6		1.4~1.6
第二遍嵌缝料	S10(S11)	8~10	S12	9~10	S9	8~12
第二遍沥青		1.7~1.9		1.8~2.0		1.5~1.7
第一遍嵌缝料	S6(S8)	18~20	S8	15~17	S6	24~26
第一遍沥青		4.0~4.2		2.5~2.7		2.4~2.6
主层石料	S2(S3)	80~90	S4	50~55	S3	50~55
沥青总用量		5.7~6.1		5.9~6.2		6.7~7.2

注：1. 煤沥青贯入式的沥青用量可较石油沥青用量增加15%~20%。
2. 表中乳化沥青是指乳液的用量，并适用于乳液浓度约为60%的情况。
3. 在高寒地区及干旱风沙大的地区，可超出高限，再增加5%~10%。
4. 表面加铺拌和层部分的材料规格及沥青（或乳化沥青）用量按热拌沥青混合料（或乳化沥青碎石混合料路面）的有关规定执行。

2. 施工要求

对沥青贯入式路面施工要求与沥青表面处治基本相同。适度的碾压在贯入式路面施工中极为重要。碾压不足会影响矿料嵌挤稳定，且易使沥青流失，形成层次，上、下部沥青分布不均。但过度的碾压，则易于压碎矿料，破坏嵌挤原则，使空隙减少，沥青难以下渗，造成泛油现象。因此，应根据矿料的等级、沥青材料的标号、施工气温等因素来确定各次碾压所使用的压路机质量和碾压遍数。

沥青贯入式作面层时，应铺上封层（在沥青面层以上修筑的一个薄层）；沥青贯入式作沥青混凝土路面的联结层或基层时，应铺下封层（在基层上修筑的一个薄层）。

三、沥青表面处治与沥青贯入式施工作业

沥青表面处治与沥青贯入式路面施工作业所用的机械与设备主要是沥青洒布机、平地机

或碎石(石屑)铺撒机,以及沥青罐车和压路机等。由于使用的机械单一,因此可以采用机械化流水作业法施工,如图6-41、图6-42所示。

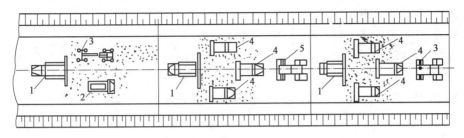

图6-41 沥青表面处治与沥青贯入式机械化施工顺序图
1-沥青洒布车;2-自卸车;3-平地机;4-石屑铺撒机;5-压路机

图6-42 机械化施工顺序图
a)洒布沥青;b)撒布集料;c)撒布集料(局部);d)碾压

四、封层施工作业

封层是指在路面上或基层上修筑的一个沥青表面处治薄层,其作用是封闭表面空隙、防止水分浸入面层(或基层)、延缓面层老化、改善路面外观等。封层分为上封层和下封层两种。上封层适用于在空隙较大的沥青面层上存在裂缝或已进行填缝及修补后的旧沥青路面上;下封层适用于多雨地区采用空隙较大的沥青面层的基层上,在铺筑基层后,因推迟修筑沥青面层,且须维持一段时间交通(2~3个月)时。

1. 上封层

根据情况可选择乳化沥青稀浆封层、微表处、改性沥青集料封层、薄层磨耗层或其他适宜的材料,作为上封层材料。

应根据使用目的、路面的破损程度选用上封层类型。

对二级及二级以下公路的旧沥青路面可以采用普通的乳化沥青稀浆封层,也可在喷洒道路石油沥青后撒布石屑(砂)后碾压作封层;对高速公路、一级公路有轻微损坏的宜铺筑微表处;对用于改善抗滑性能的上封层可采用稀浆封层、微表处或改性沥青集料封层。

铺设上封层的下承层必须彻底清扫干净,对车辙、坑槽、裂缝进行处理或挖补。

2. 下封层

多雨潮湿地区的高速公路、一级公路的沥青面层空隙率较大,有严重渗水可能,或铺筑基层不能及时铺筑沥青面层而需通行车辆时,宜在喷洒透层油后铺筑下封层。下封层宜采用层铺法表面处治或稀浆封层法施工。

以层铺法沥青表面处治铺筑下封层时,通常采用单层式;稀浆封层可采用乳化沥青或改性乳他沥青作结合料。下封层的厚度不宜小于6mm,且应完全密水。

3. 稀浆封层和微表处

稀浆封层一般用于新建公路的下封层,微表处适用于新建公路的抗滑磨耗层。稀浆封层和微表处必须使用专用的摊铺机进行摊铺(图6-43、图6-44)。

图6-43 稀浆封层施工

图6-44 微表处施工

施工时应注意以下事项:

(1)材料:微表处采用改性乳化沥青、稀浆封层可采用普通乳化沥青或改性乳化沥青作为结合料,用量按混合料配合比设计确定;根据铺筑厚度、处治目的、公路等级等条件,集料的级配应符合相关规范要求。集料材质应选择坚硬、粗糙、耐磨、洁净的矿料,集料中的细集料宜采用碱性石料生产的机制砂或洁净的石屑,对集料中的超粒径颗粒必须筛除。集料与沥青的性能须满足现行《公路沥青路面施工技术规范》规定。

(2)施工准备:稀浆封层和微表处施工前,应彻底清除原路面的泥土、杂物,修补坑槽、凹陷,较宽的裂缝宜清理灌缝。

(3)施工温度与天气条件:稀浆封层和微表处的最低施工温度不得低于10℃,严禁在雨天施工,摊铺后尚未成形混合料遇雨时应予铲除。

(4)摊铺施工:铺筑设备应具有储料、送料、拌和、摊铺和计量控制等功能。摊铺时应控制好各种材料的配合比例。当铺筑过程中发现有一种材料用完时,必须立即停止铺筑,重新装料后再继续进行。铺筑设备工作时应匀速前进,达到厚度均匀、表面平整的要求。

(5)稀浆封层和微表处两幅纵缝搭接的宽度不宜超过80mm,横向接缝宜做成对接缝。分两层摊铺时,第一层摊铺后至少应开放交通24h方可进行第二层摊铺。

(6)稀浆封层和微表处铺筑后的表面不得有超粒径拖拉的严重划痕,横向接缝和纵向接缝处不得出现余料堆积或缺料现象,用3m直尺测量接缝处的不平整度不得大于6mm。对微表处不得有横向波浪和深度超过6mm的纵向条纹。

经养生和初期交通碾压稳定的稀浆封层和微表处,在行车作用下应不飞散且完全密水。

第七节　热拌沥青混合料路面与改性沥青混合料路面施工作业

热拌沥青混合料是由矿料与沥青在热态下拌和而成的混合料的总称。热拌沥青混合料在热态下铺筑成形的路面,称热拌沥青混合料路面。

由改性沥青与矿料按一定比例拌和成的混合料铺筑成形的路面,称改性沥青混合料路面。改性沥青混合料路面包括沥青马蹄脂碎石混合料路面(SMA路面)与开级配沥青表层(OGFC路面)。

一、施工准备及要求

热拌沥青混合料路面与改性沥青混合料路面施工前,除按本章第五节的要求准备外,还应做好的工作包括下承层准备与施工放样、机械选型与配套、搅拌站选址等。

1. 搅拌设备的选型及场地布置

(1)搅拌设备选型:通常根据工程量、工期来对沥青混合料搅拌设备的生产能力、移动方式进行选型,同时要求其生产能力和摊铺能力相匹配。高速公路、一级公路沥青路面施工,应选用搅拌能力较大的设备。

一般来说,生产能力增大一倍,设备的价格不会超过其原价的1/3。如果一台生产能力大的设备使用寿命按十年计算(十年折旧完),在这十年使用期中,仅节约燃料一项就可补偿购买大型设备所增加的投资及因此所付的利息。但是如果生产能力超过原材料的供应能力和摊铺机的摊铺能力,搅拌设备不能满负荷工作,也会造成浪费。

(2)搅拌站的布置:沥青混合料搅拌设备是一种由若干个能独立工作的装置所组成的综合性设备。因此不论哪一类型搅拌设备,其各个组成部分的总体布置,都应满足紧凑、相互密切配合又互不干扰各自工作的原则。

2. 施工机械组合

沥青路面的施工机械应优先选择自动化程度较高和生产能力较强的机械,以摊铺、搅拌为主导机械并与自卸汽车、压实设备配套作业,进行优化组合,使沥青路面施工全部实现连续、稳定的机械化。压实机械的配套,应先根据碾压温度及摊铺进度确定合理的碾压长度,然后配备压实机具。表6-6为某沥青混凝土路面工程施工时,路面施工机械配套情况。

沥青混合料路面施工机械配套示例　　　　表6-6

机 械 名 称	能　　　力	用　　途
沥青混合料搅拌设备(1台)	间歇式240 t/h	拌和沥青混合料
沥青混合料摊铺机(2台)	最大摊铺宽8.5 m	摊铺沥青混合料
自卸汽车(若干)	载重量15t	运输沥青混合料
6t钢轮压路机(2台)	自重6t加载8t	初压沥青混合料
双钢轮振动压路机(2台)	工作质量10~12t	复压、终压沥青混合料
轮胎压路机	26t	终压沥青混合料
沥青洒布机	3.5t	洒黏层

3. 下承层准备

沥青路面的下承层是指基层、联结层或面层下层。下承层完成之后,虽已进行过检查验收,但两层施工的间隔内,很可能因下雨、施工车辆通行等而使其发生程度不同的损坏。如基层可能出现软弹和松散或表面浮尘等,需将其维修。沥青类联结层下层表面可能泥污,需将其清洗干净。下承层表面出现的任何质量问题,都会影响到路面结构的层间结合以至影响到路面整体强度。对下承层中的缺陷处理后,即可洒透层、黏层或封层。

4. 施工放样

施工放样包括高程测定与平面控制两项内容。高程测定的目的是确定下承层表面高程与原设计高程相差的确切数值,以便在挂线时纠正到设计值或保证施工层厚度。根据高程值设置挂线标准桩,用以控制摊铺厚度和高程。

施工放样应考虑下承层高程差值(设计值与实际高程值之差)、厚度和本层应铺厚度,综合考虑后定出挂线桩顶的高程,再打桩挂线。

二、搅拌与运输作业

1. 一般要求

(1) 试拌:沥青混合料宜在搅拌站制备。在拌制一种新配合比的混合料之前,或生产中断了一段时间后,应根据室内配合比进行试拌。通过试拌及抽样试验确定施工质量控制指标。

(2) 沥青混合料的拌制:根据混合料配合比进行,严格控制各种材料用量及其加热温度。搅拌后的沥青混合料应均匀一致,无花白、无离析和结团成块等现象。每班抽样做沥青混合料性能、矿料级配组成和沥青用量检验。每班搅拌结束时,清洁搅拌设备,放空管道中的沥青。做好各项检查记录,不符合技术要求的沥青混合料禁止出厂。

(3) 沥青混合料的运输:沥青混合料用自卸汽车运至工地,车厢底板及周壁应涂一薄层油水(柴油:水为1:3)混合液。运输车辆应覆盖,运至摊铺地点的沥青混合料温度不宜低于规定值,运输中尽量避免急刹车,以减少混合料离析。

2. 生产组织

沥青混合料生产组织包括矿料和沥青供应、沥青混合料搅拌和混合料运输等方面,任何一方面组织不好都会引起停工。

(1)搅拌:

材料供给

所用矿料符合质量要求,储存量应为平均日用量的5倍,堆料场应加遮盖,以防雨水。

研究表明:矿料含水率的多少对设备生产能力的影响很大,矿料的含水率大则意味着烘干与加热时,拌和设备生产能力降低,燃料消耗率增加。例如干燥滚筒生产能力为 50~80 t/h 时,含水率为 5%~8% 的矿料,含水率每增加 1%,干燥能力下降约 10%,每吨产品的燃油消耗率将增加 10%。

沥青储量应为平均日用量的2倍。

搅拌设备运行与沥青混合料搅拌

按要求的集料(矿料)级配、油石比和出料温度,进行混合料的搅拌。

在混合料搅拌中,用装载机将不同规格的矿料投入搅拌设备相应的冷料仓,搅拌设备运行中要经常检查料仓储料情况,如果发现各斗内的储料不平衡、筛网破裂等情况时,应及时停机,以防热料仓满仓或储料串仓。

(2)运输:开工前应查明施工位置、施工条件、摊铺能力、运输路线、运距和运输时间,以及所需混合料的种类和数量等。沥青混合料成品应及时运往工地,自卸汽车数量必须满足搅拌设备连续生产的要求,不能因车辆少、沥青混合料运输能力不够而临时停工。

在生产中所用运输车辆数量 n 可按下式计算:

$$n = \alpha \frac{t_1 + t_2 + t_3 + t_4 + t_5}{T} \tag{6-11}$$

式中:t_1——汽车装料时间,min;

t_2——重载运料时间,min;

t_3——汽车卸料时间,min;

t_4——空载运程时间,min;

t_5——汽车装料、卸料等待时间总和,min;

α——储备系数,视交通情况而定,一般取 1.1~1.2;

T——拌制一车混合料所需的时间,min。

$$T = 60 \frac{G_0}{G} \tag{6-12}$$

式中:G——拌和设备生产能力,t/h;

G_0——车辆的载重能力,t/h。

应组织好车辆在搅拌设备处装料和前场摊铺作业现场卸料的顺序。装料时必须按其载重装足,安全检查后再启动。计划好车辆在摊铺作业现场卸料时的停置地点。

为了精确控制材料,运料自卸汽车出场时应进行称量,常用磅秤或使用搅拌站的自动称量系统。

为了不因特殊事故或其他原因而使设备停工,拌和设备应有足够的混合料成品储仓。

3. 混合料搅拌质量的直观检查

质检人员必须在运料汽车装料过程中和开离搅拌站前往摊铺工地途中进行目测,以检查混合料中是否存在某些严重问题。

沥青混合料生产的每个环节都应特别强调温度控制,这是质量控制的首要因素。目测可以发现沥青混合料的温度是否符合规定:运料汽车装载的混合料中冒黄烟往往表明混合料过热;若混合料温度过低,沥青裹覆不匀,装车将比较困难;如运料汽车上的沥青混合料能够堆积很高,则说明混合料欠火,或混合料中沥青含量过低;如果热拌混合料在运料汽车中容易坍平(不易堆积),则可能是因为沥青过量或矿料湿度过大所致。

4. 混合料搅拌质量测试

(1)温度测试:在运料汽车装料这一环节结束时,质量检验人员除直观检验外,必须对沥青混合料的温度进行测定。

(2)沥青混合料的取样和测试:沥青混合料的取样与测试是搅拌站进行质量控制最重要的两项工作。取样和测试所得到数据,可以证明成品是否合格。因此,必须严格遵循取样和测试程序进行要求的混合料测试,确保试验结果能够真实反映混合料的质量和特性。

(3)检测记录:检测人员必须保留详细的检验记录。这些记录是确定沥青混合料是否符合规范要求,能否付款的依据。因此记录必须清楚、完整和准确,这也是日后研究和评价该项工程的依据。

为了能够反映实际情况,这些记录和报告必须在规定试验或测量的当时抓紧时间填写。每项工程都必须记日志:工程编号、搅拌站位置、搅拌设备的类型和型号、原材料来源、主要工作人员姓名以及其他数据,还应记录日期和当天的气象情况及搅拌站的主要活动和日常工作。对异常情况,特别是对沥青混合料可能产生不利影响的情况必须进行说明。

(4)混合料搅拌质量缺陷及原因分析。

5. 影响沥青混合料搅拌设备生产能力的主要因素

影响搅拌设备生产能力的因素是多方面的,归纳起来主要是四个方面,即设计因素、材料因素、运行因素和工况因素。

(1)设计因素:是搅拌设备制造厂商应予以考虑并完成的,设计因素反映了整台设备的技术性能。对于一台已有设备,设计因素为不可变更的因素。

(2)材料因素:材料因素的影响取决于工程设计,沥青混合料不同的材质,不同的配合比设计,对设备的适应性要求是不同的。

对搅拌设备而言,材料的不同组成存在着一个是否容易拌匀的问题,细集料和矿物填料所占的比例、沥青用量的多少、沥青标号和沥青加热温度影响搅拌难易程度。

对于干燥滚筒,材料的影响主要表现在矿料中粗细料的比例和材料的吸水率上。粗细集料比例的影响反映在进入干燥滚筒的冷集料的松装密度上,细集料较多则材料的表面积增大,热交换过程减慢,因而生产能力下降;材料吸水性的影响,像花岗岩一类的材料,其所含的水分主要沾附在集料的表面上,而很少浸入集料的内部,因而容易蒸发。但吸水率大的石灰岩之类的材料,由于水分在材料内部,烘干比较困难,因而降低了滚筒的生产能力。

(3)运行因素:运行因素的影响主要指搅拌器的搅拌时间。由于要求搅拌器对不同级配组成的混合料应具备较好的适应性,因此必须有一个可以调整的运行参数,以期满足拌制不同材料的要求。

搅拌时间为干拌时间和湿拌时间的总和,它直接决定了混合料在搅拌器内受强制搅拌作用的持续时间,缩短搅拌时间意味着增加搅拌器的生产率,增加搅拌时间显然会改善材料的均匀度,然而过长的搅拌时间也会对混合料产生负面影响,当搅拌时间超过90s时,其质量会明显变坏,当延长至300s时混合料已不能使用。

(4)工况因素:主要指环境温度,冷集料含水率,热集料出料温度,以及废气温度对干燥筒性能的影响。

①集料含水率对干燥筒生产能力的影响。滚筒内有效的热量消耗主要由两部分组成:一部分是将集料中的水分升温、蒸发,并使水蒸气加温至废气温度所消耗的热量,这一过程进行得较为缓慢,它与集料的含水率呈正比;另一部分是将脱水后的集料升温至所要求的出料温度而消耗的热量,这一过程进行得较快,它与热集料的生产量呈正比,一个设计优良的烘干系统,这部分有效热量的消耗可达85%以上。

②集料的出料温度也是一个重要的影响因素。出料温度越高,砂石料升温消耗的热量越大,一般出料温度降低10%,生产率可提高5%左右。但是出料温度是根据施工要求来定,不得随意调整。

③废气温度的降低有利于提高滚筒的热效率。但过低的废气温度,特别是低于水的露点温度时,会使水蒸气结成微小的水滴,这对除尘是不利的,尤其采用袋式集尘装置,常常会使袋子堵塞。因此废气温度一般控制在110~165℃之间,最高不超过200℃。

④环境温度的影响。集料的温度取决于环境温度,环境温度低时,除了加温至出料温度所消耗的热量增大外,筒壁散失的热量也会增大。故在筒壁外加保温层不失为是一项有效的节能措施。

因此在确定干燥筒生产能力时,是以标准工况为基础的,即冷集料温度20℃,冷集料平均含水率5%,热集料出料温度160℃。

6. 改性沥青混合料拌制

改性沥青混合料与普通密级配沥青混合料最大不同之处是:改性沥青混合料如SMA为间断级配,粗集料粒径单一,量多,细集料很少,矿粉用量多,这给混合料的搅拌带来不少困难。为此应该在料斗、料仓安排上下功夫,合理安排冷仓热仓的配置。

(1)SMA所需的细集料数量很少,太少的细集料使冷料仓的开启成为困难,开口只能很小,稍大一些就会过量;如果细集料是露天的,下雨受潮,小的冷料仓料口漏不下来,开大了才可以漏下来,但细集料量就多了。为了使很少的细集料量保持准确的数量,必须使细集料(尤其是石屑)始终保持干燥状态,并且不可露天堆放。

(2)SMA的矿粉需要比一般热拌沥青混合料增加2倍,一个螺旋升送器往往来不及供料,这就要求在矿粉设备及人力安排上特别注意。

(3)从原则上讲,SMA不能使用回收粉尘,回收粉尘必须废弃。

(4)SMA必须使用纤维。纤维应使用机械投入,可以增加干拌时间5~10s,以使纤维充分分散均匀,湿拌可不再增加时间。

SMA混合料搅拌以后,不能像普通沥青混合料那样储存太长的时间,这是因为储存太长将使混合料表面结硬成一个硬壳,而且SMA的沥青用量要比普通沥青混合料多,时间长了会发生沥青的析漏,造成沥青用量不均匀。一般情况下,SMA混合料的储存不能过夜,即当天搅拌的必须当天使用完。

三、摊铺作业

沥青混合料摊铺时应先检查摊铺机的熨平板宽度和高度是否适当,并调整好自动找平装置。当路幅摊铺宽度大于8m时,要采用双机并机摊铺,或采用大宽度沥青混合料摊铺机进行全幅一次摊铺,这时大宽度摊铺机的布料槽应有抗集料离析与温度离析的措施。

双层式沥青混凝土面层的上下层铺筑宜在当天内完成,如间隔时间较长,下层受到污染的路段,铺筑上层前应对下层进行清扫,并浇洒黏层沥青。

摊铺时,沥青混合料温度不应低于规定值(表6-7)。摊铺厚度应为设计厚度乘以松铺系数,沥青混合料的松铺系数通过试铺碾压确定,也可按沥青混凝土混合料为1.15~1.35,沥青碎石混合料为1.15~1.30取值,细粒式沥青混合料取上限,粗粒式混合料取下限。

沥青混合料的最低摊铺温度　　　　表6-7

下承层的表面温度 (℃)	相应于下列不同摊铺层厚度的最低摊铺温度(℃)					
	普通沥青混合料			改性沥青混合料或SMA沥青混合料		
	<50mm	(50~80)mm	>80mm	<50mm	(50~80)mm	>80mm
<5	不允许	不允许	140	不允许	不允许	不允许
5~10	不允许	140	135	不允许	不允许	不允许
10~15	145	138	132	165	155	150
15~20	140	135	130	158	150	145
20~25	138	132	128	153	147	143
25~30	132	130	126	147	145	141
>30	130	125	124	145	140	139

摊铺后应检查平整度及路拱,发现问题及时修整。如在局部边角或支线、匝道等处需采用人工摊铺时,沥青混合料宜卸在铁板上,摊铺时应采取扣锹摊铺,不得扬锹远甩,同时应边摊铺边用刮板整平。

进行高速公路和一级公路施工时,气温应高于10℃,其他等级公路气温不低于5℃,若在低温下必须摊铺时,应采取以下措施:

(1)提高混合料温度,使其满足规定的低温摊铺温度要求。
(2)运料车进行覆盖保温。
(3)采用高密实度摊铺机。
(4)熨平板应加热。
(5)摊铺后紧接着碾压,缩短碾压长度。

改性沥青混合料摊铺时,运料车的车厢底部要涂刷较多的油水混合物。为了防止表面混合料结成硬壳,运料车运输过程中必须加盖篷布,运料车数量也要适当增加。

为了保证路面的平整度,摊铺作业要按照规范要求做到缓慢、均匀、连续不间断地摊铺,不得随意变换速度、中途停顿,摊铺作业速度建议不超过5m/min。

四、碾压成形

压实是沥青路面施工的最后一道工序,良好的路面质量最终要通过碾压来体现。因此必须高度重视压实工作。

压实的目的是提高沥青混合料的强度、稳定性以及抗疲劳特性。

压实工作主要包括:压实机械的选型与组合,压实温度、速度、遍数、压实方式的确定,及特殊路段的压实(弯道与陡坡等)。

1. 常用沥青路面压实机械

(1)静力光面压路机:静力光面光轮压路机可分为三轮双轴式(一般为 8~12t、12~15t)和双轮双轴式和三轮三轴式。

目前在沥青混合料铺层压实中,由于双轮双轴式压路机的结构与三轮双轴、三轮三轴式压路机结构比较,具有更好的压实适应性,并能在铺层上横向碾压,产生更均匀的密实度,因而得到广泛的应用。

(2)轮胎压路机:轮胎压路机可用来进行终压、接缝处的预压、弯道预压、消除铺层应力与裂纹作业。

(3)振动压路机:振动压路机分为自行式单轮振动压路机、双钢轮振动压路机及组合式振动压路机等三种。

①自行式单轮振动压路机常用于平整度要求不高的辅道、匝道、岔道等路面作业。

②自行式双钢轮振动压路机常用于压实度要求较高的沥青混合料。大型双钢轮振动压路机有较多的频率和振幅可供选择。

2. 选择与组合

选择压路机种类、大小和数量,需结合工程实际,考虑摊铺机的生产率、混合料特性、摊铺厚度、施工现场的具体条件等因素。

摊铺机的生产率决定了需要压实的能力,从而影响了压路机大小和数量的选用。而混合料的特性则为选择压路机的大小、最佳频率与振幅提供了依据。

选择压路机质量和振幅,应与摊铺层厚度相适应,摊铺层厚度小于 6cm,最好使用振幅为 0.35~0.60mm 的中、小型振动压路机(2~6t),这样可避免出现推料、波浪、压坏集料等现象。在压实较厚的摊铺层(大于 10cm)时,使用高振幅(可高达 1.00mm)的大、中型振动压路机(6~10t)。

改性沥青混合料压实时,应在摊铺以后紧接着进行,不得等混合料冷却以后碾压,在初压和复压过程中,宜采用同类压路机并列成梯队压实,不宜采用首尾相接的纵列方式。在低温条件下进行碾压作业时,应在混合料温度降到 120℃前结束碾压作业。对 SMA 及 OGFC 混合料不得采用轮胎压路机碾压。

第八节 路面压实机械化施工

一、沥青混合料路面压实的意义和压实机械的选择

沥青混合料路面是由各种材料按一定技术要求组成与铺筑的,为使各种材料能形成一层坚实的结构,提高材料的密度,降低透水性,保证在自然条件和运输车辆的作用下,路面都能保持稳定,必须用压实机械对沥青混合料铺层施压。

热拌沥青混合料压实设备主要有静力碾压、振动压实和振荡压实三种类型。

静力碾压是利用压路机的自重使材料产生剪应力,克服集料颗粒之间的摩擦力和沥青的

黏度,颗粒移动到较稳定的位置,减小空隙率,提高稳定性。

振动压实是利用振动轮的高频振动传给被压材料,使其发生接近自身固有的频率振动,减小颗粒间的摩擦力,使颗粒更容易移动和填充到密实、稳定状态。

振荡压实是利用交变剪应力的原理,振动与搓揉相结合,使颗粒重新排列而变得更加密实。

压路机的振动轮对铺层材料施加垂直方向的振动力称为振动压实,振动轮以交变扭矩对铺层材料施加水平振动力称之为振荡压实。振荡压实的能量是沿水平方向进行传播的,它在压实深度方面显然不如振动压实。但是在路面表层的一定深度范围内,交变剪切力使钢轮对地面产生一种剪切和搓揉的作用,这种作用能对沥青混合料产生高效压实并能防止表面裂缝。

目前沥青路面压实的主要方式为静力碾压和振动压实。

静力碾压和振动压实机械的压实效果主要取决于它的单位压力,而不同线压力的选定又根据路面材料的强度和施压后所应达到的承载能力而定。一般石料的强度和压路机单位线压力的关系见表6-8。

石料强度与压路机单位线压力间的关系　　　　　表6-8

石料性质	软	中等	硬	极硬
石料名称	石灰岩、砂岩	石灰岩、砂岩、粗粒花岗岩	细粒花岗岩、正长岩、闪粒岩	辉绿岩、玄武岩、闪长岩、辉长岩
极限强度(MPa)	29.4~58.5	39.2~98	98~196	197以上
压路机单位线压力(kPa)	5 880~6 860	6 860~7 800	7 800~9 800	9 800~12 250

我国现已生产有各种不同重量和不同类型的压路机,各种路面在压实时,压路机的相关数据见表6-9。

路面类型与压路机压实相关参考数据　　　　　表6-9

路面铺筑类型	各个碾压阶段所需压路机单位线压力(kPa)	各个阶段压路机行驶速度(km/h)	压路机重量(t)	压路机类型
泥结碎石路面	2 940~3 720 4 900~6 860 7 840~11 760	1.5~2 1.5~2 3~4	5~8 7~8 12~15	二轮二轴 三轮二轴
沥青结合料表面处治	2 940~3 920	2~4	5~6 7~8	二轮二轴
沥青结合料浅贯入和深贯入	2 940~3 920 4 900~7 350	2~4	5~6 7~8	二轮二轴
沥青混凝土	300~4 000 4 000~76 000 5 100~76 000	1.5~2 2.5~3 2~4	5~6 10~12 ≥16	二轮二轴 双钢轮振动压路机 轮胎压路机
沥青碎石路拌	3 000~4 000 5 100~7 600	2~4	5~6 8~10	二轮二轴 三轮二轴

从路面铺筑材料压实施工方法的要求出发,初压至终压所用压路机应遵循先轻后重的原则,而行驶速度也应由低到高。这是因为材料在初压阶段,各颗粒尚呈松散状态,低速行驶时材料颗粒与材料之间相互嵌挤的效果较好,压路机本身的行驶也较稳定。到压实的后阶段,材料铺层各颗粒间已不再相对滑动,且表面逐渐平滑,因此可选择重量大一些的压路机,行驶速

度也可快些。一般压路机的工作速度在 1.5～4km/h 之间。

在施压过程中,如路面出现波浪起伏现象,将会在路面使用过程中不断扩大。遇有这种现象则说明选用的压实设备或压实方式不当。应选择双钢轮压实设备,压实时,需保持驱动轮在前。

二、压路机碾压施工作业

1. 压路机碾压的程序

压路机施压时应以路面中心线为标准,从左右两边开始逐渐向中心,直至压路机的主轮压到中心线为止。然后在路中心加压主轮尚未压到的地方。使用两轮两轴压路机时,前后两主轮重叠的宽度 25～30cm,如图 6-45 所示。

2. 沥青混合料路面压实

决定沥青混合料路面压实质量的主要因素有:压路机的重量和类型、行驶速度、沥青混合料的施压温度,以及压路机驾驶员操作技术的熟练程度等。

(1)压实作业:对沥青混合料路面多采用先轻后重的施压方法。在同一地点首先用 6～8t 双钢轮压路机通过反复碾压,然后用 10～15t 的压路机先后通过反复碾压来完成。实践证明,这种碾压方法可以使混合料的各成分得到合理分配,可在温度较高和塑性变形较大的状态下给予压实。如表面出现纵向起伏不平和裂纹,可选用轮胎压路机或双钢轮压路机沿对角线施压。

压实按初压、复压、终压三个阶段进行,压路机应以慢而均匀的速度碾压,其碾压速度应符合表 6-10 的要求。

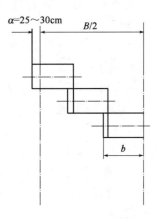

图 6-45 压路机碾压程序图
B-路面宽度;b-压路机滚轮宽度

压路机压实速度(km/h)　　　　　　表 6-10

压路机类型	初压		复压		终压	
	适宜	最大	适宜	最大	适宜	最大
静力光面式压路机	2～3	4	3～5	6	3～6	6
轮胎式压路机	2～3	4	3～5	6	4～6	8
振动式压路机	2～3(静压或振动)	3(静压)	3～4.5(振动)	5(振动)	3～6(静压)	6(静压)

初压

初压应在混合料摊铺后较高温度下进行,并不得产生推移、开裂,压实温度可根据沥青稠度、压路机类型、气温、铺筑层厚度、混合料类型经试铺试压确定,一般为 110～130℃。

压路机应从外侧向中心碾压。相邻碾压带应重叠 1/3～1/2 轮宽,最后碾压路中心部分,压完全幅为一遍。

应采用静力光面压路机或关闭振动装置的振动压路机碾压 2 遍,其线压力不宜小于350N/cm。

初压的目的是整平和稳定沥青混合料,为复压创造有利条件,是压实的基础。所以初压时应特别注意检查铺层平整度、路拱,必要时予以适当调整。

碾压时应将驱动轮面向摊铺机,碾压路线及碾压方向不应突然改变,压路机启动、停止必须减速缓慢进行。

复压

复压的目的是使沥青混合料铺层密实、稳定、成形,沥青混合料铺层的密实度程度,主要取决于这一道工序,因此必须与初压紧密衔接。复压时沥青混合料的温度一般为 90～110℃。

复压宜采用重型的轮胎压路机,或 10～15t 双钢轮振动压路机。碾压遍数不宜少于 4～6 遍,并且无显著的轮迹。

当采用轮胎压路机压实时,总质量不宜小于 15t,碾压厚层沥青混合料,总质量不宜小于 22t;当采用振动压路机压实时,振动频率宜为 35～66Hz,振幅宜为 0.2～0.8mm,并根据沥青混合料种类、温度和层厚选用,层厚较厚时选用较大的振幅。

终压

终压的目的是消除轮迹,最后形成平整的压实面。终压应紧跟在复压后进行,沥青混合料的温度宜为 80～90℃。

终压可采用 6～8t 的静力光面式压路机或 6～8t 关闭振动装置的振动压路机碾压,碾压遍数 2～4 遍,压实至无轮迹。

在终压时,采用轮胎压路机可以消除铺层应力,封闭裂纹,形成良好的路面纹理结构,但应结合静力光面式压路机压实,消除轮迹。

(2)碾压注意事项:

①严格控制碾压温度。热拌沥青混合料与聚合物改性沥青混合料的施工温度见表 6-11、表 6-12。

热拌沥青混合料的施工温度(℃)　　　　表 6-11

施工工序		石油沥青的标号			
		50 号	70 号	90 号	110 号
沥青加热温度		160～170	155～165	150～160	145～155
矿料加热温度	间隙式拌和机	集料加热温度比沥青温度高 10～30			
	连续式拌和机	矿料加热温度比沥青温度高 5～10			
沥青混合料出料温度		150～170	145～165	140～160	135～155
混合料储料仓储存温度		储存过程中温度降低不超过 10			
混合料废弃温度,高于		200	195	190	185
运输到现场的温度,不低于		150	145	140	135
混合料摊铺温度,不低于	正常施工	140	135	130	125
	低温施工	160	150	140	135
开始碾压的混合料内部温度,不低于	正常施工	135	130	125	120
	低温施工	150	145	135	130
碾压终了的表面温度,不低于	钢轮压路机	80	70	65	60
	轮胎压路机	85	80	75	70
	振动压路机	75	70	60	55
开放交通的路表温度,不高于		50	50	50	45

聚合物改性沥青混合料的正常施工温度范围(℃)　　　　表6-12

工 序	聚合物改性沥青品种		
	SBS类	SBR乳胶类	EVA、PE类
沥青加热温度	160~165		
改性沥青现场制作温度	165~170	—	165~170
成品改性沥青加热温度,不大于	175	—	175
集料加热温度	190~220	200~210	185~195
改性沥青SMA混合料出厂温度	170~185	160~180	165~180
混合料最高温度(废弃温度)	195		
混合料储存温度	拌和出料后降低不超过10		
摊铺温度,不低于	160		
初压开始温度,不低于	150		
碾压终了的表面温度,不低于	90		
开放交通时的路表温度,不高于	50		

②严格控制沥青混合料在运输和摊铺时的温度,特别是在运输途中一定要做好保温措施。

一般由摊铺机摊铺完毕至碾压开始需3~8min,而温度下降约为1~45℃,平均每分钟下降1~5℃。为了缩短摊铺时间,必须选用操作技术熟练的驾驶员以及良好的施工组织。

③压路机在碾压中,不应在同一位置上改变行驶方向,不能在未压实的混合料铺层上启动、制动与停放,以免在该断面处形成凹陷。

④压路机在碾压滚轮上涂抹乳化剂和水,以免沥青混合料黏结在滚轮上而影响碾压质量。

3.沥青路面特殊部位碾压

(1)纵向接缝的碾压:纵向接缝分为两类,即热接缝和冷接缝。两类接缝的压实方法不同。

热接缝

摊铺机应尽量用并机作业的方法使铺层形成热接缝。摊铺时将已铺混合料部分留15~20cm宽暂不碾压,作为后面摊铺部分的高程基准面,最后与后面摊铺部分一并碾压。这种纵向接缝最为理想,因为碾压时两条摊铺带的温度基本相同,碾压后压路机下面的材料为一体,两条摊铺带的密实度基本相同。

冷接缝

应尽量避免纵向冷接缝。这是因为在第二条摊铺带摊铺之前,第一条摊铺带已经冷却,两条摊铺带的温度不同,很难使接缝两边混合料的密实度均匀一致。纵接缝不得不采用冷接缝时,在前半幅施工时,宜加设挡板或采用切刀切去密实度较低的边缘。铺另半幅前必须将缝清扫干净,并洒少量黏层沥青,然后进行摊铺。碾压时,压路机先在压实路面上行走,碾压新铺层10~15cm,然后压实新铺部分,再伸过已压实路面10~15cm,充分将接缝压实紧密。上下层的纵缝应错开15cm以上,表面纵缝宜留在车道区画线位置上。

(2)横向接缝的碾压:碾压横接缝时,若有纵接缝应首先沿纵向接缝碾压,宽度为15~20cm,然后再沿横缝作横向碾压。横向接缝碾压应先用双钢轮静力压路机或振动压路机(不起振)进行横向碾压。碾压带外侧应放置供压路机行驶的垫木,这样压路机不会把面层边缘压坏,碾压时压路机应位于已压实的混合料层上,伸入新铺层的宽度为 10~20cm,每压实一遍向新铺混合料移动 15cm 左右。

(3)弯道或交叉路口的碾压:在弯道或交叉路口碾压时,由于钢轮转向对材料产生剪切力,容易造成铺层表面开裂。因此对急弯应尽可能采取直线碾压方式,从弯道内侧或较低一边开始碾压,逐渐向外侧或较高一侧转换,尽量避免急转弯,转向应与压实速度相适应。

(4)陡坡碾压:陡坡碾压时,压路机的重力沿坡道分力向下,对混合料有向下的推力。为了较好地承受剪力的作用,除了下承层表面清洁,均匀喷洒黏层沥青外,在碾压工艺上也应采取措施:先用双钢轮静力压路机进行预压,以提高铺层承载能力;碾压时压路机的驱动轮宜位于后部;避免突然变速和紧急制动。

三、改性沥青混合料路面的碾压注意事项

(1)改性沥青混合料路面必须采用钢轮碾压。为了避免粗集料的压碎、泛油等,采用振动压路机碾压时,采用高频率低振幅非常重要,同时遍数不要太多。在温度条件许可时,可容许采用轮胎式压路机。如图 6-46 所示。

a)

b)

图 6-46 某高速公路热拌沥青混合料路面施工
a)搅拌作业现场;b)碾压作业现场

(2)碾压 SMA 时密切注意压实度的变化。对 SMA 来说,过碾是一大忌,所以应采用严格控制碾压遍数的方法来控制压实度。一般初压用 10t 双钢轮紧跟在摊铺机后碾压 1~2 遍,复压用 10~15t 双钢轮静压 3~4 遍,或双钢轮振动压路机振动碾压 2~3 遍,最后用钢轮较宽的双钢轮压路机终压一遍结束。

(3)由于 SMA 的结构组成特点,粗集料的用量达到 70% 以上,高温状态下主要靠粗集料的嵌挤作用。混合料在摊铺机铺筑后本身就已经有相当大的压实度,一般在 85% 以上,这样压路机可以碾压的程度极小。所以初压的痕迹也是极小的。由于集料的充分嵌挤,压路机碾压过程中,压路机前轮面不会发生明显的推拥。

四、压路机压实路面生产率计算

压路机压实路面的生产率主要与压路机作业速度、搭接部分的宽度以及在同一地点碾压

次数有关,其计算公式如下:

$$Q = \frac{60(b_1 - b_2)LK_B}{\left(\dfrac{L}{V} + t\right)n} \tag{6-13}$$

式中:Q——压路机压实路面生产率,m^2/h;
　　b_1——一次碾压宽度,m;
　　b_2——相邻两碾压带的重叠宽度(0.15~0.20m);
　　L——碾压路段的长度,m;
　　K_B——时间利用系数(0.8~0.9);
　　V——压路机碾压行驶速度,m/min;
　　n——在同一地点碾压次数;
　　t——换向、换挡时间(0.07~0.08min)。

五、压实质量的过程检测

压实质量的过程检测主要有三个方面,即表面结构、平整度、压实度。具体检测方法按《公路沥青路面施工技术规范》相关要求执行。

路面压实中的缺陷可能是由于材料、搅拌、摊铺等多方面因素造成的。若缺陷难于修整时,如厚度不足,平整度太差、松散、泛油等应及时返工。

第七章

施工机械选择与机械化施工方案

第一节　施工机械的使用性能

现代公路工程施工系统,实际上是由众多的、不同种类和型号的施工机械所组成的机械化机群施工系统。各种施工机械都有其独特的技术性能,为了正确地使用施工机械,取得良好的实物成果和经济成果,掌握施工机械的使用性能是非常重要的。

施工机械的使用性能主要包括牵引特性、动力特性、机动性、稳定性和经济性等。

1. 牵引特性

牵引特性是反映施工机械牵引性能和燃料经济性最基本的指标。牵引特性以牵引特性图解曲线形式表示,它反映在一定的地面条件下,在水平地段以全油门作等速运动时,机械各挡速度下的牵引功率、实际速度、牵引效率、发动机油耗量、发动机功率等。它直接影响着机械的作业性能与作业效率。

牵引特性曲线是施工机械的基本技术指标,无论在机械设计,还是机械的使用中都是十分重要的。在使用过程中,牵引特性有助于合理地使用机械,有效地发挥设备的生产效率。在组织机械化施工时,牵引特性也常常是解决各种机种进行合理配套的基本依据。

2. 动力特性

动力特性是反映铲土运输机械在运输工况下动力性的基本特性曲线,用来评价铲土运输机械的速度性能、加速性能和爬坡能力。

铲土运输机械动力性指标用动力因素 D 来评价,动力性直接影响机械的生产效率。

$$D = \frac{F_k - F_w}{m_s} \tag{7-1}$$

式中:F_k——切线牵引力;

F_w——风阻力、坡度阻力、惯性阻力等总和;

m_s——机械总质量。

动力因素反映了在除去风阻力后,机械单位机重所能获得的用于克服滚动阻力、坡道阻力、惯性阻力的切线牵引力。因此在机械使用中应注意在规定的最大坡度角度内工作,才能充分发挥机械的效能,确保机械稳定、安全生产。

3. 机动性

机动性是反映施工机械在直线行驶时的稳定性和狭窄地点转向和通过的能力。机动性与操纵性有很大关系。操纵性是以最小转弯半径来评价的。机动性影响施工机械的适用程度。

4. 稳定性

稳定性是表明施工机械作业时,在坡道上行驶时抵抗纵向和横向倾翻和滑移的能力。

5. 经济性

经济性主要表示施工机械在作业过程中燃料消耗是否经济合理。它通常用两个指标来评价:

(1)发动机油耗率:即每千瓦小时所消耗燃料的克数。这一指标可以用来比较相同机种不同型号机械经济性的好坏。

(2)发动机油耗量:即发动机每小时所消耗燃料的千克数,这一指标可以用来核算作业成本。

第二节　施工机械的生产率

一台施工机械一小时或一个台班(以八小时计)完成的工作量称为生产率。它是编制施工计划、估算施工费用以及进行机械组合配套的依据。

一般在施工现场所配备的施工机械,由于作业情况和生产故障,并不是所有机械都在运行中,即使运行中的机械,其实际作业时间也不尽相同,作业效率也不一样。

假定运行效率为 K_n、作业时间利用率为 K_B、作业效率为 k_q、机械工作装置的容量为 V_q,则一台施工机械在单位时间内完成的工作量 Q 为:

$$Q = V_q K_n K_B k_q \tag{7-2}$$

假定运行效率 $K_n = 1$,则:

$$Q = V_q K_B k_q \tag{7-3}$$

如以台班计算,则:

$$Q_B = \left(\frac{8 \times 60}{t_r}\right) V_q K_B k_q \tag{7-4}$$

式中:Q_B——机械一个台班的生产率,m^3/d 或 m^2/d;

t_r——机械每台班一个循环的时间,min。

作为施工计划基础的生产率,施工机械生产率细分为三种:

1. 理论生产率 Q_L

理论生产率是指机械在设计的标准条件下,连续不断地进行工作的生产率。理论生产率与机械的构造有关,它不考虑施工的具体条件。一般机械使用说明书上的生产率即为该机械的理论生产率。

$$Q_L = \left(\frac{8 \times 60}{t_r}\right) V_q \tag{7-5}$$

2. 技术生产率 Q_J

技术生产率是指在具体施工条件下,机械连续工作的生产率。它考虑了工作对象的性质、状态以及机械能力发挥的程度等因素。这种生产率是可以争取达到的生产率。如在某一时期内,测定到的正常损失时间为 t_R,实际作业时间为 t_N,则在具体的施工条件下,正常作业时间效率 K_W 可用下式表示:

$$K_W = \frac{t_N}{t_N + t_R} \tag{7-6}$$

用正常作业时间效率修正后的施工机械理论生产率称为技术生产率。它与理论生产率之间的关系如下式:

$$Q_J = K_W Q_L \tag{7-7}$$

3. 实际生产率 Q_S

实际生产率是指在具体的施工条件下,考虑施工组织及施工现场的具体生产条件时,机械所能达到的生产率。

$$Q_S = K_B Q_J \tag{7-8}$$

式中:K_B——时间利用系数,即机械的作业时间利用率。

通常在编制施工组织计划和平衡各项工程的施工机械作业能力时,使用理论生产率和技术生产率,而实际生产率可作为工程计划和估价的基础。

第三节 施工机械的选择与机械化施工方案的形成

公路施工机械种类、规格繁多,各种机械又有着自身独特的技术性能和作业范围。一种机械可能有多种用途,而某一施工内容也往往可以采用不同机械去完成,或者需要若干机种联合工作。

为了获得最佳的技术经济效果,根据具体的施工条件,对施工机械进行选择和合理组合,使其发挥尽可能大的效能,是公路机械化施工管理中的一个非常重要的内容。

一、施工机械的选择原则与机械化施工方案的形成

公路施工的工程量与施工进度是选择机械的重要依据。为了保证施工进度和提高经济效益,工程量大时采用大型机械,而工程量小时则采用中、小型机械。选择施工机械应遵循下述原则:

1. 施工机械与工程项目的实际具体情况相适应

在路基工程中,施工范围非常广泛,施工条件千变万化。选用的施工机械一方面应适合于具体工程项目的地形、土质、气候、施工场地大小、运输距离、施工断面形状尺寸、工程质量要求等;另一方面机械的工作能力要与工程进度、工程量任务相符合,尽量避免因机械工作能力不足或剩余,造成延缓工期或机械利用效率太低的现象,在条件允许的情况下,尽量选择最能满足施工内容的机种和机型。

2. 使用的机型应有较好的经济性

施工机械经济性主要与机械固定资产消耗和运行费等因素有关。固定资产消耗与施工机械的投资成正比,包括折旧费、大修费和投资的利息等费用;而机械的运行费用与完成施工量的费用成正比,包括劳动工资、直接材料费、燃料费、润滑材料费、劳保设施费等。

采用大型机械进行施工,虽然一次性投资大,但它可以分摊到较大的工程量当中,对工程成本影响较小。因此在选择机械时,必须权衡工程量与机械费用的关系,同时要考虑机械的先进性和可靠性,这是影响经济效益的重要因素。

3. 应能保证工程质量要求和施工安全

根据工程项目的技术要求,选择合适的施工机械是保证工程质量的重要因素之一。对于技术要求复杂、质量要求高的作业项目,应考虑采用性能优良或专用的机械,以保证工程质量和较高的生产率。

一般情况下,不可片面追求高性能专用机械,应在满足工程质量要求的前提下,与机械的通用性相结合,综合考虑进行机械的选择。

选用的机械应具有可靠的安全性能,如行驶稳定,有翻车或落体保护装置、防尘隔音、危险施工项目可遥控作业等。此外,在保证施工人员、设备安全的同时,应注意保护自然环境。施工现场及其附近已有的其他建筑设施,不应因所采用机械施工而受到破坏或质量降低。

4. 机械的合理组合——机械化施工方案的形成

机械的合理组合是发挥机械设备效能、形成机械化施工方案的基础,也是机械化施工的一个基本要求,它包括机械技术性能、机械类型与机械数量两个方面配置。

(1)主导机械、主要机械、辅助机械的组合。

主导机械是指对施工项目在质量、进度和成本方面产生决定影响的机械。

主要机械是指根据施工工艺,完成工艺环节作业必备的机械。在公路施工中,通常会与主导机械形成配套关系。

辅助机械是指除主导机械、主要机械外,为保证公路施工顺利进行而配置的机械。

在选定主导机械之后,与之配套的主要机械其工作容量、数量及生产率应稍有储备,主要机械的工作能力应略有富余,以充分发挥主导机械的生产率。例如挖掘机与自卸汽车配合土方挖运作业,挖掘机作为主导机械,对土方挖运作业的速度、成本影响最大。而自卸汽车是土

方运输环节必备的机械。在进行这一施工作业机械组合时,自卸汽车车厢容量一定要与挖掘机铲土容量协调,一般以3~5斗能装满自卸汽车车厢为宜,同时保证车辆的额定载重量与车辆的数量,以保证施工作业的连续性。

(2)牵引车与配套机具的组合。路基施工中,经常会有些没有独立动力行走装置的辅助性机具或拖式机械,需要配以另外的牵引车牵引工作,这时,两者组合要协调和平衡,避免动力剩余过大而造成浪费,或动力不够而不能完成要求的作业。

(3)作业机械组合数应尽量减少。公路施工中,作业机械组合数越多,其总的效率就越低。效率均为0.9的主导机械和主要机械组合时,其总效率只有:$0.9 \times 0.9 = 0.81$,而且每一组合中,当其中一台发生故障停车时,组合中的其他机械便无法正常工作。因此在保证完成作业内容的前提下,应尽量减少机械组合的数量。

为了避免上述不利情况的发生,应尽可能地组织多个系列的组合,并列进行施工,从而减少因某一组合中一台机械停驶而造成全面停工的现象,减少配合机械工作能力的损失。

(4)尽量选用系列产品。公路机械化施工中,应减少同一功能机械的品种类型,力求尽可能使用统一、标准化的系列产品,以便于维修和管理。

除此之外,施工企业要结合机械装置情况及完好率、新购机械的可能性等具体实际,对施工机械进行选择和组合。因地制宜,机械化、半机械化相结合,确实做到技术上合理和经济上有利,达到两方面的有机统一。

二、施工机械的选择方法

在公路工程施工中,根据机械的技术性能,针对各工程项目的具体情况,可采用下述的几种方法,进行施工机械的选择:

1. 根据作业内容选择

路基工程施工作业内容包括土石方挖掘、装载、运输、填筑、压实、整形及挖沟等基本内容,以及伐树除根、松土、爆破、表层清理和处置等辅助性作业。路面工程施工作业内容包括路槽开挖,底基层、基层、路面材料的搅拌、摊铺与压实等。

表7-1列出各项作业内容选择机械的种类,可供参考。

根据作业内容选择施工机械 表7-1

作业内容	作业内容	选择的机械设备
路基施工准备工作	(1)清基(树丛、草皮、淤泥、腐殖土、岩基、冰雪等清除)和料场准备。 (2)松土、破冻土(<0.2m)	伐木机、履带式拖拉机和推土机、挖掘机、装载机、高压水泵、松土器、平地机、压路机
土方开挖	(1)边沟、基坑开挖。 (2)路堑开挖。 (3)底宽>2.5m的河渠、池塘、港口、码头、采土场等	推土机、铲运机、挖掘机、装载机、松泥机、冲泥机、吸泥机、自卸汽车、压路机
石方开挖	(1)砾石开采。 (2)岩石开采。 (3)石料破碎	挖掘机、推土机、移动式空气压缩机、凿岩机、爆破设备等。 破碎机、筛分机、自卸汽车、压路机
土石填筑	(1)路堤填筑。 (2)小型堤坝、台阶	推土机、铲运机、挖掘机、装载机、自卸汽车、压路机、夯板碾压机、洒水车、平地机

续上表

作业内容	作业内容	选择的机械设备
运输	(1) 机械设备调运。 (2) 土石运输。 (3) 混合料运输。 (4) 沥青运输。 (5) 水泥、粉料运输	火车、轮船、自卸汽车、平板运输车、起重机。 推土机、铲运机、装载机、水泥混凝土搅拌输送车、水泥混凝土输送泵、自卸汽车、液态沥青运输车、沥青洒布机、散装水泥运输车、粉料运输车
整形	(1) 修坡。 (2) 平整场地。 (3) 路基整形	平地机、挖掘机、推土机、压路机
撒布	(1) 粉料撒布。 (2) 石屑撒布。 (3) 碎石撒布。 (4) 沥青洒布	石屑撒布机、碎石撒布机、沥青洒布机
摊铺	(1) 底基层摊铺。 (2) 基层摊铺。 (3) 水泥混凝土摊铺。 (4) 沥青混合料摊铺	推土机、平地机、稳定土摊铺机、反铲挖掘机、布料机、水泥滑模摊铺机、沥青混合料摊铺机
混合料搅拌	(1) 稳定土路拌。 (2) 稳定土厂拌。 (3) 水泥混凝土搅拌。 (4) 沥青混合料搅拌	平地机、稳定土拌合机、稳定土厂拌设备。 水泥混凝土搅拌站、沥青混合料搅拌站
路面压实	(1) 底基层压实。 (2) 基层压实。 (3) 沥青混合料压实	静力光面压路机、振动压路机、轮胎压路机、双钢轮振动压路机

实践表明,对于中小型工程,选择通用性较好的机械较为经济合理,而大型工程,应当更注重根据作业内容进行选择,才能获得最佳的技术经济指标。

2. 根据土质条件选择

土石是机械施工的主要对象,其性质和状态直接影响施工机械作业的质量、工效及成本等,因此土质条件是选择机械的一个重要的依据。

(1) 根据机械通行性决定:所谓通行性是用以表示车辆,特别是工程车辆在土质等条件限制下,在工地行驶的可能程度。

(2) 根据土质的工程特性选择:土质条件不仅对机械的通行性有影响,而且也左右着进行各种作业的机械施工可能性和难易程度,各种土的工程特性不同,施工时应选择不同的机械。

为了便于选择施工机械,我们称较为干燥的黏土、砂石、砂粒石、软石、块石和岩石等为硬土;称淤泥、流沙、沼泽土和湿陷性大的黄土、黑土及软弱黏土(含水率较大)等为软土。硬土的开挖、运输、压实时,机械选择见表7-2。软土开挖机械的选择见表7-3。各种土壤压实机械的选择可参考表7-4。

硬土开挖和运输机械的选择　　　　　　表 7-2

施工机械 土质	推土机	铲运机	正铲挖掘机	反铲挖掘机	装载机	松土器	平地机	自卸汽车	钻孔机	凿岩机
黏土和壤土	√	△	√	√	√	√	√	√		
砂土	√	√	√	√	√	√	√	√		
砂砾石	√	×	√	√	√	×	△	√		
软岩和块岩	△	×	√	△	△	√	×	√	√	√
岩石	×	×	×	×	△	×	×	√	√	√

注：√-适用；△-尚可用；×-不适用。

软土开挖机械的选择　　　　　　表 7-3

| 施工机械
水分状况 | 通用推土机 | 推土机接地比压(kPa) | | | 水陆两用挖掘机 | 挖泥船 |
		19.6~29.4	11.8~19.6	<11.8		
湿地	△	√	√	√	√	×
轻沼泽地	×	×	√	√	√	×
重沼泽地	×	×	×	△	√	△
水下泥地	×	×	×	√	√	√

注：√-适用；△-尚可用；×-不适用。

适合于相应土质的压实机械选择　　　　　　表 7-4

土质名称 机械名称	块石、砾石	砾石土	砂	砂质土	黏土、黏性土	混杂砂石的黏土、黏性土	非常软的黏土、黏性土	非常硬的黏性土	备　注
静力式压路机	B	A	A	A	B	B	C	C	用于路基、路面
自行式轮胎压路机	B	A	A	A	A	A	C	B	最经常使用
牵引式轮胎压路机	B	A	A	A	A	A	C	B	用于坡面、坡长5~6m时最有效率
振动式压路机	A	A	A	A	C	B	C	C	用于路基、基层
夯实机	A	A	A	A	C	B	C	C	用于狭窄地点的碾压作业
夯锤	B	A	A	A	B	B	C	C	用于狭窄地点的碾压作业
推土机	A	A	A	A	B	B	C	A	用于推平作业
沼泽地区推土机	C	C	C	C	B	B	A	C	用于含水率高的土壤

注：A-适合使用；B-无适合的机械时使用；C-不适合使用。

3. 根据运距选择

根据运距选择机械，主要针对铲土运输机械而言，考虑上述土的状态、性质及工程规模，结合现场和条件，可参考表 7-5 和图 7-1 选用。

施工机械经济远距　　　　　　表 7-5

机械	履带推土机	轮胎装载机	自引式铲运机	轮式拖车	自卸汽车
经济运距(m)	≤100	<100	200~2 000	100~500	>2 000
道路条件	土路不平	土路不平	土路不平	平坦路面	一般路面

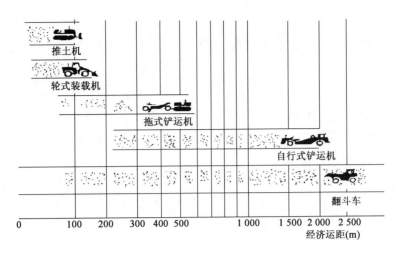

图 7-1　各种机械经济运距示意图

4. 根据气象条件选择

气象条件也是影响机械施工的因素之一,如雨季、冬季施工时,应特别加以考虑。

雨或积雪融水会直接影响土的状态,从而导致机械通过性下降,工作性能变坏。我国大部分地区都有程度不同的连续降雨天气,即雨季。在此期间施工,履带式机械的使用效果往往比轮胎式机械要好。

5. 冬季施工

在冬季进行冻土开挖、填筑、碾压等作业时,应考虑施工机械的技术性能能否达到规定的技术要求,同时应选用与破冻土等特殊作业相适应的机械,如松土器、冻土犁等。除此外诸如电力、燃料、润滑材料的供应,机械维修与管理,机械的迁移等,都对选择机械有一定的制约。

6. 作业效率

在计算施工机械生产率时,一般都是在假定的标准工作条件下进行的,但实际工程施工中,各种条件是千变万化的,那么在特定的施工条件下,机械的工作能力(生产率),应是在计入作业效率后而确定。

对于不同的机械,在相同条件下,作业效率也不相同,准确地求出作业效率值比较困难,表 7-6 是在不同作业条件和机械技术状况下作业效率的参考值。

施工机械作业效率参考值　　　　　　　　　表 7-6

作业条件	机械技术状况				
	优秀	良好	普通	较差	很差
优秀	0.83	0.81	0.76	0.70	0.63
良好	0.78	0.75	0.71	0.65	0.60
普通	0.72	0.69	0.65	0.60	0.54
较差	0.63	0.61	0.57	0.52	0.45
很差	0.52	0.50	0.47	0.42	0.32

第四节　施工机械的购置、租赁与更新、改造

无论是新建的施工企业,还是已经营多年的老企业,都存在着如何使企业的施工机械适应企业施工生产的问题,即企业技术装备结构合理化的问题。它所涉及的范围有技术装备政策、技术装备规划、新增设备以及更新、改造等方面的装备(或称机械)管理问题。

一、装备结构合理化的要求

装备管理的目的是保持并提高施工企业技术装备结构的合理化,使企业的施工机械适应企业施工生产需要。

装备结构的合理化应符合以下要求:

1. 技术先进性

构成施工企业机械化施工能力的主要机械,应具有与当代平均水平相匹配的技术先进性。具体地说应具有平均先进程度的消耗水平、生产效益、耐用性、安全性、环保性、可靠性、维修性等。

2. 较高的利用率及机械效率水平

在正常情况下,施工企业的主要机械设备应基本达到或超过国家(或行业)规定的利用率、年出勤率及机械效率指标,但由于公路施工本身的特点,要求机械设备全面达到或超过国家指标是不可能的,但至少要做到基本上完成。

要使施工企业的技术装备结构达到高利用率和高效率的要求,要处理好以下关系:

(1)常用机械与非常用机械之间的关系。依据机械设备的长远利用率的高低,将施工机械区分为常用与非常用两大类。企业自有机械原则上只能由常用机械来组成;非常用机械与施工企业只能是一种临时的结合关系。

(2)凡具有综合机械化组合关系的机械设备之间,必须有正确的配套关系。例如自卸汽车的厢斗容积一般以等于 $3 \sim 4$ 个挖掘机铲斗容积为宜,过大或过小都将导致总的生产效率的下降。配套关系不仅仅指生产能力之间的匹配,还有技术性能、工艺性能等之间的匹配关系。一个配套关系失调的装备结构达不到高效的目的。

3. 机械化程度的均衡性

机械化程度的均衡性,对综合性施工企业来说,是指工种工程之间机械化程度的均衡性,对专业化施工企业来说,是指工序之间机械化程度的均衡性。施工企业是作为一个服务整体作用于工程项目,如内部之间机械化程度不均衡,那么就不能充分体现总的机械化施工的优越性。

所谓"均衡性"并不是相等的意思,事实上不同工种工程之间,或不同的工序之间,要具有完全相同的机械化程度是很不容易做到。但应达到机械化程度都占明显优势的程度,以便使总的装备结构达到完善的程度。

4. 大、中、小型施工机械及动力机具具有合理比例

一个规模较大的公路工程,不仅有大量的常规土石工程、路面铺筑工程,而且存在大量人

工构筑物。因此,要提高总体工作的机械化程度,必须注意配备一定比例的小型机具,否则整体的机械化优势还是不能充分发挥,也影响整个工程项目质量的提高。

5. 便于使用与维修

在实施装备结构合理化中,须重视施工机械使用与维修的方便、机型厂牌尽可能单一,防止一种机型同时选购不同厂家产品平均使用。

综上所述,一个合理的技术装备结构应该具有平均先进水平的、高效的、机械化程度均衡的、具有合理多层次结构与比例的、又便于使用与维修的装备结构。要做到这一点并不容易,即使一时做到了,也会随着生产形势的变化产生新的不合理因素,需要适时地加以调整、提高,这就是技术装备管理的主要内容。

二、装备管理的常用术语

在一个预定的时期内,根据预定的目标,将有关提高技术装备结构合理化程度的各项工作或措施加以综合考虑而安排的计划形式,便是技术装备规划。施工企业赖以充实、调整、改进技术装备结构的主要手段,有"新增""报废""改造""自制"等。

1. 新增

新增是指施工企业增加了在原有的装备结构中所没有过的同类机械设备。它不是通常的新旧替换,所以一般来说企业对这种机械设备不太熟悉,缺乏实践经验,故要特别慎重,若决策失误,那么将成为降低企业技术装备合理化程度的主要因素。

2. 报废与更新

(1)报废:是指设备退役。报废后的机械设备已不再是企业固定资产组成部分,应从资产账上予以注销。

(2)更新:是指以新代旧。根据更新内容的不同,分为役龄更新与技术更新二种。役龄更新指用新出厂的完全同样的机械设备去填补由于旧机械设备报废退役而留下的空缺,不包含或不要求技术性能上的任何改进提高。技术更新则指用在技术性能上完全新型的新设备去替换或淘汰已经陈旧落后的旧设备,也就是所谓的"换代"。目前单纯的"役龄更换"情况很少出现,因此本书中凡提到"更新"一词而又不作特别说明的地方,一律指"技术更新"。

更新与报废互相对应,因为更新总是有对象的,没有报废,不可能有更新。某一设备可以只报废不更新,而不能只更新而无报废。

3. 改造与改装

(1)改造:是指机械设备局部的技术更新。经过改造后的机械设备并没有变更设备的机种,只不过在技术性能上得到了提高。

(2)改装:是利用旧机械设备的主体部分或全部,再增加某些附加装置使其用途发生变更,成为另一种设备。在这个过程中,技术上有无提高改进不是主要问题。

4. 配套

配套是指二者之间具有比较严格稳定的匹配关系。有三种情况:

(1)同台设备中主机与副机之间的配套关系。

(2)综合机械化施工组列中前后工序机械设备之间的配套关系。

(3)施工对象与适用设备之间的配套关系。

5. 自制设备、标准设备、非标准设备

凡是国家批量生产的定型设备称为"标准设备"。

凡是由于工程需要而由企业自制或委托制造的专用设备即为"非标准设备"。

国家不提倡或不允许施工企业自制定型设备,故在通常情况下,可把"自制设备"与"非标准设备"看成是同义词。

三、技术装备规划的意义和内容

技术装备规划是公路施工企业在国家技术装备政策指导下,根据对未来施工形势的预测、评价结果,以及本企业技术装备结构的现状,在预定的时间内(一般以3~5年为宜)有目标、有步骤地使企业的技术装备结构和装备水平日趋合理化的一种规划。

技术装备规划包括三方面的内容:

(1)做出规划期内生产形势发展变化的预测,提出预计的生产能力目标。这是最主要的一项内容,是制定规划最根本的依据。

(2)分析现有的技术装备结构的状况。这种分析除了研究装备本身内部配套关系及比例关系等情况以外,还要根据主要考核指标(完好率、利用率、装备生产率等)的统计资料,运用统计分析的方法,找出装备结构方面存在的主要问题,确定调整装备结构或提高其水平的要点。

(3)提出规划期内分期分批新增、改造和淘汰的主要机械设备的方案,同时结合工程承包和机械租赁市场情况,做出机械租赁的安排。对关键机械应具体落实到机种、机型、数量、成新度和主要的技术性能指标等。

四、新增设备与租赁设备

新增设备的管理程序可分为必要性审核、适用性审核、法规性审核、综合比较评选等四个步骤。

1. 必要性审核

所谓必要性审核,又称为常用性审查,是指施工企业有无必要自己来购置这种设备,也就是说施工企业有无必要采用自有机械的方式来满足施工生产需要的问题。

必要性审核的基本依据是预测的长期利用率。如果某项机械设备只能短期使用而看不到长期使用可能,或即使可以长期使用而利用率不高的情况下,通常企业自行购置在经济上是不合算的。在这种情况下,为了解决施工生产需要,最好采用租赁或将工程局部分包出去的办法。

在具有长期利用可能的情况下,设备的利用率应达到何种水平,才能使企业在经济上合理地拥有该种设备,可用下面两种方法来提供决策的依据:

(1)计算法:其原理为以设备的有效使用期为分析期,计算自有与租用两者总费用现值相等的利用率,由此求得企业拥有该设备所必须达到的利用率的经济界限。

设:

C_g——设备年运行维持费中与利用率无关的固定部分。由检修费、(维护费)、安拆及辅助费等四项费用组成,元/年;

C_b——设备年运行维持费中与利用率有关的可变部分。由人工费、动力燃料费、车船使用费等几项费用组成,元/年;

R_1——定额台日(台班)利用率,即租赁公司及租用单位用以计算台班成本的依据;

R_2——实际利用率(假定每年相等)或企业自有机械经济利用率的下限;

E_p——自有方式在有效使用期内总费用的现值,元;

E'_p——租用方式在有效使用期内总费用的现值,元;

f——台班租用费,元/台班;

D——年制度台日数(按我国现行规定 250d),天;

P——资金的现值(包括机械购置、安装费),元;

L_n——至 n 年后预期可以回收的设备残值,元;

i——资金的年利率;

n——使用期年数,年;

$[P/F,i,n]$——一次支付现值系数,为 $\dfrac{1}{(1+i)^n}$;

$[P/A,i,n]$——等额支付系列现值系数,为 $\dfrac{(1+i)^n-1}{i(1+i)^n}$。

假定一天按一班制作业,即台班就是台日。

若施工企业拥有该机械设备,则在 n 年内,总费用现值为:

$$E_p = P - L_n[P/F,i,n] + C_g[P/A,i,n] + C_b\frac{R_2}{R_1}[P/A,i,n] \tag{7-9}$$

若租用设备,则租用 n 年共需付出租用费总和现值为:

$$E'_p = fDR_2[P/A,i,n] \tag{7-10}$$

令 $E_p = E'_p$,则有:

$$p - L_n[P/F,i,n] + C_g[P/A,i,n] + C_b\frac{R_2}{R_1}[P/A,i,n] = fDR_2[P/A,i,n]$$

故:

$$R_2 = \frac{p - L_n[P/F,i,n] + C_g[P/A,i,n]}{\left(f \cdot D - \dfrac{C_b}{R_1}\right)[P/A,i,n]} \tag{7-11}$$

若施工企业对该项设备的预测长期利用率 R 等于 R_2,那么自有与租用在经济上一样,考虑自有设备使用较为方便,可考虑购买;只要 R 大于 R_2,就以购置为宜;当 R 小于 R_2 时,则租用为宜。

上述经济定额中台班数据,是为了计算机械使用成本费用的,并不包括利润。而租赁公司在出租机械设备时,实际收取的台班租费要大于国家规定的机械台班费用定额。为便于计算,此处假定它与经济分析所用 i 值相一致。

在定额中,台班费包含了折旧费,故引用定额台班费时,应注意扣除折旧费 d。

这样台班费租用费即为:

$$f = \frac{1}{D \cdot R_1}(P[A/P,i,n] - L_n(A/F,i,n)) + (f^1 - d) \cdot (1+i) \tag{7-12}$$

式中：　　　　f^1——定额台班数；

　　　　　　　d——折旧费；

$(f^1 - d) \cdot (1+i)$——修正台班费。

例 7-1　某型汽车起重机的必要性分析。经预测，长期利用率 R 为 77%，且知 $P = 163\,000$ 元，$n = 11$ 年，$L_n = 15\,000$ 元，$i = 10\%$，$R_i = 200/250 = 0.8$。

查"公路工程机械台班费定额（JTG/T 3833—2018）"知：

(1) 折旧费：182.18 元；

(2) 检修费：117.26 元；

(3) 维护费：246.72 元；

(4) 安拆及辅助费：0 元；

(5) 人工费：2×106.28 = 212.56 元；

(6) 燃油动力费：35.62×7.44 = 265.02；

(7) 车船费：0 元。

合计：1023.74 元。

解

$$C_g = 200 \times (117.26 + 246.72 + 0) = 72\,796(元/年)$$

$$C_b = 200 \times (212.56 + 265.02 + 0) = 95\,516(元/年)$$

$$f = \frac{1}{250 \times 0.8} \times \{163\,000[A/P,10\%,11] - 15\,000[A/F,10\%,11]\} +$$

$$(1\,023.73 - 182.18) \times (1 + 10\%)$$

$$= \frac{163\,000 \times 0.154 - 15\,000 \times 0.054}{250 \times 0.8} + (1\,023.73 - 182.18) \times (1 + 10\%)$$

$$= 1\,047.165$$

故：

$$R_2 = \frac{163\,000 - 15\,000[P/F,10\%,11] + 72\,796[P/A,10\%,11]}{\left(1\,047.165 \times 250 - \frac{95\,516}{0.8}\right)[P/A,10\%,11]}$$

$$= \frac{163\,000 - 15\,000 \times 0.305 + 72\,796 \times 6.495}{142\,396.25 \times 6.495}$$

$$= 0.682\,5$$

由 $R = 77\%$ 知：$R > R_2$，故可以考虑购买。

这里应注意：计算所得 R_2 值侧重于理论，实际上租赁公司的出租台班费比较固定，而施工企业的自有机械年运行维持费用却有很大的潜力可挖，是大有节约余地的。所以即使自有机械的实际利用率略低于 R_2 的计算值，在一定的程度内仍不妨碍施工企业以自有方式拥有该种设备。

(2) 查表法：查表法是利用施工设备经济利用率下限，来确定自有或租用机械。施工企业自有机械预测利用率的经济界限，大致在 60% 左右。施工设备经济利用率下限见表 7-7。

施工设备经济利用率下限表　　　　　　　表7-7

序号	预测长期经济利用率下限(%)	适用机种示例
Ⅰ	50	履带挖掘机、拖车车组、打桩机、锻压设备
Ⅱ	55	推土机、拖拉机、履带起重机
Ⅲ	60	轮胎起重机、装载机、电动卷扬机
Ⅳ	65	塔式起重机、汽车起重机、机动翻斗车、自卸汽车、混凝土搅拌机、金属切削机床
Ⅴ	70	载重汽车

当预测的长期利用率 R 大于经济利用率下限时,就可考虑购买该机械。

企业自购设备的优点:

①自有自用,当施工需要时可以立即投入使用,特别方便。而租用机械则必须临时联系租赁来源,因而包含着一定程度的不可靠性。

②拥有人对自用的设备往往更精心一些。故而在延长使用寿命及节约开支方面都有一定的潜力。

企业自购设备的缺点:

①自购设备需要一次投入巨额的资金,而租用设备只需陆续支付小量的资金。很明显,前者要比后者更难筹集一些。

②当社会上出现新型的先进设备时,租赁方式可以允许施工者随时选择最先进的设备施工,而自有机械则往往促使施工者倾向于继续使用陈旧设备,相比之下,增加了维持费用,阻碍了企业技术进步。

③限制了施工企业承接各种不同施工任务的自由,因此可能使企业失去获得较高收益的机会。

以上有利或不利因素,有时难以用定量方法来表示,只能依靠决策人员的综合分析能力进行经济分析与决策。

当上述利用率考查通过后,并不等于必要性审查已全部过关。还要进一步考查企业外部还有没有其他方法可以在更经济的条件下解决同样的施工生产需要,而不需企业直接添置设备,这方面情况较为复杂,也无法运用分析计算方法来解决。下面以具体实例来说明。

例7-2　某局为配合某国家重点工程,投资100多万元为沥青砂加工厂筹建一条碎石生产线。从长期利用率来考查是没有问题的。等设备购买齐后,了解到附近乡镇可以提供同规格、同质量的碎石成品,每吨价格比自己生产成本还要便宜2.5元。按年需要量15万吨计算,每年仅价差一项就要净浪费37.5万元。还不计电力消耗等国家能源方面带来的压力,结果是取消原定生产线建设计划,全部设备原封积压。这就是一个利用率通过以后,没有进一步再查找其他更经济的方法可资利用而造成的设备投资失误的典型例子。

凡是经过必要性审查而未被通过的机械设备,应通过租赁渠道来解决。目前我国的租赁制度已经比较完善,施工企业自有机械仅占总数的15%～30%,而70%～85%的施工机械均靠租赁解决。

2. 适用性审查

适用性就是考查机械设备全面技术性能(包括其细节在内)能否满足施工生产的需要。即使是同一类型的机械设备,在生产性能方面往往也有很大的差异。而在施工方面,无论是施工工艺或作业环境等，各个项目也都各不相同。因此如果选择不当，两者之间便可能产生不匹配的情况，使新增的机械设备无法使用。

适用性审查不是一个单纯的数字计算或指标对比所能解决的问题，最好能由同时通晓施工及机械两个方面知识的人员通盘考虑予以决定。在不具备这样的条件下，可以由这两方面的作业人员协商解决。适用性审查比较复杂，可从以下几方面考虑：

（1）机械设备的技术性能与施工工艺之间的匹配关系。

（2）机械设备的技术性能与设备作业环境之间的匹配关系。

（3）机械设备的技术性能与综合机械化组列之间的匹配关系。

（4）其他方面的匹配关系。

3. 法规性审查

在国家装备政策及有关法规中，往往对企业选用设备做出了某些具体的规定。如果违反了这些规定，则不能投入使用，所以它也是一个必需的步骤。故在企业选用机械设备时，应了解国家的有关法规，以免投资失误。

4. 综合比较评选

在经过前述三个阶段审查后，如果只剩下一种机械可供选用，或者虽尚有多种机械可供选择，但主要的优点都明显地集中在一种机械上，那么就不再进行综合比较选择，根据直观判断就可以做出决定。当由于结构、厂牌号不同在各个方面上互有长短时，需要通过综合比较，决定取舍。

机械设备的综合比较评选，可从以下几个方面考虑：

（1）经济性：包括一切可以直接用货币单位表示或可能转化为货币单位的定量指标，如设备的生产率、原值、年运行维持费、使用寿命等。

（2）可靠性：可靠性是一台机械的生产性能在时间上的稳定程度。施工企业对机械设备的可靠性信息来源可以来自设备的可靠性试验资料，另外对制造厂的质量管理水平的了解也很重要。施工企业选用的机械设备，应该是机械设备制造厂正常投入批量生产的出厂产品。

（3）维修性：取决于机械设备的零件标准化程度，设备停修时间的长短，拆装的难易，配件供应渠道的稳定程度，以及企业已有的同类设备之间的厂牌统型程度等。

（4）安全性。

（5）环保性。

（6）适应性：不同于前述的适用性，这里是指机械设备对不同使用要求的适应能力。

（7）宜人性：各种操纵驾驶装置的布设位置、采光、照明、视野、保温等性能有利于驾驶员的工作。

（8）其他评选人员认为有必要列入的指标。

对于不同的机械设备，上述指标的范围允许有增减，依据具体情况确定。

具体评选方法为：若通过前述三个阶段审查后，还剩下若干机械设备可供选择，且它们在除了经济性外其他几项指标并无明显差别，或有差别在特定使用场所条件下不会产生值得注意的影响，这时可以将这些不同的机械设备，看成是不同的选择方案，用单纯经济比较评选法对这些方案进行评价。

单纯经济评选法

(1)当各方案的服务所限相同时。视年维持费用 C 的不同分为两种情况:C 为定值或逐年递增,可视为均匀梯度系列。

①年费用单位成本比较法:

当 C 为定值时,有:

$$S_a = \frac{P[A/P,i,n] - L_n[A/F,i/n] + C}{W}$$

或

$$S_a = \frac{(P - L_n)[A/P,i,n] + L_n i + C}{W} \tag{7-13}$$

式中:S_a——年费用单位成本;
W——设备年产量。

当 C 可视为一个均匀梯度系列时,有:

$$S_a = \frac{(P - L_n)[A/P,i,n] + L_n i + C_1 + G[A/G,i,n]}{W} \tag{7-14}$$

式中:C_1——设备第一年的维持费用;
G——梯度年金。

$$G = \frac{C_n - C_1}{n - 1}$$

或

$$G = C_n - C_{n-1} \tag{7-15}$$

式中:C_n——预计的第 n 年维持费用,
评选:以 S_a 最低者为最优设备。

②现值单位成本比较法。若年运行维持费 C 呈不规则变化,则采用现总值比较法为宜,这样可以节省一些计算工作量。

$$S_b = \frac{P - L_n[P/F,i,n] + C_1[P/F,i,1] + C_2[P/F,i,2] + \cdots + C_n[P/F,i,n]}{nW}$$

$$= \frac{P - L_n[P/F,i,n] + \sum_{j=1}^{n} C_j[P/F,i,j]}{nW} \tag{7-16}$$

式中:S_b——现总值单位成本。
评选:以 S_b 最低者为最优入选设备。

(2)各种方案服务年限不同时,可用年费用单位成本法比较,方法同上。也可以采用研究期法,以各方案中短的那个年限为研究期。其公式为:

当 C 为定值时:

$$S_C = \frac{P[A/P,i,n][P/A,i,n_0] + C[P/A,i,n_0]}{n_0 W} \tag{7-17}$$

式中:S_C——研究期现值单位成本;

n_0——选定的研究期（$n_0 = \min\{n_A, n_B, \cdots\}$）。

当 C 为均匀梯度系列时：

$$S_C = \frac{(P[A/P, i, n] + C_i + G[A/G, i, n_0])[P/A, i, n_0]}{n_0 W_0} \tag{7-18}$$

当 C 呈不规则变化时：

$$S_C = \frac{P[A/P, i, n][P/A, i, n] + \sum_{j=1}^{n_0} C_j[P/F, i, n]}{n_0 W} \tag{7-19}$$

用研究法比较机械时，一般不考虑残值。

评选：以 S_C 最低者为最优入选设备。

例 7-3 在通过必要性、适用性和法规性审查后，现剩下 A、B、C 三种设备，其数据如表 7-8 所示，现需从这三种设备选其中一种。$i = 15\%$。

设 备 数 据　　　　表 7-8

参　　数	设 备 编 号		
	A	B	C
P（元）	14 000	16 000	23 000
C（元/年）	800	700	600
n（年）	10	13	15
w（km³）	100	110	120
L_n（元）	0	0	0

解 因为各方案服务年限不等，故采用研究期法。取 $n_0 = 10$ 年，则有：

$$(S_C)_A = \frac{14\,000 + 800[P/A, 15\%, 10]}{10 \times 100} = 18.01 (\text{元}/\text{km}^3)$$

$$(S_C)_B = \frac{(16\,000[A/P, 15\%, 13] + 700)[P/A, 15\%, 10]}{10 \times 110} = 16.27 (\text{元}/\text{km}^3)$$

$$(S_C)_C = \frac{(23\,000[A/P, 15\%, 15] + 600)[P/A, 15\%, 10]}{10 \times 120} = 18.96 (\text{元}/\text{km}^3)$$

评选：$\min S_C = (S_C)_B = 16.27$ 元/km³，故设备 B 为最优。

采用年费用单位成本，则有：

$$(S_a)_A = \frac{14\,000[A/P, 15\%, 10] - 0 + 800}{100} = 39.902 (\text{元}/\text{km}^3)$$

$$(S_a)_B = \frac{16\,000[A/P, 15\%, 13] - 0 + 700}{110} = 32.41 (\text{元}/\text{km}^3)$$

$$(S_a)_C = \frac{23\,000[A/P, 15\%, 15] - 0 + 600}{120} = 37.78 (\text{元}/\text{km}^3)$$

评选：$\min S_a = (S_a)_B = 32.41$ 元/km³，故设备 B 最优。

对服务年限不同的方案，分别用年费用单位成本法与采用研究期法分析时，有时结果相同,有时结果不同,这主要因为存在一个菲谢尔交点问题。关于菲谢尔交点这里不介绍,请参阅《工程经济》或《技术经济》有关章节。当结果不同时,可采用一种简便方法,即根据设备所采用的技术在当时是处于稳定时期,还是处于更新前夕,而决定采用何种结果。

全面综合评比法

若参加比较的各个机械设备,除了经济性指标,其他各方面的性能差异很大,而且其重要性并不亚于经济性指标时,应采用全面综合评比法对各个设备评分,以得分总和最多为最佳设备,采用综合评分的原因是因为有许多非经济性指标很难将其转换成统一的计量单位来表达,而只能作定性的描述。

评分法一般采用表格法进行,见表7-9。

全面综合评分比较表　　　　　　　　　　　表7-9

指标类别	权数	指标内容	单项评分			加权分数＝权数×单项评分		
			设备A	设备B	设备…	设备A	设备B	设备…
经济性	Q_1	年费用单位成本或现总值单位成本	a_1	b_1	…	$Q_1 a_1$	$Q_1 b_1$	…
可靠性	Q_2	可靠度计算值或其他评价资料	a_2	b_2	…	$Q_2 a_2$	$Q_2 b_2$	…
维修性	Q_3	1. 零部件标准化程度	a_{3-1}	b_{3-1}	…			
		2. 拆装难易程度	a_{3-2}	b_{3-2}	…			
		3. 配件供应情况	a_{3-3}	b_{3-3}	…			
		至 n 项分指标	a_{3-n}	b_{3-n}	…			
其他指标（略）	…	…	…	…	…	…	…	…
加权总分合计						$\sum Q_i a_i$	$\sum Q_i b_i$	

在进行上述评分时,有几点说明如下:

(1)表中的权数是各类指标在综合比较中所占重要性大小的一个标志。也就是说,对所有参加评分的各类指标不能一视同仁,必须有所侧重。权数的选定及评分由评比者根据本人的观点,吸收其他专业人员的意见而定。对于特别重要的设备,甚至可以采取背靠背的方法收集意见,避免由于面对面的会议方式而产生的顾及情面,资历等不良影响,一般情况下权数的总和应为10或100。

(2)凡是通过计算可以求得具体数值的指标,不能把计算结果当成分数直接应用,应采取分等给分的方法将其转化为分数。

(3)为了使评分工作做得更细致、更正确一些,可以把每一个大指标分解成若干个指标分别评分,以便取得更接近实际的结果。但应注意的是将分指标的评分总和乘以系数 $1/n$,这样做更合理一些。

(4)每一项指标可以采取10分制或5分制予以评定,除了有确定的定量数字出现,其余部分可采用与确定权数相同的方法予以评定。

从以上过程可以看出,权数与分数虽其表现形式都是以确定的定量数值出现,但实质上已包含了大量的人的主观因素。为使个人主观性的影响尽量减低,参加评分的人员应多一些为好,这样每个人的主观性相互作用,可使结果更实际一些。这种方法由于有此不足之处,故在理论上讲并不十分完善。

以上便是施工企业对新增设备管理的全过程,简单说,这四个步骤的中心内容是:

(1)必要性审查是解决一个该不该购买(包括调进在内)的问题。

(2)适用性审查是解决一个买来以后能否适用的问题。

(3)法规性审查是解决投产运行时是否会触犯国家的有关法规问题。

(4)综合比较评选是解决在所有可供选择的机械中哪种综合效果最佳,以利购买的问题。

五、设备更新

在没有特别说明的情况下,所谓"更新"就是指"技术更新"。

设备是否及时更新关系到企业技术设备总体的先进程度,关系到企业运行的整个经济效益。如果企业机械设备的预定使用年限(有效寿命周期),在制订技术装备规划时已经考虑了技术进步的因素,那么设备更新的问题就比较简单,否则就会由于强制淘汰而使占相当比重的折旧余额无法回收,使企业及国家遭受额外损失,同时也增加了更新的阻力。

更新设备一般不需要对利用率及适用性详加考查,因为企业对这类设备已经拥有丰富的使用维修经验,比较了解。常年积压或利用率很低的机械设备,一般不会产生更新的要求。

对设备更新的管理可归纳为两大步骤,即:

(1)更新必要性审查;

(2)更新机型或更新技术选择。

由于更新是指技术性能先进的机械设备替换或淘汰陈旧落后的旧设备,所以被更新的对象往往有不少正处于"自然寿命的壮年阶段"。因此,若无充分的论证及明显的优势,是不容易下决心将使用寿命尚未终了的旧设备予以淘汰,这就是更新必要性审查所要解决的问题。

对于某类设备是否需要更新,从企业本身的角度来考虑与从整个国民经济角度出发来考虑,其结论不总是一致。

作为企业来讲,对设备更新必要性审查的依据来自两个方面:

(1)国家及上级主管部门制订颁发的有关设备更新方面的规定。

(2)企业根据社会上出现的新型设备的性能资料作出的技术经济比较计算。

在正常情况下,设备是否需要更新,主要应根据技术经济分析的结果而定,一般应用的方法有投资回收期法,最小年费用法以及收益率比较法。

1. 投资回收期法

由于在施工企业中单独机械的年收益数据不确定,故通过计算新旧机械年收益的差值 ΔR 来求投资回收期。

设:

C_N——新设备的等额年维持费用;

C_0——旧设备的等额年维持费用;

W_N——新设备的年产量;

W_0——旧设备的年产量。

有:

$$\Delta R = \left(\frac{C_0}{W_0} - \frac{C_N}{W_N} \right) W_N$$

故：

$$N = \frac{L_g\left[\frac{\Delta R}{\Delta R - (P - L_1)i}\right]}{L_g(1 + i)} \quad (7\text{-}20)$$

式中：L_1——使用到末期的旧设备转让处理价格；

　　　N——投资回收期。

将 N 与标准回收期(国家有专门规定)N_H 相比，若 N 小于 N_H，则更新方案成立。

2. 最小年费用法

最小年费用法是通过比较新旧机械设备的年单位产值的费用，进行更新决策。

设：n'——旧设备剩下的使用年限；

　　L'——旧设备残值；

　　P'——旧设备目前的处理价格。

则，旧机械设备年成本费为：

$$A' = (P' - L')[A/P,i,n] + L'i + C_0 \quad (7\text{-}21)$$

又设：

$$K = \frac{W_N}{W_0} \quad (7\text{-}22)$$

则，新机械设备年成本费为：

$$A = \frac{(P - L)[A/P,i,n] + Li + C_N}{K} \quad (7\text{-}23)$$

评价：当 $A < A'$ 时，更新成立。

例 7-4 设某设备，原价为 22 000 元，使用寿命为 10 年，现年平均维持费用为 8 000 元，现已使用了 4 年，目前处理转让价为 4 000 元，报废残值为 500 元，有同类的新机械问世，价格为 24 000 元，寿命为 10 年，报废残值为 600 元，年平均维持费为 5 500 元。新机械的生产率为旧机械的 1.3 倍，i 设为 15%，问现在予以更新是否合理？

解

$$A' = (4\,000 - 500)[A/P,15\%,6] + 500 \times 15\% + 8\,000$$
$$= 9\,000(元/年)$$

$$A = \frac{(24\,000 - 600)[A/P,15\%,10] + 600 \times 15\% + 5\,500}{1.3}$$
$$= 7\,887(元/年)$$

评价：以机械生产率为基准，生产同样多的产品，新机械比旧机械节约 $9\,000 - 7\,887 = 113(元/年)$，故更新是合理的。

3. 收益率比较法

用收益率比较法来研究设备更新问题，由于要求有相同的分析研究期(使用年限)，所以在一般情况下不太适用。当现有设备尚可使用的年限还相当长，由于出现了性能特别优越的新型设备；或者原有设备在当初选型时有失误，致使启用后就发现使用情况很不理想，这时新旧设备的服务年限相差无几。可以以旧设备的尚可使用年限作为分析研究期，用收益率比较研究更新问题,其结果还是可以信赖的。

设:R——新设备年收益,元;

R_0——旧设备年收益,元;

P——新设备初始投资,元;

P_0——旧设备现转让处理价,元。

则用差额投资收益法,有:

$$R - R_0 = (P - P_0)[A/P,i,n]$$

故:

$$[A/P,i,n] = \frac{R - R_0}{P - P_0} = \frac{\Delta R}{\Delta P} \tag{7-24}$$

用试算法求出 i 之后,与企业的规定的收益率 MARR(Minimun attcactive rate of return,一般比银行利率至少高 50%)相比较:当 $i >$ MARR 时,更新合理。

例 7-5 某机械 1 台,使用寿命为 17 年,安装 2 年后使用情况一直很不理想。现在新型同类机械,售价为 15 750 元,生产率为旧机的 1.5 倍,年维持费用较旧设备节约 1 450 元,原机械若出现出售可得 1 500 元,企业的 MARR 为 10%,问是否更新?

解

选用研究期为 17 - 2 = 15(年),并且一年内旧机械与新机械的差额年收益为:

$$\Delta R = R - R_0 = 1\,450 \times 1.5 - 0 = 2\,175(元/年)$$

差额投资为:

$$\Delta P = P - P_0 = 15\,750 - 1\,500 = 14\,250(元)$$

则:

$$[A/P,i,15] = \Delta R/\Delta P = 2\,175/14\,250 = 0.152\,68$$

取 $i_1 = 13\%$,则 $[A/P,i,15] = 0.154\,7$

取 $i_2 = 12\%$,则 $[A/P,i,15] = 0.146\,8$

可见 $i_2 < i < i_1$。应用内插法则:

$$i = i_2 + (i_1 - i_2) \frac{[A/P,i,n] - [A/P,i_2,n]}{[A/P,i,n] - [A/P,i_2,n]}$$

$$= 12\% + 1\% \frac{0.152\,6 - 0.146\,8}{0.154\,7 - 0.146\,8}$$

$$= 12.73\%$$

因为 $i >$ MARR,故更新较为合理。

在更新设备中,若能够用来置换旧设备的新设备不止一种,那么就产生一个更新机型的选择问题。解决的办法是直接利用旧设备与各个新设备分别作更新分析,对其结果进行比较而解决。或在各个新型设备之间做多方案的分析比较,所使用的方法与新增的装备管理程序中综合比较评选法相同。

六、设备改造

设备改造实质上是设备的局部技术更新。随着生产的发展及科学技术的进步,设备的技术更新步伐越来越快,产品一代又一代地更替着,更新周期越来越短。按理讲,既然已经出现了性能优越的新型设备,就应该将落后陈旧的老设备淘汰掉。但是旧设备的社会拥有量要比新设备的供应量大得多,所以世界上没有哪一个国家能够按着更新周期的步伐,一代接一代地把旧设备全部予以更新。怎样解决这一矛盾,采用局部更新的改造办法便是一条既快又省的有效途径。所以设备改造并不是企业缺乏资金,无力购买新设备而被迫采取的一种凑合办法,不是临时的权宜之计,而是提高企业装备现代化程度的一个主要手段,是设备管理中的长远方针。

设备改造一般具有如下四个优点:

(1)以较少的投资,获得较高的经济效益。这是因为机械的更新换代,除非是彻底性的技术突破,一般情况下只是在某些方面有所改进。因此在实行技术改造时,机械的绝大部分结构可以保持不变,与整机更新相比,能节约大量的资金。

(2)技术改造的内容、程序、规模,完全可以由企业根据需要来决定,因此在技术上针对性强,在生产上适用性较好,使资金得到最有效的利用。在与生产要求紧密结合这一点上甚至可以超过新设备。

(3)可以加快企业装备结构的现代化程度,使设备拥有量的构成比例有所改善。

(4)技术改造一般是由企业自己进行,有利于设备维修的标准化。

设备改造分为以下二个步骤:

1. 经济可行性审查

设备的技术改造,通常具有投资少,效益高的优点,所以在经济可行性审查中,一般都是能够通过的。以前介绍的各种分析方法,原则上都可以用于改造项目的分析比较,特别以投资收益率比较法为宜。这是因为设备通过改造,旧设备与新技术融为一体,旧设备的使用寿命也随之延长,所以不存在旧设备的剩余使用寿命及转售处理价格等不确定因素,结果较可靠。

2. 技术可行性审查

技术可行性审查,一般可以从两个方面考虑:

(1)所引用的新技术本身是否已经成熟,施工企业对该项新技术的全面情况及其细节是否已彻底了解和掌握。

(2)施工企业是否具备自行加工,改造及研制的技术水平及管理能力。即使在找厂委托加工的情况下,也应对所委托的工厂在技术上加以考察。在通常情况下,最好引用比较成熟的先进经验的技术,以免发生技术失误现象。原则上不提倡施工企业自搞一些在技术上较为复杂的项目,更不允许自行仿制一些可以通过正常渠道获得供应的定型产品。

凡是经过技术可行性审查之后,该设备改造项目才能成立。

第八章
路基工程施工机群配置与调度

公路工程施工中,路基土方工程量占工程总量相当的比重。路基的开挖、填筑、平整和压实等工序作业,几乎全由土方运输机械和压实机械完成,形成了施工机械作业机群系统。

依据施工工序和各工序之间逻辑关系所形成的施工机械作业机群系统,我们称为施工机群。要使施工机群良好地作业,机群的组成、运行状态的控制与配置,就成为路基工程机械化施工的主要工作内容。

在进行路基土方施工中,首先根据工程项目和工期情况进行施工机群中各机械的选择,从技术上解决施工机群的静态配置问题。当路基土方施工开始后,随着施工的进行,工况在不断地变化,客观上要求施工机群也应随着动态变化。

施工机群的配置与调度,主要就是解决施工中施工机群的静态配置与动态调整,以保持施工机群与工程项目之间在工期、质量、成本及环境保护等方面要求的统一和协调。

第一节 路基土方机械化施工机群组成

一、施工机群工作能力

施工机群工作能力的大小,应与工程量和工期相适应。施工机群的工作能力合理,既能使施工企业如期完成工程任务、保持施工生产活动的有序性,而又不会额外加大设备投资费用。

确定施工机群工作能力由两方面因素决定:工程量和工期要求、机群的作业能力(台班产量)。确定的方法如下:

1. 土方机械作业能力确定

土方机械作业能力是以各机械的生产率为基础,在计入具体工况后而形成特定施工条件下的机械作业能力。

土方机械生产率按第七章相关内容要求确定,所要注意的是机械工作装置的容量,对铲运机、装载机、挖掘机、自卸汽车等,这些机械的工作装置为"斗"或"厢",计算容量时取斗容量或厢容量;对于推土机和平地机,其工作装置的容量为铲刀或刮刀前运送的土方量,这里的土方量为松方量。

有时在估算土方机械作业能力时,也利用土方机械单项产量定额(台班生产率)估算。几种常用的土方机械产量定额如表8-1所示。

几种常用的土方机械产量定额(示例)(每100m³的机械产量定额)　　　　表8-1

项　目		松　土	普　通　土	硬　土
推土机(59kW)		0.62	0.67	0.75
铲运机(6m³)	单独作业	0.75	0.82	0.98
	有助铲	—	0.75	0.88
挖掘机(0.5m³)	单独作业	0.23	0.25	0.27
	装车	0.45	0.5	0.56
装载机(1.2m³)	单独作业	0.57	0.61	0.88
	装车	0.41	0.45	0.50
自卸车(3.5t)	配合挖掘机	2.76	3.06	3.38
	配合装载机	2.53	2.91	3.28

注:1. 本定额采用运距:推土机40m,铲运机400m,挖掘机、装载机与自卸车配合为2km。
　　2. 远距增减计算:推土机每增减10m——松土0.14台班,普通土0.15台班,硬土0.16台班,硬土0.18台班。自卸车每增减1km——配合挖掘机时,松土1.21台班,普通土1.42台班,硬土1.57台班;配合装载机时,松土1.14台班,普通土1.36台班,硬土1.35台班。

2. 土方机械所需台数确定

所需土方机械的台数,由任务平衡方程式得出。所谓任务平衡方程式是指机械在规定的施工期限内所能完成的作业量应与工程总量平衡。即:

$$W = 8QDn \tag{8-1}$$

式中:W——工程项目总工程量,应折算成松方量,m^3;
　　　Q——机械的生产率,m^3/h;
　　　D——工程项目合同期限内实际可施工天数,d;
　　　n——工程项目所需的土方机械台数,台。

由平衡方程式(8-1)得:

$$n = \frac{W}{8QD} \tag{8-2}$$

根据公路工程的特点,路基土方工程可分为集中工程和线路工程。集中工程其特点是工程量集中而且较大,由于这些工程需要的机械品种、数量和台班较多,技术标准和机械化程度要求较高,所使用的机械大部分集中在拟建工程之旁或直接就在工地上,实质上工地施工现场已为形成工厂化的生产组织创造了条件;线路工程的特点是工程沿路线延伸长几十公里甚至数百公里,但所占施工地段的宽却不到几十米,施工所用设备分布于沿工作面的狭长的带状线路上,加上工程量分布的不均匀性,机械分布分散。

如果一个路基土方工程的全部施工过程是采用配套的或成群(机组或机群)的设备和机械来完成其全部工程主要部分,而人工只是作小量的零星修饰工作,这便是路基土方工程施工中最常见的综合机械化施工方法。要加快施工进度、降低工程成本,其基本的,也是最有效的方法是使路基工程中的集中工程和线路工程的施工向机械化和综合机械化方向发展。

二、施工机群中的主导施工设备、主要施工设备与辅助施工机械

路基土方工程机械化和综合机械化施工中,对工程质量、进度和成本方面产生决定影响的机械称为主导施工设备。而根据施工工艺,配合主导施工设备完成工艺环节作业所必备的机械,称为主要施工设备。除主导施工机械、主要施工机械外,为保证施工顺利进行而配置的机械,称为辅助施工机械。

如果将要施工的路基土方工程采用综合机械化施工,则式(8-2)中的土方机械台数 n 应理解为主导施工设备数量。

以主导施工设备、主要施工设备、辅助施工设备组成的路基土方施工机械群,称为路基土方机械化施工机群(简称路基施工机群)。该施工机群的工作能力,取决于机群中主导施工设备的工作能力。

第二节　路基土方机械化施工机群运行状态与判断

路基土方工程施工中,机械的作业方式分单机作业和综合机械化施工作业。采用单机作业方式时,机械的配置比较简单,根据上节的内容即可做出。而若采用综合机械化施工作业方式,在确定了主导施工设备以后,如何确定主要施工设备的性能与数量,以及随着施工的进行、施工工况的不断变化,如何保持施工机群与工程项目在工期、质量、成本及环境保护等方面要求的统一和协调等,还应进一步进行路基土方机械化施工机群运行状态的分析与判断。

路基施工机群运行状态的分析与判断,最有效的分析方法是利用随机服务理论。

下面结合路基土方工程中最具代表性的路堤土方填筑为例,进行路基施工机群运行状态的分析与判断。其他如路基挖方、半挖半填等土方工程,均可按同样的原理,进行施工机群运行状态的分析、判断以及施工机群的配置。

一、路基土方填筑"挖掘－压实"系统

在公路路堤填筑工程中,有一类综合机械化施工系统被广泛地采用,这就是挖掘机(或装载机)、自卸汽车、推土机、轻型与重型压路机所组成的填方施工系统(以下简称"挖掘－压实"系统)。由于该系统使用的机械数量、类型较多,机械布局分散,互相干扰大等特点,使得机械

的运行呈现为一种随机动态过程。

通常的"挖掘-压实"系统中,所有机械经一定的时间运行后,应进入正常施工运行阶段,且运行比较稳定。挖掘机位置(取土点)与推土机位置(填筑点)相距在50 m以上。挖掘机挖出土壤的含水率在最佳含水率附近,在压实之前不需专门洒水。为了保持原土壤的含水率,推土机前卸土长度应有一个限定值,压路机前推土机推平长度也应有一个限定值。

该施工系统由1台挖掘机、N辆自卸汽车、1台推土机、1台或2台轻型压路机、1台或2台重型压路机组成路基施工机群。

二、施工机群运行状态分析

"挖掘-压实"系统施工机群工作过程如图8-1所示。

图8-1中,A代表挖掘机,B代表自卸汽车,C代表推土机,D_1代表轻型压路机,D_2代表重型压路机。实线箭头为B运土,虚线箭头为B空返。B卸车后立即空返。由此可见,B的运行,将A与C联系起来,又由于B所卸土要由C推平,D_1、D_2压实,所以又将C、D_1、D_2联系起来,由于这种联系,使我们可以将A、B、C、D_1、D_2看作一个大系统来研究,基于这样的认识,可将图8-1抽象成图8-2所示。

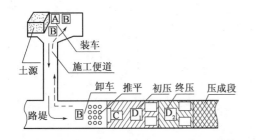
图8-1 "挖掘-压实"系统施工机群工作过程

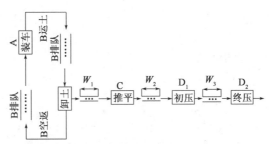
图8-2 挖掘-压实"系统施工机群工作过程逻辑关系图

图8-2中,W_1为推土机前卸土段限制长度,W_2为轻型压路机前推平段限制长度,W_3为重型压路机前初压段限制长度。

将图8-2中所示系统分为五个子系统:A-B子系统(挖掘-运土子系统)、B-B子系统(卸土-空返子系统)、B-C子系统(卸土-推平子系统)、C-D_1子系统(推平-初压子系统)、D_1-D_2子系统(初压-终压子系统),则对"挖掘-压实"系统的研究,就转化为这五个子系统及相互关系的研究。

1. A-B 子系统(简称 A-B)

设"挖掘-压实"系统中B的拥有量为N,在子系统中B依次达到A处,其排队数可为0,1,2,…,n,…,N。

又设,在任意时刻t,子系统中B的数量为n,则在t之前一时刻$t-1(t-1<t)$B的数量一定为$n-1$或$n+1$,B在A-B中的数量不可能经任意小的时间间隔Δt从n突变为$n+2$、$n+3$、或$n-2$、$n-3$。这样若t为现在时刻,则可通过t时刻A-B中B的数量来研究过去$t-1$或未来$t+1$时刻B的数量。

设:

λ_1——单位时间内B到达A-B的平均数;

μ_1——单位时间内B离开A-B的平均数;

S_n^1——任意时刻 t，A-B 的系统状态(即子系统中 B 的拥有量为 n)；

$P_{n(t)}$——在任意时刻 t，A-B 处于 S_n^1 的概率；

P_n——系统进入正常工作后，A-B 处于 S_n^1 的概率。

则在施工进入正常情况后，子系统中各种可能的系统状态如图 8-3 所示。

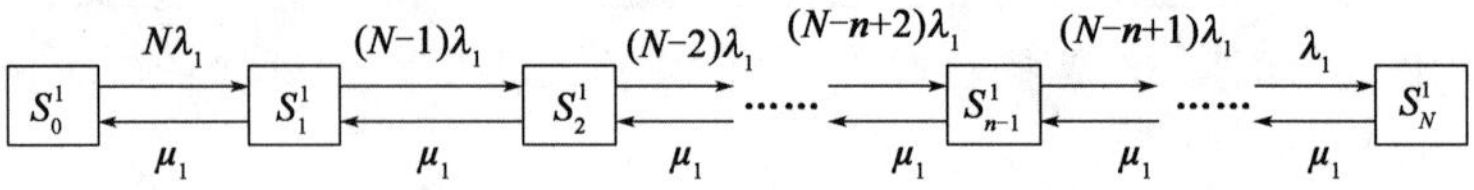

图 8-3 "挖掘 – 压实"系统施工机群 A-B 子系统状态

令：
$$\rho_1 = \frac{\lambda_1}{\mu_1} \tag{8-3}$$

因为：
$$\sum_{n=0}^{N} P_n = 1 \tag{8-4}$$

则 A-B 机械运行的概率模型见式(8-5)：
$$\begin{cases} P_0 = \left[\sum_{n=0}^{N} n!\ \rho_1^n\right]^{-1} \\ P_n = \frac{N!}{(N-n)!}\rho_1^n P_0 \end{cases} \tag{8-5}$$

2. B-B 子系统

以同样的方法分析 B-B 子系统。

设：

λ_2——单位时间内 B 到达 B-B 的平均数；

μ_2——单位时间内 B 离开 B-B 的平均数；

S_n^2——任意时刻 t，B-B 的系统状况；

E_n——统进入正常工作后，B-B 处于 S_n^2 的概率。

令：
$$\rho_2 = \frac{\lambda_2}{\mu_2} \tag{8-6}$$

则 B-B 的机械运行的概率模型见式(8-7)：
$$\begin{cases} E_0 = \left[\sum_{n=0}^{N} n!\ \rho_2^n\right]^{-1} \\ E_n = \frac{N!}{(N-n)!}\rho_2^n P_0 \end{cases} \tag{8-7}$$

3. B-C 子系统

图 8-1 中，B 运土到达卸土处时，应卸土后空返，若卸土段长度超过某一值 W_1 后(C 来不及推平)，则 B 停止运土(A 停止装土)，待 C 推平土堆，卸土段长度小于 W_1 后，B 才可继续卸土。

如果将卸土段限定长度换算相应的卸土堆数，则有：
$$m = \frac{W_1 y h}{V} \tag{8-8}$$

式中：m——卸土堆数限定值；
  W_1——卸土段限定长度；
  y——路基相应宽度，m；
  h——铺土层厚度，m；
  V——车中土的体积，m³。

卸土段上的土堆数可以为 $0,1,2,\cdots,m$。

设：
λ_3——单位时间内卸土堆到达 B-C 的平均数；
μ_3——单位时间内 C 推平土堆的平均数；
S_n^3——任意时刻，B-C 的系统状态（即 B-C 中土堆数为 i，待推平的土堆数为 $i-1$），$i \leqslant m+1$；
$F_{i(t)}$——任意时刻 t，B-C 处于 S_n^3 的概率；
F_i——系统进入正常工作后，B-C 处于 S_n^3 的概率。

则在施工进入正常情况后，子系统中各种可能的系统状态如图 8-4 所示。

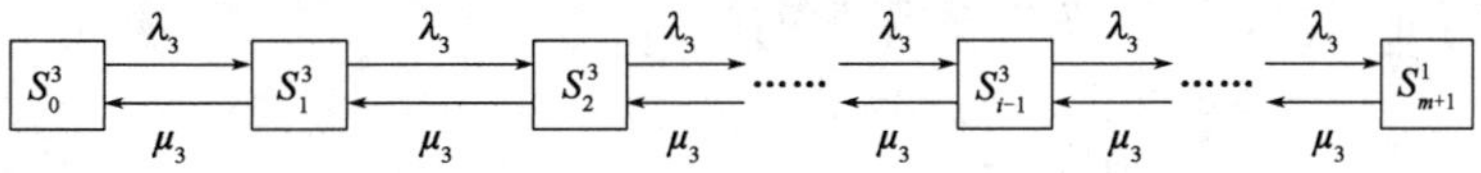

图 8-4 "挖掘-压实"系统施工机群 B-C 子系统系统状态

令：
$$\rho_3 = \frac{\lambda_3}{\mu_3} \tag{8-9}$$

因：
$$\sum_{i=1}^{m+1} F_i = 1 \tag{8-10}$$

则 B-C 的机械运行的概率模型见式（8-11）：
$$\begin{cases} F_0 = \dfrac{1-\rho_3}{1-\rho_3^{m-2}} \\ F_i = \rho_3 F_0 \quad (i=1,2,\cdots,m+1) \end{cases} \tag{8-11}$$

由于 μ_2 为单位时间内离开 B-B 的平均数，其实质为单位时间内 B 卸车的平均数，故 λ_3 与 μ_2 在数值上是相等的。即：
$$\lambda_3 = \mu_2 \tag{8-12}$$

4. C-D_1 子系统

图 8-2 中，土堆经 C 推平后，由 D_1 给予初压，若由于 D_1 的工作能力所限，来不及将 C 推平后的土堆给予及时压实，则当推平段超过某一限定值 W_2 后，C 应停止推平，待 D_1 压实一段后，使推平段长度小于 W_2，C 方可工作。

将推平段限制长度 W_2 换算成相应的推平土堆数，则为：
$$G_1 = \frac{W_2 y h}{V} \tag{8-13}$$

式中：G_1——推平段土堆数限定值；
  其他符号意义同前。

在实际工作中,D_1 可以为 1 台,也可以为 2 台,下面分别就这两种情况加以讨论。

(1) $D_1 = 1$ 时:

设:

λ_4——单位时间内被推平的土堆到达 C-D_1 的平均数;

μ_4——单位时间内被压实的土堆平均数;

S_n^4——任意时刻 t,C-D_1 的系统状态(即 C-D_1 中,推平的土堆数为 $i-1$),$i \leqslant G_1 + 1$;

H_i——系统进入正常工作后,C-D_1 处于 S_n^4 的概率。

则在施工进入正常情况后,子系统中各种可能的系统状态如图 8-5 所示。

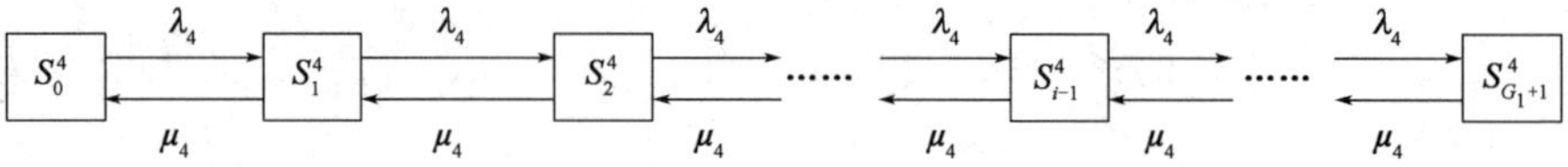

图 8-5 "挖掘-压实"系统施工机群 C-D_1 子系统($D_1 = 1$)系统状态

若设:
$$\rho_4 = \frac{\lambda_4}{\mu_4} \tag{8-14}$$

则所有 C-D_1 中机械运行状态概率模型为:

$$\begin{cases} H_0 = \dfrac{1 - \rho_4}{1 - \rho_4^{G-2}} \\ H_i = \rho_4^i H_0 \quad (i = 1, 2, \cdots, G_1 + 1) \end{cases} \tag{8-15}$$

(2) $D_1 = 2$ 时:

当 C-D_1 中 D_1 为 2 台时,若 C 推平的土堆在推平段上大于等于 2 堆时,2 台 D_1 均工作。若土为 1 堆时,则 1 台工作,1 台休息。设两台压路机技术性能完全相同,以同样的分析方法可得图 8-6。

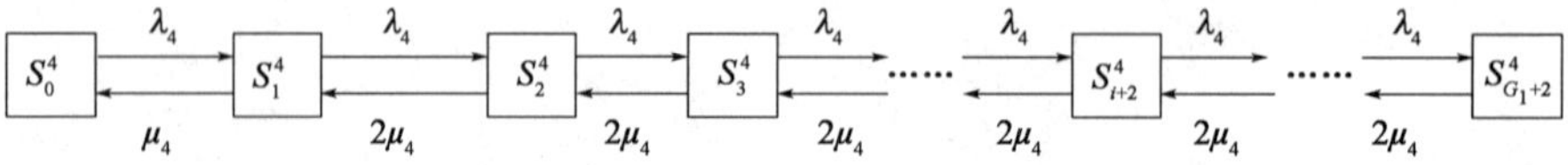

图 8-6 "挖掘-压实"系统施工机群 C-D_1 子系统($D_1 = 2$)系统状态

则所有 C-D_1 中机械运行状态概率模型为:

$$\begin{cases} H_0 = \left\{ 1 + \rho_4 + \dfrac{1}{4} \left[1 + \dfrac{\rho_4 - 2\left(\dfrac{1}{2}\rho_4\right)^{G_1+1}}{2 + \rho_4} \right] \right\}^{-1} \\ H_i = \begin{cases} \dfrac{1}{i!} \rho_4^i H_0 & (0 \leqslant i \leqslant 2) \\ \dfrac{1}{2^{i+1}} \rho_4^{i+2} H_0 & (3 \leqslant i \leqslant G_1 + 2) \end{cases} \end{cases} \tag{8-16}$$

由于单位时间内推平土堆到达 C-D_1 的平均数 λ_4 与单位时间内 C 推平土堆的平均数 μ_3 在数值上一致,故:

$$\lambda_4 = \mu_3 \tag{8-17}$$

5. D_1-D_2 子系统

D_2 的工作是最终压实,同样 D_1 与 D_2 之间也可能存在一个限定段长度 W_3,同理将 W_3 换算成相应的初压土堆数 G_2:

$$G_2 = \frac{W_3 y h}{V} \tag{8-18}$$

在工作中,D_1 可为 1 台,也可为 2 台,下面分别给出其机械运行状态概率模型(其分析与 2、4 完全相同)。

设:

λ_5——单位时间内初压堆到达 D_1-D_2 的平均数;

μ_5——单位时间内终压土堆平均数;

S_n^5——任意时刻 D_1-D_2 的系统状态(即 D_1-D_2 中初压土堆堆数为 $i-1$),$i \leq G_2 + 1$;

R_i——系统进入正常工作后,D_1-D_2 处于 S_n^5 的概率。

令:

$$\rho_5 = \frac{\lambda_5}{\mu_5} \tag{8-19}$$

则当 $D_1 = 1$ 时,所有 D_1-D_2 中机械运行状态概率模型为:

$$\begin{cases} R_0 = \dfrac{1-\rho_5}{1-\rho_5^{G-2}} \\ R_i = \rho_5^i R_0 \quad (i = 1,2,\cdots,G_2+1) \end{cases} \tag{8-20}$$

当 $D_1 = 2$ 时,所有 D_1-D_2 中机械运行状态概率模型为:

$$\begin{cases} R_0 = \left\{ 1 + \rho_5 + \dfrac{1}{4}\left[1 + \dfrac{\rho_5 - 2\left(\frac{1}{2}\rho_5\right)^{G_2+1}}{2+\rho_5} \right] \right\}^{-1} \\ R_i = \begin{cases} \dfrac{1}{i!}\rho_5^i H_0 \quad (0 \leq i \leq 2) \\ \dfrac{1}{2^{i+1}}\rho_5^{i+2} H_0 \quad (3 \leq i \leq G_2 + 2) \end{cases} \end{cases} \tag{8-21}$$

同理:

$$\lambda_5 = \mu_4 \tag{8-22}$$

以上公式即为"挖掘 - 压实"路堤填筑机械化施工机群运行状态的概率模型。

三、施工机群运行状态的判断

以上给出了施工机群中机械运行状态的概率模型,对一特定的机群施工系统,机群的配置是一定的。在该特定系统运行中,虽然机械的运行状态可能会出现许多不同的情况,但有一种运行状态是一定经常出现的,其出现的可能性最高。

设在机群运行中,第 i 个子系统处于 S_n^i 状态,则这时有一辆车(或堆土)在被服务,而有 $n-1$ 辆车(或堆土)在等待,只要计算在机群运行中,各子系统等待装车、卸车的车辆或等待推平、压实的土堆数,则就可以判断出施工机群中最可能出现的状态了。

第三节　施工机群运行状态与机群配置关系

施工机群中,机械的运行状态与其机械的拥有量对机械的配置影响极大,分析机械运行状态及出现可能性的目的,为研究机械配置服务。

理想的机械运行状态是:在整个机械化施工系统运行过程中,应使其五个子系统处于 $S_1^i \sim S_2^i$ 之间（其中 $i = 1,2,3,4,5$。1:挖掘-运土子系统;2:卸土-空返子系统;3:卸土-推平子系统;4:推平-初压子系统;5:初压-终压子系统）。

在实际工作中,由于各种原因,不可能使上述子系统理想的运行状态完全实现,但可以创造条件,主要是通过研究系统中各种机械不同的配置,以及相应的机械运行状态,来分析何种机械配置更接近施工机群工作的理想运行状态。

第四节　路基土方机械化施工机群的配置方法

一、路堤土方填筑机械化施工系统运行的评价指标

同样以"挖掘－压实"路堤填筑机械化施工为例,说明施工机群的配置方法。

设:

T_1——挖掘机装一车土所用时间,h;

T_2——自卸汽车卸一车土所用时间,h;

T_3——自卸汽车一个工作循环时间,h;

T_4——推土机推平一车土需要的时间,h;

T_5——轻型压路机压实一车土需要的时间,h;

T_6——重型压路机压实一车土需要的时间,h;

L——自卸汽车的运土距离,km;

V_1——自卸汽车的平均运行速度,km/h;

V_2——推土机推平作业时的工作速度,m/h;

V_3——轻型压路机压实作业时的工作速度,m/h;

V_4——重型压路机压实作业时的工作速度,m/h;

b_1——推土机铲刀宽度,m;

b_2——轻型压路机压实宽度,m;

b_3——重型压路机压实宽度,m;

M_1——同一地点所需的初压遍数;

M_2——同一地点所需的终压遍数;

K_B——时间利用系数(0.8~0.9);

K_t——推土机推平作业后退换挡系数(1.3~1.7);

K_p——推土机推平土堆往返系数(3~5);
K——相邻两压实带重叠度(0.25~0.3m);
h——填方层每层层厚,m。
Q_W——挖掘机生产率,m³/h;
Q_t——推土机生产率,m³/h;
Q_{qy}——轻型压路机生产率,m³/h;
Q_{zy}——重型压路机生产率,m³/h。

则:

$$T_1 = \frac{V}{Q_w} \tag{8-23}$$

$$T_3 = T_1 + T_2 + \frac{2L}{V_1} \tag{8-24}$$

$$T_4 = \frac{VK_PK_T}{hb_1V_2K_B} \quad \text{或} \quad T_4 = 60\frac{VK_PK_T}{Q_t} \tag{8-25}$$

$$T_5 = \frac{VM_1}{h(b_2-k)V_3} \quad \text{或} \quad T_5 = \frac{V}{Q_{qy}} \tag{8-26}$$

$$T_6 = \frac{VM_2}{h(b_3-k)V_4} \quad \text{或} \quad T_6 = \frac{V}{Q_{zy}} \tag{8-27}$$

$$\lambda_1 = \frac{1}{T_3} \tag{8-28}$$

$$\mu_2 = \frac{1}{T_2} \tag{8-29}$$

$$\mu_3 = \frac{1}{T_4} \tag{8-30}$$

$$\mu_4 = \frac{1}{T_5} \tag{8-31}$$

$$\mu_5 = \frac{1}{T_6} \tag{8-32}$$

(1)自卸汽车等待装车排队长度 T_7:

$$T_7 = N - \left(1 + \frac{1}{\rho_1}\right)(1 - P_0) \tag{8-33}$$

(2)自卸汽车等待卸车排队长度 T_8:

$$T_8 = N - \left(1 + \frac{1}{\rho_2}\right)(1 - E_0) \tag{8-34}$$

(3)由于卸土段长度限制使挖掘机暂停工作的概率 T_9:

$$T_9 = \rho_3^{m+1}\frac{1-\rho_3}{1-\rho_3^{m+2}} \tag{8-35}$$

(4)由于卸土段长度限制使自卸汽车暂停工作的概率 T_{10}:

$$T_{10} = T_9 \tag{8-36}$$

(5) 由于推平段长度限制使推土机暂停工作的概率 T_{11}：

$$T_{11} = \rho_4^{D+1} H_0 \quad (D_1 = 1) \tag{8-37}$$

$$T_{11} = \frac{1}{2G_1 + 2\rho_4^{G_1+3} H_0} \quad (D_1 = 2) \tag{8-38}$$

(6) 由于压实段长度限制使轻型压路机暂停工作的概率 T_{12}：

$$T_{12} = \rho_5^{G_2+1} H_0 \quad (D_2 = 1) \tag{8-39}$$

$$T_{12} = \frac{1}{2^{G_2+2}} \rho_5^{G_2+3} H_0 \quad (D_2 = 2) \tag{8-40}$$

(7) 自卸汽车一个工作循环等待装、卸所损失的时间 T_{13}，h：

$$T_{13} = \frac{1}{N}(T_7 \times T_1 + T_3 \times T_2) \tag{8-41}$$

(8) 由于卸土段长度限制使挖掘机暂停工作的时间 T_{14}，h：

$$T_{14} = T_9 \times T_4 \tag{8-42}$$

(9) 由于卸土段长度限制使自卸汽车暂停工作的时间 T_{15}，h：

$$T_{15} = T_{10} \times T_4 \tag{8-43}$$

(10) 由于推平段长度限制使推土机暂停工作的时间 T_{16}，h：

$$T_{16} = T_{11} \times T_5 \tag{8-44}$$

(11) 由于压实段长度限制使轻型压路机暂停工作的时间 T_{17}，h：

$$T_{17} = T_{12} \times T_6 \tag{8-45}$$

(12) 施工机群中挖掘机的联合作业系数 K_1：

$$K_1 = 1 - P_0 - T_9 \tag{8-46}$$

(13) 施工机群中自卸汽车的联合作业系数 K_2：

$$K_2 = 1 - \frac{T_{13}}{T_3} - T_{10} \tag{8-47}$$

(14) 施工机群中推土机的联合作业系数 K_3：

$$K_3 = 1 - F_0 - T_{11} \tag{8-48}$$

(15) 施工机群中轻型压路机的联合作业系数 K_4：

$$K_4 = 1 - H_0 - T_{12} \tag{8-49}$$

(16) 施工机群中重型压路机的联合作业系数 K_5：

$$K_5 = 1 - R_0 \tag{8-50}$$

再设：

C_1——挖掘机的台班费，元/台班；

C_2——自卸汽车的台班费，元/台班；

C_3——推土机的台班费，元/台班；

C_4——轻型压路机的台班费，元/台班；

C_5——重型压路机的台班费,元/台班。

(17)施工机群一个台班的工作中因互相等待所损失的机械台班费 F_0(单位:元/台班):

$$F_0 = C_1(P_0 + T_9) + C_2\left(\frac{T_{13}}{T_3} + T_{10}\right)N + C_3(F_0 + T_{11}) + C_4(H_0 + T_{12}) + C_5 R_0 \quad (8-51)$$

(18)施工机群一个台班的总费用 F(单位:元/台班):

$$F = \sum_{j=1}^{5} C_j r_j \quad (8-52)$$

式中:r_j——第 j 种机械的数量($j=1、2、3、4、5$,分别代表挖掘机、自卸汽车、推土机、轻型压路机、重型压路机)。

(19)施工机群台班费综合利用率 K_6:

$$K_6 = 1 - \frac{F_0}{F} \quad (8-53)$$

(20)施工机群一个台班所完成的土方量 Q_b(单位:m^3):

$$Q_b = 8 Q_w K_1 \quad (8-54)$$

(21)平均每立方米土方量的机械费用 C_j(单位:元/m^3):

$$C_j = \frac{F}{Q_b} \quad (8-55)$$

式(8-3)~式(8-55)构成了路堤填筑施工机群运行的评价体系。这个评价体系使该施工系统机群的情况从数学角度或经济角度都得到了较深刻的刻画。

二、路堤土方填筑机械化施工系统机群静态配置

路堤土方填筑机械化施工系统机群静态配置,应在给定工况条件下,使机群中各单机或机组的运行状态接近理想运行状态。这时机械互相等待工作的可能性最小,机械相互等待所损失的台班费用接近最少,其台班费综合利用率接近最高。

所以在根据本章第一节内容选择出主导机械——挖掘机后,机群配置的方法有两个:

(1)以 F_0 最小为原则:通过机械不同的组合,取其 C_j 最小的那一组组合为机群的配置数。

(2)以 K_6 最高为原则:通过机械不同的组合,取其 K_6 最高的那一组组合为机群的配置数。

三、案例

某公路工程总公司在某高速公路建设中,负责一路堤高填方施工段,填土土源距施工现场3km,填筑层每层层厚0.3m。该施工队拥有的机械为:1.6m^3 正铲式挖掘机 2 台,其实际生产率约 130m^3/h;12t 自卸汽车 21 辆,车厢容积约 6.4m^3;T-120 推土机 2 台,作业速度约在2.30km/h,T-54 推土机 2 台,作业速度约为 3.5km/h;Y2-6/8 压路机与 Y2-12/15 压路机各 2 台。自卸汽车装一车土需 4 铲,约 3min,卸一车土 1.2 min。有关的数据(均引用当时施工生产数据)经计算如表 8-2~表 8-4 所示。

有关数据（一） 表8-2

项目	T_1 (min)	T_2 (min)	L (km)	h (m)	V (m³)	V_1 (km/h)	V_2 (T-120) (km/h)	V_2 (T-54) (km/h)	V_3 (km/h)	V_4 (km/h)
数据	3	1.2	3	0.3	1.6×4=6.4	23	2.28	3.57	3.51	4.0

有关数据（二） 表8-3

项目	b_1 (T-120) (m)	b_1 (T-54) (m)	b_2 (m)	b_3 (m)	M_1	M_2	W_1 (m)	W_2 (m)	Y (m)
数据	3.76	2.28	2.1	2.13	5	5	20	20	12

有关数据（三） 表8-4

项目	C_1 (元/台班)	C_2 (元/台班)	C_3 (T-120) (元/台班)	C_3 (T-54) (元/台班)	C_4 (元/台班)	C_5 (元/台班)
数据	401.64	196.36	183.48	105.30	57.64	86.21

由于工期紧迫，该施工拟决定分两施工组从施工段两端开始填筑，两个施工组的机械配置完全相同，均为 1.6m³ 正铲式挖掘机 1 台，12t 自卸汽车 10 辆，T-120 推土机 1 台，Y2-6/8 压路机 1 台，Y2-12/15 压路机 1 台。分析这样的机械配置是否合理。

分析：经考察该施工队机械使用情况一般，取 $K_t = 1.5, K_p = 4, K_B = 0.80, K = 0.3$。

则利用有关数据经计算有：

$T_3 = 0.331h, T_4(T-120) = 0.019h, T_4(T-54) = 0.197h, T_5 = 0.0169h, T_6 = 0.0146h$

$\lambda_1 \approx 3, \mu_1 \approx 20, \lambda_2 \approx 3, \mu_2 \approx 50$

$\lambda_3 \approx 50, \mu_3(T-120) \approx 50.8, \mu_4 \approx 59$

$\lambda_4(T-120) \approx 53, \lambda_4(T-54) \approx 50.8, \mu_4 \approx 59$

$\lambda_5 \approx 59, \mu_5 \approx 69$

$\rho_1 = 0.15, \rho_2 = 0.06, \rho_3(T-120) = 0.94$

$\rho_3(T-54) = 0.98, \rho_4(T-120) = 0.9$

$\rho_4(T-54) = 0.86, \rho_5 = 0.86$

现设有四组机群配置方法：A、B、C、D，各方案组成如表 8-5 所示。

各方案组成表 表8-5

方案	挖掘机	自卸汽车	T-120	T-54	Y-6/8	Y-12/15
A	1	N	1	0	1	1
B	1	N	1	0	2	2
C	1	N	0	1	1	1
D	1	N	0	1	2	2

各方案所组成的机械化施工系统机械运行状态的可能性及评价指标见表 8-6～表 8-13。

A 组   表8-6

N	P_0	E_0	F_0	H_0	R_0	T_{13}	T_{14}	T_{15}	T_{16}	T_{17}
4	0.500	0.776				0.0023				
6	0.311	0.667	0.1377	0.1606	0.1861	0.0064	0.0009	0.0009	0.0007	0.0004
8	0.160	0.561				0.0104				
10	0.066	0.460				0.0151				

A 组   表8-7

N	K_1	K_2	K_3	K_4	K_5	F_0	F	K_6	Q_b	C_j
4	0.45	0.943				254.481	1514.41	0.832	468	3.24
6	0.639	0.931	0.819	0.8101	0.814	184.677	1907.13	0.9032	664	2.87
8	0.790	0.919				133.199	2299.85	0.942	821	2.80
10	0.884	0.904				109.132	2692.57	0.959	919	2.93

B 组   表8-8

N	P_0	E_0	F_0	H_0	R_0	T_{13}	T_{14}	T_{15}	T_{16}	T_{17}
4	0.500	0.776				0.0023				
6	0.311	0.667	0.1377	0.4620	0.476	0.0064	0.0009	0.0009	0	0
8	0.160	0.561				0.0104				
10	0.066	0.460				0.0151				

B 组   表8-9

N	K_1	K_2	K_3	K_4	K_5	F_0	F	K_6	Q_b	C_j
4	0.45	0.943				296.68	1658.2	0.821	468	3.54
6	0.639	0.931	0.862	0.538	0.524	226.88	2050.9	0.884	664	3.09
8	0.790	0.919				175.40	2443.7	0.9282	821	2.97
10	0.884	0.904				151.33	2836.4	0.9466	919	3.09

C 组   表8-10

N	P_0	E_0	F_0	H_0	R_0	T_{13}	T_{14}	T_{15}	T_{16}	T_{17}
4	0.500	0.776				0.0023				
6	0.311	0.667	0.117	0.1861	0.1861	0.0064	0.0132	0.0132	0.0005	0.0004
8	0.160	0.561				0.0104				
10	0.066	0.460				0.0151				

C 组   表8-11

N	K_1	K_2	K_3	K_4	K_5	F_0	F	K_6	Q_b	C_j
4	0.433	0.926				257.50	1436.23	0.8207	450	3.19
6	0.622	0.914	0.8523	0.7865	0.8139	192.38	1828.95	0.8948	647	2.83
8	0.773	0.902				145.84	2221.67	0.9344	804	2.76
10	0.867	0.887				126.58	2614.39	0.8520	901	2.90

D 组 表 8-12

N	P_0	E_0	F_0	H_0	R_0	T_{13}	T_{14}	T_{15}	T_{16}	T_{17}
4	0.500	0.776	0.117 3	0.435	0.476	0.002 3	0.013	0.013	0	0
6	0.311	0.667				0.006 4				
8	0.160	0.561				0.010 4				
10	0.066	0.460				0.015 1				

D 组 表 8-13

N	K_1	K_2	K_3	K_4	K_5	F_0	F	K_6	Q_b	C_j
4	0.434	0.927	0.883	0.565	0.524	296.52	1 580.1	0.812 3	451	3.50
6	0.623	0.915				231.44	1 972.8	0.882 7	647	3.04
8	0.774	0.903				184.70	2 365.5	0.921 9	805	2.94
10	0.868	0.888				165.37	2 758.2	0.944 0	902	3.06

由以上各表可见,在 A、B 两组,由于推土机能力较大,使挖掘机、自卸汽车中断工作所花费的时间 T_{14}、T_{15} 很小,可以不予考虑;同理,轻型压路机使推土机、轻型压路机中断工作花费的时间也是可以不考虑的。可以认定,在实际工作中,挖掘机挖出的土壤均由压路机及时予以压实。通过分析表 8-6~表 8-13,可以看出,机群的配置不论采用前述的哪种方案,都以 A 组中的机械配置:挖掘机:自卸汽车:T-120 推土机:轻型压路机:重型压路机 = 1:8(或 10):1:1:1 为最合理。

用施工机群静态配置方法经分析所得结论,与实际施工中的机群配置方案基本一致。实际配置方案为:挖掘机 1 台,自卸汽车 10 辆。T-120 推土机一台,Y2-6/8 与 Y2-12/15 压路机各 1 台。所以实际配置方案不但技术可行,在经济上也较为合理。

四、路堤土方填筑施工机群的动态调度

当路基土方施工开始后,随着施工的进行,施工工况在不断地变化,这客观上要求施工机群也应随着动态变化。施工机群的配置与调度,主要就是解决施工中施工机群的动态调整,以保持施工机群与工程项目之间在工期、质量、成本及环境保护等方面要求的统一和协调。

动态调整方法为:把变化了的施工工况作为输入变量,利用本章介绍的方法或相应的计算机软件,即可判断出新工况下施工机群的配置。

第九章
路面工程施工机群配置与调度

第一节 混合料搅拌站的选址

混合料搅拌站(含路面基层材料搅拌站、沥青混合料搅拌站、水泥混凝土搅拌站)的选址,在公路路面施工中占有十分重要的地位。不同的设站位置,对应着不同的混合料供料方式与施工成本。设站位置不仅决定了路面机群施工的运动状态,而且在很大程度上决定着混合料的质量。

本节仅讨论沥青混合料搅拌站的选址,路面基层材料搅拌站和水泥混凝土搅拌站的选址可参照本节所述原理进行。

沥青混合料搅拌站的选址分为两类:

(1)不考虑料场影响下搅拌站的选址。即各种路用材料均以到场价供应,而且路用材料的供应能力完全能满足沥青搅拌站的施工生产需要。

(2)考虑料场影响下搅拌站的选址。即各种路用材料一部分以到场价供应,一部分不以到场价供应或所有材料均不以到场价供应(主材除外)。

一、不考虑公路沿线料场影响情况下的沥青混合料搅拌站选址

公路沥青路面施工中,其直接成本构成如图9-1所示。由于在沥青混凝土路面施工中,沥青搅拌站的设置成本以及混合料的运输成本对整个工程的影响比较大,故在直接工程费项内把它从机械使用费中分离出来单独列成两项;另外,在当前的施工企业中,其他直接费、现场经

费、施工企业管理费、投标费、税金等其他各项费用一般均是根据企业施工经验,结合工程项目的大小,按照一定的百分率在建筑安装工程费当中提取,路面工程规模一定,这个费用就是一个固定值。

在图9-1中,人工费、机械(在此主要是指搅拌站、摊铺机、压路机以及相关辅助机械设备)使用费为变动成本。对于特定的项目,当施工机群主导机械确定后,主要机械基本就可以根据工作能力进行匹配,所产生的费用是一个与路面合同段长度呈线性增加的函数,从施工成本的角度来讲,成本优化的空间与搅拌站的选址相比比较小,对工程总成本影响不大。但材料费和沥青混合料的运输费用却会由于搅拌站的设置位置不同和材料供应点选取不同(即施工组织不同)而呈现出较大差异,存在着很大的优化空间,对施工总成本影响显著。对于图9-1中所列举的其他费用,不随施工里程的变化而变化,是施工单位为维持正常的施工生产而不可随意调整的固定生产要素投入,在成本核算时把它们平摊在整个工程当中,与沥青混合料搅拌站的选址没有关系。

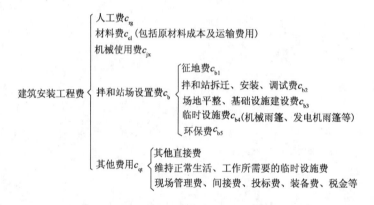

图9-1 沥青路面施工成本组成

1. 料场容量和性质

提起料场,一般想象到的就是分布于公路沿线,能够提供各种片石、块石及多规格碎石的石料采集场。但路面工程施工中,除了用到上述石料采集场的石材以外,还要大量用到沥青、砂、水泥、矿粉等材料。特别是高速公路、一、二级公路路面面层所用到的石材,由于对质量要求很高,并非一般石料采集场的石料加工就能达到工程质量要求,通常要到专门的石料加工场去寻求这些优质石材。所以料场不仅包括上述的离散的石料采集场,还包括各种市场化的专业石料定点供给地、沥青供给地、水泥供给地、各规格天然砂和人工砂的供给地等。

(1)料场容量:从单个供料点的角度来讲,具体可以分为料场容量无限和料场容量有限这两种情况。

所谓料场容量无限,是指对于某一具体的供料点,其所能供应的材料在数量上能够远远满足整个工程的需要;所谓料场容量有限,是指对于某一具体的供料点,其所能供应的材料在数量上不能满足整个工程的需要,但所有供应同一品种材料的供应点,所能提供的该品种材料总和,能够满足整个工程需要。

(2)料场性质:是指各个材料供应点所能提供的材料品种,其分为有限和无限两种情况。

有限是指由于路面工程所用到的材料种类多、规格多,对于某一具体的供应点,并不能提供全部各种路用材料,需要其他供应点相互补充,比如,在供应沥青的地方并不一定能供应碎石,在供应碎石的地方并不一定能供应水泥;无限是指对于某一具体的供应点,它能提供所有品种的路用材料。

本节所述不考虑料场影响情况下沥青混合料搅拌站选址,由于不考虑具体料场影响,只考虑沥青混合料的运输费和搅拌站的设置费。其他影响料场的情况,可参照本节所述原理进行。

对于搅拌站的便道长度,根据现有的的研究成果:如果原材料的运输费率大于沥青混合料的运输费率,搅拌站设在料场是最经济的;反之搅拌站设在料场便道与路线交点或路线上是最经济的。

但根据沥青路面施工实际情况,由于沥青施工受温度条件制约,对运输设备及保温措施要求很高,所以沥青混合料的运输费率要远远大于原材料的运输费率,因此搅拌站设在料场这一情况的可能性几乎为零。故可以把搅拌站的便道长度设为零。在以下讨论中,如果没有特别说明,均认为搅拌站的便道长度为零。

2. 沥青混合料搅拌站设置

(1) 有关变量及含义:

i——沥青路面结构的设计层数,层;

B_i——路面各层次的设计宽度,m;

h_i——沥青路面各层次的设计厚度,cm;

γ_i——沥青混合料压实后各层次的压实密度,t/m³;

L——待发包的路段长度,km;

n——合同段的个数,个;

x_j——每一个合同段的单边施工长度,km,其中 $j = 1 \sim 2n$;

k_{cp}——沥青混合料的运输费率,元/t·km;

c_{b1}——搅拌站征地使用费,元;

c_{b2}——搅拌站拌和机拆卸、安装及调试费用,元;

c_{b3}——搅拌站平整、基础设施建设费用,元;

c_{b4}——围绕拌和机正常运作而发生的一些临时设施费用,元;

c_{b5}——由于噪声、微尘等对周围环境造成污染而交纳的环保治理费,元;

c_{rg}——人工费,元;

c_{js}——机械使用费,元;

c_{cl}——原材料费,元;

c_{qt}——其他费用,元。

(2) 搅拌站设置费:由于公路施工企业的设备能力和管理水平不一样,具体表现为主导机械——沥青混合料拌和机的生产率不同,c_{b2} 就不同,一般 c_{b2} 随着生产率的增大而增大。

如果设 c_b 为搅拌站总的设置费,则:

$$c_b = c_{b1} + c_{b2} + c_{b3} + c_{b4} + c_{b5} \tag{9-1}$$

其中,除 c_{b2} 以外,其余费用均按实际发生的计取,取费单位:元。

(3) 沥青混合料运输费用:

沥青混合料的运输总费用 c_{by} 用下式计算:

$$c_{by} = \sum_{s=1}^{i}\left(\sum_{j=1}^{2n}\int_{0}^{x_j}10k_{cp}B_s h_s \gamma_s x\,\mathrm{d}x\right)$$

$$= 5k_{cp}\left(\sum_{s=1}^{i}B_s h_s \gamma_s \sum_{j=1}^{2n} x_j^2\right) \tag{9-2}$$

(4)沥青混合料搅拌站供料经济半径及供料方式:搅拌站供料经济半径是指平均每千米路面工程总费用最小时沥青混合料的供应范围。如图9-2所示,搅拌站设置在 A 点,混合料往左边供应 x_1 km,往右边供应 x_2 km。根据一般常识,在不考虑料场影响时, x_1 和 x_2 的取值应该相等。为了证明这一点,可以列出成本函数后求极值分别求出 x_1 和 x_2 的取值。

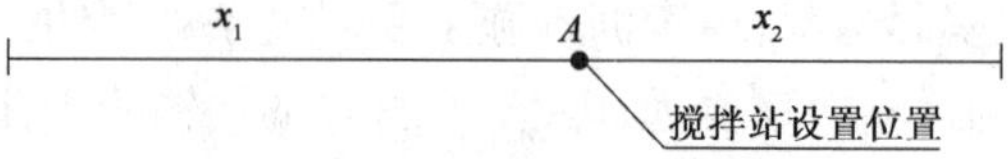

图9-2 搅拌站布置图

对于某一搅拌站,很显然可以得到以下目标成本函数:

$$\text{cost} = c_{by} + c_b + c_{rg} + c_{js} + c_{qt} + c_{cl} \tag{9-3}$$

单位施工成本为:

$$\frac{\text{cost}}{x_1 + x_2} = \frac{c_{by} + c_b}{x_1 + x_2} + \frac{c_{rg} + c_{js} + c_{qt} + c_{cl}}{x_1 + x_2} \tag{9-4}$$

由于 c_{rg}、c_{jx}、c_{qt} 以及 c_{cl} 四项费用是随着施工里程的增加而线性增加的,即:

$$c_{rg} + c_{js} + c_{qt} + c_{cl} = k(x_1 + x_2) \tag{9-5}$$

式中: k——常数。

因此单位施工成本表达式可以表示为:

$$\frac{\text{cost}}{x_1 + x_2} = \frac{c_{by} + c_b}{x_1 + x_2} + k$$

把 $c_{by} = 5k_{cp}\sum_{s=1}^{i}(B_s h_s \gamma_s) \cdot (x_1^2 + x_2^2)$ 代入,可以得到下述表达式:

$$\frac{\text{cost}}{x_1 + x_2} = \frac{c_b}{x_1 + x_2} + 5k_{cp}\sum_{s=1}^{i}(B_s h_s \gamma_s) \cdot \frac{x_1^2 + x_2^2}{x_1 + x_2} \tag{9-6}$$

令 $f(x_1, x_2) = \frac{\text{cost}}{x_1 + x_2}$, $w = 5k_{cp}\sum_{s=1}^{i}(B_s h_s \gamma_s)$,得:

$$f(x_1, x_2) = \frac{c_b}{x_1 + x_2} + \frac{w(x_1^2 + x_2^2)}{x_1 + x_2}$$

上式分别对 x_1, x_2 求导,并令其为零,得到:

$$\frac{\partial f}{\partial x_1} = wx_1^2 - wx_2^2 + 2wx_1 x_2 - c_b = 0 \quad ①$$

$$\frac{\partial f}{\partial x_2} = wx_2^2 - wx_1^2 + 2wx_1 x_2 - c_b = 0 \quad ②$$

联解式①和式②得到:

$$x_1 = \sqrt{\frac{c_b}{2w}} \qquad x_2 = \sqrt{\frac{c_b}{2w}}$$

令:

$$R = \sqrt{\frac{c_b}{2w}} \tag{9-7}$$

式中: R——搅拌站供料经济半径。

由式(9-7)可以得出:当搅拌站设置在图9-2中 A 点时,搅拌站供料范围为 $2R$ 时,施工成本最小,利润最大。沥青混合料搅拌站的这种供料方式称为中心供料方式。

搅拌站供料经济半径现实意义:

①经济半径综合了整个机械化施工系统中搅拌站的生产能力、运输费率以及施工对象的技术指标,是企业施工机群最佳施工能力的表征。

②在不考虑料场影响的情况下,经济半径是确定沥青混合料搅拌站设置的基本单位。公路施工企业最佳工程承包合同段长度(以 L_c 表示),应是搅拌站供料经济半径的整数倍,即 $L_c = 2\eta R$,其中 η 为施工过程中搅拌站的搬迁次数。

③由于搅拌站供料经济半径在一定程度上反映了企业的施工机群最佳施工能力,当考虑料场影响时,经济半径也是确定企业承包规模的一个重要决策依据。

④搅拌站供料经济半径模型为搅拌站场的合理布局提供了科学、客观的依据,保证了施工技术目标和经济目标之间的平衡,有利于提高生产效益。

在实际路面工程的施工过程当中,很难遇到承包长度恰好是施工企业最佳承包合同段长度 $2R$ 的 η 倍这种情况,而更常出现的则是 $2\eta R + 2x(0 \leqslant 2x \leqslant 2R)$ 的情况,对于这个多出来的路段 $\beta(\beta = 发包合同段长 - 2\eta R)$ 该采取何种方法来施工呢?很显然,有两种可行方案:

方案一:把搅拌站设置在 $2x$ 长度的中间进行供料(中心布置)。这种方法增加了一个搅拌站的设置费用 c_b,但由于混合料的运输距离减小而节约了沥青混合料的运输费用。

方案二:利用前一个搅拌站来对 $2x$ 长度进行偏心供料,偏心距为 R(偏心布置)。这种方法节约了一个搅拌站的设置费,但沥青混合料的运距增大造成运输费用的增加。

下面分别就以上两种方案进行分析:

方案一:把搅拌站设置在 $2x$ 长度的中间进行供料。

搅拌站总设置费:c_b

混合料总运输费:

$$c_{by} = 2 \cdot 5 k_{cp} \sum_{s=1}^{i} (B_s h_s \gamma_s) \cdot x^2 \tag{9-8}$$

其他费用:

$$c_{rg} + c_{js} + c_{qt} + c_{cl} = kx \quad (k \text{ 为一个常数}) \tag{9-9}$$

单位施工成本:

$$\frac{cost}{2x} = \frac{c_b + c_{by} + kx}{2x}$$

$$= \frac{c_b}{2x} + 5 k_{cp} \sum_{s=1}^{i} (B_s h_s \gamma_s) \cdot x + \frac{k}{2} \tag{9-10}$$

方案二:利用前一个搅拌站来对 $2x$ 长度进行偏心供料,偏心距为 R

搅拌站总设置费:

$$c_b = 0$$

混合料总运输费:

$$c_{by} = \int_0^{2x} k_{cp} \sum_{s=1}^{i} \left(B_s \frac{h_s}{100} \cdot 1\,000 \mathrm{d}x \cdot \gamma_s \right)(R + x)$$

$$= 10 k_{cp} \sum_{s=1}^{i} (B_s h_s \gamma_s) \int_0^{2x} (R + x) \mathrm{d}x$$

$$= 20 k_{cp} \sum_{s=1}^{i} (B_s h_s \gamma_s)(Rx + x^2)$$

其他费用:
$$c_{rg} + c_{jx} + c_{qt} + c_{cl} = kx \quad (k\text{ 为一个常数})$$

单位施工成本:
$$\frac{\cos t}{2x} = \frac{c_b + c_{by} + kx}{2x}$$
$$= 10k_{cp}\sum_{s=1}^{i}(B_s h_s \gamma_s)(R+x) + \frac{k}{2}$$

令两种施工方案的单位施工成本相等,进行求解,有:
$$\frac{c_b}{2x} + 5k_{cp}\sum_{s=1}^{i}(B_s h_s \gamma_s)\cdot x + \frac{k}{2} = 10k_{cp}\sum_{s=1}^{i}(B_s h_s \gamma_s)\cdot(R+x) + \frac{k}{2}$$

解得:
$$2x = 2\sqrt{R^2 + \frac{c_b}{10k_{cp}\sum_{s=1}^{i}(B_s h_s \gamma_s)}} - 2R$$

因为:
$$R = \sqrt{\frac{c_b}{10k_{cp}\sum_{s=1}^{i}(B_s h_s \gamma_s)}}$$

故可得:
$$\frac{c_b}{10k_{cp}\sum_{s=1}^{i}(B_s h_s \gamma_s)} = R^2$$

将其代入上式得:
$$2x = 2(\sqrt{2} - 1)R$$

若令最大偏心供料段长度为 L_p,则:
$$L_p = 2(\sqrt{2} - 1)R \tag{9-11}$$

式(9-11)表明,当施工路段长度 β 小于或等于 L_p 时,沥青混合料搅拌站应该采用偏心布置方式,利用前一段的搅拌站进行偏心供料,比重新设置搅拌站进行中心供料经济;而当施工路段长度 β 大于 L_p 时,沥青混合料搅拌站应在该路段重新设置,搅拌站采用中心供料方式。

根据偏心供料段 L_p 的意义,可以推出施工企业最大承包合同段长度应该为 $2(R + L_p)$。

(5)沥青混合料搅拌站的经济供料范围:

设 AB 是一段待铺的路面:
$$L_{AB} = 2R + 2x_1 + 2x_2$$
$$2R + L_p \leq L_{AB} \leq 2(R + L_p)$$

则在 AB 段存在两种沥青混合料供料方式:

第一种:在 AB 段的中点 O 设置搅拌站,以中心供料的方式进行 CD 的供料,其他两个部分 $AC(L_{AC} \leq L_p)$、$DB(L_{DB} \leq L_p)$,利用搅拌站 O 以 R 为偏心距进行偏心供料,如图9-3所示;

第二种:在离 A 点距离为 R 的 O 点设置搅拌站,前 $2R$ 段采用中心布置的施工方式;后面 $2x_1 + 2x_2$ 段由于 $L_{CB} \geq L_p$,故采用在 CB 的中点 D 设置搅拌站,用中心对称的施工方式进行施工,如图9-4所示。

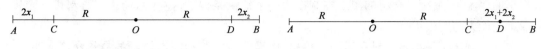

图9-3 搅拌站偏心布置　　　　　图9-4 搅拌站中心布置

两种方式的技术经济比较：

方式一：

搅拌站总设置费：c_b

混合料总运输费：

$$c_{by} = 10k_{cp}\sum_{s=1}^{i}(B_s h_s \gamma_s)\left(\int_0^{R+2x_1} x\,dx + \int_0^{R+2x_2} x\,dx\right)$$

$$= 5k_{cp}\sum_{s=1}^{i}(B_s h_s \gamma_s)\left[(R+2x_1)^2 + (R+2x_2)^2\right] \tag{9-12}$$

成本函数：

$$\text{cost} = c_b + 5k_{cp}\sum_{s=1}^{i}(B_s h_s \gamma_s)\left[(R+2x_1)^2 + (R+2x_2)^2\right] + (c_{rg} + c_{js} + c_{qt} + c_{cl}) \tag{9-13}$$

方式二：

搅拌站总设置费：$2c_b$

混合料总运输费：

$$c_{by} = 2 \cdot 10k_{cp}\sum_{s=1}^{i}(B_s h_s \gamma_s)\int_0^R x\,dx + 10k_{cp}\sum_{s=1}^{i}(B_s h_s \gamma_s)\left(\int_0^{2x_1} x\,dx + \int_0^{2x_2} x\,dx\right)$$

$$= 10k_{cp}\sum_{s=1}^{i}(B_s h_s \gamma_s)(R^2 + 2x_1^2 + 2x_2^2) \tag{9-14}$$

成本函数：

$$\text{cost} = 2c_b + 10k_{cp}\sum_{s=1}^{i}(B_s h_s \gamma_s)(R^2 + 2x_1^2 + 2x_2^2) + (c_{rg} + c_{js} + c_{qt} + c_{cl}) \tag{9-15}$$

令，方式一与方式二的成本函数相等，即：

$$c_b + 5k_{cp}\sum_{s=1}^{i}(B_s h_s \gamma_s)\left[(R+2x_1)^2 + (R+2x_2)^2\right] + (c_{rg} + c_{js} + c_{qt} + c_{cl})$$

$$= 2c_b + 10k_{cp}\sum_{s=1}^{i}(B_s h_s \gamma_s)(R^2 + 2x_1^2 + 2x_2^2) + (c_{rg} + c_{jx} + c_{qt} + c_{cl})$$

求解该等式得到：

$$2(x_1 + x_2) = R \tag{9-16}$$

式(9-16)表明，当$2(x_1 + x_2) < R$时，方式一比方式二经济；当$2(x_1 + x_2) \geq R$时，方式二比方式一经济。因此可以推出，沥青混合料搅拌站的最大供料范围为$2R + R = 3R$。

综上所述，从经济角度出发，沥青混合料搅拌站的经济供料范围为：

①合理范围为$2(\sqrt{2}-1)R \sim 3R$；

②最小范围为$2(\sqrt{2}-1)R$；

③最佳范围为$2R$；

④最大范围为$3R$。

(6)技术限制运距：沥青混凝土路面施工中，沥青混合料的温度控制对施工质量影响重大，它潜在地控制着机械化施工方案、现场布局以及工艺流程。

在确定企业承包能力与规模时，施工企业在从经济角度考虑的同时，还应该结合混合料运输汽车的保温条件,把混合料的温度控制作为一个约束条件,对搅拌站沥青混合料供料范围、企业承包能力与规模进行修正。

技术限制运距是指混合料在运输过程中,由某些技术制约因素控制的最长允许运距。根据沥青路面施工时的温度控制,可以求出混合料在运输过程中的最长允许时间,从而得到该时间内的最大运输里程,即所谓的技术限制运距。

设:

l_{max}——技术限制运距,km;

T_{cl}——拌和楼设定出料温度,℃;

T_{tp}——混合料要求的摊铺温度,℃;

t_w——由于摊铺机繁忙而引起运输车在摊铺机前的平均等待时间,min;

v_{ys}——运输车辆平均运料速度,km/h;

ε——根据计划施工季节及工程所在地而确定的沥青混合料温降系数,℃/min;

很显然,可以得到技术限制运距 l_{max} 表达式如下:

$$l_{max} = v_{ys}\left(\frac{T_{cl} - T_{tp}}{\varepsilon} - t_w\right)/60 \tag{9-17}$$

3. 沥青混合料搅拌站合理供料范围的确定

受制于技术限制运距的影响,沥青混合料搅拌站合理供料范围将会随着 l_{max} 的变化而变化,具体范围如表 9-1 所示。

沥青混合料搅拌站合理供料范围　　　　表 9-1

序号	技术限制运距	最佳合同段	经济合同段
1	$l_{max} \geq 1.5R$	$2R$	$2(\sqrt{2}-1)R \sim 3R$
2	$R \leq l_{max} < 1.5R$	$2R$	$2(\sqrt{2}-1)R \sim 2l_{max}$
3	$l_{max} < R$	$2l_{max}$	$2(\sqrt{2}-1)R \sim 2l_{max}$

二、考虑公路沿线料场影响情况下的沥青混合料搅拌站选址

1. 考虑公路沿线料场的必要性

公路施工中,由于公路沿线料场的分布、价格差异以及运输条件的不同,不同的材料调配方案对沥青搅拌站选址影响很大。公路沿线各料场的原材料作为施工成本中的一个重要组成部分,对不考虑公路沿线料场影响情况下选取的沥青搅拌站选址及位置设置,扰动极大。

2. 公路沿线料场情况与沥青混合料搅拌站的选址

考虑公路沿线料场情况下的沥青搅拌机选址,根据料场情况不同分四种情况:

(1)料场容量无限、材料品种无限;

(2)料场容量无限、材料品种有限;

(3)料场容量有限、材料品种无限;

(4)料场容量有限、材料品种有限。

研究与实体工程试验表明:这四种情况下的沥青混合料搅拌站选址,远比不考虑公路沿线料场情况要复杂得多。公路沿线料场的分布、各料场材料价格差异以及运输条件对搅拌站选

址及位置设置的扰动、对施工成本的影响,远比不考虑公路沿线料场情况要大得多。通常要考虑的因素有:沥青路面结构尺寸与层次、沥青混合料配合比、施工工期、各料场的分布、料场容量、料场材料规格与价格、运输便道、气象条件等。其他考虑因素与不考虑公路沿线料场情况相似。最后,在使沥青路面施工综合成本达到最小这一目标下,搅拌站选址问题就被转化为一个非线性规划问题,简称多料场下搅拌站选址问题。

解决多料场下搅拌站选址问题,涉及数学中的多目标规划与非线性规划,其解即为搅拌站设置位置、线路沿线各料场材料调配方案、搅拌站混合料的供料范围。这样从理论上就最大限度地保证了施工综合成本最低。

3. 多料场下搅拌站选址问题的简化方法

在路面施工中,可以按照前述的"不考虑公路沿线料场影响情况下沥青混合料搅拌站选址"的方法,较为简单地处理多料场下搅拌站选址问题,只是选出结果精度没有用多目标规划与非线性规划解出的高,但已可以指导沥青路面的施工生产。

简化的方法为:
(1)将几个相邻较近的料场视为一个大的料场,这样线路沿线将有几个这样的大料场。
(2)各个大料场的各种路用材料的供应能力完全能满足沥青搅拌站的施工生产需要。
(3)各个大料场的各种路用材料价格均换算成以到场价供应的新价格,而且各个大料场的同种规格材料价格一致。

在进行了这样的简化后,就可以按"不考虑公路沿线料场影响情况下沥青混合料搅拌站选址"的方法,估计多料场下搅拌站选址。

第二节 路面工程机械化施工机群的组成

路面工程机械化施工机群按在路面工程施工中机群施工功能的不同分为:
(1)路面基层机械化施工机群;
(2)沥青混凝土路面机械化施工机群;
(3)水泥混凝土路面机械化施工机群。

一、路面基层机械化施工机群组成

典型的路面基层机械化施工机群,是指由稳定土厂拌设备、运料汽车、稳定土摊铺机、初压压路机和终压压路机组成的机械化施工系统。

此施工机群的工作过程是:稳定土厂拌设备把一定配合比的原材料搅拌成混合料;运输汽车将拌和好的混合料运至稳定土摊铺机前并卸料;稳定土摊铺机对混合料按一定的技术要求进行摊铺;初压压路机对摊铺好的混合料进行初步压实,终压压路机进行最终压实并形成路面。

该施工机群的工作过程可以用图9-5表示。

二、沥青混凝土路面机械化施工机群组成

沥青混凝土路面机械化施工机群,是指由沥青混合料搅拌站、运输汽车、沥青摊铺机、初压

压路机、复压压路机和终压压路机组成的机械化施工系统。

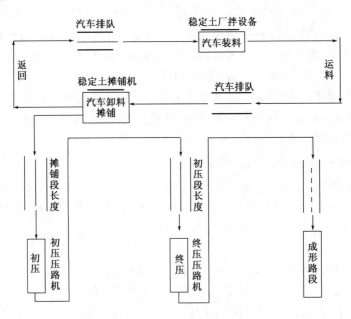

图 9-5　路面基层机械化施工机群工作过程

系统的工作过程是：沥青混合料搅拌站把一定配合比的原材料加热搅拌成沥青混合料；运输汽车将搅拌好的沥青混合料运至沥青摊铺机前并卸料；沥青摊铺机在满足摊铺温度的前提下，对该沥青混合料按一定的技术要求进行摊铺；初压压路机对摊铺好的混合料进行初压；复压压路机进行复压；终压压路机进行终压并形成路面。

该施工机群的工作过程可以用图 9-6 表示。

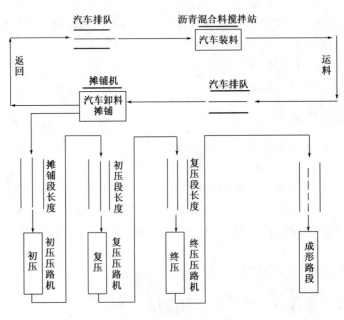

图 9-6　沥青混凝土路面施工机群工作过程

三、水泥混凝土路面机械化施工机群组成

水泥混凝土路面机械化施工机群,是指由水泥混凝土搅拌站、运输汽车、混凝土布料机、滑模摊铺机、拉毛机等组成的机械化施工系统。

系统的工作过程是:水泥混凝土搅拌站把一定配合比的原材料搅拌成水泥混凝土;运输汽车将搅拌好的混凝土运至水泥混凝土布料机前并卸料;布料机将水泥混凝土在路面上布开;滑模摊铺机按一定的技术要求对混凝土进行摊铺、振捣并形成初步成形路面;拉毛机对混凝土路面进行拉毛;然后对混凝土路面进行养生、切缝、灌缝并形成路面。

该施工机群的工作过程可以用图 9-7 表示。

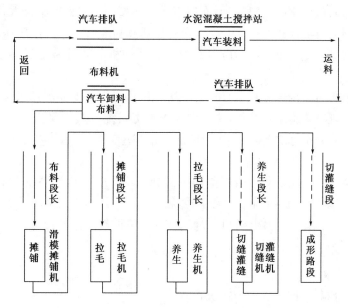

图 9-7 水泥混凝土路面机械化施工机群工作过程

第三节 沥青混凝土路面施工机群静态、动态配置与调度

一、机群静态配置的基本原则

(1)机群中各单机和所有工作过程都要满足主导机械——沥青混合料搅拌站的生产能力。

(2)后续机械的生产能力要略大于前导机械。

为了保证"沥青混合料"在施工各环节的顺畅、不产生淤积,除了使各主要机械满足搅拌站的生产能力以外,还要依照施工工艺上环环相扣的关系,使后续主要机械的生产能力略大于前序机械生产能力,即摊铺机的生产能力要略大于搅拌站的生产能力,运料汽车的生产能力略大于搅拌站和摊铺机各自的生产能力,初压机的生产能力略大于摊铺机的生产能力,复压机的生产能力略大于初压机的生产能力,终压机的生产能力略大于复压机的生产能力。

(3) 在技术可行的前提下寻求经济上的最优。

沥青混凝土路面施工中对温度的控制十分严格。因此,温度控制是机群配置时的一个硬约束条件,凡是达不到规范要求配置方案一律舍去。在此前提下,对机群配置方案进行优化,寻求经济上的最优。

二、沥青混凝土路面施工机群静态技术经济评价指标

沥青路面施工机群有五大技术经济评价指标:系统运行状态指标、联合作业系数指标、施工质量指标、施工进度指标和费用成本指标。

建立评价指标体系的目标是:能对各种机群组合的效率做出正确评价。

在现有沥青路面机械化施工机群中,有以下几种典型的施工机群组合方式:

其一:1 个搅拌站 +1 台摊铺机 +1 或 2 台初压压路机 +1 或 2 台复压压路机 +1 或 2 台终压压路机组成的机械化施工系统,在此以搅拌站、摊铺机的数量为特征,称之为"1-1 施工系统";

其二:1 个搅拌站 +2 台摊铺机 +1 或 2 台初压压路机 +1 或 2 台复压压路机 +1 或 2 台终压压路机组成的机械化施工系统,称之为"1-2 施工系统",其中又根据两台并行作业摊铺机摊铺能力是否相等分别称之为:"1-2 摊铺能力相等施工系统"及"1-2 摊铺能力不等施工系统"。

目前在我国高等级公路沥青混合料路面中,主要采用"1-1 施工系统"与"1-2 摊铺能力不等施工系统",并以采用"1-1 施工系统"居多。

以下以"1-1 施工系统"为例,对机群静态技术经济评价指标进行介绍。

1. 基础数据准备

设:

G——沥青混合料搅拌站的生产能力,t/h;

G_0——沥青混合料运料汽车的额定载重量,t;

N——机群中沥青混合料运料汽车总数量;

T_0——运料汽车装料、运料、卸料、返回一个工作循环的时间,min;

t_1——运料汽车装料时间,min;

t_2——运料汽车卸料时间,min;

R——运料汽车运输沥青混合料的运距,km;

V^1——运料汽车运料的平均运行速度,km/h;

V^2——运料汽车返回的平均运行速度,km/h;

V_1——运料汽车的平均运行速度,km/h;

T_1——沥青混合料搅拌站搅拌一车料的时间,min;

r_j——沥青混合料各层的密度,t/m³($j=1,2,3$)(静态配置时取三层的均值,动态配置时取所施工层的实际值);

B_2——沥青混合料摊铺机一次摊铺宽度,m;

h_j——沥青混合料摊铺机各层的一次摊铺厚度,cm($j=1,2,3$)(静态配置时取三层的均值,动态配置时取所施工层的实际值);

T_2——沥青混合料摊铺机摊铺一车混合料的时间,min;

V_2——沥青混合料摊铺机摊铺工作速度,m/min;

T_3——初压压路机初压一车沥青混合料的时间,min;

V_3——初压压路机工作速度,m/min;

B_3——初压压路机压实宽度,m;

b_3——初压压路机压实重叠宽度,m;

M_3——初压压路机压实遍数;

T_4——复压压路机复压一车沥青混合料的时间,min;

V_4——复压压路机工作速度,m/min;

B_4——复压压路机压实宽度,m;

b_4——复压压路机压实重叠宽度,m;

M_4——复压压路机压实遍数;

T_5——终压压路机终压一车沥青混合料的时间,min;

V_5——终压压路机工作速度,m/min;

B_5——终压压路机压实宽度,m;

b_5——终压压路机压实重叠宽度,m;

M_5——终压压路机压实遍数。

则:

$$V_1 = \frac{V^1 + V^2}{2} \tag{9-18}$$

$$T_0 = t_1 + t_2 + \frac{120 \times R}{V_1} \tag{9-19}$$

$$T_1 = \frac{60 \times G_0}{G} \tag{9-20}$$

$$T_2 = \frac{100 \times G_0}{r_j \times V_2 \times B_2 \times h_j} \tag{9-21}$$

$$T_3 = \frac{100 G_0 \times M_3}{r_j \times V_3 \times (B_3 - b_3) \times h_j} \tag{9-22}$$

$$T_4 = \frac{100 G_0 \times M_4}{r_j \times V_4 \times (B_4 - b_4) \times h_j} \tag{9-23}$$

$$T_5 = \frac{100 G_0 \times M_5}{r_j \times V_5 \times (B_5 - b_5) \times h_j} \tag{9-24}$$

2. 系统运行状态指标

设:

λ——每辆运料汽车的到达率;

μ_1——沥青混合料搅拌站服务率,即单位时间的装车数量;

K_1——搅拌站-运料汽车联合作业系数;

Lq_1——运料汽车在搅拌站前等待装料的平均车辆数;

μ_2——单位时间内摊铺机摊铺的沥青混合运料汽车数;

K_2——摊铺机-运料汽车联合作业系数；

Lq_2——运料汽车在摊铺机前等待卸料的平均车辆数；

λ_3——初压机前当量车混合料到达率；

μ_3——初压机服务率,即单位时间内初压机初压混合料的当量车数；

K_3——初压机-摊铺机联合作业系数；

Lq_3——初压机前等待初压的沥青混合料当量车数；

λ_4——复压机前当量车混合料到达率；

μ_4——复压机服务率,即单位时间内复压机复压的混合料当量车数；

K_4——复压机-初压机联合作业系数；

Lq_4——复压机前等待复压的沥青混合料当量车数；

λ_5——终压机前当量车混合料到达率；

μ_5——终压机服务率,即单位时间内终压机终压的混合料当量车；

K_5——终压机-复压机联合作业系数；

Lq_5——终压机前等待终压的沥青混合料当量车数；

K_0——运料汽车-运料汽车联合作业系数；

m_2——沥青混合料摊铺机台数；

m_3——初压压路机台数；

m_4——复压压路机台数；

m_5——终压压路机台数。

由定义得：

$$\lambda = \frac{1}{T_0} \tag{9-25}$$

$$\mu_1 = \frac{1}{T_1} \tag{9-26}$$

$$\mu_2 = \frac{1}{T_2} \tag{9-27}$$

$$\lambda_3 = \mu_2 \times K_2 \tag{9-28}$$

$$\mu_3 = \frac{1}{T_3} \tag{9-29}$$

$$\lambda_4 = m_3 \times \mu_3 \times K_3 \tag{9-30}$$

$$\mu_4 = \frac{1}{T_4} \tag{9-31}$$

$$\lambda_5 = m_4 \times \mu_4 \times K_4 \tag{9-32}$$

$$\mu_5 = \frac{1}{T_5} \tag{9-33}$$

（1）搅拌站处运料汽车排队等待装料的平均车辆数 Lq_1：

$$Lq_1 = P_0^1 \left[\sum_{n=2}^{N} (n-1) \frac{N!\lambda^n}{(N-n)!\mu_1^n} \right] \tag{9-34}$$

其中，$P_0^1 = \left\{ 1 + \left[\sum_{n=1}^{N} \frac{N!\lambda^n}{(N-n)!\mu_1^n} \right] \right\}^{-1}$ $(n = 1,2,3,\cdots,N)$。

(2) 摊铺机处运料汽车排队等待卸料的平均车辆数 Lq_2：

$$Lq_2 = P_0^2 \left[\sum_{n=2}^{N} (n-1) \frac{N! \lambda^n}{(N-n)! \mu_2^n} \right] \qquad (9\text{-}35)$$

其中，$P_0^2 = \left\{ 1 + \left[\sum_{n=1}^{N} \frac{N! \lambda^n}{(N-n)! \mu_2^n} \right] \right\}^{-1}$ $(n = 1, 2, 3, \cdots, N)$。

(3) 初压压路机前等待初压的沥青混合料当量车数 Lq_3：

$$Lq_3 = \frac{\lambda_3^2}{\mu_3(\mu_3 - \lambda_3)} \qquad (m_3 = 1) \qquad (9\text{-}36)$$

$$Lq_3 = \frac{\lambda_3^3}{\mu_3(4\mu_3^2 - \lambda_3^2)} \qquad (m_3 = 2) \qquad (9\text{-}37)$$

(4) 复压压路机前等待复压的沥青混合料当量车数 Lq_4：

$$Lq_4 = \frac{\lambda_4^2}{\mu_4(\mu_4 - \lambda_4)} \qquad (m_4 = 1) \qquad (9\text{-}38)$$

$$Lq_4 = \frac{\lambda_4^3}{\mu_4(4\mu_4^2 - \lambda_4^2)} \qquad (m_4 = 2) \qquad (9\text{-}39)$$

(5) 终压压路机前等待终压的沥青混合料当量车数 Lq_5：

$$Lq_5 = \frac{\lambda_5^2}{\mu_5(\mu_5 - \lambda_5)} \qquad (m_5 = 1) \qquad (9\text{-}40)$$

$$Lq_5 = \frac{\lambda_5^3}{\mu_5(4\mu_5^2 - \lambda_5^2)} \qquad (m_5 = 2) \qquad (9\text{-}41)$$

(6) 每辆汽车待装、待卸所损失的时间期望 T_{11}：

$$T_{11} = Lq_1 \times t_1 + Lq_2 \times t_2 \qquad (9\text{-}42)$$

(7) 沥青混合料从搅拌站卸料至摊铺前的时间 T_{12}：

$$T_{12} = \frac{R}{V^1} \times 60 + Lq_2 \times t_2 \qquad (9\text{-}43)$$

(8) 沥青混合料从摊铺机摊铺至初压前的时间 T_{13}：

$$T_{13} = T_2 + Lq_3 \times T_3 \qquad (9\text{-}44)$$

(9) 沥青混合料从摊铺机摊铺至复压前的时间 T_{14}：

$$T_{14} = T_{13} + T_3 + Lq_4 \times T_4 \qquad (9\text{-}45)$$

(10) 沥青混合料从摊铺机摊铺至终压前的时间 T_{15}：

$$T_{15} = T_{14} + T_4 + Lq_5 \times T_5 \qquad (9\text{-}46)$$

(11) 沥青混合料从摊铺机摊铺至终压结束的时间 T_{16}：

$$T_{16} = T_{15} + T_5 \qquad (9\text{-}47)$$

3. 机群施工机械联合作业系数指标

(1) 搅拌站-运料汽车：

$$K_1 = (1 - P_0^1) \times 100\% \qquad (9\text{-}48)$$

(2) 摊铺机-运料汽车：

$$K_2 = (1 - P_0^2) \times 100\% \qquad (9\text{-}49)$$

(3) 运料汽车-运料汽车：

$$K_0 = \left(1 - \frac{T_{11}}{T_{11} + T_0}\right) \times 100\% \qquad (9\text{-}50)$$

（4）初压压路机-摊铺机：

$$K_3 = (1 - P_0^3) \times 100\% \qquad (9\text{-}51)$$

其中，$P_0^3 = 1 - \frac{\lambda_3}{\mu_3}$ （$m_3 = 1$ 时）。

$$P_0^3 = \frac{2\mu_3 - \lambda_3}{2\mu_3 + \lambda_3} \quad (m_3 = 2 \text{ 时})$$

（5）复压压路机-初压压路机：

$$K_4 = (1 - P_0^4) \times 100\% \qquad (9\text{-}52)$$

其中，$P_0^4 = 1 - \frac{\lambda_4}{\mu_4}$ （$m_4 = 1$ 时）。

$$P_0^4 = \frac{2\mu_4 - \lambda_4}{2\mu_4 + \lambda_4} \quad (m_4 = 2 \text{ 时})$$

（6）终压压路机-复压压路机：

$$K_5 = (1 - P_0^5) \times 100\% \qquad (9\text{-}53)$$

其中，$P_0^5 = 1 - \frac{\lambda_5}{\mu_5}$ （$m_5 = 1$ 时）。

$$P_0^5 = \frac{2\mu_5 - \lambda_5}{2\mu_5 + \lambda_5} \quad (m_5 = 2 \text{ 时})$$

4. 机群施工质量指标

在沥青路面机械化施工中，沥青混合料的温度对路面的质量起着至关重要的作用，施工中工程质量的主要控制指标，就是沥青混合料在各个工序始末的温度。

沥青混合料在各个工序始末的温度计算方法如下：

设：

A_0——搅拌站出料温度，℃；

ε_1——混合料在运输过程中的温降，℃/min；

ε_2——混合料在摊铺、压实过程中的温降，℃/min。

则：

（1）到达前场沥青混合料的温度 A_1：

$$A_1 = A_0 - \frac{R}{V^1} \times 60 \times \varepsilon_1 \qquad (9\text{-}54)$$

（2）摊铺前沥青混合料的温度 A_2：

$$A_2 = A_0 - T_{12} \times \varepsilon_1 \qquad (9\text{-}55)$$

（3）初压前沥青混合料的温度 A_3：

$$A_3 = A_2 - T_{13} \times \varepsilon_2 \qquad (9\text{-}56)$$

（4）复压前沥青混合料的温度 A_4：

$$A_4 = A_2 - T_{14} \times \varepsilon_2 \qquad (9\text{-}57)$$

（5）终压前沥青混合料的温度 A_5：

$$A_5 = A_2 - T_{15} \times \varepsilon_2 \qquad (9\text{-}58)$$

(6)终压结束时沥青混合料的温度 A_6：

$$A_6 = A_2 - T_{16} \times \varepsilon_2 \qquad (9\text{-}59)$$

5.机群施工台班进度指标

设：

L——合同段总长度,km;

B——单侧路面宽,m;

$ZGCL$——总工程量,t;

DSJ——实际工期,d;

GMJ——台班完成的沥青混合料面积数量,m²;

$QQQQQ$——台班完成的沥青混合料数量,t/台班。

则：

$$ZGCL = 20LB \times \sum_{j=1}^{3} h_j \times \gamma_j \qquad (9\text{-}60)$$

(1)施工机群一个台班能够完成的沥青混合料数量 $QQQQQ$：

$$QQQQQ = 8 \times G \times K_1 \qquad (9\text{-}61)$$

(2)所需的实际工期 DSJ：

$$DSJ = \frac{20LB \times \sum_{j=1}^{3} h_j \times \gamma_j}{QQQQQ} \qquad (9\text{-}62)$$

(3)施工机群一个台班完成的沥青混合料面积数量 GMJ：

$$GMJ = \frac{QQQQQ}{r_j \times h_j} \times 100 \qquad (9\text{-}63)$$

6.机群施工费用成本指标

(1)机械费：

设：

C_{10}——各机械因相互干扰、影响、引起互相等待而损失的台班费,元/台班;

C_0——运料汽车台班费,元/台班;

C_1——搅拌站台班费,元/台班;

C_2——摊铺机台班费,元/台班;

C_3——每台初压压路机台班费,元/台班;

C_4——每台复压压路机台班费,元/台班;

C_5——每台终压压路机台班费,元/台班;

C_b——搅拌站的设置费,万元;

$JXCB_j$——整个工程的机械费,万元;

$jxcb_j$——整个工程每吨沥青混合料所含的机械费,元/吨。

则：

①各机械因相互干扰、影响,引起互相等待而损失的台班费 C_{10}：

$$C_{10} = C_1 \times P_0^1 + C_2 \times (1 - K_2) \times m_2 + C_0 \times N \times \frac{T_{11}}{T_{11} + T_0} +$$
$$C_3 \times P_0^3 \times m_3 + C_4 \times P_0^4 \times m_4 + C_5 \times P_0^5 \times m_5 \tag{9-64}$$

②系统中所有机械的综合台班费总额 C_{11}：
$$C_{11} = C_1 + C_2 \times m_2 + C_0 \times N + C_3 \times m_3 + C_4 \times m_4 + C_5 \times m_5 \tag{9-65}$$

③机械台班费综合利用率 K：
$$K = \frac{C_{11} - C_{10}}{C_{11}} \tag{9-66}$$

④整个工程的机械费 $JXCB_j$：
$$JXCB_j = C_b + \frac{C_{11} \times DSJ}{10\,000} \tag{9-67}$$

⑤整个工程每吨沥青混合料所含的机械费 $jxcb_j$：
$$jxcb_j = \frac{10\,000 \times JXCB_j}{ZGCL} \tag{9-68}$$

(2) 原材料费用：

设：

$YCLPB(i)$——第 i 种原材料的配合比；

$YCLDJ(i)$——沥青混合料第 i 种原材料的单价，元/吨；

$YCLXYL_j(i)$——整个工程第 i 种原材料总的需要量，吨；

$YCLZFY_j$——整个工程沥青混合料原材料的总费用，万元；

$yclzfy_j$——整个工程每吨沥青混合料所含的原材料费用，元/吨。

则：
$$YCLXYL_j(i) = ZGCL \times YCLPB(i) \tag{9-69}$$

$$YCLZFY_j = \frac{\sum_{i=1}^{n} YCLXYL_j(i) \times YCLDJ(i)}{10\,000} \tag{9-70}$$

$$yclzfy_j = \frac{10\,000 \times YCLZYF_j}{ZGCL} \tag{9-71}$$

(3) 人工费：

设：

$RGS(i)$——第 i 种机械需要配合的工人数，人；

$RGDJ$——人工单价，元/人·台班；

RGF_j——整个工程的人工费，万元；

rgf_j——整个工程每吨沥青混合料所含的人工费，元/吨。

则：
$$RGF_j = \frac{RGDJ \times DSJ \times \sum_{i=1}^{6} RGS(i)}{10^4} \tag{9-72}$$

$$rgf_j = \frac{10^4 \times RGF_j}{ZGCL} \tag{9-73}$$

(4)现场经费:

设:

FL——该工程现场经费的费率,%;

$XCJF_j$——整个工程的现场经费,万元;

$xcjf_j$——整个工程每吨沥青混合料所含的现场经费,元/吨。

则:

$$XCJF_j = (JXCB_j + YCLZFY_j + RGF_j) \times FL \qquad (9\text{-}74)$$

$$xcjf_j = \frac{10^4 \times XCJF_j}{ZGCL} \qquad (9\text{-}75)$$

(5)综合成本:

设:

$ZHCB_j$——整个工程的综合成本,万元;

$zhcb_j$——整个工程每吨沥青混合料的综合成本,元/吨。

则:

$$ZHCB_j = JXCB_j + YCLZFY_j + RGF_j + XCJF_j \qquad (9\text{-}76)$$

$$zhcb_j = \frac{10^4 \times ZHCB_j}{ZGCL} \qquad (9\text{-}77)$$

"1-2摊铺能力不等施工系统"机群静态技术经济评价指标,可参照"1-1施工系统"。所不同的是,在"1-2摊铺能力不等施工系统"机群中,沥青混合料摊铺机为2台,但如果把"1-1施工系统"中的摊铺机的性能理解为一个摊铺机组的工作性能,而这个摊铺机组在"1-1施工系统"中仅包含1台沥青混合料摊铺机,在"1-2摊铺能力不等施工系统"包含2台沥青混合料摊铺机。这样在"1-2摊铺能力不等施工系统"中,这个摊铺机组的性能除摊铺宽度应为2台摊铺机摊铺宽度之和,其他与"1-1施工系统"基本一致。

三、机群静态配置方法

1. 机群的初始配置

机群的初始配置是指:根据特定工况,对搅拌站、摊铺机和各种压实机械的性能与数量进行选定。

对于上述机械的初始配置方法如下:

(1)搅拌站:根据工期和沥青混凝土路面工程量大小,确定出满足工期条件的搅拌站的最小生产能力 $G_{\min}$。

$$G_{\min} \geq \frac{2 \times 10^3 \times 10^{-2} \times \sum_{j=1}^{3} L \times h_j \times B \times \gamma_j}{8 \times DSJ} \qquad (9\text{-}78)$$
$$= \frac{2.5L \times B \times \sum_{j=1}^{3} h_j \times \gamma_j}{DSJ}$$

式中:B——沥青混凝土路面宽度,m;

L——合同段总长度,km。

根据计算出的搅拌站最小生产能力 $G_{\min}$,选择沥青混合料搅拌站,并确定出沥青混合料搅

拌站的生产率 Q。

(2)摊铺机:根据原则一、二,在施工中,搅拌站每小时搅拌多少吨沥青混合料,摊铺机每小时就至少应摊铺多少吨沥青混合料,由此来选择摊铺机的数量并选定工作速度。

$$M_2 \times V_{2\min} \geq \frac{G}{0.6 \times \bar{\gamma} \times B \times \bar{h}} \tag{9-79}$$

式中:M_2——摊铺工作面的个数;

$V_{2\min}$——摊铺机的最小工作速度,m/min;

$\bar{\gamma}$——路面面层三层的平均密度,t/m³;

$\bar{h}$——路面面层三层的平均厚度,cm。

现行《沥青路面施工规范》中规定:摊铺机的行驶速度应在 2~6m/min 之间,因此若式(9-79)求得的 $m_2 \times V_{2\min} > 6$,这必然要求我们选用两个摊铺工作面;反之则选用一个摊铺工作面或两个摊铺工作面在技术上都是可行的,再根据经济评价指标或本企业施工装备,可以确定具体选用一个摊铺工作面还是两个摊铺工作面。

对于每一个作业面是选用 1 台还是 2 台摊铺机,主要根据摊铺机一次摊铺的宽度与路面宽度的关系确定。当单台摊铺机一次摊铺的宽度大于单侧路面宽时,可以采用 1 台全幅摊铺或 2 台并机摊铺。对于高速公路,一般选用 2 台摊铺机并机摊铺,特殊情况下选用 1 台摊铺机全幅摊铺。而当摊铺机一次摊铺的宽度小于单侧路面宽时,由于冷接缝不易处理,则只能选用 2 台摊铺机并机摊铺。

选定之后,就可根据经验,在满足上述要求的情况下,确定实际的摊铺速度 V_2,并将此值作为输入变量配置初压机及运料汽车。

(3)初压机:根据原则一、二,搅拌站每小时搅拌多少吨沥青混合料,初压压路机每小时就至少应初压沥青混合料多少吨;摊铺机每小时摊铺多少吨沥青混合料,初压压路机每小时就至少应初压多少吨沥青混合料。以此来选择初压机的工作速度与数量。

$$m_3 \times V_{3\min} \geq \frac{M_3 \times G}{0.6 \times \bar{r} \times \bar{h} \times (B_3 - b_3)} \tag{9-80}$$

且满足:

$$m_3 \times V_{3\min} \geq \frac{M_3 \times B \times V_2}{B_3 - b_3} \tag{9-81}$$

式中:m_3——每个摊铺工作面的初压机的台数,台;

$V_{3\min}$——初压机的最小工作速度,m/min。

若求出的 $m_3 \times V_{3\min}$ 大于表 6-11 中初压机的行驶速度范围上限,则必须选用 2 台初压机;反之,选用 1 台即可。

同理,在满足上述要求的情况下,确定实际的初压速度 V_3,并将此值作为输入变量配置复压机。

(4)复压机:根据原则一、二,搅拌站每小时搅拌多少吨沥青混合料,复压压路机每小时就至少应复压多少吨沥青混合料;初压机每小时初压多少吨沥青混合料,复压压路机每小时就至少应复压多少吨沥青混合料。以此来选择复压机的工作速度与数量。故有:

$$m_4 \times V_{4\min} \geq \frac{M_4 \times G}{0.6 \times \bar{r} \times \bar{h} \times (B_4 - b_4)} \tag{9-82}$$

且满足：

$$m_4 \times V_{4\min} \geq \frac{m_3 \times V_3 \times M_4 \times (B_3 - b_3)}{M_3 \times (B_4 - b_4)} \tag{9-83}$$

式中：m_4——每个摊铺工作面的复压机的台数，台；

$V_{4\min}$——复压机的最小工作速度，m/min。

若求出的 $m_4 \times V_{4\min}$ 大于表 6-11 中复压机的行驶速度范围上限，则必须选用 2 台复压机；反之，选用 1 台即可。同理，在满足上述要求的情况下，确定实际的复压速度 V_4，并将此值作为输入变量配置终压机。

(5)终压机：根据原则一、二，搅拌站每小时搅拌多少吨沥青混合料，终压压路机每小时就至少应终压多少吨沥青混合料；复压机每小时复压多少吨沥青混合料，终压压路机每小时就至少应终压多少吨沥青混合料。以此来选择终压机的工作速度与数量。故有：

$$m_5 \times V_{5\min} \geq \frac{G \times M_5}{0.6 \times \bar{r} \times \bar{h} \times (B_5 - b_5)} \tag{9-84}$$

且满足：

$$m_5 \times V_{5\min} \geq \frac{m_4 \times V_4 \times M_5 \times (B_4 - b_4)}{M_4 \times (B_5 - b_5)} \tag{9-85}$$

式中：m_5——每个摊铺工作面的终压机台数，台；

$V_{5\min}$——终压机的最小工作速度，m/min。

若求出的 $m_5 \times V_{5\min}$ 大于表 6-11 中终压机的行驶速度范围上限，则必须选用 2 台终压机；反之，选用 1 台即可。同理，在满足上述要求的情况下，确定实际的终压速度 V_5。

2. 运料汽车的初始配置

在机群静态配置中，我们考虑的是路面工程所需要的最大运料汽车数量和最小运料汽车数量 2 个极限值，以此来控制最后动态调整的范围。这 2 个极限值由运料汽车的最大和最小运距决定，体现在各自 T_0 的不同。

根据原则一、二，搅拌站每小时搅拌多少吨沥青混合料，运料汽车每小时就至少应运输多少吨沥青混合料；摊铺机每小时摊铺多少吨，运料汽车每小时就至少应运输多少吨沥青混合料，由此分别选择最大和最小运距时各自所需运料汽车的最小数量 $N_{\min}$：

$$N_{\min} \geq \frac{G \times \overline{T_0}}{60 \times G_0} \tag{9-86}$$

且满足：

$$N_{\min} \geq \frac{\bar{\gamma} \times B \times \bar{h} \times V_2 \times \overline{T_0}}{100 \times G_0} \tag{9-87}$$

式中：$\overline{T_0}$——运料汽车装料、运料、卸料、返回一个工作循环的最大或最小时间，min；

$N_{\min}$——所需的最少的运料汽车数量，辆。

3. 技术约束——沥青混凝土路面施工对混合料温度的要求

沥青混凝土路面施工对混合料温度的要求，在现行《沥青路面施工规范》中有着严格的规定。正因为如此，混合料的这一温度特性在技术上控制着路面机械化施工系统现场布局、机群配置及工艺流程的确定。在进行经济施工生产能力、合理工期的决策中，必须考虑混合料温度特性的影响，以保证决策是在技术可行的前提下经济上的最优，从而确保工程质量目标的实现。

影响沥青混合料的温度损失不外乎运输时间和大气温度两个主要因素。沥青混合料的温度在运输过程中的损失(温降),通常与运料汽车在运输途中的运输时间呈正比关系,运输时间越长,温降越大;而大气环境温度对沥青混合料的温度影响,则主要体现在沥青混合料的摊铺—初压—复压—终压阶段。为了保证沥青混合料在这一阶段的温度要求,混合料出料温度在规定范围内可随大气环境温度的变化而变化。若无论怎样调整出料温度都无法满足要求,则说明此时的机群配置是不合适的,必须对机群配置做相应调整。

4. 机群的最佳配置和各技术经济指标的求解

对于特定沥青路面工程项目,经过以上的初始配置,我们就可以根据前述的技术经济指标对其进行评价,通过不断变化运料汽车数量来找出对应于初始机群配置的最佳运料汽车数量及相应的成本。

值得说明的是:在每一次的配置过程中,都须以沥青混合料各阶段的温度为硬约束条件,凡是不合要求的一律舍去,重新输入初值,首先改变混合料的出料温度,当出料温度已经到达极限值无法再改时,须舍去此时的机群配置,调整后再行计算。

四、沥青混凝土路面施工机群动态技术经济评价指标

沥青混凝土路面机群施工动态技术经济评价指标,与静态技术经济评价指标相似。所不同的是,静态技术经济评价指标主要从宏观角度提出指标,它并不直接用来指导每日施工,但它是动态评价指标的基础。动态技术经济评价指标主要从微观角度来看机群的配置,它将眼光具体到了每天的施工而不再是整个工程。

沥青路面机群施工动态技术经济评价指标同样有五大技术经济评价指标:系统运行状态指标、联合作业系数指标、施工质量指标、施工进度指标和费用成本指标。

以下我们以"1-1施工系统"为例,对机群动态技术经济评价指标进行叙述。

设:

R^1——当天运料汽车运输沥青混合料的运距,km;

r_j^1——当天施工沥青混合料层的密度,t/m³ ($j=1,2,3$);

B_2^1——当天施工沥青混合料摊铺机一次摊铺宽度,m;

h_j^1——当天施工沥青混合料摊铺机摊铺厚度,cm ($j=1,2,3$)。

则:

$$T_0 = t_1 + t_2 + \frac{120 \times R^1}{V_1} \qquad (9\text{-}88)$$

1. 当天系统运行状态指标

与静态指标相似。所不同的是要将静态指标中的混合料运距 R、沥青混合料的密度 r_j、摊铺机一次摊铺宽度 B_2、摊铺机摊铺厚度 h_j 替换成当天混合料运距 R^1、当天施工沥青混合料层的密度 r_j^1、当天施工沥青混合料摊铺机一次摊铺宽度 B_2^1、当天施工沥青混合料摊铺机摊铺厚度 h_j^1。

2. 当天施工机群施工机械联合作业系数指标

与静态指标相似。所不同的是要将静态指标中的混合料运距 R、沥青混合料的密度 r_j、摊

铺机一次摊铺宽度 B_2、摊铺机摊铺厚度 h_j 替换成当天混合料运距 R^1、当天施工沥青混合料层的密度 r_j^1、当天施工沥青混合料摊铺机一次摊铺宽度 B_2^1、当天施工沥青混合料摊铺机摊铺厚度 h_j^1。

3. 当天机群施工质量指标

与静态指标相似。所不同的是要将静态指标中的混合料运距 R、沥青混合料的密度 r_j、摊铺机一次摊铺宽度 B_2、摊铺机摊铺厚度 h_j、搅拌站出料温度 A_0、混合料在运输过程中的温降 ε_1、混合料在摊铺、压实过程中的温降 ε_2 替换成当天混合料运距 R^1、当天施工沥青混合料层的密度 r_j^1、当天施工沥青混合料摊铺机一次摊铺宽度 B_2^1、当天施工沥青混合料摊铺机摊铺厚度 h_j^1、当天的搅拌站出料温度 A_0^1、混合料当天在运输过程中的温降 ε_1^1、混合料当天在摊铺、压实过程中的温降 ε_2^1。

4. 当天机群施工台班进度指标

设：

$QDZH$——今天施工起点桩号；
$GCJD$——台班工程进度，m；
$ZDZH$——今天施工终点桩号。

则：

(1) 当天施工台班完成的沥青混合料数量：
$$QQQQQ_d = 8 \times G \times K_1 \tag{9-89}$$

(2) 当天施工台班完成的沥青混合料面积数量：
$$GMJ = \frac{QQQQQ_d}{r_j^1 \times h_j^1} \times 100 \tag{9-90}$$

(3) 当天施工台班工程进度：
$$GCJD = \frac{GMJ}{B} \tag{9-91}$$

(4) 当天施工终点桩号：
$$ZDZH = QDZH + GCJD \tag{9-92}$$

5. 当天机群施工费用成本指标

(1) 机械费：

设：

$JXCB_d$——当天台班机械费，元/台班；
$jxcb_d$——当天台班每吨沥青混合料所含的机械费，元/吨；
EE——动态配置中搅拌站的设置费应占每日施工直接费的分摊比例。

则：

①各机械因相互干扰、影响，引起互相等待而损失的台班费 C_{10}：

$$C_{10} = C_1 \times P_0^1 + C_2 \times (1 - K_2) \times m_2 + C_0 \times N \times \frac{T_{11}}{T_{11} + T_0} + C_3 \times P_0^3 \times m_3 + \\ C_4 \times P_0^4 \times m_4 + C_5 \times P_0^5 \times m_5 \tag{9-93}$$

②系统中所有机械的综合台班费总额 C_{11}：

$$C_{11} = C_1 + C_2 \times m_2 + C_0 \times N + C_3 \times m_3 + C_4 \times m_4 + C_5 \times m_5 \tag{9-94}$$

③机械台班费综合利用率 K：
$$K = \frac{C_{11} - C_{10}}{C_{11}} \qquad (9\text{-}95)$$

④当天施工中,搅拌站的设置费应占每日施工直接费的分摊比例 EE：
$$EE = \frac{GCJD}{2\,000 \times L} \times \frac{h_j^1 \times \gamma_j^1}{\sum_{j=1}^{3} h_j^1 \times \gamma_j^1} \qquad (9\text{-}96)$$

⑤当天台班机械费 $JXCB_d$：
$$JXCB_d = C_{11} + C_b \times EE \qquad (9\text{-}97)$$

⑥当天台班每吨沥青混合料所含的机械费 $jxcb_d$：
$$jxcb_d = \frac{JXCB_d}{QQQQQ_d} \qquad (9\text{-}98)$$

(2) 原材料费用：

设：

$YCLZFY_d$——当天施工沥青混合料原材料的总费用,元/台班；

$yclzfy_d$——当天施工每吨沥青混合料所含的原材料费用,元/吨。

则：

①当天施工沥青混合料原材料的总费用 $YCLZFY_d$：
$$YCLZFY_d = YCLZFY_j \times \frac{QQQQQ_d}{ZGCL} \qquad (9\text{-}99)$$

②当天施工每吨沥青混合料所含的原材料费用 $yclzfy_d$：
$$yclzfy_d = \frac{YCLZFY_d}{QQQQQ_d} \qquad (9\text{-}100)$$

(3) 人工费：

设：

RGF_d——当天施工所需要的人工费,元/台班；

rgf_d——当天施工每吨沥青混合料所含的人工费,元/吨。

则：

①当天施工所需要的人工费 RGF_d：
$$RGF_d = RGF_j \times \frac{QQQQQ_d}{ZGCL} \qquad (9\text{-}101)$$

②当天施工每吨沥青混合料所含的人工费 rgf_d：
$$rgf_d = \frac{RGF_d}{QQQQQ_d} \qquad (9\text{-}102)$$

(4) 现场经费：

设：

$XCJF_d$——当天施工所分摊的现场经费,元/台班；

$xcjf_d$——当天施工每吨沥青混合料所含的现场经费,元/吨。

则：

①当天施工所分摊的现场经费 $XCJF_d$：
$$XCJF_d = 10^4 \times XCJF_j \times \frac{QQQQQ_d}{ZGCL} \qquad (9\text{-}103)$$

②当天施工每吨沥青混合料所含的现场经费，元/吨：

$$xcjf_d = \frac{XCJF_d}{QQQQQ} \qquad (9\text{-}104)$$

(5)综合成本：

设：

$ZHCB_d$——当天施工的综合成本，元/台班；

$zhcb_d$——当天施工每吨沥青混合料的综合成本，元/吨。

则：

①当天施工的综合成本 $ZHCB_d$：

$$ZHCB_d = JXCB_d + YCLZFY_d + RGF_d + XCJF_d \qquad (9\text{-}105)$$

②当天施工每吨沥青混合料的综合成本 $zhcb_d$：

$$zhcb_d = \frac{ZHCB_d}{QQQQQ} \qquad (9\text{-}106)$$

五、机群动态配置与调整方法

从系统工程角度看，沥青混凝土路面施工系统就是一个大的随机服务系统，其随机性的影响因素很多，如资源条件的变化、工程技术条件的变化、工况的变化等。其中有些因素是无法避免、必然会发生的，而有些则是可以避免的。如何减小这些可以避免的影响因素对系统的影响甚至加以利用，正是动态配置所要研究的问题。

机群动态配置主要从微观角度提出施工机群的配置。它根据特定的工程项目，将眼光具体到了每天的施工。其方法为在确定了机群静态配置的最大和最小规模后，再研究各种因素变化对机群施工系统运行状态的影响，从而得出施工机群配置与施工生产计划的动态监控与调整的方法。

1. 影响机群施工系统运行状态的动态因素

(1)资源条件的变化：资源条件的变化主要是指施工中原材料供应、集料配比的变化，以及机械性能的变化。这些变化对机群的生产能力、燃料的消耗产生影响。

(2)工程技术条件的变化：工程技术条件的变化主要是指与工程有关的各项技术要求的变化，主要是沥青混凝土路面面层的上、中、下层有着不同的配合比，面层各自的厚度和宽度也可能不同。这些变化对集料配比、油石比、机群的作业速度产生影响。

以上两个因素对机群施工系统的影响是有限的。在正常的施工条件下，一般不会改变机群的数量配置情况。

(3)工况的变化：工况的变化对机群施工系统的影响通常会改变机群的数量配置情况，应给予特别的注意。

气温的正常波动

由于沥青混合料的性质决定了气温的上升有利于施工，只有气温的下降才是不利的。因此，对于大气温度的上升和下降，处理的方法也不同。

当气温的下降较大时：首先应根据沥青混合料搅拌站出料温度与大气温度的变化关系调整出新的出料温度；若出料温度已达到规范规定的最高值不能再做调整时，可以根据实际情况，提出相应措施，有：

①对运料汽车进行覆盖保温;
②对摊铺机熨平板进行充分的加热;
③摊铺后紧接着碾压,缩短碾压长度;
④按静态配置适当调整摊铺机、压实机械的工作速度以及运料汽车的数量。

现行《公路沥青路面施工技术规范》规定,当高速公路和一级公路施工气温低于10℃、其他等级公路施工气温低于5℃时,不宜摊铺热拌沥青混合料。必须摊铺时,应采取相应措施。对于这些措施的选用,优先选用前三种。

当气温的上升较大时:主要是根据沥青混合料搅拌站出料温度与大气温度的变化关系调整出新的出料温度,适当降低混合料的搅拌温度或缩短拌和时间,以节约油耗。

运距的变化

运距随着施工的进行必然会发生变化,而且无法避免它对原有机群配置的影响。当运距变化时,会对机群施工系统的核心参数:系统的服务率和到达率,产生不同影响。

①系统的服务率:各单机的服务率主要受沥青混合料搅拌站生产能力、摊铺机和压路机的工作速度、运料汽车载重性能的影响。在正常施工中,运料汽车载重基本是恒定的,所以系统的服务率是不随运距的变化而变化的。

②系统的到达率:直观地,运距的改变会影响搅拌-摊铺作业系统的工作循环时间,因而直接影响这一系统的到达率,而摊铺-压实作业系统与其相连,所以也会受到其影响,故整个系统的到达率是会受到运距的影响的。

2. 沥青混凝土路面机群动态配置与调整主要内容

(1)运距是机群施工系统动态性的内部因素:它的变化直接影响着系统的运行状态,会使原有的系统参数发生改变。随着运距的变化,原来静态的最优配置已不适合施工的不断推进,若按其进行整个工程的施工生产,将直接限制主导机械生产率的发挥,不是造成沥青混合料的淤积而影响后续各机械,就是造成搅拌站的闲置,使得施工资源白白地浪费。因此每日运距的变化是动态监控的重要内容。

(2)机群动态配置的核心内容:将运料汽车的运距视为一个过程变量,通过系统运行参数的调整来反映不同运距时的系统运行状态。通过动态地调整运料汽车的数量,来保证系统生产率的稳定发挥。

实际施工中,由于施工进度的限制,运料汽车的数量不会每小时都在增加,所以不必每小时都对系统进行动态的监控。根据实际情况,以天为单位进行控制即可。

沥青混凝土路面机群动态配置流程如图9-8所示。

实施步骤如下:

①输入基本数据:输入工程技术数据,如路面宽度、厚度、里程和混合料密度等;输入各机械数据,如沥青混合料搅拌站的技术生产率及料仓容量,沥青混合料搅拌站、摊铺机的数量和服务时间,运料汽车的速度,各机械的台班费及相关时间等。

②当天的配置方案:施工开始前,输入当天计划完成的里程,计算出当天的最远运距,按此运距用前述静态配置计算出最佳的运料汽车数量 N^*。比较 N^* 与昨日最佳数量 N_0,若两者之差小于1,则仍按照昨日配置施工;若两者之差大于等于1,则提醒施工组织者增加运料汽车的数量,按照 N^* 组织当天的施工。

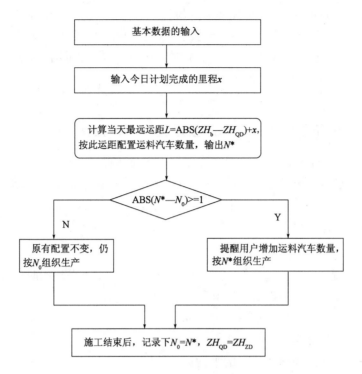

图 9-8 机群动态调整流程图

N_0-昨日运料汽车数量；N^*-当天运料汽车数量；ZH_b-沥青混合料搅拌站所处位置的里程桩号；ZH_{QD}-当天施工起点桩号；ZH_{ZD}-当天施工终点桩号

③施工记录：当天施工结束后，记录下当天的运料汽车数量 N^* 为新的 N_0，当天的施工终点桩号 ZH_{ZD} 为新的施工起点桩号 ZH_{QD}。

这样，通过不断记录下每日运料汽车数量及实际施工终点桩号，输入计划进度，就能在当天施工前得知是否需要增加运输车辆，从而达到动态地控制机械化施工生产的生产率，使其稳定在最佳状态，并降低施工成本的目的。

第四节　水泥混凝土路面施工机群静态、动态配置与调度

一、机群静态配置的基本原则

(1)机群中各单机和所有工作过程都要满足主导机械——水泥混凝土搅拌站的生产能力。

(2)后续机械的生产能力要略大于前导机械。

为了保证"水泥混凝土"在施工各环节的顺畅，不产生淤积，除了使各主要机械满足搅拌站的生产能力以外，还要依照施工工艺上环环相扣的关系，使后续主要机械的生产能力略大于其相应的前面机械，即：滑模摊铺机的生产能力要大于搅拌站的生产能力，运料汽车的生产能力要大于搅拌站和滑模摊铺机的生产能力。

(3)在技术上可行的前提下寻求经济上的最优。

水泥混凝土路面施工中,对水泥混凝土从水泥搅拌站出料至各施工环节的时间控制十分严格,应控制在水泥的初凝、终凝时间之内。水泥的初凝、终凝时间是机群配置时的一个硬约束条件,凡是达不到规范要求配置方案一律舍去。在此前提下,对机群配置方案进行优化,寻求经济上的最优。

二、水泥混凝土路面施工机群静态技术经济评价指标

水泥混凝土路面施工机群静态技术经济评价指标与沥青混凝土路面类似。

在水泥混凝土路面机械化施工机群中,其机群的组成一般有:1个搅拌站+1台布料机+1台滑模摊铺机+1台水泥混凝土拉毛机等。

1.基础数据的准备

设:

T_{s1}——水泥混凝土运料汽车装料、运料、卸料、返回一个工作循环的时间,min;

T_{s2}——水泥混凝土运料汽车装料时间,min;

T_{s3}——水泥混凝土运料汽车卸料时间,min;

L_s——水泥混凝土运料汽车运输运距,km;

V_s^1——水泥混凝土运料汽车运料的平均运行速度,km/h;

V_s^2——水泥混凝土运料汽车返回的平均运行速度,km/h;

V_{s1}——水泥混凝土运料汽车的平均运行速度,km/h;

T_{s4}——水泥混凝土搅拌站拌制一车料的时间,min;

G_{s0}——水泥混凝土运料汽车的额定载重量,m^3;

G_s——水泥混凝土搅拌站的生产能力,m^3/h;

r_s——水泥混凝土密度,t/m^3;

V_{s2}——水泥混凝土布料机的工作速度,m/min;

B_s——水泥混凝土布料机一次摊布宽度,m;

H_s——水泥混凝土布料机一次摊布厚度,m;

T_{s5}——水泥混凝土布料机摊布一当量车混凝土的当量时间,min;

V_{s3}——水泥混凝土摊铺机的工作速度,m/min;

T_{s6}——水泥混凝土摊铺机摊铺一当量车混凝土的当量时间,min;

V_{s4}——水泥混凝土拉毛机的工作速度,m/min;

T_{s7}——水泥混凝土拉毛机拉毛一当量车混凝土的当量时间,min;

V_{s5}——水泥混凝土养生机的工作速度,m^2/min;

T_{s8}——水泥混凝土养生机养生一当量车混凝土的当量时间,min。

则:

$$V_{s1} = \frac{V_s^1 + V_s^2}{2} \qquad (9\text{-}107)$$

$$T_{s1} = T_{s2} + T_{s3} + \frac{120 \times L_s}{V_{s1}} \qquad (9\text{-}108)$$

$$T_{s4} = \frac{60 \times G_{s0}}{G_s} \tag{9-109}$$

$$T_{s5} = \frac{G_{s0}}{B_s \times H_s \times V_{s2}} \tag{9-110}$$

$$T_{s6} = \frac{G_{s0}}{B_s \times H_s \times V_{s3}} \tag{9-111}$$

$$T_{s7} = \frac{G_{s0}}{B_s \times H_s \times V_{s4}} \tag{9-112}$$

$$T_{s8} = \frac{G_{s0}}{H_s} \times V_{s5} \tag{9-113}$$

2. 系统运行状态指标

设：

S_{sn1}^1——任意时刻t，水泥混凝土搅拌站处的状态（即搅拌站处汽车的数量为n_1）；

P_{sn1}^1——S_{sn1}^1时的概率；

λ_{s1}——单位时间自卸汽车到达水泥混凝土搅拌站处的平均数；

μ_{s1}——水泥混凝土搅拌站服务率，即单位时间的装车数量；

S_{sn2}^2——任意时刻t，水泥混凝土布料机处的状态（即水泥混凝土布料机处汽车的数量为n_2）；

P_{sn2}^2——S_{sn2}^2时的概率；

N_s——机群中水泥混凝土运料汽车总数量；

λ_{s2}——单位时间内自卸汽车到达水泥混凝土布料机处的平均数；

μ_{s2}——单位时间内水泥混凝土布料机摊布水泥混凝土的平均车数；

m_{s1}——水泥混凝土布料机台数；

S_{sn3}^3——任意时刻t，摊铺机处的状态（摊铺机处未摊铺好的水泥混凝土的平均当量车数为n_3）；

P_{sn3}^3——S_{sn3}^3时的概率；

λ_{s3}——单位时间内水泥混凝土布料机摊布水泥混凝土的平均车数；

μ_{s3}——单位时间内摊铺机摊铺水泥混凝土的平均当量车数；

S_{sn4}^4——任意时刻t，水泥混凝土拉毛机处的状态（拉毛机处未拉毛好的水泥混凝土平均当量车数为n_4）；

P_{sn4}^4——S_{sn4}^4时的概率；

λ_{s4}——单位时间内摊铺机摊铺水泥混凝土的平均当量车数；

μ_{s4}——单位时间内拉毛机拉毛水泥混凝土的平均当量车数；

K_{s1}——搅拌站-运料汽车联合作业系数；

K_{s2}——布料机-运料汽车联合作业系数；

K_{s3}——布料机-摊铺机联合作业系数；

K_{s4}——摊铺机-拉毛机联合作业系数；

K_{s0}——运料汽车-运料汽车联合作业系数。

令：

$$\rho_{s1} = \frac{\lambda_{s1}}{\mu_{s1}} \quad \rho_{s2} = \frac{\lambda_{s2}}{\mu_{s2}} \quad \rho_{s3} = \frac{\lambda_{s3}}{\mu_{s3}} \quad \rho_{s4} = \frac{\lambda_{s4}}{\mu_{s4}} \quad \rho_{s5} = \frac{\lambda_{s5}}{\mu_{s5}} \tag{9-114}$$

由定义知:

$$\lambda_{s1} = \frac{1}{T_{s1}} \tag{9-115}$$

$$\mu_{s1} = \frac{1}{T_{s4}} \tag{9-116}$$

$$\lambda_{s2} = \frac{1}{T_{s1}} \tag{9-117}$$

$$\mu_{s2} = \frac{1}{T_{s5}} \tag{9-118}$$

$$\lambda_{s3} = \mu_{s2} K_{s2} \tag{9-119}$$

$$\mu_{s3} = \frac{1}{T_{s6}} \tag{9-120}$$

$$\lambda_{s4} = \mu_{s3} K_{s3} \tag{9-121}$$

$$\mu_{s4} = \frac{1}{T_{s7}} \tag{9-122}$$

$$\lambda_{s5} = \mu_{s4} K_{s4} \tag{9-123}$$

$$\mu_{s5} = \frac{1}{T_{s8}} \tag{9-124}$$

(1)搅拌站处运料汽车排队等待装料的平均车辆数 Lq_{s1}:

$$Lq_{s1} = N_s - \left(1 - \frac{1}{\rho_{s1}}\right) \times (1 - P_{s0}^1) \tag{9-125}$$

其中: $P_{s0}^1 = \left(\sum_{n1=0}^{N_s} \left(\frac{N_s!}{(N_s - n1)!}\right) \times \rho_{s1}^{n1}\right)^{-1}$

(2)布料机处运料汽车排队等待卸料的平均车辆数 Lq_{s2}:

$$Lq_{s2} = N_s - \left(1 + \frac{1}{\rho_{s2}}\right) \times (1 - P_{s0}^2) \tag{9-126}$$

其中: $P_{s0}^2 = \left(\sum_{n2=0}^{N_s} \left(\frac{N_s!}{(N_s - n2)!}\right) \times \rho_{s2}^{n2}\right)^{-1}$

(3)摊铺机前待摊铺的混凝土当量车数期望值 Lq_{s3}:

$$Lq_{s3} = \frac{\rho_{s3}^2}{1 - \rho_{s3}} \tag{9-127}$$

(4)拉毛机前待拉毛的混凝土当量车数期望值 Lq_{s4}:

$$Lq_{s4} = \frac{\rho_{s4}^2}{1 - \rho_{s4}} \tag{9-128}$$

(5)养生机前待养生的混凝土当量车数期望值 Lq_{s5}:

$$Lq_{s5} = \frac{\rho_{s5}^2}{1 - \rho_{s5}} \tag{9-129}$$

(6)每辆汽车待装,待卸所损失的时间 T_{s11}:

$$T_{s11} = Lq_1 \times T_{s2} + Lq_2 \times T_{s3} \tag{9-130}$$

3. 机群施工质量指标

水泥混凝土路面施工对水泥混凝土从水泥搅拌站出料至各施工环节的时间控制十分严格,它对路面的质量起着至关重要的作用。施工规范规定各工序一定要在相应的水泥初凝、终凝时间前完成。

(1) 水泥混凝土从搅拌站出料至摊铺现场卸料前的时间 T_{s12}:

$$T_{s12} = \frac{L_s}{V_s^1} + Lq_2 \times T_{s3} \tag{9-131}$$

(2) 水泥混凝土从布料机布料至摊铺前的时间 T_{s13}:

$$T_{s13} = T_{s5} + Lq_3 \times T_{s6} \tag{9-132}$$

(3) 水泥混凝土从摊铺机摊铺至拉毛的时间 T_{s14}:

$$T_{s14} = T_{s6} + Lq_4 \times T_{s7} \tag{9-133}$$

(4) 水泥混凝土从拉毛机拉毛至养生前的时间 T_{s15}:

$$T_{s15} = T_{s7} + Lq_5 \times T_{s8} \tag{9-134}$$

(5) 水泥混凝土从搅拌站出料至各工作环节的时间情况:

① 至水泥混凝土布料前时间 T_{s16}:

$$T_{s16} = T_{s12} + T_{s3} \tag{9-135}$$

② 至水泥混凝土摊铺前时间 T_{s17}:

$$T_{s17} = T_{s16} + T_{s13} \tag{9-136}$$

③ 至水泥混凝土拉毛前时间 T_{s18}:

$$T_{s18} = T_{s17} + T_{s14} \tag{9-137}$$

④ 至水泥混凝土养生前时间 T_{s19}:

$$T_{s19} = T_{s18} + T_{s15} \tag{9-138}$$

4. 机群施工机械联合作业系数指标

(1) 搅拌站-运料汽车联合作业系数 K_{s1}:

$$K_{s1} = (1 - P_{s0}^1) \times 100\% \tag{9-139}$$

(2) 布料机-运料汽车联合作业系数 K_{s2}:

$$K_{s2} = (1 - P_{s0}^2) \times 100\% \tag{9-140}$$

(3) 布料机-摊铺机联合作业系数 K_{s3}:

$$K_{s3} = (1 - F_{s0}) \times 100\% \tag{9-141}$$

其中:
$$F_{s0} = 1 - \rho_{s3}$$

(4) 摊铺机-拉毛机联合作业系数 K_{s4}:

$$K_{s4} = (1 - R_{s0}) \times 100\% \tag{9-142}$$

其中:
$$R_{s0} = 1 - \rho_{s4}$$

(5) 运料汽车-运料汽车联合作业系数 K_{s0}:

$$K_{s0} = \left(1 - \frac{T_{s11}}{T_{s11} + T_{s1}}\right) \times 100\% \tag{9-143}$$

5. 机群施工台班进度指标

设:

L_h——合同段总长度,km;
$ZGCL_s$——总工程量,m^3;
DSJ_s——实际工期,d;
GMJ_s——台班完成的沥青混合料面积数量,m^2;
$QQQQQ_s$——台班完成的沥青混合料数量,m^3/台班。

则:

$$ZGCL_s = 2\,000L_h \times B_s \times H_s \tag{9-144}$$

(1)施工机群一个台班能够完成的水泥混凝土数量 $QQQQQ_s$:

$$QQQQQ_s = 8 \times G_s \times K_{s1} \tag{9-145}$$

(2)所需的实际工期 DSJ_s:

$$DSJ_s = \frac{ZGCL_s}{QQQQQ_s} \tag{9-146}$$

(3)施工机群一个台班完成的水泥混凝土面积数量 GMJ_s:

$$GMJ_s = \frac{QQQQQ_s}{H_s} \tag{9-147}$$

6. 机群施工费用成本指标

(1)机械费:

设:

C_{s10}——各机械因相互干扰、影响、引起互相等待而损失的台班费,元/台班;

C_{s0}——运料汽车台班费,元/台班;

C_{s1}——水泥混凝土搅拌站台班费,元/台班;

C_{s2}——水泥混凝土布料机台班费,元/台班;

C_{s3}——水泥混凝土摊铺机的台班费,元/台班;

C_{s4}——水泥混凝土拉毛机的台班费,元/台班;

C_{sb}——搅拌站的设置费,万元;

$JXCB_{sj}$——整个工程的机械费,万元;

$jxcb_{sj}$——整个工程每立方米水泥混凝土所含的机械费,元/m^3。

则:

①各机械因相互干扰、影响,引起互相等待而损失的台班费 C_{s10}:

$$\begin{aligned}C_{s10} = &C_{s1} \times P_{s0}^1 + C_{s2} \times (1 - K_{s2}) + C_{s0} \times N_s \times \frac{T_{s11}}{T_{s11} + T_{s1}} + \\ &C_{s3} \times F_{s0} + C_{s4} \times R_{s0} + 辅助机械损失费\end{aligned} \tag{9-148}$$

②系统中所有机械的综合台班费总额 C_{s11}:

$$C_{s11} = C_{s1} + C_{s2} + C_{s0} \times N_s + C_{s3} + C_{s4} + 辅助机械台班费 \tag{9-149}$$

③机械台班费综合利用率 K_s:

$$K_s = \frac{C_{s11} - C_{s10}}{C_{s11}} \tag{9-150}$$

④整个工程的机械费 $JXCB_{sj}$;

$$JXCB_{sj} = C_{sb} + \frac{C_{sl1} \times DSJ_s}{10\,000} \tag{9-151}$$

⑤整个工程每立方米水泥混凝土所含的机械费 $jxcb_{sj}$;

$$jxcb_{sj} = \frac{10\,000 \times JXCB_{sj}}{ZGCL_s} \tag{9-152}$$

(2)原材料费用:与沥青混凝土路面计算方法类似。

(3)人工费:与沥青混凝土路面计算方法类似。

(4)现场经费:与沥青混凝土路面计算方法类似。

(5)综合成本:与沥青混凝土路面计算方法类似。

三、机群静态配置方法

1. 机群的初始配置

机群的初始配置:根据特定工况,对水泥混凝土搅拌站、水泥混凝土布料机、水泥混凝土摊铺机和水泥混凝土拉毛机的性能与数量进行选定。

对于上述机械的初始配置方法如下:

(1)水泥混凝土搅拌站:根据工期和路面工程量大小,确定出满足工期条件的水泥混凝土搅拌站的最小生产能力 G_{smin}。

$$G_{smin} \geqslant \frac{2 \times L_h \times B_s \times H_s}{8 \times DSJ_s} \tag{9-153}$$

根据计算出的搅拌站最小生产能力 G_{smin} 选择水泥混凝土搅拌站,并确定出搅拌站的生产率。

(2)水泥混凝土布料机、摊铺机:根据原则一、二,在施工中,搅拌站每小时搅拌多少立方米混凝土,布料机每小时就应摊布多少立方米混凝土,摊铺机每小时就应摊铺多少立方米混凝土,由此来选择摊铺机的数量并选定工作速度。

$$M_{s2} \times V_{s3min} \geqslant \frac{G_s}{60 \times B_s \times H_s} \tag{9-154}$$

式中:M_{s2}——布料、摊铺工作面的个数;

V_{s3min}——摊铺机的最小工作速度,m/min。

现行《公路水泥混凝土路面施工技术细则》中规定:滑模摊铺机的行驶速度应在 0.5~3m/min 之间,一般宜控制在 1m/min。因此若式(9-154)求得的 $M_{s2} \times V_{s3min} > 3$,这必然要求选用两个布料、摊铺工作面;反之则选用一个布料、摊铺工作面或两个布料、摊铺工作面在技术上都是可行的,再根据经济评价指标或本企业施工装备可以确定具体选用一个布料、摊铺工作面或是两个布料、摊铺工作面。

对于每一个作业面是选用 1 台或是 2 台摊铺机,主要根据摊铺机一次摊铺的宽度与路面宽度的关系确定。当单台摊铺机一次摊铺的宽度大于单侧路面宽时,可以采用 1 台全宽摊铺。而当摊铺机一次摊铺的宽度小于单侧路面宽时,则只能选用 2 台摊铺机并行摊铺。

选定之后,就可根据经验,在满足上述要求的情况下,确定实际的摊铺速度 V_{s3},并将此值作为输入变量配置其他设备。

滑模摊铺机的数量和性能确定后,根据一台摊铺机前配置一台水泥混凝土布料机的要求,配置水泥混凝土布料机,布料机的布料厚度、宽度与布料速度应与滑模摊铺机的性能相协调。

(3)拉毛机:根据原则一、二,以及一台摊铺机后配置一台水泥混凝土拉毛机的要求配置拉毛机,水泥混凝土拉毛机的数量及刻槽能力,应与滑模摊铺机的摊铺速度相协调。

(4)其他辅助机械:同理,根据原则一、二,以及现行《公路水泥混凝土路面施工技术细则》,配置其他辅助机械。

2. 运料汽车的初始配置

在机群静态配置中,须考虑的是路面工程所需要的最大运料汽车数量和最小运料汽车数量2个极限值,以此来控制最后动态调整的范围。这2个极限值由运料汽车的最大和最小运距决定,体现在各自 T_{s1} 的不同。

根据原则一、二,搅拌站每小时搅拌多少立方米混凝土,运料汽车每小时就至少应运输多少立方米混凝土,由此分别选择最大和最小运距时各自所需运料汽车的最小数量 N_{smin}:

$$N_{smin} \geqslant \frac{G_s \times \overline{T}_{s0}}{60 \times G_{s0}} \tag{9-155}$$

式中:$\overline{T}_{s0}$——运料汽车装料、运料、卸料、返回一个工作循环的最大或最小时间,min;

N_{smin}——所需的最少的运料汽车数量,辆。

3. 技术约束——水泥混凝土路面施工对运输技术的要求

水泥混凝土路面施工对运输技术的要求,在现行《公路水泥混凝土路面施工技术细则》中有着严格的规定,特别是混凝土拌和物出料到运输、铺筑完毕允许的最长时间。正因为如此,混凝土的这一特性在技术上控制着路面机械化施工系统现场布局、机群配置及工艺流程的确定。在确定经济施工生产能力、合理工期的决策中,必须考虑混凝土这个特性的影响,以保证决策是在技术上可行下的经济上最优,从而确保工程的质量目标得以实现。

4. 机群的最佳配置和各技术经济指标的求解

对于特定工程项目,经过以上的初始配置,就可以根据既定的技术经济指标对其进行评价,通过不断变化运料汽车数量,找出对应于初始机群配置的最佳运料汽车数量及相应的成本。

值得说明的是:在每一次的组配过程中,都以混凝土拌和物出料到运输、铺筑完毕允许的最长时间作为硬约束条件,凡是不合机群配置的要求一律舍去,并进行重新配置与计算。

四、水泥混凝土路面施工机群动态技术经济评价指标

动态评价指标从微观角度来看机械的配置,它将眼光具体到了每天的施工而不再是整个工程。

与沥青混凝土路面施工机群动态技术经济评价指标类似,水泥混凝土路面机群施工动态技术经济评价指标,也与静态技术经济评价指标相似。

水泥混凝土路面机群施工动态技术经济评价指标,同样有五大技术经济评价指标:系统运行状态指标、联合作业系数指标、施工质量指标、施工进度指标和费用成本指标。

设:

L_s^1——当天运料汽车运输水泥混凝土的运距,km。

则:

$$T_{s1}^1 = T_{s2} + T_{s3} + \frac{120 \times L_s^1}{V_{s1}} \tag{9-156}$$

1. 当天系统运行状态指标

与静态指标相似。所不同的是要将静态指标中的 r_s、B_s、H_s、L_s 替换成当天的 r_s^1、B_s^1、H_s^1、L_s^1。

2. 当天施工机群施工机械联合作业系数指标

与静态指标相似。所不同的是要将静态指标中的 r_s^1、B_s^1、H_s^1、L_s^1 替换成当天的 r_s'、B_s'、H_s'、L_s'。

3. 当天机群施工质量指标

与静态指标相似。所不同的是要将静态指标中的 r_s^1、B_s^1、H_s^1、L_s^1 替换成当天的 r_s'、B_s'、H_s'、L_s'。并严格控制水泥混凝土从搅拌站出料至各施工环节的时间,确保施工当天各工艺在相应的水泥初凝、终凝时间前完成。

4. 当天机群施工台班进度指标

设:

$QDZH_s^1$——今天施工起点桩号;

$GCJD_s^1$——台班工程进度,m;

$ZDZH_s^1$——今天施工终点桩号。

则:

(1) 当天施工台班完成的水泥混凝土数量:

$$QQQQQ_s^1 = 8 \times G_s \times K_{s1} \tag{9-157}$$

(2) 当天施工台班完成的混凝土路面面积数量:

$$GMJ_s^1 = \frac{QQQQQ_s^1}{H_s} \tag{9-158}$$

(3) 当天施工台班工程进度:

$$GCJD_s^1 = \frac{GMJ_s^1}{B_s} \tag{9-159}$$

(4) 当天施工终点桩号:

$$ZDZH_s^1 = QDZH_s^1 + GCJD_s^1 \tag{9-160}$$

5. 当天机群施工费用成本指标

(1) 机械费:

设:

$JXCB_{ds}^1$——当天台班机械费,元/台班;

$jxcb_{ds}^1$——当天台班每立方米水泥混凝土所含的机械费,元/立方米;

EE_s——动态配置中搅拌机的设置费应占每日施工直接费的分摊比例。

则:

①当天各机械因相互干扰、影响,引起互相等待而损失的台班费 C_{s10}^1:

$$C_{s10}^1 = C_{s1} \times P_{s0}^1 + C_{s2} \times P_{s0}^2 + C_{s0} \times N_s \times \frac{T_{s11}}{T_{s11} + T_{s1}} + C_{s3} \times F_{s0} + C_{s4} \times R_{s0} + 辅助机械损失费$$

(9-161)

②当天系统中所有机械的综合台班费总额 C_{s11}^1：

$$C_{s11}^1 = C_{s1} + C_{s2} + C_{s0} \times N_s + C_{s3} + C_{s4} + 辅助机械台班费 \qquad (9\text{-}162)$$

③当天机械台班费综合利用率 K_s：

$$K_s = \frac{C_{s11}^1 - C_{s10}^1}{C_{s11}^1} \qquad (9\text{-}163)$$

④当天施工中，搅拌机的设置费应占每日施工直接费的分摊比例 EE_s：

$$EE_s = \frac{GCJD_s^1}{2\,000 \times L_h} \qquad (9\text{-}164)$$

⑤当天台班机械费 $JXCB_{ds}^1$：

$$JXCB_{ds}^1 = C_{s11}^1 + 水泥混凝土搅拌站设置费 \times EE_s \qquad (9\text{-}165)$$

⑥当天台班每立方米水泥混凝土所含的机械费 $jxcb_{ds}^1$：

$$jxcb_{ds}^1 = \frac{JXCB_{ds}^1}{QQQQQ_s^1} \qquad (9\text{-}166)$$

(2) 原材料费用：

设：

$YCLZFY_{ds}^1$——当天施工水泥混凝土原材料的总费用，元/台班；

$yclzfy_{ds}^1$——当天施工每立方米水泥混凝土所含的原材料费用，元/m³。

则：

①当天施工水泥混凝土原材料的总费用 $YCLZFY_{ds}^1$：

$$YCLZFY_{ds}^1 = 整个路面工程水泥混凝土原材料总费用 \times \frac{QQQQQ_s^1}{ZGCL_s} \qquad (9\text{-}167)$$

②当天施工每立方米水泥混凝土所含的原材料费用 $yclzfy_{ds}^1$：

$$yclzfy_{ds}^1 = \frac{YCLZFY_{ds}^1}{QQQQQ_s^1} \qquad (9\text{-}168)$$

(3) 人工费：

设：

RGF_{ds}^1——当天施工所需要的人工费，元/台班；

rgf_{ds}^1——当天施工每立方米水泥混凝土所含的人工费，元/m³。

则：

①当天施工所需要的人工费 RGF_{ds}^1：

$$RGF_{ds}^1 = 整个路面工程总人工费 \times \frac{QQQQQ_s^1}{ZGCL_s} \qquad (9\text{-}169)$$

②当天施工每立方米水泥混凝土所含的人工费 rgf_{ds}^1：

$$rgf_{ds}^1 = \frac{RGF_{ds}^1}{QQQQQ_s^1} \qquad (9\text{-}170)$$

(4)现场经费:

设:

$XCJF_{ds}^1$——当天施工所分摊的现场经费,元/台班;

$xcjf_{ds}^1$——当天施工每立方米水泥混凝土所含的现场经费,元/m³。

则:

①当天施工所分摊的现场经费 $XCJF_{ds}^1$:

$$XCJF_{ds}^1 = 整个路面工程现场总经费 \times \frac{QQQQQ_s^1}{ZGCL_s} \quad (9\text{-}171)$$

②当天施工每立方米水泥混凝土所含的现场经费 $xcjf_{ds}^1$:

$$xcjf_{ds}^1 = \frac{XCJF_{ds}^1}{QQQQQ_s^1} \quad (9\text{-}172)$$

(5)综合成本:

设:

$ZHCB_{ds}^1$——当天施工的综合成本,元/台班;

$zhcb_{ds}^1$——当天施工每立方米水泥混凝土的综合成本,元/m³。

则:

①当天施工的综合成本 $ZHCB_{ds}^1$:

$$ZHCB_{ds}^1 = JXCB_{ds}^1 + YCLZFY_{ds}^1 + RGF_{ds}^1 + XCJF_{ds}^1 \quad (9\text{-}173)$$

②当天施工每立方米水泥混凝土的综合成本 $zhcb_{ds}^1$:

$$zhcb_{ds}^1 = \frac{ZHCB_{ds}^1}{QQQQQ_s^1} \quad (9\text{-}174)$$

五、机群动态配置与调整方法

水泥混凝土路面施工系统是一个大的随机服务系统,其随机性的影响因素有很多,如资源条件的变化、工程技术条件的变化、工况的变化等。其中有些是无法避免必然会发生的,而有些则是可以避免的。如何减小这些可以避免的影响因素对系统的影响甚至加以利用,这是机群动态配置所要研究的问题。

水泥混凝土路面机群动态配置与调整的方法,与沥青混凝土路面机群动态配置与调整的方法类似。

1.影响机群施工系统运行状态的动态因素

(1)资源条件的变化:资源条件的变化主要是指施工中原材料供应、集料配合比的变化,以及机械性能的变化。这些变化对机群的生产能力、燃料的消耗产生影响。

(2)工程技术条件的变化:主要是指与工程有关的各项技术要求的变化,如混凝土路面配合比、面层厚度和宽度的变化。这些变化对机群的作业速度产生影响。工程技术条件的变化主要与工程有关的各项技术要求的变化有关。

(3)工况的变化:

气温的波动

由于水泥混凝土的性质决定了气温的上升不利于施工,只有气温的下降才是有利的。

现行《公路水泥混凝土路面施工技术细则》规定：当水泥混凝土路面施工时遇有连续5昼夜平均气温低于5℃、现场气温高于40℃或摊铺温度高于35℃时，必须停工。

运距的变化

运距随着施工的进行必然会发生变化，而且无法避免它对原有机群配置的影响。

当运距变化时，会对机群施工系统的核心参数：系统的服务率和到达率，产生不同影响。

①系统的服务率：各单机的服务率主要受搅拌机生产能力、摊铺机的工作速度、运料汽车载重性能的影响。在正常施工中，运料汽车载重基本是恒定的，因此系统的服务率是不随运距的变化而变化的。

②系统的到达率：运距的改变会影响运料汽车的工作循环时间，因而直接影响这一系统的到达率，而布料—摊铺—拉毛作业与其相连，所以也会受到其影响，故整个系统的到达率是会受到运距的影响的。

2. 水泥混凝土路面机群动态配置与调整主要内容

（1）运距是机群施工系统动态性的内部因素：它的变化直接影响着系统的运行状态，会使原有的系统参数发生改变，这样，原来静态的最优配置已不适合施工的不断行进，若按其进行整个工程的施工生产，将直接限制主导机械生产率的发挥，不是造成水泥混凝土料流的淤积而影响后续各机械，就是造成搅拌机的闲置，使得施工资源白白地浪费。因此每日的运距变化是动态监控的重要内容。

（2）机群动态配置的核心内容：是将运料汽车的运距视为一个过程变量，通过系统运行参数的调整来反映不同运距时的系统运行状态；其次，动态地为机械化施工系统配置运料汽车，通过调整运料汽车的数量来保证系统生产率的稳定发挥。

路面基层施工机群的静态、动态配置与调动，与沥青混凝土路面和水泥混凝土路面的施工机群的静态、动态配置与调动类似，这里不再介绍。

第十章
施工机械使用管理

第一节　施工机械运输安装与试运转

一、机械的运输方法和选择

机械在施工前或使用过程中,常要从基地或场站运出或运入,此时必须考虑施工机械的运输。

1. 机械的运输方法

机械运输的方法,根据运送方式不同可分为:陆运、水运和空运。根据公路施工机械的特点,其中陆运是最常用的方法。

在陆运运输中,根据运输道路不同,可分为公路运输和铁路运输。公路运输又可按其机械本身结构和运送方式的不同,分为自行式机械自驶、用牵引车拖运或大平板车装运等方式。

2. 机械运输方法的选择

机械运输方法的选择,必须从机械本身的结构(体积大小、质量、固定式还是机动自行式等)要求、使用时间、运输路程长短、起讫地点的装卸设备以及运输费用等各方面进行考虑。

自行式机械行驶是最方便和经济的,但必须是轮胎式机械。履带式机械属低速行驶机械,不宜长途行走,所以应用大平板车或利用铁路运输。

二、机械的安装

在公路工程机械化施工中,大部分独立工作的机动机械不需要在施工现场安装或拆卸。所要进行安装和拆卸的主要是像沥青混凝土搅拌站、水泥混凝土搅拌站这样的大型设备。

机械的安装包括以下几个阶段:编制安装施工设计,机械准备工作,修筑机械和设备基础,安装主要机械设备和辅助设备,设备的调试、试运行与交付使用。

安装施工设计包括:

1. 初步设计

草拟拟安装机械设备的安装方法、各个总成与部件的安装简图及安装总平面图,所需的安装机械、设备与劳动力等。

2. 施工图

安装部件的外形尺寸、重量以及气候与土壤条件,拟订安装方法,做好安装前的准备工作,确定安装用机械设备。

安装前的准备工作包括修筑临时运输道路、平整场地、搭盖机房和机棚、运料和卸料等。

准备工作完成后,根据安装总平面图确定安装位置,放样机械和设备安装中心线,预制安装基础(基础要牢固可靠)。机械安装到基础上以后,应进行调平,调平后固定。

在完全消除所发现的故障现象后,机械才能进行负荷试运转,负荷应由小到大直至满载。待一切正常后,即可交付使用。

具体机械的安装方法,在该机械说明书中均有详述。

三、机械的试运转

机械的试运转分为无负荷试运转、有负荷试运转及试运转后检查三个步骤。

1. 无负荷试运转

无负荷试运转主要是检查机械各部分连接紧固和运转情况,保证操纵、调节、控制系统以及安全装置的使用。

2. 有负荷试运转

有负荷试运转是机械出厂验收的重要内容,其目的是通过有负荷试运转,确定机械的动力性能、经济性能、运转情况以及操作、调整、控制和安全等装置的作用是否达到运用的要求。

有负荷试运转必须具备生产能力、转速、振动、温度以及油耗等所需的试验设备,这些仪器设备制造厂和修理厂都应具备。对于在用或调用的机械负荷试运转,一般可以根据经验统计法和随机驾驶员的反映情况进行核实,如核查机械使用记录(生产能力、燃料润滑油消耗、故障记录以及安全记录等)。与此同时,对照无负荷运转的情况,即可做出经验性的判断。

3. 机械试运转后的检查和要求

机械经过无负荷、轻负荷或重负荷运转后,各部件受到强度和稳定性的考验,故必须对各部分可能产生的变形、松动及密封性等情况进行彻底检查。内燃机装备的施工机械试运转后,运转情况一般应符合下列要求:

(1)柴油机运转正常,无异常声响。

(2)离合器的分离和接合正常,不发抖、不打滑、无异响。

(3)变速箱、分动箱以及各传动部分,不跳挡、不漏油、不过热、无异响。

(4)制动器的制动鼓与摩擦片磨损均匀,制动效率符合要求。

(5)行走机构行驶平衡、不跑偏、转向灵活、准确、轻便、无剧烈振动或晃动,轮式机械车轮不偏拖,履带式机械不啃轨,不脱轨。

(6)操纵机构及安全装置动作灵敏可靠。

(7)工作装置效率不降低、运转正常、不发生破裂、无严重磨损和不正常的运转声响。

(8)机架、机身不松动和变形。

第二节　施工机械合理使用与运行工况

一、施工机械运行工况

机械设备的合理使用与实际运行工况有直接的关系。不合理使用的运行工况大致有以下几种情况：

(1)低载、低负荷使用,即所谓"大马拉小车"。这是机械设备低效使用的常见现象。

(2)降低性能范围使用。企业从装备管理角度出发,以综合效益最佳为原则选用的机械,由于降低性能范围使用,会使原来的设想无法实现,使综合效益下降,机械投资很大部分被白白浪费。

(3)超载、超负荷使用。机械设备的超载或超负荷使用,不仅造成零部件的过度磨损,机械寿命降低,而且还会导致主要受力部位的永久性变形,甚至损坏机械。在道路施工中要求杜绝超载、超负荷现象。

(4)超性能范围使用。强使机械设备去从事超过原设计性能范围以外的作业项目,使机械损坏严重。例如,履带式推土机本来是一种铲土设备,但由于机械振动及履带板传振机能的关系,在砂质土壤上对40~60cm深度范围内的土层有较好的压实作用,但这种压实作用只能作为在工地上铲土运土过程中的一种副作用,而不能把推土机作为一种压实机械来使用。

二、技术服务措施

为了保证机械设备不致受到不正常因素的损耗,在某些特定的条件下,需要采取相应的技术服务措施。

1. 严格执行磨合期规定

新出厂或新大修的机械设备在投产使用初期,必须经过运行磨合(即走合)过程。通常新加工的零件表面比较粗糙,装配部件的表面也不一定达到良好配合的程度。虽然在机械设备出厂前已经进行了工厂磨合,但这种磨合一般都是空运转,而且时间短,达不到可以满负荷使用的要求,所以必须在生产条件下再进行一定时间的运行磨合。

机械设备的运行磨合,就是在使用初期的摩擦表面做高度精密的加工,使配合表面逐渐达到良好的配合状态。机械设备的运行磨合期一般规定为100h,汽车及机动机械为100km。在运行磨合期内应按下列规定执行(原厂有规定者,应按原厂规定执行):

（1）机械设备在磨合期内，应减载运行，负荷应减少20%～30%，汽车的行驶速度在公路上不超过30～40km/h，在施工工地上不超过20km/h，不得拖带挂车。内燃机上限速装置的铅封不得拆除。

（2）操作要平稳，避免突然加速或增加负荷，防止传动机构承受急剧的冲击。

（3）在磨合期内，应注意各部机构的运转情况。如声响、振动、连接部件的松紧程度、工作温度、压力等，如发现异常现象，应分析情况，找出原因，并及时消除。

（4）磨合期完后，应按规定进行一次全面的检查保养，并加注（传动机构）及更换润滑油（内燃机）。填写运转磨合记录，由主管技术人员审查合格后，拆除限速铅封，正式投入正常使用。

2. 注意换季保养和供电质量

（1）凡露天作业机械，在进入严寒季节前，要进行一次换季保养，检查全部技术状况，换用冬季润滑油及液压油，加装预热保温装置。

（2）按照不同地区的不同要求，准备好机械的预热防寒设备，如保温车库、保温被、防滑链条等。并做好冬季燃油、润滑油、防冻液等的供应工作。

（3）对停用的内燃机械，入冬前要进行一次检查，确认是否已彻底放尽内燃机内部存水。

（4）注意供电质量，对以电动机作为动力的机械，在运行中一定注意电压的高低，对电动机来讲，超压与欠压均对其不利。

第三节　施工机械检查与使用管理原则

一、机械设备大检查

1. 机械设备大检查的分类

机械设备检查分日常检查、定期检查和年度检查。

（1）日常检查：一般按月进行，主要把握机械的运行性状态。通过听、看、查、问、试的形式，对操作和保修人员平时的保养和小修工作进行监督，促使驾驶员自觉地贯彻执行保养制度，合理地使用机械，保证施工不受影响。

（2）年度检查：是每年进行一次的、自上而下的、逐级开展的全面性的检查和评比活动，通常在年中或年末进行。它是积累机械技术状况动态数据和经营绩效资料的重要工作。通过检查发现问题、纠正问题，表彰先进和交流经验。

（3）定期检查：是一种按规定周期（一般每隔1～4年）、在非施工期机械保修工作完成以后、分期分批进行的机械检验和操作人员审查工作。其目的是使机械设备在下一个施工期开始之前，能够具有良好的技术状况，提高机械设备的完好率，保持与提高机械操作人员的技术素质。定期检查合格的机械，其技术状况原则上应达到二类以上（含二类）水平。

2. 机械设备检查的主要内容

（1）检查各级机管机构、人员配备、规章制度的建立与执行情况。

（2）检查主要机械设备的使用、保养情况以及三率指标（完好率、利用率、效率）的完成情况。

(3)检查技术档案以及其他技术资料的管理和使用情况。

(4)检查经济核算建立、推广及实际效果。

(5)检查维修计划的执行、保养修理质量、修旧利废和配件管理情况。

(6)检查机械设备的挖潜、革新、改造情况。

(7)检查节约能源的措施、方法和效果。

3. 机械技术状况的分类和标准

通过检查对机械的技术状况评定等级,标准如下:

(1)一类机械:即完好机械。技术性能良好,消耗正常,各部机件完备,附件仪表齐全、完整,能随时出勤投入生产。

(2)二类机械,即尚好机械。部分机件磨损达不到一类机械要求,但主要部分基本正常,能继续安全运行,附件仪表基本齐全。

(3)三类机械:即待修或在修机械。动力性能显著下降、超耗不进行修理无法正常安全运行。

(4)四类机械:即待报废机械。损坏严重,已无法修复。

4. 机械设备大检查的组织实施

机械设备技术状况大检查可与竞赛评比结合进行。施工队每半年进行一次,施工公司每年进行一次。

每次检查应组织有经验的技术人员、操作人员和维修人员参加,明确检查部位,检查方法和评分标准,科学组织分工,最好是同一人员检查同一部位,还应做好记录和总结,对检查中发现的问题应立即采取措施,限期整改,以提高机械设备的完好率和利用率。

二、使用管理原则

机械设备使用保养的好与坏,在一定的条件下能否得到合理的使用,关键在于使用管理中执行"人机固定"的使用管理原则。定机、定人、定岗位责任制(以下简称三定制度)就是人机固定原则的具体化。

1. 三定制度的主要优点

(1)人机固定、责任明确,有利于增强定机人员的责任心及爱机心理,有利于保持机械设备的良好技术状况,有利于落实奖惩制度。

(2)每台机械设备,除了由安全操作规程及使用说明书所说明的操作使用要点外,往往还有其独自的使用特点。人机固定原则有利于定机人员熟悉本机的这些特点,这对发挥机械效率,预防及排除机械故障,避免事故的发生具有十分重要的意义。

(3)三定制度有利于开展单机经济换算、机械设备评比等以单机为对象的评比考核活动,提高机械管理水平。

(4)有利于实现机械设备运行原始资料的正确性、完整性及连续性。提高机械统计工作水平,便于开展分析研究工作。

(5)有利于做好机械定员工作,加强劳动管理。

2.三定制度的实施

(1)凡是多人多班作业或单人多班作业的机械设备,应以机械为单位,任命一人为机长,其余人员则为机组人员,在机长领导下共同对机械负责。任命机长应有一定的形式,以示慎重,而且轻易不要更换。

(2)一人一机单班作业的机械设备,或是一人管理多台的机械设备,司机就是机长,对机械负全责。

(3)一些小型设备不可能有专职操作或保修人员,应固定在班组里,由班组长对机械设备负责,并实行班组长领导下的分工负责制。

(4)机械设备在建制单位内部调拨流动时,原则上规定定机人员应随机调动。

(5)要注意技术培训工作,消灭机多人少的现象。否则由于人手不够,很容易造成临时调用非定机人员去支援操作,或使用不合格人员,从而打乱了三定关系。

(6)各机械操作人员配置见表10-1。

机械操作人员配备表　　　　　表10-1

机 械 名 称	规 格	操作人员配备数(人)
履带式推土机	58.8~235.2kW	2
履带湿地式推土机	102.9kW	2
轮胎式推土机	154.4kW	2
自行轮胎式铲运机	4~23m³	2
液压式挖掘机	0.6~2m³	2
机械式挖掘机	1~2m³	2
履带式装载机	1.5m³ 以内	2
轮胎式装载机	1~2m³	1
轮胎式装载机	3~3.5m³	2
自行式平地机	88.2~147kW	2
拖式羊足碾(含头)	3~6t	2
静作用压路机	6~20t	1
手扶振动式压路机	1t 以内	1
振动压路机	13~15t	2
拖式振动碾(含头)		2
风动凿岩机		2
装岩机	0.3~0.5m³	2
稳定土拌和机	88.2~235.2kW	2
稳定土拌和设备	50~250t/h	3~4
沥青乳化机	1 000~6 000t/h	1
沥青乳化设备	6 000	2
石屑撒布机	8m 以内	2
液态沥青运输车	5 000~10 000L	1
沥青洒布车	2 000~8 000L	1

续上表

机械名称	规格	操作人员配备数(人)
沥青混合料搅拌设备	15~25t/h	3~4
沥青混合料搅拌设备	30~150t/h	5~6
沥青混合料摊铺机	不带自动找平3.6~4.5m	2
沥青混合料摊铺机	带自动找平4.5~12.5m	3
轮胎式压路机	9~20t	1
手推式路面划线机	2.2~5.1kW	1
滑模式水泥混凝土摊铺机	2.5~4.5m	3
散装水泥运输车	5~15t	1
混凝土搅拌运输车	3~6m³	1
混凝土输送泵车	60~90m³/h	2
混凝土搅拌设备	15~50m³/h	5
载货汽车	4~8t	1
载货汽车	10~15t	2
自卸汽车	4~8t	1
自卸汽车	10~20t	2
半挂列车(平板拖车)	15~100t	2
油车	5 000~8 000L	1
工程洒水车	4 000~10 000L	1

注:表中未列入的机种,请参阅《公路筑养路机械管理制度》。

3. 定操作人员的职责规定

在三定制度中,要明确机组人员与机长的职责和班与班之间的责任。

(1)机组人员的责任:

①努力钻研技术,熟悉本机的构造原理、技术性能、安全操作规程及保养规程等,要具有过硬的技术本领。

②正确操纵使用机械设备,发挥机械效率,完成各项定额指标,保证安全生产及降低各项消耗。

③认真执行每班例行的保养工作,使机械设备经常处于清洁、润滑良好、调整适当、紧固件无一松动的状态,经常检查设备的附件附具,保持完整无损。

④及时、准确填写各项运行记录,并保持完整及完好。

⑤认真执行以岗位责任制为中心的各项管理制度。

(2)机长的责任:

机长是不脱产的,机长本身就是操作人员之一。机长除了作为一名操作工人应完成的上述各项任务外,还应做到:

①督促、检查全组人员对机械设备的合理使用及定期保养工作。

②检查及汇总各项运行记录。

③对本机组人员的技术考核提出意见。

④搞好本机组内及其他机组之间的团结协作与劳动竞赛。

(3) 多班制作业的机械设备班与班之间的交接班规定：

为了使多班作业的机械设备不至于由于班与班之间交接不清而发生操作事故、附件丢失或责任不清等现象，必须建立交接班制度作为岗位责任制的组成部分。

机械设备交接班时，首先应由交方填写交接班记录，并作口头补充介绍，经接方核对相符签收后方能下班。

交接班的内容如下：

①交清本班生产任务完成情况、工作面情况及其他注意事项或要求。

②交清机械设备运转及使用情况，特别应注意介绍有无异常情况及处理经过。

③交清机械设备保养情况和存在的问题。

④交清随机工具及附件情况，填好各项原始运转记录。

第四节 施工机械油料

施工机械使用的油料包括燃料油、润滑油、液体传动油、润滑脂和特种油液等。正确选用油的牌号对充分发挥施工机械的技术性能、减轻零部件的自然磨损、降低使用费用、提高经济效益有着十分重要的意义。

一、燃料油

主要是柴油和汽油，道路施工机械主要使用柴油。柴油有重柴油与轻柴油之分。重柴油主要用于中、低速柴油机，轻柴油一般用于高速柴油机。

轻柴油按其凝点分为10号、5号、0号、-10号、-20号、-35号和-50号七个牌号。

1. 柴油机对轻柴油的要求

(1) 燃烧性能：柴油的燃烧性能用十六烷值表示。十六烷值越高，燃烧性能越好，但如果十六烷值过高则会使柴油机油耗明显增大。柴油机转速越高，要求柴油的燃烧时间越短，应使用十六烷值高的柴油，否则会使柴油的燃烧恶化或燃烧不完全。

(2) 供给和喷雾性能：供给和喷雾性能实际上是柴油的低温流动性和雾化性。它们直接影响着供油和喷雾的状况，而决定这个性质的主要因素是柴油的黏度（柴油的流动难易和稀稠程度）、浊点、凝点和冷滤点（三者反映柴油低温下的流动性能和过滤性能）。

(3) 水分和机械杂质：水分和机械杂质也是评定柴油供给性能的指标。柴油中的水分在0℃以下容易结冰或生成小颗粒的冰晶，会冻结油管或堵塞过滤口，造成供油中断或供油不畅。同时，水分与柴油燃烧形成的氧化物生成硫酸，腐蚀机器。此外，还会加剧燃油系精密机件的磨损或引起卡塞，导致供油压力降低、雾化性能变坏或不能供油。在国家标准中，对油品生产所含的水分和机械杂质做了严格规定。

(4) 腐蚀性：柴油中含有的硫分、碱分、水分、灰分和残炭等杂物，都会对发动机的零件产生腐蚀作用，其中以硫分影响最大。使用硫分较多的柴油，不但增加发动机的腐蚀，而且由于含硫油料燃烧后生成硬质积碳，还会增加机械磨损。

(5) 柴油的闪点和燃点：闪点表示油料的蒸发倾向和安全性指标。燃点是油料蒸汽与空气的混合气,在引火后能继续燃烧不熄火的最低温度。

2. 轻柴油的选用

(1) 原则上要求柴油的凝点应略低于当地最低气温,以保证在最低气温时不致凝。

(2) 柴油使用前要进行沉淀和滤清。

(3) 从10号开始,牌号越低适用的地区越寒冷。如10号适用于有预热设备的高速柴油机,-50号适合于最低气温在-29~-44℃的地区使用,供高寒地区严冬使用。

二、润滑油

1. 内燃机油

(1) 发动机润滑油使用性能分类:柴油机油按质量等级分为 CA、CB、CD、CE、CF、CF-2、CF-4、CG-4 等。越往后其质量越好,即具有更好的防积沉、抗腐蚀、抗磨损和低排放等性能。

(2) 内燃机油按黏度分类:冬用机油按-18℃时的黏度分为 0W、5W、10W、15W、20W、25W(W 指低黏度),春季、夏季用机油按100℃时的黏度分为 20、30、40、50、60 五个等级。对-18℃和100℃所测的黏度值只能满足其中之一者,称为单级油;同时能满足两个温度下黏度要求的机油称为多级油。如 5W/20、10W/30、15W/30、20W/30 等,分母表示100℃黏度等级,分子表示低温黏度等级(以 W 表示)。

(3) 内燃机油的选用:

选用的一般原则

在保证液体润滑的条件下,尽量选用黏度小的润滑油,这样能减轻摩擦和磨损,节油、冷却和清洁作用好。

柴油机油的选用

(1) 按施工机械使用说明书提供的质量等级和黏度牌号选用柴油机油。

(2) 根据施工机械负荷和使用条件选择柴油机油的质量等级(表10-2)。

(3) 根据气温选择柴油机油的黏度牌号,气温高时选黏度较小的机油;气温低时选黏度牌号中带有"W"字样的机油,"W"前数字越小的机油具有更好的低温流动性。

国产柴油机油的质量等级　　　　表10-2

质 量 等 级	使用性能说明
CC	中等及重载荷柴油机使用。用于中等及苛刻条件下工作的非增压或低增压柴油机。该油在低增压柴油机中使用,有防止高温沉积的能力,可替代 CC 以下柴油机油
CD	重载荷柴油机使用。用于要求严格控制磨损和沉积物的高速大功率增压柴油机。具有防止轴承腐蚀、抗高温沉积等性能,广泛适用于燃用各种优质、劣质燃料的增压柴油机。油品符合 APICD 级油使用性能要求,可替代 CC 级柴油机油
CD-Ⅱ	重载荷二行程柴油机使用。用于要求严格控制磨损和沉积物的二行程柴油机上,油品符合 APICD-Ⅱ和 CD 级油作用性能要求
CE	重载荷柴油机使用。用于增压重载荷柴油机的低速、高载荷和高速、高载荷工况下,油品符合 APICC、CD 级油使用性能要求
CF-4	用于苛刻条件柴油机,比 CE 级油有更好的改善油耗及活塞积物的性能,也可用于推荐用 CE 级油的柴油机,符合 APICF-4 级油使用性能要求

2. 车辆齿轮油

(1)车辆齿轮油的分类、牌号和规格:

车辆齿轮油的分类

我国车辆齿轮油分为 CLC、CLD 和 CLE 三个使用级,分别相当于 GL-3(普通车辆齿轮油)、GL-4(中负荷车辆齿轮油)和 GL-5(重负荷车辆齿轮油)。

车辆齿轮油的牌号

我国车辆齿轮油分为 70W、75W、80W、85W、90、140 和 250 七个黏度牌号。

车辆齿轮油的规格

车辆齿轮油的规格由使用级和黏度牌号组成。

CLC 级普通车辆齿轮油:适用于中速和负荷比较苛刻的变速齿轮箱和螺旋锥齿轮驱动桥。按黏度分为 80W/90、85W/90 和 90 三个牌号。

CLD 级中负荷车辆齿轮油:适用于高速冲击负荷和低速高扭矩条件下操作的各种齿轮。按黏度分为 90、85W/90、140 和 85W/140 四个牌号。

CLE 级重负荷车辆齿轮油:适用于高速冲击负荷和高速低扭矩、低速高扭矩条件下工作的齿轮,CLD 无法满足的、在苛刻条件下工作的双曲线齿轮,根据暂行技术要求,按黏度分为 75W、90、140、80W/90、85W/90 和 85W/140 六个牌号。

(2)选用原则:

①车辆齿轮油的选定需从质量等级和黏度牌号两方面考虑,缺一不可。

②确定车辆齿轮油质量等级的最主要依据是车辆使用说明书,其次是依据有关用油手册进行查询。

③车辆齿轮油的黏度牌号选择主要是根据车辆使用地区的环境温度来确定。

④齿轮油质量等级和黏度牌号的选择分别见表 10-3 和表 10-4。

国产车辆齿轮油质量等级选择表 表 10-3

齿形齿廓	齿面载荷	车型及工况	国产油品质量等级	API 分类标准
双曲线	压力<2 000MPa 滑动速度1.5~8m/s	一般	CLD	GL-4
双曲线	压力<2 000MPa 滑动速度1.5~8m/s	拖挂车山区作业	CLE	GL-5
双曲线	压力<2 000MPa 滑动速度1.5~8m/s 油温120~130℃	不限	CLE	GL-5
螺旋锥齿	—	国产车	CLC	GL-3
螺旋锥齿	—	进口车或重型车	CLD	GL-4

几种黏度牌号的车辆齿轮油选择 表 10-4

黏度牌号	使用环境温度(℃)	黏度牌号	使用环境温度(℃)
75W	-40~+20	90	-10~+40
80W/90	-30~+40	140	0~+45
85W/90	-16~+40		

3. 液压油

液压油是液压系统传递动力的介质,也是相对运动零件的润滑剂,它除了传递动力外,还具有润滑、冷却、洗涤、密封和防锈等用途。液压油具有抗乳化性、消泡性、抗压缩性等使用性能。施工机械的液压系统使用液压油作为工作介质,液压油质量的优劣将在很大程度上影响施工机械液压系统的工作可靠性和使用寿命。通常对液压油有如下几点:

(1)对液压油的基本要求:

①合适的黏度和良好的黏温特性。

②润滑性能好,腐蚀性小,抗锈性好。

③质地纯净,杂质少。

④对金属和密封件有良好的相容性。

⑤氧化稳定性好,长期工作不易变质。

⑥抗泡沫性和抗乳化性好。

⑦体积膨胀系数小,比热容大。

⑧燃点高,凝点低。

⑨对人体无害,成本低。

(2)液压油的类型:液压油主要分为三大类型:矿油型、乳化型和合成型。根据国家相关标准的规定,润滑剂和有关产品属 L 类,其中 H 组为液压系统用液(暂不包括汽车制动液和航空液压液),然后再根据产品的组成和特性进一步分类,例如一个特定的产品可命名为 L-HM32(其中 32 代表该液体的年度等级)。

矿油型液压油润滑性和防锈性好,黏度等级范围较宽,因而在液压系统中应用很广。据统计,目前有 90% 以上的液压系统采用矿油型液压油作为工作介质。

(3)液压油选择的主要依据:选用液压油时应考虑使用条件、油泵类型、液压机构的结构、工作压力、工作温度和气温等因素。

①液压元件生产厂样本或说明书所推荐的油类品种和规格。

②根据液压系统的具体情况选择,如工作压力高低、工作温度高低、运动速度大小、液压元件的种类、工作环境等。

液压油的主要品种及其特性和用途如表 10-5 所示。

液压油的主要品种及其特性和用途　　　　表 10-5

类型	名 称	类 型	特性和用途
矿油型	普通液压油	L-HL	精制矿油加添加剂,提高抗氧化和防锈性能,适用于室内一般设备的中低压系统
	抗磨液压油	L-HM	L-HL 油加添加剂,改善抗磨性能,适用于工程机械、车辆液压系统
	低温液压油	L-HV	L-HM 油加添加剂,改善黏温特性,可用于环境温度在 $-20 \sim -40℃$ 的高压系统
	高黏度指数液压油	L-HR	L-HL 油加添加剂,改善黏温特性,VI 值达 175 以上,适用于对黏温特性有特殊要求的低压系统,如数控机床液压系统

续上表

类型	名　称	类　型	特性和用途
矿油型	液压导轨油	L-HG	L-HM油加添加剂,改善黏—滑性能,适用于机床中液压和导轨润滑合用的系统
	全损耗系统用油	L-HH	浅度精制矿油,抗氧化性、抗泡沫性较差,主要用于机械润滑,可作液压代用油,用于要求不高的低压系统
	汽轮机油	L-TSA	深度精制矿油加添加剂,改善抗氧化、抗泡沫等性能,为汽轮机专用油,可作液压代用油,用于一般液压系统
乳化型	水包油乳化液	HFA	又称高水基液,特点是难燃、黏温特性好,有一定的防锈能力,润滑性差,易泄漏。适用于有抗燃要求,油液用量大且泄漏严重的系统
	油包水乳化液	HFB	既具有矿油型液压油的抗磨、防锈性能,又具有抗燃性,适用于有抗燃要求的中压系统
合成型	水-乙二醇液	HFC	难燃,黏温特性和抗蚀性好,能在-30~60℃温度下使用,适用于有抗燃要求的中低压系统
	磷酸酯液	HFDR	难燃,润滑抗磨性能和抗氧化性能良好,能在-54~135℃温度范围内使用,缺点是有毒。适用于有抗燃要求的高压精密液压系统

三、润滑脂

润滑脂是在润滑油中加入稠化剂、稳定剂等制成。按加入稠化剂的不同,分为钙基、钠基、钙钠基、锂基等。

润滑脂常温下为黏稠的半固体状,一般润滑油占80%~85%,决定了润滑脂的润滑性。稠化剂是动植物油(如钙皂、钠皂等),它的作用是增加油的稠度。

1. 润滑脂的牌号

(1)钙基润滑脂:该脂具有良好的抗水性,遇水不易乳化变质,广泛应用于在潮湿环境下工作或易与水接触的各机械零部件的润滑。

(2)复合钙基润滑脂:该脂具有良好的机械和胶体安定性,耐高温和极压性能好,有良好的抗水性,一般适用于较高温度范围和负荷较大以及经常在潮湿环境下工作的滚动轴承的润滑。

(3)钠基润滑脂:该脂具有很强的耐热性,可以在120℃高温条件下长时间使用,在熔化时不会降低其固有的润滑性能;已熔化的钠基润滑脂在冷却后能重新凝成胶状,搅拌后可继续使用;对金属的附着力强,可用于振动较大、温度较高的滚动或滑动轴承的润滑。

(4)钙钠基润滑脂:钙钠基润滑脂又称轴承润滑脂,按针入度分为1、2两个牌号。该脂的特点介于钙基润滑脂和钠基润滑脂之间,其耐热性优于钙基润滑脂,而又不如钠基润滑脂;抗水性优于钠基润滑脂而又低于钙基润滑脂;具有良好的输送性和机械安定性,滴点在120℃左右,适用于工作温度在100℃以下易与水接触的条件下机件的润滑。

(5)锂基润滑脂:该脂的特点是滴点较高(不低于180℃),使用温度范围较广(-30~

150℃),具有良好的低温性、抗水性以及机械和胶体安定性;使用周期长,可代替钙基润滑脂、钠基润滑脂和钙钠基润滑脂等,而且性能优于上述各种润滑脂,广泛应用于工程机械的各类轴承和摩擦交点处的润滑。

2. 润滑脂的选用

由于润滑脂的种类、牌号较多,而且性能也有较大的差异,所以选用润滑脂应根据工程机械各部件所处的环境温度、运动速度和承受负荷等因素综合考虑。

(1)温度:若机件工作时温度过高或接近润滑脂的滴点,会导致润滑油基础油蒸发、流失严重而失去润滑性能;若环境温度过低,则润滑脂会失去流动性,使机件运动阻力增大,加速机件的磨损。选用润滑脂时,其滴点应高于最高工作温度30 ℃左右,凝点应低于最低环境温度10℃左右;冬季应选用针入度大的润滑脂,而夏季则相应降低一些。

(2)速度:润滑脂黏度会随剪切速度而改变,机件运转速度越高,润滑脂所承受的剪切力越大,有效黏度下降也越多。同时,转速越快,摩擦点的温升也越高。

(3)负荷:重负荷条件下(大于 5×10^3 MPa)应选用稠化剂含量较高即针入度小的润滑脂;如果负荷过大,则应选用加有极压添加剂的润滑脂,如锂钙基润滑脂、复合钙基润滑脂等;中小负荷条件下应选用中等黏度的矿物油作基础油,如钙钠基润滑脂、锂基润滑脂等。

(4)环境条件:若机械经常在潮湿、与水接触或污染严重的环境下工作时,应选用抗水性能好的润滑脂(如钙基润滑脂、锂基润滑脂等),以及加有防锈添加剂的润滑脂(如二硫化钼润滑脂等)。

第十一章 施工机械维修管理

施工机械在使用过程中,由于工作负荷大、作业条件恶劣,各部件会出现磨损、变形、蚀损、老化甚至断裂等现象,使机械出现故障,造成机械动力不足、经济性变差、利用率降低,严重时会使机械完全丧失工作能力。为确保公路工程施工、养护工作的正常进行,需要机械经常处于良好的技术状况,这样必须对施工机械进行必要的维护和修理。

第一节 施工机械故障类型与维修

一、故障率指标

机械的故障率是指机械在单位作业时间内发生故障的次数。这一指标可以反映机械发生故障的频繁程度,也是评价机械可靠性的依据之一。

正常机械故障的变化规律如图 11-1 所示。图中的横坐标为机械的工作时间,纵坐标为机械发生故障的次数。由图可见,机械故障变化规律,分为三个阶段,即早期故障期、偶然故障期和晚期故障期。

1. 早期故障期

早期故障期是指新机械或大修后的机械,在最早使用时期内故障的变化规律,如图 11-1

中曲线的 AB 段。这一时期相当于机械的磨合期。在磨合的初始阶段由于配合表面粗糙、材料缺陷、设计不合理、维修和制造工艺不合理等原因,故障率较高。随着磨合时间的延长,配合表面质量得到改善,有故障的部件得以更换,故障率逐渐降低。

2. 偶然故障期

偶然故障期是指机械经磨合后,投入正常使用发生随机故障的时期,如图 11-1 中 BC 段曲线。这一时期相当于机械的使用寿命,故障的发生是随机的,即没有一种特定的、起主导作用的故障。偶然发生的故障往往是由于使用不当、操作疏忽、管理不善、润滑不良、维护欠佳以及材料缺陷、结构不合理、设计不周等原因所致。

3. 晚期故障期

晚期故障期是指机械经长期使用后,技术状况变坏时其故障的变化规律,如图 11-1 中 CD 段曲线所示。这一时期由于机械零件磨损,各处配合间隙

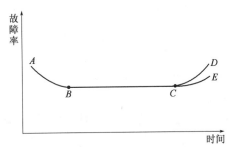

图 11-1　机械故障的变化规律

增大,零件疲劳,材料老化等原因,随着使用时间的延长,故障率逐渐升高。

根据机械故障变化的规律,使用、维护部门应把握时机,确定机械的使用极限点。在晚期故障期出现之前采取有效的维修措施,更换疲劳、老化、磨损的零件,使机械性能不致急剧恶化(如 CE 曲线段)。当机械确已达到使用极限,只靠维护已不能保证正常运行时,应及时进行大修,以使机械性能得以恢复。

二、施工机械故障类型

机械技术状况变坏或丧失工作能力的现象叫机械故障。机械故障按其原因及性质不同,可分为自然性故障和事故性故障两大类。自然性故障是指机械在使用中,由于自然磨损、变形、老化、蚀损、疲劳等原因引起机械失去工作能力的现象。事故性故障是指机械由于意外事故而丧失工作能力的现象。施工机械发生故障后,其技术指标就会显著降低,如发动机功率下降,工作装置的工作能力降低,燃油及润滑油消耗量增加,以及主要部件不正常的声响等。

机械故障的表现形式多种多样,发生故障的原因也大不相同,但归根结底是机械零件失效。

1. 零件的磨损

这是机械零件失效最普遍、也是最基本的形式。磨损性损伤主要是由于摩擦而引起的,凡是两互相接触或与外界其他物体相接触而又具有相对运动的零件,都会发生由于摩擦而引起的损坏。这是因为任何一个零件,不论采取何种精密程度的加工方法,都永远不可能得到一个理想的平整的表面。那些直观看来已经十分完美的平滑表面,实际在加工表面上存在着无数细微的沟峰与沟谷,如图 11-2 所示。若把自沟谷至沟峰的高度用 h 表示,把峰与峰或谷与谷之间的平均距离用 d 表示,那么一般机械加工表面 h 在 $0.05 \sim 50\mu m$ 之间,而 d 在 $0.5 \sim 5mm$ 之间,因此,若把两块接触到一起,虽然宏观的接触面积为 A,但两者之间真正接触的不过是若干个点。设这些互相接触的微小面积分别为 a_1、a_2、$\cdots$、a_n,则 $\sum a_n / A$ 的值一般也不过为 $1/10\,000$ 而已。

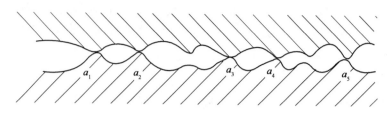

图 11-2　机械加工表面微观接触情况

零件的磨损,由于发生的机理不同,又可以分为四种类型:

(1)摩擦磨损:由于摩擦表面的微观凸凹不平,在相对运动过程中互相干涉而引起的磨损。凸起部分互相碰撞,产生弹性、塑性变形,甚至直接被刮削、断裂而脱落,也可能由于多次重复变形而疲劳剥落,形成摩擦磨损。这种类型的磨损一般只引起尺寸、形状、体积等几何性质的变化。摩擦表面越粗糙,磨损也越严重。如果在摩擦表面之间存在着某种润滑物质,则可以大大减轻磨损的程度。

(2)磨料磨损:硬质颗粒进入摩擦表面所引起磨损称为磨料磨损。磨料磨损是机件失效的主要原因之一,磨料的来源可以是由于摩擦本身所产生的磨屑,也可能是来自周围环境中的沙土尘埃以及油料在高温作用下形成的积碳等。施工机械大都工作在尘土飞扬的地方,工作对象以岩石或土壤为主,在尘土中所含有的石英细末硬度极高,是一般钢铁材料硬度的 2~4 倍。这些尘土一旦进入摩擦表面,会使磨料磨损的作用表现得十分强烈。

(3)粘着磨损:两个物体在载荷作用下作相对运动时,实际接触面积很小,应力很大,接触点产生塑性变形,使接触点处的温度升高,当温度升高到材料的熔化温度时,便产生了粘着现象。粘着点随温度降低而凝固,并在随后的相对运动中撕脱下来。这种现象叫粘着磨损。粘着磨损总是在特别严苛的摩擦条件下发生的,一旦发生发展特别迅速,能使配合件在极短的时间内遭到严重破坏。

(4)其他性质的磨损:还有一些由于物体间相对运动而引起的磨损,如腐蚀磨损、微动磨损、疲劳磨损等,在施工机械上也经常遇到。

2. 零件的疲劳与断裂

零件在交变应力作用下工作时间较长而出现裂纹、变形、折断等现象,称为零件的疲劳损坏。疲劳断裂与静载荷下的断裂不同,其特点为破坏时的应力远低于材料的强度极限,甚至低于屈服极限。塑性材料和脆性材料零件在交变应力作用下的疲劳断裂,都不产生明显塑性变形。

断裂是突然发生的,因此具有很大的危险性。

3. 热损伤

这种性质的损伤主要是零件在铸造焊接时,各部受力不均而引起的内应力,在使用中由于外界振动使内应力逐步释放而产生的变形或裂纹,最后导致零件损坏。

4. 零件的蚀损与老化

零件受周围介质作用而引起的损坏现象叫腐蚀,如化学腐蚀、电化学腐蚀。

用塑料、尼龙、橡胶等合成材料做成的零件,经过一段时间的使用后,其表面质量、强度、硬度等性能都发生了很大变化的现象叫零件的老化。它们的特点是发展进程较缓慢,而且对前

1、2类损伤有诱发或促进作用。

以上不同类型的故障中,有的在零件制作中采取某种措施可以事先加以防止;也有的在设计过程中可以设法使其在正常情况下不致发生。但是摩擦磨损一般来说是无法绝对避免的,而且这种故障占有极大的比例。因此机械设备的技术状况总是随着时间的延续而日趋恶化。

三、现代维修的含义

零件部件的故障会引起施工机械技术状况的日趋恶化,但这不是产生施工机械维修必要性的充分条件。如果组成整机的所有零件都具有相同的有效使用寿命,是不会产生维修的概念。之所以要产生维修是因为除了零件不可避免的损耗外,同一台机械的零部件之间还有一个损耗的不均衡性问题。

零件的损耗加上零部件之间损耗的不均衡性,才是维修概念产生的全部原因。

一般来说,现代维修的含义至少应包括以下三个方面的内容:

(1)维修或恢复机械设备的设计性能,保持其良好的技术状况,提高设备的运行可靠性,保证生产的正常进行。此种维修又称"驱除维修"。

(2)实行改善维修,开展信息反馈工作。通过维修,不仅要消除故障或隐患,而且要进一步消除发生故障的原因,例如改进零件的材质,局部的结构等。同时,应积极开展信息反馈工作,力求在设计阶段从根本上提高设备的维修性,实施预防预修。

(3)维修工作讲求经济性。在保证设备性能的前提下,力求以最少的人力物力,取得最佳的经济效果。维修的经济性主要由以下三点内容组成:

①维修的经济界限。在我国目前的情况下,维修的经济性主要是针对大修而言的,也就是设备大修经济界限的确定。

②最佳维修工作量的确定。这是包括所有维修作业在内的。其目的是要求得到经济效果最好的预防维修工作量,避免过度维修。

③提高维修作业效率。指在具体的维修作业过程中以及在维修工作组织等方面,如何采用新技术、新方法、合理的劳动组织、科学的宏观维修体制等,达到减少浪费、节约费用、提高效率的目的。

研究并实施如何使施工机械维修工作达到上述三个目标的一切活动及措施,总称为施工机械维修管理工作。其中经济性目标又是维修管理的核心内容。

四、机械维护与修理

当构成机械设备零件的不均衡损耗使机械的局部功能或整机功能失效时,为了消除这种不均衡的失效状况,甚至全面的恢复设备的整机功能而采取的一切活动称为维修,维修包括维护与修理。

机械维护是一种延缓或避免机械发生故障的技术措施,是以清洁、紧固、润滑、调整、故障诊断与排除为主要内容的作业形式。机械维护及时,方法及内容适当,可以大大延长机械的使用寿命,提高机械的可靠性和利用率。

机械修理是一种恢复机械性能的技术措施。机械经长期使用,各部件都会出现不同程度的自然故障,或由于事故性故障,机械的动力性、经济性、行驶安全性、工作可靠性等主要性能指标恶化,使机械部分或完全失去工作能力,且只靠维护性措施不能保证机械正常工作时,应对机械进行全面修理，以彻底恢复其工作性能。

机械修理必须根据机件的工作特点及损坏情况和原因，按照一定的修理工艺，采取适当的修理方法，恢复到出厂时的技术标准。

五、公路工程施工对机械维修的要求

公路工程的施工与养护受许多客观条件的制约，如季节性条件、气候条件、材料供应条件、机械设备条件等。机械设备的可靠性、完好率等因素对现代公路的施工进度、施工成本、施工质量影响极大。有时会由于某一台关键机械突然出现故障，引起整个工程停工。因此，现代公路工程施工，特别是大规模的公路工程机械化施工对机械维修有特殊要求，以保证正常施工进度和施工质量，降低施工成本。

1. 季节性要求

公路工程施工受季节性条件的限制，在我国北方地区五月份以后才能铺筑路面，十月份就不再进行路面施工，否则会因气温过低而影响路面施工质量。我国南方地区在梅雨季节不仅不能进行路面施工，甚至路基施工也不能正常进行。这就要求在非施工季节维修机械设备，使其技术性能恢复到最佳状态；而在施工季节则要求机械设备时刻保持良好技术状况，否则将影响公路工程的正常施工。

2. 及时性要求

在公路施工中，特别是大规模机械化施工中，个别机械出现故障会影响整个工程的正常流水作业。因此，正常施工的机械一旦出现故障，须在最短的时间内加以维护、修理，必要时要在夜间加班加点抢修机械设备，以保证正常的施工进度。

3. 现场维修要求

公路施工机械，特别是履带式机械，自转移能力较差，出现故障时最好就地维修，否则转移运输时间过长，不仅对公路工程施工进度影响较大，而且增加费用。因此每个施工现场应拥有一定数量的机械维修技术人员和技术全面的修理工，配备相应的工程修理车及机动性较好的维修设备，在施工现场维护、修理有故障的机械设备，为施工机械设备提供技术服务，保证机械的正常运行。

第二节　施工机械维护和修理制度

一、机械维护制度

机械维护制度是根据统计资料及技术规范，对机械维护周期和项目做出的需强制执行的技术性法规，用以保证机械经常保持良好的技术状况。具体规定如下：

1. 日常维护

在每一工班前后都要进行的维护措施叫日常维护，它的作业内容包括：
（1）保证正常运转所必要的条件；
（2）外部清洁；

(3)安全运转的检查;
(4)一般故障的排除。

2. 定期维护

定期维护是指机械经过一定的运转小时后,停机进行清洗、检查、调整以及故障排除和对某些零件进行修理和更换等。定期维护根据作业内容的不同可分成三个等级。

一级维护:以润滑、紧固为中心。主要作业内容是:检查、紧固机械外部螺纹件;按规定加注润滑脂,检查各总成内润滑油平面,并加添润滑油;清洗各种滤清器;排除所发现的故障。

二级维护:以检查、调整为中心。主要作业内容是:除执行一级维护作业项目外,检查、调整发动机及电气设备;拆洗机油盘和机油滤清器;清洗柴油滤清器;检查调整转向、制动机构;拆洗前、后轮毂轴承,添加润滑脂(油);拆检轮胎并进行换位。

三级维护:以总成解体清洗、检查、调整、换件为中心。主要作业内容是:拆检发动机,清除积碳、结胶及冷却系污垢;视需要对底盘各总成进行解体清洗、检查、调整,消除隐患;对机架、机身进行检查,视需要进行除锈、补漆。

3. 特殊维护

(1)磨合期维护:凡新机械或经过大修的机械,在正式使用前和磨合期结束后都要进行维护。使用前的维护包括外部检查、清洁、润滑和充油、充水、充气、充电等。磨合期结束时,还要进行一次全面维护,内容包括解除最大供油的限制,清洗润滑系和更换发动机润滑系的润滑油,并对各连接部位进行一次全面检查与紧固。

(2)换季维护:凡冬季最低气温在摄氏零度以下的地区,在入夏和入冬前都要进行换季维护。其主要内容有:检查节温器,更换润滑油、燃油(柴油机)。调整蓄电池电解液密度等。

(3)停驶维护:停用的机械每周外部清洁一次,每半月摇动发动机曲轴10转以上,每月将发动机发动一次。停用的机械应使弹簧钢板卸载,履带式机械应停放在枕木上或水泥地面上。

(4)封存维护:长期不用的机械在封存前应进行一次维护,内容有:排除气缸中的废气,向每个气缸注入30~50g脱水机油,摇动曲轴数转,使润滑油均匀地涂在缸壁上;封闭通向外部的通道;清除锈蚀并对可能生锈部位涂抹防锈脂。封存机械每半年发动一次并重新封存。

二、机械修理制度

我国现行的维修制度是计划预期检修制度,其实质是规定新机械或经过大修后的机械,使用到规定的大修间隔里程或工作时间后,通过技术鉴定确定机械送修或继续使用。凡准予继续使用的机械,应规定其继续使用里程或时间。当到达续驶里程,再进行技术鉴定,以确定其送修或使用。这样机械在大修前进行技术摸底,有计划地安排机械大修,同时定期进行技术鉴定,及时掌握机械的技术状况,预防机械出现事故性的损坏,因此称为计划预期检修制度。

计划预期检修制度的另一目的是使机械得到充分利用,适时修理,既要防止应修不修致使各零件过度磨损,造成修理困难、成本增加,又要防止提前送修,造成浪费。

计划预期检修制度包括机械大修、总成大修、零件修理。

1. 机械大修

机械大修是对部分或完全丧失工作能力的机械,通过技术鉴定后按需要、有计划地以恢复机械的动力性、经济性、可靠性和原有装置,使机械的技术状况和使用性能达到规定技术要求的恢复性措施。

2. 总成大修

总成(由零件组装而成的具有一定的独立功能及完整性的组合件)大修是对部分或完全丧失工作能力的总成,经技术鉴定后按需要,有计划地以恢复总成的动力性、经济性、可靠性和原有装置,使总成的技术状况和使用性能达到规定要求的恢复性措施。

3. 零件修理

零件修理是对不符合技术要求的零件采取适当的修复工艺,使零件的技术状况达到规定技术要求的恢复性措施。

三、机械维修检验制度

1. 送修制度

公路工程施工的季节性要求很高,为了在非施工季节有计划地维修机械,必须根据本单位的实际情况编制年度计划,并同承修单位签订合同,作为全年送修的依据。由于情况的变化,计划内容不可避免地会有局部变更,一般可以在年度计划中调整。

2. 检验、交接制度

(1)进厂检验:当机械达到规定的大修周期时,应对机械进行全面的技术检验。经检验确认技术状况较好,且可继续使用一个施工期,则可暂时不修。一个施工期结束后,应重新对机械进行检验。确认需要大修时,按机械送修合同送承修部门,并按照送修要求办理交接手续。

①除特殊原因外,送修的机械应在尚可运转的情况下入厂,各总成、附件应齐全。

②机械的技术文件(出厂说明书、机械履历书、运转记录)应随机入厂。

③认真填写进厂检验书,并由双方当事人签字。

(2)过程检验:机械在维修过程中必须遵守自检、互检和抽检的原则。自检就是维修人员根据修理标准自己检验;互检就是相关工位的检验人员,对上一工位修毕的机件或总成进行检验;抽检就是维修单位的专职检验人员对维修过的机件或总成进行抽样检查,确保维修质量。

(3)出厂检验:完成大修的机械,必须进行出厂质量检验。经检验合格的机械应将修理情况及主要零、部件规格记入履历书中,并连同其他技术文件进行交接,并填写交接单。

出厂的机械要实行"保修制度",使用中发现属于修理质量问题的,承修单位应负责返修,并应承担由于返修而消耗的一切费用(包括往返运输费用等)。修理质量不合格的机械一律不得出厂。

第三节　施工机械检修制度的实施

一、技术维护计划的编制

技术维护计划应按照维护时间的计划进行具体安排。一般情况下,由于维护工作量较少、时间较短,其费用直接摊入当日成本,通常都是按月编制,并作为施工生产作业计划的一个组成部分。在下达公路施工任务的同时,一起下达主要施工设备的维护任务,这样有利于机械设备安排生产时间与保养时间上的协调配合。

二、大修计划的编制

机械设备的大修理作业,由于工作量较大、停机时间较长,而且需要一定的组织准备及物质准备,所以要分别编制年度的控制性计划及季、月的实施计划。它们的具体内容及编制方法如下:

1. 年度大修计划

年度机械设备大修计划是控制性计划,它编制的目的是:

(1)掌握施工企业年度机械设备的大修类别及台数,按季度安排大修计划,为审定年度施工生产、机械使用计划提供依据。

(2)统筹平衡全年检修力量,及时发现问题,研究解决办法,组织外修或对外承揽修理任务。

(3)为编制年度配件供应计划提供依据。

(4)核定大修修理费用。

编制大修计划的依据是:

(1)上年度的运转台时与修理类别。

(2)日常掌握的机械设备的实际技术情况。

(3)年度施工生产计划中,机械使用计划内对机械设备的使用安排。

机械设备的大修计划由公司一级编制,按规定期限报集团公司。由集团公司审查汇总后分送施工生产、财务、材料、配件等部门与大修厂。大修厂根据上级下达的年度修理计划,可以大体安排并平衡本厂全年的检修任务。

2. 季度大修计划

季度大修计划中,机械设备的送修时间已明确到季度。但由于施工及设备本身可能出现的某些变化,到时候该送的送不了,不该送的反而提前进厂。季度计划就是根据实际情况做最后的调整,所以季度计划就是年度计划的季度落实。

季度计划由公司一级编制,于季度前15日上报集团公司并分送有关修理单位,作为机械设备送修的依据。

3. 月份大修计划

月份大修计划是实施性的作业计划。一般由修理厂编制。根据最后落实的季度计划,编制出当月的实施性作业计划。各使用单位必须按照规定的日期保证机械设备按时送厂。月末后5日,大修厂应将月份计划完成情况填表报送上级主管部门。

一般规定,季度计划的调整量不超过年度计划框限的±20%,否则年度计划将失去其指导性或约束性。月份计划更要尽可能服从季度计划的安排,否则将打乱检修力量及配件供应的安排部署。此外,还要加强单位和单位之间的联系及配合,才能使计划得以顺利执行。

由于计划的编制也需要消耗大量的人力和时间,而施工生产的特点又是变化多、变得快,所以一些施工企业已取消季度计划,而根据年度计划及实际情况直接安排月份计划。但总的检修工作量仍应在年度计划的季度框限之内。

三、大修费用的结算

机械设备的修理费用由工时费、材料费和辅助材料费组成,其中:

(1)工时费是按综合工时单位计算的,并包括动力费、车间经费及企业管理费等在内。

(2)材料费包括外购配件、自制配件、油料、燃料、油漆等。其中配件费在新机每一次大修时间按定额乘 0.85 系数,第三次大修时按定额乘 1.15 系数。

费用结算的具体办法应按本部门或本地区的技术经济定额及合同条款执行。结算方式主要有两种:

(1)按修理费用定额执行。

(2)按预算核定修理费用,包括工时、配件、机械费等。

实践证明,实行修理合同制、按台签订修理合同是一种较好的方法,可以避免许多不必要的争执和不良后果。

第四节　施工机械维修经济分析

施工机械维修的经济分析主要有两个内容:

(1)机械设备大修经济界限的计算;

(2)最佳预防维修工作量的确定。

一、机械设备大修经济界限的确定

机械设备大修是设备有形损耗的一次全面性补偿。一般来说,修理作业的劳动生产率比批量的整机生产低得多,零部件的零售价又要比整机出售的成本价格高得多。在这两个不利因素的共同作用下,为什么大修还能够得以存在?

一般设备在有形磨损后,可以把机械的零件分为三个类型:A 类是不能继续使用,必须予以更换;B 类是可以修复的零件,这类零件只要稍加修理,就可以恢复或基本恢复其原有的使用性能;C 类是原件不动,仍可继续使用的零件。根据对金属切削机床的大量数据调查表明:在大修时,$(B+C)/(A+B+C)$ 的平均值为 $2/3 \sim 4/5$。同时 A 类零件往往都是价格较便宜的零部件。所以若按价值计算,其比值将更进一步高于前述数值。这就是为什么在设备使用的前期,大修在经济上还得以成立的理由。

但是机械设备反复进行大修,虽能延长使用寿命,却并不是一件值得提倡的事,这是因为:

(1)随着耐用周期较长的基础件、关键件的逐渐老化,大修修理费越来越高。在一定的年限后,甚至还会出现跳跃性地增加。

(2)设备的日常维护费用、能耗费用等将日益增加,设备的性能(如生产率等)将日益降低,使换算后的等值使用费越来越高。

(3)以恢复原机性能为目标的大修多次循环,将严重地阻碍技术的进步,使企业的装备日益失去其先进性。

(4)在国民经济的结构中形成一个庞大而落后的修理行业。

基于上述原因,对大修有一个限值,这就是大修经济界限。

企业在面临设备需要大修时,不外乎有以下三种选择:

(1)大修与役龄更新间的比较——大修留用,或用同型新设备替换。

(2)大修与技术更新间的比较——大修留用,或用技术先进的新型设备替换。

(3)大修与技术改造间的比较——大修留用,或结合大修进行技术改造,使原机获得新的性能。

在以上三种比较中,只要有一种经济效益高于大修留用,那么大修在经济上就不能成立。

设备每经过一次大修,如果不考虑技术性无形损耗的因素,一般来说应该至少再使用一个大修周期,这样可以使大修修理费用的年分摊成本降为最低。所以经过了几次大修的设备,其使用寿命应为($n+1$)个大修周期。

从长远观点看,机械设备的使用年限以基本上只包含一次大修和两个大修周期为宜。所以一台设备可以允许进行在修的次数是极为有限的。有的设备甚至连一次大修都难以成立。企业在安排设备大修理计划时,最好应逐一进行大修经济性的分析论证,至少也要在第二次大修的前夕进行这项工作,以避免由于盲目实施大修而在经济上得不偿失。

对于大修经济界限的确定,实际情况是比较复杂的,不仅大修的费用逐期发生变化,而且每次大修的间隔期以及每次大修后设备的技术性能等都在发生变化,因此为简化运算,一般作如下几点假设:

(1)按规定,新机到第一次大修的间隔期要比标准的大修间隔期延长20%~30%,自第三次起每次缩短10%左右。这里只考虑前者的影响,而把每三次以后的大修间隔看成是等同的,因为四次以上的大修实际上是很少的。

(2)按规定第一次大修的配件费用为定额的85%,自第三次起每次比定额增加15%。

(3)每个大修间隔期内的年运行维持费假定在同期是等额的,不同期内的运行维持费作适当增长。以第二个大修周期为准,第一个周期按80%计,自第三个周期起每次递增10%~15%。

(4)每次的大修理费用,在按规定将配件费调整后,再乘以数字系数1.13,作为超定额范围换件的加价因素。

以上仅仅是为了可以利用定额资料而进行的假设,如分析人员拥有本企业积累的统计整理数据,应使用企业自有数据,其结果更能符合实际情况。

以 n 为分期研究期且 $n < n'$,则有:

$$(E_0)_\mathrm{P} = \frac{1}{K}\left\{P' + L' + C_0\left[\frac{P}{A}, i, n\right]\right\} \tag{11-1}$$

$$(E_n)_\mathrm{P} = P\left[\frac{A}{P}, i, n'\right]\left[\frac{P}{A}, i, n\right] + C_n\left[\frac{P}{A}, i, n\right] \tag{11-2}$$

式中:P——设备原值;

P'——大修理费用总额,此处为追加投资性质;

n——旧设备的下一个大修周期,即选用的研究期;

n'——新设备的第一个大修周期。按假设为定额中标准周期的120%~130%,这里取125%;

C_0、C_n——旧设备与新设备的年运行维持费。为台班费用经常修理费、安装拆卸及辅助设施费等费用的总和,乘年额定工作台班,这样就求出了标准值 C_0。然后按假设:

$$C_n = 0.8C_0 \tag{11-3}$$

K——使用价值换算系数。为旧设备与新设备的生产率之比,且 $K<1$;

i——利率;

$(E_0)_P$、$(E_n)_P$——研究期内,旧设备与新设备的等值总费用现值;

L'——旧设备的现时处理价。

若对旧设备实施大修,则意味着旧设备将继续使用,使旧设备的现时处理价款 L' 损失掉了,故应将作为大修的损失费计入旧设备的总费用中。

若 $(E_0)_P < (E_n)_P$,则大修成立;

若 $(E_0)_P > (E_n)_P$,则大修不成立,应以同型新机置换旧机。

例 11-1 某企业一台小型设备已使用了一个大修周期,现拟大修,试证明与新购相比,大修是否成立?设备的大修费用标准定额为 6 000 元,其中配件费用为 3 221.12 元,购置新机费用 13 650 元。且已知 $n=4$ 年,$L'=3 000$ 元,$i=10\%$,$K=0.95$。

解 由题意知:若该设备大修,则进入第二个大修周期,即标准周期,则有:

$n' = 1.25 \times 4 = 5$(年)

$P' = [(6\ 000 - 3\ 221.12) + 3\ 221.1 \times 0.85] \times 1.13$
$= 6\ 234$(元)

查台班费用定额知,该型号设备台班运行维持费为 72.26 元,查年出勤台班数为 150 个。则有:

$$C_0 = 72.26 \times 150 = 10\ 839(元/年)$$

$$C_n = C_0 \times 0.80 = 10\ 839 \times 0.8 = 8\ 671.2(元/年)$$

$$(E_0)_P = \frac{1}{0.95}\left\{6\ 234 + 3\ 000 + 10\ 839 \times \left[\frac{P}{A}, 10\%, 4\right]\right\} = 45\ 888(元)$$

$$(E_n)_P = 13\ 650 \times \left[\frac{A}{P}, 10\%, 5\right]\left[\frac{P}{A}, 10\%, 4\right] + 8\ 671.2 \times \left[\frac{P}{A}, 10\%, 4\right] = 38\ 902(元)$$

因为 $(E_0)_P > (E_n)_P$,故大修不成立。

二、最佳预防维修工作量的确定

通常机械维修越频繁,意外故障就越少;但另一方面,由于维修作业本身而支出的费用以及由于维修而停机所造成的损失也要增加。所以维修工作安排得过多或过少,都是不合适的。

怎样安排最为经济,便是最佳预防维修工作量或最佳维修预防方案所要解决的问题。

与预防维修有关的费用由以下三个部分组成:

1. 实际支出的用于预防维修活动的费用

这部分费用用来支付由于对机械设备进行检查、测试以及发现隐患后实施预定项修理的费用。很显然,预防维修的越频繁,这项费用也就越多。一般它与预防维修工时呈正比关系,或接近正比关系,如图 11-3 中 a 线所示。

2. 用于排除故障的维修费用

即使实施了预防维修,也不能保证机械设备完全不发生任何故障。但是随着实施预防维修工作量的增长,可能发生的故障在萌芽时期就被预防维修措施所消除,因此故障发生的频率随着预防维修工作量的增加而下降,如图11-3中b线所示。

3. 由于停机而造成的损失费用

停机有两种情况:机械发生故障当然要停机,而进行预防维修作业也需要停机。这两种性质不同的停机,结果却是一样的,即企业丧失了由于机械运转生产所能获得的利益,这虽不是费用上的直接支出,却是一种经济上的损失,在意义上是相同的。这两种停机损失加在一起,其演变过程是这样的:一开始,由于实施少量的预防维修而不得不付出的停机代价很大(故障频繁)。随着预防维修的增加,故障频率下降,总的停机损失逐渐下降,且故障停机损失对总停机损失的影响效果减弱。过了平衡点后,由于增加预防维修工作量而导致的停机反而超过了得到的降低故障停机的时间,维修引起的停机损失对总的停机损失影响效果增强,于是总的停机损失反呈上升趋势。如图11-3中c线所示。

把这三种费用曲线叠加起来,就可求得预防维修总经济曲线。如图11-3中d线所示,最低点G相对应的G'点,便是总的费用损失最少,也就是生产经济效果最好的预防维修工作量,称为最佳预防维修方案。

由于曲线d比较平缓,没有十分明显的最低点,故可以在G'点前后若干距离内划定一个范围,只要预防维修工作量安排在这一个范围内,都可以得到基本相同的最佳经济效果。这个范围称为最佳预防维修范围。

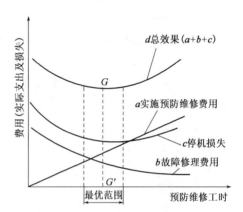

图11-3 预防维修工作量与费用关系图

需要说明的是,以上关于预防维修经济性的分析,只适用于以经济效益为主要目标的机械设备。公路施工企业的机械设备,基本上适用这一原则,但由于施工生产受气候、季节及其他客观因素的制约较大,往往存在着一定程度的允许停机检修并不招致额外的停机损失的机会或可能,在作具体分析时要顾及这些因素。

第五节 施工机械的经济寿命

施工机械的价值是在其有效使用期内随着生产过程中的损耗程度逐步转移到产品成本中去的。因此,首先要对损耗的性质及成因加以研究。

一、四种不同性质的损耗

施工机械的损耗,按其性质及形成的原因可以分为:

1. 有形损耗

有形损耗是指施工机械的实体所发生的损耗,其中:

(1)使用性损耗:由于机械的运行所引起。使用的强度越大,持续的强度越大,持续的时间越长,损耗的程度也就越严重。使用性损耗主要有磨损、腐蚀、冲击损伤、疲劳裂纹、原材料的附着以及尘土、污物的污染等。使用性损耗是有形损耗的主要原因。

(2)闲置性损耗:主要是由于自然力的作用而引起的,例如金属的氧化锈蚀、木材的腐朽、绝缘的老化变质等等。闲置性损耗与生产过程无关,所以机械即使一天也不用并不能使闲置性损耗的进程完全停顿下来。

2. 无形损耗

无形损耗是指固定资产在有效使用期间,由于非自然力的原因而引起的价值上的损失。其中:

(1)经济性损耗:是指机械在结构与性能基本不变的情况下,由于制造部门劳动部门劳动生产率的提高,生产同样产品的社会必要劳动时间减少了,使原有机械的价值相应降低。

(2)技术性损耗:是指由于新技术的发明和应用,出现了性能更为优越的新型设备。和新型设备相比,迫使原有的设备贬值。

有形损耗和无形损耗结合在一起,用价值形态表现出来,称为综合损耗。不同类型的设备,综合损耗的构成比例是不相同的,施工机械的综合损耗还是以使用性有形损耗为主。

为了在价值上补偿机械设备的损耗,以便在机械设备的实物形态不能使用时更新和重置,必须从销售产品的收入中提取一定比例的资金。这部分要提取的资金就叫作折旧基金,这是保证按照原来的规模不断再生产的基本条件。

理想的提取折旧的方法,是按照在每个单位时间内机械的实际损耗程度,提取该段时间的折旧额,但实际上难以做到。所以实际工作中只能根据机械设备的预计使用寿命及某种预定的简单规律计算并提取按年(月)的折旧额,以便在寿命到期时能够积累够重置基金。因此必须解决以下两个问题:

(1)施工机械有效使用寿命的确定;

(2)在已确定的使用寿命期限内,应该按何种规律来提取折旧额。该内容将在第十二章讨论。

二、施工机械的4种寿命

从不同角度出发,施工机械共有 4 种不同意义的寿命,即自然寿命,技术寿命,功能寿命和经济寿命。

1. 自然寿命

自然寿命指施工机械的物质寿命,它是由机械设备的设计者,根据机械的结构、材质、受力情况、使用环境及磨损理论等,确定的机械损坏至其使用价值用常规修理方法不能恢复时经历的时间。也就是说,自然寿命是由有形损耗决定的,当有形损耗发展到完全损耗时,即认为自然寿命终止。

一般来说,由于机械设备的主体部分不作为更新件看待,也无备件可以供应,所以机械的自然寿命都是根据机械主体部分确定的。当机械的主体部分由于使用磨损、老化变质、腐蚀等原因损坏至不能修理恢复时即认为整机的自然寿命终止。

具体地计算一台设备的自然寿命是一个复杂且专业性强的问题。除了理论计算以外,还要借助于某些经验公式或经验资料。不少国家对主要机械的自然寿命都有规定的指标,一般来说以第一次大修期作为基数指标。例如,对于履带式液压挖掘机,美国规定的第一次大修期,在恶劣情况下为 4 年,8 000h;一般情况下 5 年,10 000h;良好情况下为 6 年,12 000h。日本规定铲斗容量在 $1.2m^3$ 以下者为 9 100h,$2.3 m^3$ 以上为 10 500h;苏联规定 $1 \sim 1.25m^3$ 者为 15 000h。有了这个基数,再乘以适当的倍数,就可以得出整机的自然寿命。对于某些大型的机械设备,甚至对其中一些关键性零部件的寿命,都是由国家规定。例如,苏联规定大型挖掘机的环形轨道为 7~8 年,推压齿轮为 4~5 年,推压齿条为 6~7 年,履带板为 4 年等。这些数据对确定机械的自然寿命有很大的参考价值。

一般来说,施工机械的自然寿命有几十年的时间(30~50 年),是所有各种寿命最长的一种。

自然寿命一般应从设备的投产时间作为起算点。如新设备不投入使用,并加以妥善保管,那么虽然不能使闲置性损耗完全停止下来,但由于进程已降低到最缓慢程度,所以其自然寿命可以无限期延长,已不能包括在通常所说的寿命概念范围内。

2. 技术寿命

技术寿命是施工机械的技术有效时间,它是技术性损耗的结果。机械设备在自然寿命结束前,由于技术上的进步,原施工机械技术性能太低而被淘汰掉。施工机械从制成起到被淘汰掉所经历的时间称为技术寿命。请注意技术寿命与自然寿命的起算点是不同的。

机械的技术寿命主要取决于该领域技术更新速度的快慢。例如电子设备的技术寿命就非常短,相对来说,施工机械的技术寿命比较长,也比较稳定。

技术寿命的长短与是否使用毫无关系,即使把它妥善地保管在仓库里也无法延长其技术寿命。

技术寿命又可分为预期的和现实的两种。预期的技术寿命是指对某种新产品、新技术有效时间的预测值,它很难通过某种公式精确地计算,只能依靠某些洞悉该领域技术更新动向及发展速度的专业人员,通过大量的数据资料及丰富的经验预测判断。现实的技术寿命是指机械设备正在使用寿命的中期,由于社会上出现了更经济、更有效的新型设备,使企业认为有必要将旧设备淘汰掉时旧设备实际达到的寿命值。

现实技术寿命值的决定,也就是施工机械更新的决策问题。由此可见,所谓技术寿命,归根到底,还是由经济上的得失决定的。因此在某种程度上,也可以把施工机械的技术寿命理解为某种类型设备的经济寿命,不过这种经济寿命是单纯由于技术性无形损耗而引起的罢了。

施工机械的技术寿命,还可以通过对旧设备的局部技术改造而加以延长。这也是企业内部设备改造工作的主要内容。

不管机械设备出厂时间的早晚,同类机械产品的技术寿命终止期是一样的,这也是技术寿命与众不同的特征。

3. 功能寿命

由于施工对象的特殊性,作业条件的多变性,有些施工机械纯属是为了某一个特定的施工目的而专门制造的,在机械完成了专门的预定功能任务以后,再也不能或很少再有可以预见的使用可能。那么该机械从制造、投产到完成其全部的任务所经历的时间,就是其功能寿命。功能寿命最易确定,原来施工计划中预定使用多长时间便是该机械的功能寿命。

施工企业自制(包括专项订货)的非标准设备中,有相当一部分就是属于这种类型的,而且其中不乏价值比较昂贵,结构非常复杂的设备。

凡是只具有功能寿命的施工机械,不论其价值多么昂贵,不能转为固定资产,一旦其功能寿命终止,应及早处理为宜。

4. 经济寿命

经济寿命是指纯粹从成本或利润角度出发而确定的施工机械的最佳寿命周期。所以经济寿命也就是施工机械的平均年度成本费用最低,或年度净收益最大的使用期。企业新置一台设备,如果能对未来的费用发生情况精确地预测,那么在购买设备时,就能精确地计算出它的经济寿命来。

在常用的经济计算方法中,确定寿命只考虑一个因素——只限于本设备的单位使用时间的成本因素或者利润因素。如果超出本设备自身范围以外,在不同品牌型号的设备之间作使用经济性的综合比较,就可能与技术寿命相混淆,这一点要特别注意。

一般来说,机械设备在使用的初期,运行维持费总是比较低的;以后逐渐老化,费用就越来越高;机械设备使用到某个时期后,如果再继续使用,由于运行维持费用(人员工资、维修费用、能源消耗等等)逐步提高,而使年平均设备费用由下降转为上升趋势,形成一个 U 形曲线。

因此,如果把年平均设备费最低的那个时间作为使用寿命的终点,那么由此而确定的折旧率,正好届期可以把设备的原值(严格讲应该再减去残值)全部回收。用这笔折旧基金再购进一台新设备,开始下一个营运周期,如此循环下去,它的年平均设备费始终是最低的,从成本经济角度来说也是最合理的,也称为设备役期更新最佳周期。

三、经济寿命的计算方法

1. 简单面值法

所谓面值法,是以"账面数值"为依据。它根据同类型设备的统计资料,在不考虑利息及追加投资的前提下,以平均年度继续使用成本费来确定机械的经济寿命。

设某台机械设备原值为 P,假定使用 n 年后就把它处理掉,可回收残值 L_n 元(在设备未报废前,实质上指一种转让价格)。很明显,使用的时间越长,处理得越晚,也就越不值钱,所以 L_n 是随着使用年数 n 的增加而逐年减少的;而机械的年运行维持费用 C_n 则正好相反,它是随着 n 的增加而逐年增加的。至第 n 年后,这台设备的年平均成本费为:

$$U_n = \frac{P - L_n + \sum_{i=1}^{n} C_n}{n} \tag{11-4}$$

式中:U_n——使用到第 n 年时对应于简单面值法的年平均成本费,元。

根据给定的历年数据,求得逐年的 U_n 值,当 U_n 为最小时,对应于此 U_n 的 n,即为所求经济寿命。

例 11-2 设有某设备,$P = 10\ 000$ 元,L_n 及 C_n 值见表 11-1 所示,试求其经济寿命。

经济寿命的计算过程一般采用表格方式,见表 11-2 所列。

解 若以年份为横坐标,将逐年计算结果绘成曲线,则得如图 11-4 中的曲线 A。

L_n 值 和 C_n 值　　　　　　　　　　　　　　表 11-1

费用(元)	第1年	第2年	第3年	第4年	第5年	第6年	第7年	第8年
L_n	4 000	3 000	2 250	1 750	1 375	1 000	800	600
C_n	1 800	2 000	2 200	2 500	2 800	3 100	4 000	4 900

由表 11-2 或图 11-4 可见,该设备的年平均成本费一开始逐年下降,到第 6 年降到最低点,以后就由下降转为上升,如果把这台设备的预期使用寿命定为 6 年,那么从成本角度看,这是最合理的,以后的年折旧费也按 6 年为期提取。过了 6 年,所提取的折旧费总和加上残值,正好够又买回一同样的新设备,这就是该设备的经济寿命。

简单面值法平均成本费计算表　　　　　　　　表 11-2

序号	数据或运算关系	年份n							
		1	2	3	4	5	6	7	8
①	P	10 000	10 000	10 000	10 000	10 000	10 000	10 000	10 000
②	L_n	4 000	3 000	2 250	1 750	1 375	1 000	800	600
③	$P - L_n$	6 000	7 000	7 750	8 250	8 625	9 000	9 200	9 400
④	C_n	1 800	2 000	2 200	2 500	2 800	3 100	4 000	4 900
⑤	$\sum C_n$	1 800	3 800	6 000	8 500	11 300	14 400	18 400	23 300
⑥	③+⑤	7 800	10 800	13 750	16 750	19 925	23 400	27 600	32 700
⑦	$U_n = $ ⑥$/n$	7 800	5 400	4 583	4 188	3 985	3 900	3 943	4 088

由图 11-4 明显可见,6 年以后的年平均成本费虽有回升趋势,但在最初 2~3 年内变化不大,曲线非常平缓,因此从充分利用机械设备的角度出发,将经济寿命定为 8 年左右也是可以的。

此外,例中所给各项数据,除 P 值外,其余都是资料统计数据或预测数据,尤其是 L_n 值。由于地区差别及供求形势变化较大的波动,即使在国外旧设备处理市场比较发达和普遍的条件下,也不易求得稳定可靠的 L_n 值。所以不能要求计算结果有高精确度,分析人员最后确定的经济寿命与计算结果稍有出入也是允许的,但不管怎样,经济寿命这个概念是确实存在的。

简单面值法的优点是简单明了,通用性强,它的缺

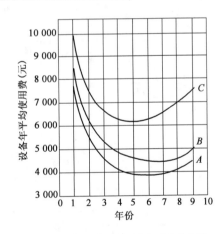

图 11-4　设备使用年限与平均年成本费曲线

点是没有考虑各项费用的时间因素。在普遍使用复利系数进行各种技术经济分析的时代,这种方法就显得不够完善。

2. 计息面值法

计息面值法,又称折现法,它与简单面值法在原则上无根本的不同,主要的差别在于计息面值法引进了时间因素,考虑了时间对各项费用的影响,在计算上也较为麻烦。

在计算中,利用现值法及年费用法,结果是一样的,但以采用年费用法较为直接一些。根据"期末惯例",所有的 C_n 值都看作是年末发生的费用。由于 C_n 值每年不同,且无规律,所以

只有将逐年的 C_n 值乘以 $[P/F,i,n]$ 系数,求其现值的累计数,然后再乘以 $[A/P,i,n]$ 系数将其换算为等值等额年金,其他费用也按等值换算原理处理,于是得机械设备的等值等额年成本费为:

$$U_n = (P - L_n)[A/P,i,n] + L_m + (\sum_{i=1}^{n} C_n[P/F,i,n])[A/P,i,n]$$
$$= (P - L_n + \sum_{i=1}^{n} C_n[P/F,i,n])[A/P,i,n] + L_m \quad (11\text{-}5)$$

式中:U_n——使用到第 n 年时对应于计息面值法的机械设备等值等额年成本费。

计算方法仍采取表格形式,以避免发生误算或漏算。由于考虑到时间因素,所以必须先假定一个 i 值,此 i 值一般采用企业所定的 MARR 值。若机械制造工厂向用户介绍本厂产品的经济寿命数据时,则可采用较高的银行利率。

今仍以例 2 中所给的各项数据,并设 $i=10\%$,试用计息面值法计算其经济寿命,并将其结果与简单面值法作一比较。计算过程见表 11-3 所列。

表 11-3 的计算结果如图 11-4 中曲线 B 所示。由表 14-3 及曲线 B 可知,最佳役龄更新周期为 7 年。与简单面值法的计算结果相比较,时间多了一年,年平均成本费由 3 900 元提高到了 4 475 元,这就是考虑了时间因素而发生的变化。

计息面值法等值等额年成本费计算表($i=10\%$)   表 11-3

序号	数据或运算关系	年份 n							
		1	2	3	4	5	6	7	8
①	P	10 000	10 000	10 000	10 000	10 000	10 000	10 000	10 000
②	L_n	4 000	3 000	2 250	1 750	1 375	1 000	800	600
③	C_n	1 800	2 000	2 200	2 500	2 800	3 100	4 000	4 900
④	$[P/F,10\%,n]$	0.909 1	0.826 4	0.751 3	0.683 0	0.620 9	0.564 5	0.513 2	0.466 5
⑤	$C_n[P/F,10\%,n]$	1 636	1 653	1 653	1 708	1 739	1 753	2 053	2 286
⑥	$\sum C_n[P/F,10\%,n]$	1 636	3 289	4 942	6 650	8 389	10 142	12 195	14 481
⑦	① − ② + ⑥	7 636	10 289	12 692	14 900	17 014	19 142	21 395	23 881
⑧	$[A/P,10\%,n]$	1 100	0.576 2	0.402 1	0.315 5	0.263 8	0.229 6	0.205 4	0.187 4
⑨	⑦ × ⑧	8 400	5 929	5 103	4 701	4 488	4 395	4 395	4 475
⑩	L_n, i	400	300	225	175	138	100	80	60
⑪	$U_n = ⑨ + ⑩$	8 800	6 229	5 328	4 876	4 826	4 495	4 475	4 536

实践表明,利用年最小成本法计算经济寿命时,考虑或不考虑时间因素所引起的差异并不很大。若假设的 i 值较小及时间较短的情况下,两者的计算结果往往相同。所以,在没有特殊需要的情况下,用简单面值法所得结果就足可以应用。

除上述两种方法外,还有全费用计算法、简单解析法、数学模型法等,可以根据实际情况选用。

以上介绍了施工机械 4 种不同含义的寿命,它们之间有一个共同点必须予以注意,即所谓寿命都是指在正常情况下(按照规定的要求加以使用、维修、保养等)而言的。假如对机械设备既不精心操作,也不注意维修保养,任意超载,带病运行,甚至发生重大机械事故,以致在很短的时间内使机械彻底损毁,纯属"夭折",不属以上介绍的寿命范围。

以上 4 种不同含义的寿命中,以自然寿命为最长,功能寿命为最短。至于经济寿命与技术寿命的长短,要看具体情况而定。在具体确定某一种或某一类机械设备的使用寿命时,往往要各种情况兼顾通盘考虑。一般来说,由于施工企业总是以追求经济效益为目的,所以施工机械经济寿命的影响较大。

第十二章
施工机械经济管理

公路施工企业为了实现经济效益,必须控制工程施工中的相关费用,通过对企业进行经济管理和合理的费用控制,才能收获到更大的利润。公路施工行业的主要支出是机械施工费用,与企业的经济效益和经济核算密切相关,所以对施工机械进行经济管理,是提高企业经济效益的重要途径。

第一节 机械化施工(生产经营)方式

公路工程机械化施工方式分为集中化、专业化(或称集中经营)与分散(或称分散经营)施工,机械集中经营和机械施工专业化是机械化施工的发展方向。

一、集中经营与分散经营的比较

(1)集中经营有利于机械效能的充分发挥。分散经营经常出现高峰机械不够用,低峰机械闲置的现象,有些机械年平均利用率不到30%,忙闲无法调剂,而集中经营可以根据各施工单位的高峰和空闲情况,统一安排,加强调动,充分使用,有利于发挥机械效能,提高装备生产率。

(2)集中经营有利于取得机械的最优经济效果。分散经营情况下,施工经营者的注意力容易集中在用机械去完成施工的任务,而忽视机械的管理,甚至不惜拼机械来迁就完成施工任务,机械利用率虽高,但效率很低,造成了经济上的严重浪费,甚至使工程成本上升,引起经营亏损。在专业化施工,集中经营的情况下,专业单位的核算对象就是机械,只有改善经营管理,才能完成各项技术经济指标。因此管理部门必然把主要精力放在机械管理的全过程,从而提高机械的经济效益。

(3) 集中经营有利于机械管理水平的提高。企业在专业化施工、集中经营的情况下,专业机械化施工单位只装备几种机械,品种少、数量多、业务单纯,便于管理,而且专业人员力量强、精力集中,它的任务就是采用机械化施工方式进行公路施工。一方面不断提高机械化施工水平,努力保证和超额完成任务,取得最好的经济效益;另一方面考核的技术经济指标都与机械管理有关,而且施工机械是它完成任务的唯一劳动手段和物质基础,必然要千方百计地使用好、管理好机械,不断提高机械管理水平。

(4) 集中经营有利于技术水平的提高。集中经营几种或少数品种机械,技术力量集中、精力集中,对机械性能、特点、施工中使用要求及机械技术状况变化的规律等容易了解和掌握,便于积累经验、提高技术业务水平,提高机械使用、保养、修理质量,改善机械技术状况,提高机械完好率与利用率。

二、专业化、集中化是机械化施工发展的必然趋势

实现专业化集中经营、专业化协作,将使各施工企业的自有机械比重逐步减少,而租用机械比重会相应增加,企业施工机械"大而全、小而全"现象将被克服。加强协同配合、加强计划的针对性、管理的适应性与科学性变得十分重要与迫切。

第二节 施工机械台班费与使用费的计算

一般机械加工制造企业在进行成本管理时,都把单个产品作为成本核算的单元,从而把所有为生产该产品而发生的一切生产资料转移的价值以及新创造价值总和的分摊部分称为该单个产品的成本。

对于一个以提供机械设备为现场施工服务的单位来说,它的单位产品就是一个生产性能符合设计要求的作业台班。为了这样一个作业台班能得以实现,首先要投入资金购买设备,配备合格的操作驾驶人员,按规定的维修制度对机械设备进行必要的保养与维修,以保持良好的技术状况及提供能源消耗等。把这些作为一个机械作业台班所平均消耗的物化劳动与活化劳动用货币加以表现,就是施工机械的台班作业成本。当机械用于对外出租时,还需要附加一些法定利润,对外管理费等,称为施工机械台班租赁费。这些统称为施工机械台班费。

一、施工机械台班费的组成

施工机械工作一个台班,按 8 小时计算,包括有效生产时间和正常停歇时间在内,转移到工作台班内的所有费用,其价值以货币形式表示,即为施工机械台班费。

施工机械台班费由两大类费用组成:

第一类费用,又称固定费用,与施工机械在台班期内的工作情况无关,不依地区条件而改

变,包括折旧、大修、经常修理、安装拆卸及辅助设施等四项费用。

第二类费用,又称可变费用,是机械工作过程中直接发生的费用,随工作地区不同而变化。包括人工费、动力燃料费和养路费等三项费用。公路施工机械的台班费中不包括养路费。

二、机械台班费的计算

1. 台班费计算中几个参数的确定

根据现行规定,与计算施工机械台班费有关的几个参数,按下列方法确定:
(1)机械预算价格:

$$\text{机械预算价格} = \text{出厂价格} + \text{供应手续} + \text{一次运杂费}$$
$$= \text{出厂价格} \times 1.07(\text{进口机械} \times 1.24) \tag{12-1}$$

(2)机械残值率:取 2%~5%。
(3)机械使用总台班(寿命台班):

$$\text{机械使用总台班} = \text{大修理间隔台班} \times \text{大修理周期} \tag{12-2}$$

大修理周期即机械使用周期。大修理周期等于大修次数 +1。
(4)大修理间隔台班及一次大修理费用,按有关规定执行。
(5)台班利用率系数:按 80% 计算,即一个工作台班折算为 6.4 个工作小时。

2. 第一类费用的计算

(1)台班折旧费:台班折旧费是指机械在使用期内按规定逐渐收回原始价值的费用。

$$\text{台班折旧费} = \frac{\text{原值} - \text{净残值}}{\text{使用总台班}} \tag{12-3}$$

或

$$\text{台班折旧费} = \frac{\text{机械预算价格}(1 - \text{残值率})}{\text{使用总台班}} \tag{12-4}$$

或

$$\text{台班折旧费} = \frac{\text{机械预算价格} \times \text{年折旧率}}{\text{年台班定额}} \tag{12-5}$$

(2)台班大修理费:台班大修理费是指机械按台班收回机械大修理所需要费用。
(3)台班经常修理费:台班经常修理费是指机械台班回收定期保养和中修所需费用。

$$\text{台班经常修理费} = \frac{\text{大修理间隔台班内各级保养一次费用} \times \text{保养次数} + \text{临时故障排除费}}{\text{大修理间隔台班}} +$$
$$\frac{\sum[\text{替换设备及工具附具费用}(1 - \text{残值率})] + \text{替换设备及工具附具维修费用}}{\text{替换设备及工具附具使用总台班}} +$$
$$\frac{\text{润滑擦拭材料一次费用} \times \text{大修理间隔台班内平均次数}}{\text{大修理间隔台班}} \tag{12-6}$$

或

$$\text{台班经常修理费} = \text{台班大修理费} \times K \tag{12-7}$$

式中:

$$K = \frac{\text{典型机械台班经常修理费测算值}}{\text{典型机械台班大修理费测算值}}$$

(4)台班安装拆卸费及辅助设施费：

$$台班安装拆卸及辅助设施费 = \frac{一次安装拆卸费 \times 年平均安装拆卸次数 + 台班辅助设施摊销费}{年工作台班}$$

(12-8)

3. 第二类费用的计算

(1)人工费：人工费是指随机操作人员的基本工资,地区津贴及生活补贴等。
(2)动力燃料费：动力燃料费是指固体和液体燃料、电力及水消耗费用。
其中台班油耗量(公斤)为：

$$台班油耗量 = \frac{发动机额定功率 \times 额定功率油耗 \times 8 \times K}{1\ 000} \quad (12-9)$$

$$K = 时间利用系数 \times 车速油耗系数 \times 能力利用系数 \times 油料消耗系数 \quad (12-10)$$

三、机械使用费

(1)凡动用施工机械设备时,不论企业内部或外部,均应核算或收取机械使用费,使用费一般按台班收取。

(2)机械台班收费应按规定执行。上级没有规定的机械台班费,可由企业自己补充制订台班费标准,报上级批准后执行。

(3)机械台班费的收取均以台班为计算单位,每台班为 8 小时,超过 4 小时按一个台班收费,不足 4 小时按半个台班收费,不同作业班不得累计。

(4)租用机械从出租单位起运开始至返回为止计算租用时间,运行时间按台班计算。因出租单位原因和机械故障停机保养、修理等情况不计费用,其余一律按规定收停机费。

(5)出租单位按当地收取管理费和其他费用。

(6)停机费的收取。凡租用机械并非由于出租单位原因造成停机时,应收停机费。停机费有规定时,按规定执行,若无规定时,一般可按台班费的 50% 收取,同时收取管理费。

第三节　施工机械折旧与大修理基金的提取

在施工机械的使用寿命确定后,要解决的问题就是折旧的提取方法,除少数具有功能寿命的一次性设备应在服务的工程项目内直接核销外,其余绝大部分作为固定资产管理对象的机械设备,都必须按期(年、月)提取折旧,以便将来在服务年限终了时,能够积累起足够的设备重置基金。

一、折旧的意义

施工机械折旧是将施工机械在使用过程中的消耗,在价值上转入施工生产成本,从中提取一定比例的资金,这部分要提取的资金就叫作折旧基金,这是保证企业按照原来的规模不断再生产的基本条件。对企业而言意味着收回对施工机械投资,以便在机械的实物形态不能使用时更新和重置。

折旧最好是能够正确地反映设备实际价值的减少,但实际上要做到这一点非常困难,这是

因为:
(1) 设备的实际价值作为时间 t 的函数,很难以某种简单的方法表达出来。
(2) 设备实际价值减少的规律因机械设备类型不同而各异。

现在通用的"折旧"一词的含义纯属从成本会计角度出发,根据惯常的规定、按比例分摊到设备服务年限内每一年的预付资金。必须强调的是:"摊销"是一个财务分配过程,而不是一个估价过程,摊销的是费用而不是数值(折旧额、净值等),是为了计算成本服务的,不是为经济分析服务的,所以这类数据在技术经济分析中不起多大的作用。

既然折旧制度已经与客观的设备贬值规律相脱节而成为一种预付资金的摊销方式,所以它是主观人为的。从理论上讲,只要能够达到将预付资金在预定的年限内予以回收的目的,任何一种合理的方式都是可以成为可行的折旧制度。这样折旧制度就可以有无限多个(快的、慢的、直线的、曲线的……),但实际上并非如此。这是因为设备的折旧制度,无论对企业,还是对国家,都是一个至关重要的大问题。对企业来说,它与产品的价格、市场竞争能力、企业的利润、技术装备的现代化程度都有密切的关系;对国家来说,对社会物质的安排、制造业的生产及发展、国家的财务收入,甚至对整个国民经济的发展速度等都有直接或间接的影响。

上述各项因素中,有些是互相矛盾的,例如快速折旧对设备的更新有利,但对产品的市场竞争能力则不利,所以采用什么样的折旧制度,必须综合考虑各方面的因素后才能够确定,它不仅是企业管理的主要内容,而且是国家的一项主要经济政策。任何一个国家对本国的折旧制度均有统一的规定,所以实际上由国家批准的合法折旧制度是极其有限的。

二、折旧制度

1. 与计算折旧有关的几个参数

(1) 原值 P

施工机械原值 P 不只是设备的出厂售价,还应包括运费、安装费、调试费及其他一切针对性的附加费用。总之,为使机械设备投产而发生的一切费用,除另有科目来源者外,都称为 P 的一部分。

(2) 残值 L

施工机械 L 原指设备报废后的残体售价。为使残值实现以货币形式回收,不少设备需要拆卸、解体、清洗,甚至切割分解后才能处理,这也需要相当大的一笔处理费用,这笔费用称为清理费,用 q 代表。

当 $L>q$ 时,$(L-q)$ 才是企业真正回收的资金;有时,也会发生 $L \leqslant q$ 的情况,这时,从经济角度出发,企业宁可放弃残值回收而把它视为零,也就是以设备的原值 P 作为计算折旧的基数。也有把 $(L-q)$ 称为净残值以示区别。在本书中,我们不再引入新的代号而统一用 L 表示,但读者应了解,当 q 不为零时,L 是指净残值而言的。

关于残值的正确计算也不是一件容易的事。为简便计算,在定额资料中往往对不同的机种规定一个残值率(一般在 1% ~5% 之间)作为计算折旧的依据。残值在折旧计算及技术经济分析中起的作用较小,所以即使这种简化与实际情况有出入,也无关大局。

(3) 施工机械折旧的年限 n

施工机械折旧的年限 n 一般是指设备的预期使用寿命。

2. 施工机械的折旧制度

当前世界各国采用的折旧制度,根据每年的提取是否均等以及速度的快慢,分为以下几种:

$$\text{折旧制度} \begin{cases} \text{定额法(每年提取的资金是均等的)} \begin{cases} \text{直线法(平均法)} \\ \text{偿债基金法} \\ \text{积金法} \end{cases} \\ \text{快速法(每年提取的资金是不均等的)} \begin{cases} \text{余额递减法(定率法)} \\ \text{双倍余额递减法(快速递减法)} \\ \text{年份求和法(级数法)} \end{cases} \end{cases}$$

(1) 直线法

这是一种最简单的方法,使用极为广泛。它是把折旧费看成是均等的,所以又称为平均法。直线法折旧的计算公式为:

$$Z_K = \frac{P - L}{n} \tag{12-11}$$

$$B_K = P - \sum_{K=1}^{K} Z_K$$

$$= P - K\left(\frac{P - L}{n}\right) \tag{12-12}$$

式中:Z_K——第 K 年的折旧额,元。

B_K——第 K 年年末的设备折余净值,元。

例 12-1 某设备,$P = 10\ 000$ 元,$L = 650$ 元,$n = 10$ 年,用直线法计算其逐年的折旧费及年末设备净值。

解 根据式(12-11),得等额的年折旧费为:

$$Z_K = \frac{P - L}{n}$$

$$= \frac{10\ 000 - 650}{10}$$

$$= 935$$

按照直线法的计算结果见表 12-1。

用直线法计算的某设备逐年折旧额及年末设备净值　　　　表 12-1

年　　末	年 折 旧 额	折旧额累计值	年末设备净值
0	0	0	10 000
1	935	935	9 365
2	935	1 870	8 130
3	935	2 805	7 195
4	935	3 740	6 260
5	935	4 675	5 325
6	935	5 610	4 390
7	935	6 545	3 455

续上表

年　　末	年 折 旧 额	折旧额累计值	年末设备净值
8	935	7 480	2 520
9	935	8 415	1 585
10	935	9 350	650

（2）偿债基金法

这种方法是假设整个使用期间的机械设备每年年末提取定额的资金,并按年复利利率 i 存储起来,到设备使用寿命终止时,这笔逐年提取并陆续存储的资金的本利总和正好等于设备折旧基数。

很明显,每年定额提取的资金 A 应等于折旧基数与定额支付偿债基金系数 $[A/F,i,n]$ 的乘积,即 $(P-L)[A/F,i,n]$。第 K 年实际得到的折旧额应等于该年年末提取的资金,加上已存储资金的当年利息。用公式表示,则有：

$$Z_K = (P-L)[A/F,i,n] + (P-L)[A/F,i,n][F/A,i,(K-1)]i$$
$$= (P-L)[A/F,i,n](1+[F/A,i,(K-1)])i$$
$$= (P-L)[A/F,i,n]\left(1+\frac{(1+i)^{K-1}-1}{i}i\right) \quad (12\text{-}13)$$
$$= (P-L)[A/F,i,n](1+i)^{K-1}$$
$$= (P-L)[A/F,i,n][F/P,i,(K-1)]$$
$$B_K = P - (P-L)[A/F,i,n][F/A,i,K] \quad (12\text{-}14)$$

例 12-2　仍用例 12-1 数据,取 $i=6\%$,试按偿债基金法计算逐年折旧费及年末设备净值。

解　查复利系数表,得 $[A/F,6\%,10]=0.07587$,故：

$$Z_K = (P-L)[A/F,i,n]$$
$$= 9\,350 \times 0.075\,87$$
$$= 709.38$$

计算结果见表 12-2。

用偿债基金法计算的某设备逐年折旧费及年末设备净值　　表 12-2

年末	每年提取的等额资金 A	复利系数 $[F/P,6\%,(K-1)]$	第 K 年实得折旧费 Z_K	复利系数 $[F/A,6\%,K]$	折旧累计值	第 K 年年末净值
0	—	—	—	—	—	10 000
1	709.38	10 000	709.38	1	709.38	9 290.62
2	709.38	10 600	751.94	2.06	1 461.32	8 538.68
3	709.38	11 230	797.06	3.184	2 258.67	7 741.33
4	709.38	11 910	844.87	4.375	3 103.54	6 896.46
5	709.38	12 625	895.6	5.637	3 998.78	6 001.22
6	709.38	13 382	949.29	6.975	4 947.93	5 052.07
7	709.38	14 185	1 006.2	68.394	5 954.54	4 045.46

续上表

年末	每年提取的等额资金 A	复利系数 $[F/P,6\%,(K-1)]$	第 K 年实得折旧费 ZK	复利系数 $[F/A,6\%,K]$	折旧累计值	第 K 年年末净值
8	709.38	15 036	1 066.62	9.89	7 702.73	2 979.27
9	709.38	15 938	1 130.6	111.491	8 115.49	1 848.51
10	709.38	16 895	1 198.5	13.181 9	350.34	≈651

用偿债基金法计算的每年提取的等额资金为709.38元,比直线法的935元要少225.62元。但并不表明这种方法可使产品的成本降低,因为按此法提取的年等额资金连同利息将充抵设备的重置费用,其增值部分不得视为企业的收益,这与直线法中的情况是不一样的。

我国现行制度规定采用直线折旧法,年折旧率为4%~7%之间,换算为年限相当于大部分设备的使用年限都是20年左右,由于各种机械设备的使用年限各不相同,按照不同的折旧率分别计算每台机械的折旧额过于繁琐,为了简化手续,一般采用分类综合折旧率,即按固定资产的大类提取综合的折旧率。

折旧率必须与生产资料的供应能力相适应,超过了生产资料供应可能的折旧速度是行不通的。国外工业发达国家设备折旧速度也是逐步提高的,以美国为例:1942年规定的年折旧率为4.75%,相当于平均折旧年限为21年,到了1962年才提高到8%,相当于平均折旧年限为12.5年;到了1971年上升为9.6%,相当于平均折旧年限为10.5年。

在制定机械设备的折旧年限时,要与生产力发展相适应,适当考虑机械设备自然寿命的因素,使折旧与固定资产的物质损耗程度相当。比较紧固耐用而技术更新速度较慢的机械设备,使用寿命可以长一些;耐用程度较差或更新速度较快的机械设备,使用寿命可以适当短一些。对某些急需更新的设备,可以集中资金在较短时间内替换,以提高技术装备的先进程度,提高劳动生产率。

三、大修理基金

在按年、月提取的费用中,除了折旧费外,还有一项机械设备的大修理费。

机械设备大修理的特点是:范围大、费用高、周期长、次数少。有时大型设备的一个大修间隔期往往可以跨越好几个工程项目。如果把大修费用直接摊入当时的工程成本,必然要造成工程成本的不合理波动及分摊不均的不合理现象。所以为了摊销合理并保证大修理的资金来源,国家规定必须仿照固定资产提取折旧基金原办法,按月从成本中提取机械设备的大修理基金,作为实际发生的机械设备大修理费用开支来源:

机械设备的大修理基金提取额和提取率计算公式是:

$$\text{年大修理基金提取额} = \frac{\text{每次大修费用} \times \text{使用年限内大修次数}}{\text{使用年限}} \quad (12\text{-}15)$$

$$\text{年大修理基金提取率} = \frac{\text{年大修理基金提取额}}{\text{原值}} \times 100\% \quad (12\text{-}16)$$

$$\text{月大修理基金提取率} = \frac{\text{年大修理基金提取额}}{12 \times \text{原值}} \times 100\% \quad (12\text{-}17)$$

上列计算公式中的大修理费用,一般包括从作业现场到修理厂(4~6km范围内)往返过程中所发生的费用。但不包括长距离送修及接运的费用。

在实际提取时,由于按机计算过于繁琐,为了简化手续,国内有关部门规定大修理基金的提取也采取分类综合提取的方法,即按分类综合折旧率的50%计算,其中运输设备按分类综合折旧率的100%计算,企业在提取折旧费的同时,附带提取大修基金。

大修理基金必须专款专用。机械设备大修理申请单必须由企业的机管部门与财务部门双方会签后才能送修,修理完工后凭批准的申请单为核销的依据,以保证大修理费用的正确使用。

第四节　施工机械经济核算

一、经济核算的要求和作用

经济核算是企业经济管理的基本内容,是检查和考核各级管理层生产经营效果的手段和方法。通常在经济核算中,运用价格、成本、利润、税金、经济合同、奖金、罚款等经济杠杆,促进生产力的发展和企业管理水平的提高。

公路工程施工企业的经济核算,是利用价值规律的作用,对从事施工生产经营活动,借助货币的形式,计算和比较企业生产经营活动中的消耗和收益,以本企业的收入抵偿支出,并争取最大的盈利。

1. 经济核算制的性质

经济核算制的建立和实行,具有以下的基本性质:

(1)独立经营权:就是在有关法规和合同协议的制约之下,企业及项目经理部有相对的独立经营权,包括相应的计划权、财权、物资调配权等。它是实行经济核算的前提。

(2)物资利益:是指企业经营的经济效果必须和企业及其员工的物质利益相结合,使企业及其职工从物质利益上关心生产经营的效果。这是实行经济核算制的动力。

(3)经济责任:即企业以及项目经理部对生产经营的经济效果必须承担经济责任,实行自负盈亏、奖优罚劣。这是经济核算的核心和基本特征。

2. 经济核算制的要求

为使经济核算发挥应有的作用,企业全体职工应参与企业生产经营的全过程,即开展全面的经济核算,它包括以下几部分:

(1)企业全部经济核算:它是对整个企业,包括企业内部核算单位和项目经理部核算单位的生产、技术、经营管理和生产服务等各个环节、各个领域,都要实行经济核算。

(2)企业生产全过程经济核算:对生产的全过程,包括准备过程、施工过程、交工验收以及后期服务过程都进行经济核算,讲究经济效果。所以要重视基本生产过程、辅助生产过程和生产服务过程的经济核算。

(3)全员经济核算:企业内所有部门、项目经理部、作业队、班组都要进行经济核算。企业内部的全体人员都参与经济核算工作,追求经济效益。要求企业每个成员做到干什么、管什么,就核算什么。

3. 经济核算制的主要作用

(1) 促使企业全体职工关心企业生产经营的经济效果,帮助人们认识只有在维护国家利益和提高企业经营效益的前提下,才能增加个人收入,从而充分调动职工增产节约的积极性。

(2) 及时调整和正确处理企业和各方面的经济关系,搞好企业人、财、物三要素和供、产、销三环节各自的协调和平衡,做到均衡生产。

(3) 及时揭露生产经营活动中存在的问题和贪污浪费现象,促使企业不断改进生产技术和经营管理,不断提高企业管理水平。

(4) 推行经营承包制和全员合同制的现代管理方式,将经济核算结果与有关人员的个人利益紧密相连,做到奖惩分明,促进公平竞争。

二、经济核算的内容和方法

1. 经济核算的内容

企业经济核算的内容和指标,要根据能够全面反映完成合同任务与指标及提高企业经济效益的原则,并适应不同工程项目的生产技术特点来确定。公路工程施工企业经济核算的内容主要有以下四个方面:

(1) 生产成果核算:企业的生产成果,主要是产品,包括质与量两个方面。经济核算主要通过产品的产量、品种、质量等指标的核算来进行。为了综合地核算企业的生产成果,有时还利用价值指标,即总产值指标。

(2) 生产消耗核算:企业生产产品,要消耗一定的劳动和物质,劳动消耗和物资消耗是节约还是浪费,需综合地反映在产品成本中。所以成本核算是经济核算的一个重要内容。

(3) 资金运用核算:企业在生产过程中,不仅要消耗一定的劳动和物资,还要占用一定的资金。生产单位产品占用的资金越少,企业支付的资金成本就越低,经营效益就越好。

(4) 企业盈利核算:生产成果和生产消耗比较的结果就是盈利,盈利减去税金就是利润,这是企业经营活动的成果。在产品价格不变,企业已完成计划产量、品种并保证质量的前提下,产品成本越低,企业的利润就越多,表明企业的经营管理就越有成效。

公路工程施工企业经济核算的目的和相应的指标如表 12-3 所示。

公路工程施工企业经济核算的内容　　表 12-3

内容	核 算 目 的	核 算 指 标
生产成果核算	反映企业完成合同任务及计划的程度	1. 产量:产值、交(竣)工数量、竣工率、主要实物工程量、工作总量等; 2. 工期:工程进度完成百分率; 3. 质量:工程质量优良率、合格率
	反映企业生产成果(使用价值)满足社会需要的程度	
生产消耗核算	反映生产过程的各种消耗(包括活劳动、物化劳动、成本费用等)及消耗的合理程度。计算经济效果并研究降低消耗的途径	1. 劳动消耗:劳动生产率、人工费; 2. 物资消耗:材料节约率、材料费; 3. 机械使用:利用率、效率、机械使用费; 4. 成本:成本降低额、降低率

续上表

内容	核算目的	核算指标
资金运用核算	反映资金使用效果,研究进一步提高使用效果的途径	1.固定资金产值率、利润率; 2.流动资金产值率、利润率; 3.流动资金周转率(周转次数、天数)
利润核算	反映企业生产经营活动的优劣和盈利能力的强弱	1.利润率; 2.成本利润率、产值利润率、资金利润率

施工企业的内部(包括项目经理部)核算单位,核算指标原则上应与企业相同。而作业层核算单位和施工班组,则主要核算生产成果和生产的直接消耗。

2.经济核算的方法

经济核算的各项指标、生产及财务计划的执行情况,都要通过一系列的分类计算,才能真正地、及时地反映出来。

现行的经济核算,是运用会计核算、统计核算和业务核算等方法,对品种、产量、质量、消耗、劳动效率、成本、资金、利润等各种指标进行综合核算的。

(1)会计核算:它是运用货币为综合尺度,对企业的生产经营活动进行连续的、系统的、全面的核算。通过会计核算,可以提供企业在生产中成本高低、资金周转快慢以及利润多少的综合情况。不仅如此,通过会计核算,还可以监督企业在生产经营活动中,严格执行国家财经纪律和财务制度,不断提高生产经营效果。因此,它是核算技术的中心,重视经济核算,就必须重视会计工作。

(2)统计核算:它是运用各种量度(货币、实物、劳动工日等)来反映企业的经营活动情况。通过统计核算,把大量的资料进行科学分类、分组,提供产量、品种、质量和总产量等计划的完成情况。

(3)业务核算:它是一种反映企业某一方面经济活动的方法。如劳动部门职工人数、工资和工时利用率等,供销部门的原材料消耗定额,设备部门的设备利用情况等,都通过业务核算表现出来。

会计核算是经济核算的中心,但这三者又是相互联系的,必须有机地结合起来,形成经济核算体系。只有这样,才能全面地反映企业生产和财务计划执行情况,促使企业更好地完成各项经济核算指标。

第十三章
施工机械固定资产管理与统计管理

第一节 概 述

固定资产是指使用期限较长,单位价值较高,并且在使用过程中保持原有实物形态的资产。

固定资产管理是企业经营管理的重要组成部分,是加强经济核算、提高经济效益、改善经营管理的基础。公路施工机械在公路施工企业固定资产组成部分中占有重大的比例,是企业施工生产的物质基础。

一、固定资产的分类和特征

施工机械固定资产主要包括施工机械、运输机械、维修加工设备、动力设备、焊接热处理设备和混凝土、钢筋、木工机械等,这部分资产一般要占施工企业全部固定资产总量的绝大部分。根据不同的需要,可以对固定资产进行不同的分类。

按经济用途分:生产用固定资产、非生产用固定资产。

按使用情况分:使用中的、未使用的、不需用的、封存的、租出的。

固定资产具有使用年限和单件价值两个特征。

划分固定资产的一般标准是:使用期限较长(一般为一年以上);且单位价值在规定的限额(如1 000元、2 000元、3 000元等。不同企业、不同年份,有不同的规定)以上。凡不同时具备这两个条件的均作为低值易耗品。

二、固定资产管理内容

固定资产管理的内容可分为：

1. 设备的技术管理

即是对固定资产的物质运动形态的管理，包括从设备的选择、购置、安装、调试、验收、使用到维护、修理、改造、报废等，管理的任务主要由机械管理部门承担。

2. 设备的经济管理

即是对设备的价值运动形态的管理，包括设备的最初投资、维修费用支出、折旧、更新改造、设备租赁和资金的筹措、积累、支出等，管理的主要任务由财务部门承担。

三、固定资产编号

为了便于识别、调动和管理，避免相互混淆，应对每台施工机械进行分类编号。其方法由一级管理机构制订，一级或二级管理机构进行分类编号，使用单位将编号标志固定或涂写在机械规定部位。

施工机械的分类编号，一般按作业用途或机械类型进行，由若干位数字组成，一部分数字表示机械的名称与类型，一部分数字表示该种机械的顺序号码。数字力求简短，避免繁琐、便于使用。如某公路施工单位的统一编号由五位数组成，前两位数代表机械名称，后三位数代表顺序号码。例：推土机的代号为01，顺序号为35台，其编号为01035。

执行统一编号应注意以下几点：

（1）施工机械统计表编号，应由企业机械管理部门在机械验收转入固定资产时统一编排，编号一经确定，不得任意改变。

（2）报废或调出本系统的机械，其编号应立即作废，不得继续使用。

（3）机械的主机和附机、附件均应用同一编号。

（4）编号标志的位置。大型机械设备可在主机机体指定的明显位置喷涂单位名称及统一编号，其所用字体及格式应统一。小型和固定安装机械可用统一式样的金属标牌固定于机体上。

第二节　固定资产验收

为了提高施工企业的技术装备水平，施工企业要根据装备规划和任务，有计划地逐年增加机械设备。企业原有的机械设备随着使用年限的增加，也需要及时更新。因此做好机械设备的购置工作，防止盲目增加，造成积压浪费，是机务管理部门的一项重要任务。

一、机械的购置

机械设备的购置，要根据施工工艺的流程进行装备，要使每个施工环节上所装的机械设备，在使用性能、生产效率、经济效益、安全生产等方面，都能够充分体现机械作业的优越性。

在选购机械设备时,要注意处理好以下几个方面的关系:

第一,要注意机械设备品种、数量与性能配套的关系,才能达到经济合理,实现机械化施工。如果单从某一种机械数量上增加,不注意配套,就不能充分发挥机械效能。

第二,要注意定型机械产品和技术更新改造机械的关系。选购机械设备以定型产品为主。在没有适合的、定型的机械产品情况下,只能通过改造革新的途径,充分利用现有机械设备的潜力,通过改造革新去达到机械化施工的目的。

第三,要处理好新老机械设备的关系。随着现代科学技术的发展,先进的施工机械量品种将不断增加,有些老旧机械设备也必然逐步被新产品所代替。因此对这些老旧机械设备应注意改造和利用,尽量挖掘其潜力,发挥其效能。

第四,要注意施工生产和维修设备的关系。施工机械的正常运转,要靠日常保养、维修来保证。因此,一定要注意装备适当比例的保养、维修专用机械设备。没有一定的维修能力,施工生产机械就不能保证完好使用,也就不能发挥其应有效率。

一般购置机械的程序是:

(1)机务管理部门根据使用单位的需要,提出购置项目和数量。

(2)由计划部门确定资金来源。

(3)由机务管理部门组织有关部门,共同研究确定购置机械的型号。

(4)经主管领导批准后,向上级主管单位提出申请计划。

(5)经批准后,委托供应部门按提出的规格型号数量订货或采购,必要时由机务管理部门、使用单位协同进行购置。如不得不改变型号时,仍须由机务管理部门组织有关部门研究选型,经主管领导批准后购置。

凡不能购到而生产中又急需的机械设备,其中有些结构比较简单,本单位有能力可以制造者,经过上级批准,可以自制。企业自制机械设备,必须符合结构合理,性能稳定,经济耐用,安全可靠的原则,经过一段时间的试用,在施工企业的机械技术负责人主持下,由机务管理部门组织技术鉴定,经鉴定合格的自制设备才能转入固定资产。

二、机械的验收

新购和自制完毕的施工机械设备,应由机务管理部门主持,并会同有关部门及时进行验收,详细检查其技术状况、附属装备和随机工具,并填报固定资产验收单,作为完成投资的依据。

一般验收机械的内容为:

1. 购入和自制机械的验收

购入和自制机械完毕的机械,必须由机务管理部门组织验收,确认规格型号相符,技术性能达到要求,质量良好,完整齐全,达到购置和设计提出的要求时,填写验收单后,方可办理入账手续。质量不合格的机械不得转入固定资产。企业自制机械,需经六个月的有效试用后,符合国家质量标准和技术要求,方可验收。

2. 进口机械的验收

进口机械应按国家有关规定严格进行验收,并注意索赔。进口机械索赔期有两种:一为数量检查核实索赔期,二为质量检查索赔期,均按合同规定执行。如有数量不符,可提出索赔报告,经相关商检部门核实后,再通过主管部门向国外交涉。如有质量问题,应做出技术鉴定,会同相关商检部门一并报主管部门向国外交涉。

3. 验收的依据

包括订货合同、发票、货运单、装箱单、说明书、出厂合格证等。

4. 验收程序

(1)根据合同核对发票、运单,品种规格和价格,按货运单初步检查包装完整情况和件数是否相符,如发现问题应立即向承运单位及生产厂提出质询索赔,或拒付货款。

(2)进行开箱检查(外观验收)。开箱后根据装箱单、说明书、合格证核实所有物品的种类、规格、数量以及外观的质量。对发现的问题进行登记,并向生产厂或供货单位提出质询和索赔。

(3)在必要和可能时进行试运转(技术验收)。发现问题做出记录,提出索赔或退货。

(4)认真填写验收记录,作为建立技术档案的原始资料。

第三节 固定资产建账设卡、技术档案

一、建账设卡

施工机械台账是掌握企业机械资产情况,反映企业各类机械的拥有量、机械分布及其变动的主要依据。其内容主要是机械的静态情况,由企业机械管理部门建立和管理,作为掌握机械基本情况的基础资料。机械设备台账如表13-1所示,是按机械设备分类列账,以机械设备编号为顺序填写。由总公司、分公司和项目经理三级部门填写。

施 工 机 械 台 账　　　　表13-1

名称

序号	设备管理编号	厂牌	规格型号	来源	原值/净值	使用、调动登记				备注
						日期	单位	日期	单位	

除了设备台账以外,由于设备不是一次性领用消耗的物件,它将存在相当长一个时期。为了及时掌握它的动态过程,机务部门还要建立机械设备卡片。机械设备登记卡如表13-2~表13-4所示,反映机械设备的主要性能。按时登记有关数据资料,可作为统计分析、修理保养方面的依据。

机械设备登记卡为一机一卡,除记录本机的技术性能、价值、来源及附属装置外,还包括机械调动、运转、维修、改装、事故等主要记录,机械设备登记卡片应按机械设备编号顺序存放在卡片箱内,卡片可连续使用,不需更换。机械设备外调时,卡片应随机转移。机械设备报废时,卡片应附在报废申请表后送审。

施工机械登记卡(一) 表13-2

设备编号		制造厂		原值(元)	
设备名称		出厂编号		复杂系数	
规格型号		出厂年月		电动机	
设备重量		耐用年限		安装地点	
外形尺寸(mm)		安装年月		类别	
附件及配套设备				附属电动机					
编号	名称	型号规格	数量	型号	功率	转速	电压	作用	备注

施工机械登记卡(二) 表13-3

修理记录(包括大修、项修及改装)					封存记录							
年	开始		完工		主要项目	年	起		讫		合计	年	起		讫		合计
	月	日	月	日			月	日	月	日	月		月	日	月	日	月

施工机械登记卡(三) 表13-4

事故记录				移动记录				
年	月	日	事故情况	年	月	日	移置地点	移动原因

二、技术档案

施工机械档案管理是机械管理中的一项非常重要的基础工作,施工机械档案是本单位技术档案的一个独立、完整的组成部分,是施工机械管理工作的主要依据。

施工机械档案是在设备的规划、采购、安装、调试、使用和维修过程中逐渐积累形成的,是机械设备在整个寿命周期中所有活动的反映。它反映这台设备运转的实际情况,记录这台设备从采购、安装、调试、使用、维修、调拨、调动到报废的整个过程,不仅具有凭证的作用,而且是对这台设备进行考察、评估和技术研究,为以后购置这类设备的选型提供依据。所以施工机械由购置之日起,即应建立机械技术档案。

技术档案按照设备分类及编号一机一档建立。

1. 技术档案内容

(1) 设备选型和技术经济论证报告及审批意见。
(2) 设备的购置合同。
(3) 设备购置技术经济分析。
(4) 进口设备的索赔资料。
(5) 原机技术文件(机械设备的使用及维修、保养说明书、零配件目录、出厂合格证)。
(6) 设备的装箱清单及开箱检验记录、随机附属装置、随机工具、备品和备件登记表。
(7) 自制设备的有关设计资料、图纸、可行性报告、竣工验收、鉴定记录。
(8) 设备安装调试记录、设备的验收记录。
(9) 设备登记卡片。
(10) 设备开动记录、初期使用记录(磨合期)。
(11) 设备的调拨、调动、转让、租用、封存变动记录、设备交接单。
(12) 设备每年进行的技术等级评估鉴定记录。
(13) 设备的改造、改装的批准文件,图纸及技术鉴定记录。
(14) 设备的履历书。
(15) 其他记实性资料。

2. 设备履历书的内容

(1) 设备的照片、名称、统一编号、型号、操作员姓名。
(2) 设备技术性能、随机工具及设备调动交接记录。
(3) 设备管理责任、购置日期、开始使用日期、设备封存(启用)记录。
(4) 运转记录、油耗记录、保养记录、更换总成件记录、事故记录。

技术档案从固定资产登记开始,直到该设备调出或报废为止,由机械使用单位负责填写,填写要认真、正确、及时、连贯,每年定期对档案进行检查。设备调拨的同时,档案也随机同行,任何单位和个人不得扣留。

第四节　施工机械的清点、调拨与报废

一、施工机械的清点

有些单位施工机械设备经过一定时间使用后,由于调动、拆套换用、外借、丢失等原因,往往在数量上与完整性上发生一些变化。为了检查使用单位对施工机械的使用、保管情况,巩固

和提高经济核算基础,保护企业的财产和完整,按照国家对固定资产清查盘点的规定,公路施工企业每年年终要对机械设备进行一次全面的清查盘点。

通过清查盘点,要查明实物,调整账目,核实分布情况和价值,做到账卡相符、账物相符。同时,又可借此加强对职工的爱岗敬业精神和提高工作责任感的教育。

在清查盘点工作中,应注意下列几点:

(1)"实物见面,核对编号"的原则:坚持"实物见面,核对编号"的原则,是清查盘点工作最主要的要求。切忌凭追忆口述来回答某物存于某处,某种设备有多少台等等。凡是有统一编号的机械设备,不能只做到名称、数量相符,必须核对统一编号。只有这样,才能彻底弄清情况,发现问题,达到预期效果。

(2)对于大型机械,要特别注意清点附件:大型机械附件是机械的有机组成部分,要特别注意清点。有条件时最好结合清点,在集中保管方面采取措施予以改进,至少也应作出记录,避免因人员调动再次出现混乱现象。

(3)清点中盘亏盘盈现象的处理:在清点中发现的盘亏盘盈现象,除按规定的手续予以调整外,更主要的是要分析产生这种现象的根本原因,从制度上予以改善,以杜绝再次发生的可能。

二、施工机械的调拨

由于施工企业任务的变化,使机械需要量也经常发生变化。为了及时地解决机械的短缺和积压,确保施工生产,充分发挥机械效能,达到物尽其用,必须加强机械的调度和调拨,这是机务工作的重要内容。

(1)凡机械调动时发生产权转移者称为调拨,不发生产权转移只有使用权发生转移者称为调度。

(2)机械调拨分为有偿和无偿两种。有偿调拨实行按质论价,其收入只能纳入机械更新改造资金使用,一般适用于企业对外调拨。无偿调拨只办理固定资产转移手续,一般适用于企业内部调拨。

(3)机械调拨按批准权限由调出、调入双方的上级主管单位批准,由机务和财务部门签署并办理手续。

(4)调拨时,原机附件、工具、技术档案应随机移交。

公路施工企业对多余、闲置和不适用的机械,可按照固定资产管辖权限办理批准手续后,积极组织处理。机械调拨应按固定资产调拨的规定办理,调出单位应保持机械完好,不许拆换原机零部件,并应将原机附件、备件、工具、资料和档案等一并移交。

机械设备的调拨,应根据上级调拨通知单办理。调出调入双方应办理交接和资产转移手续,并填写机械交接单和固定资产调拨单。

交接机械设备时,双方要互相协作,共同完成交接任务,调出单位应主动协助解决装运方面问题。调转中所需费用,由调入单位承担。

三、施工机械的封存与保管

1. 机械的封存

公路工程施工企业保有的施工机械和设备,凡具备下列条件之一者,经报主管部门批准

后,可做封存处理:

(1)机械技术状况完好而长期不使用(3个月、6个月或1年以上)者。

(2)能耗高,有待技术改造的机械设备。

(3)专用机械设备改变用途后,等待进一步处理者。

封存机械是使用状态完好的施工机械。封存机械必须集中停放,盖好、垫好、指定专人(或机械库、站)妥善保管,定期进行检查保养,确保施工机械随时启封能用。施工机械封存期间,不做指标考核。启封使用时,需办理启封报批手续。

施工机械封存时,应做好相应的工作:外部清洗干净;放净内部积水;各部润滑点进行润滑;油箱、进、排气口等部位进行密封;并做好防水、防潮、防冻、覆盖等工作。

2. 机械的保管

对不动用(封存)机械进行有效的保管,是防止机械损坏、延长机械使用寿命的重要措施,是机械技术管理的重要内容。

(1)机械设备库应建立在安全、干燥、通风、易于排水的地方。一般施工机械均应入库存放。只能停放露天的机械设备也要做到上有盖,下有垫。对附属装置及随机工具,应写上主机编号,妥善保管,防止弄错和丢失。

(2)机械设备库或停车场要有足够的消防用品,不许存放易燃油料、易爆品,防止发生火灾。

(3)施工机械设备入库前,要进行清洗,放净存水,涂油防锈防腐,并将通往机体内部的各管路口用盖板或木塞封闭,防止水或物品掉入机内。

(4)入库的施工机械要稳妥垫放,有轮胎的机械应把轮胎架空。所有机上的悬挂体应一律放下,稳妥垫好。

(5)精密零件,电器仪表,怕受潮的机械设备等,应在室内罩盖保护,防止受潮和尘土。

(6)内燃机械设备应定期发动运转,如不能发动时,也应移动回转,使其内部润滑,防止生锈。

(7)蓄电池必须从机上拆下,存放三个月以上时,应将电液放出并清洗,进行放电状态的干式保管,或每月按规定进行充电,进行湿式保管。

(8)机械设备的保管如说明书有特殊规定时,应按说明书规定办理。

3. 封存(保管)机械保养

对保管中的机械应定期进行保养,潮湿情况下每半月一次,干燥情况下每月一次。保养其内容为:

(1)清除机件上的尘土和水分。

(2)检查零件有无锈蚀现象,油料是否变质,干燥剂是否失效,必要时进行烘干。

(3)检查有无漏水、漏油现象。

(4)对短期保管的机械进行原地发动和行驶,并使工作装置工作,以清除相对运动零件配合表面的锈蚀,重新进行润滑和改变受压位置。

(5)对各电气设备进行通电检查。

(6)蓄电池每月充电一次,每半年进行一次技术检查。

(7)选择干燥天气进行保养,并打开机械库和机械的门窗进行通风。

(8)电动机械根据情况进行通电,使全机或电气部分工作。

四、施工机械的改造和更新

1. 施工机械改造

为提高施工机械技术性能和生产率,降低能源消耗,提倡结合机械检修,大力开展施工机械局部技术改造(即现代化改装),并要求:

(1)技术改造工作必须根据技术可靠、经济合理的原则,按机械隶属关系报批后方可进行。技术改造工作完毕后,需经有关部门组织试验、鉴定,重新办理机械验收手续和建立技术档案。

(2)改装机械时,必须提出改装方案,有计算资料和图纸,并经本单位技术负责人审核。经上级批准后,方可改装。

(3)机动车辆改装必须经交通监理部门批准。

(4)技术改造所需费用可以在大修理基金、生产发展基金和更新改造基金内开支。改造后增加价值的部分,由有关部门按照规定办理机械增值手续。

2. 施工机械更新

施工机械的更新要根据实际情况,按照国家有关规定,有重点、有步骤地进行。

(1)更新机械应当认真进行技术经济评价,根据经济效益确定。属于下列情况之一的机械,一般应当更新:

①机械损耗严重,大修后性能仍不能满足经济技术规定要求的。

②机械损耗虽在允许范围之内,但技术上已陈旧落后,技术经济效益很差的。

③机械役龄大,大修虽能恢复性能,但经济上不如更新合算的。

(2)机械更新要注意机械质量性能的改善,一般不应当以原样或原水平的机械更新,而应根据需要尽可能以水平高的新机械替换落后的老机械。

(3)因更新而退役的老机械,凡能降级使用的,必须符合新用途的技术经济要求。

五、施工机械的报废

施工机械由于长期使用或因事故而造成严重损坏,没有使用、修复、改造价值者,可进行报废处理。

(1)机械报废时,必须经过技术鉴定,并核实使用年限与残值。

(2)机械报废未提足折旧费的,可以免提。

(3)属于下列情况之一的机械,应予报废:

①凡符合国家规定淘汰的老旧机械。

②机械的主要结构、主要部件已损坏到不堪使用,或虽经修理,但机械能力已达不到最低生产使用要求和不能保证安全生产的。

③因意外事故,受到严重损坏,修理费用高于原价百分之六十的。

④非标准专用机械,因任务变更,无继续使用价值的。

⑤能耗严重超标,超过规定值20%以上者。

(4)报废机械中尚能利用的零、部件应予利用,并要做好残值回收工作。

当施工机械必须报废时，要填写机械报废申请单并办理报废手续。

第五节　施工机械统计的性质和要求

统计是一个信息的收集、加工和利用的过程，所以统计管理也可以称为信息管理。

一、信息的作用

在生产活动的进行过程中，随时随地都产生着大量的、反映生产活动诸要素及其成果的变化、进度、比例关系等的信息。早年在生产规模比较小、生产方法非常简单的时代，生产活动所产生的信息不仅数量少，而且内容单一、直观性强，生产者的经营活动只要依靠观察的少量信息，凭借自己的经验就能作出判断，并对生产进行必要的调节和指挥。信息虽有作用，但并不突出，而且也不需要专门的收集、筛选、加工和处理。在现代化生产中，情况就完全不同，表现在生产过程日益复杂、劳动分工日益精细、劳动协作日益严密、生产技术日益发达，生产活动必须尊重科学，严格按照生产、技术、经济的客观规律办事，以适应技术统一性的要求，适应生产过程比例性和连续性的要求，适应经济核算的要求，适应外部环境的要求。

生产者要了解掌握全盘情况、作出正确的决策、指挥有次序的活动、进行有效的控制，必须依靠大量的信息，而且必须应用科学方法对大量的原始信息进行有目标的、有选择的收集、加工和综合处理，才能最有效地发挥信息的作用。

若把企业管理的领导机构比作人的"大脑"，信息系统就等于"神经系统"。如果"神经系统"失灵，就会使整个企业管理混乱，甚至瘫痪。因此信息在企业管理中具有重要的作用。

信息的重要作用主要有以下方面：

1. 信息是企业决策的依据

企业领导者对生产经营决策是否正确，虽然关键并不在信息本身，而在企业领导的正确判断，但是，信息作为决策的依据，对帮助企业领导者作出正确判断具有先决性的重要作用。

2. 信息是对生产过程进行有效控制的工具

在企业生产过程中有两种流态在运动：一种是实物流，另一种是信息流。

信息流对实物流起着控制作用，而实现这种控制作用的方式也有两种：

(1) 信息流的指挥作用。在生产过程中，实物流是按照信息所规定的路线、任务、时间以及各项标准的要求而流动的，例如机械的使用、保养、进厂检修就是按照事先编制好的生产计划、保修计划和规程等而运动的。

(2) 信息流的反馈作用。所谓反馈，就是信息向反方向输送。这样就可以使企业的计划目标、各种标准和实际情况进行对比，如有偏差可及时调整和改正，信息的这种控制作用可以有效地保证计划目标的实现。

3. 信息是保证企业各个方面有秩序活动的组织手段

企业是一个大系统，它又可分为若干个子系统，每一个子系统中又可分为若干个部门或岗位。这些系统、部门、岗位之间是有联系的，是互相制约、互相作用的，要使它们之间有机地联系起来并协调地进行活动，就要依据信息把它们组织起来，处理好它们之间的关系，使它们按照规定的要求、有规律地运动。

信息就是这种有秩序活动的组织手段。

二、统计的性质和要求

施工企业的机械管理是施工企业管理的一个子系统,以机械管理所涉及的问题为范围,进行必要的信息选择、收集、加工、分析、反馈,以便考察、研究、分析、提高机械管理工作,是施工企业机械统计工作的性质与要求。

施工机械在管、用、养、修各方面的情况,必须依靠统计工作。用统计数字的变化,反映机械变化的情况,它是机务工作中掌握情况、分析问题、制定计划、考核指标、定额等一切工作的主要依据。对施工机械进行科学管理、充分发挥机械效率,促进施工机械化都具有重要意义。

三、统计的基本任务

统计的基本任务如下:

(1)统计企业拥有机械的数量、能力及其变动情况,反映企业的技术装备程度,对组织生产和提高机械配套水平提供依据。

(2)统计机械的使用情况,反映机械的利用程度,为分析研究机械的潜力,充分发挥每台机械的效能提供依据。

(3)统计机械的完好情况,反映机械的技术等级,为分析研究改善机械的技术状况、提高完好率,并为考核机务管理的成效提供依据。

(4)统计机械设备的运转、消耗记录、整理并积累使用中各项数据,为编制机械设备维修计划、考核各项技术经济定额、实行经济核算和奖励制度提供依据。

(5)统计机械设备的维修情况及其效果,为考核维修计划完成情况和维修单位各项定额指标完成情况提供依据。

第六节 施工机械统计工作

一、各项统计及计算方法

1. 施工机械数量、能力统计

机械设备的数量和能力是机械设备统计的基本数据,它是计算和分析施工企业机械装备程度及完好利用程度的基础。

(1)机械设备实有台数:是表示机械设备实物数量的主要依据,是统计施工企业在报告期内(通常指期末最后一天)列为企业固定资产的在册机械台数。

$$期末实有机械数 = 期初实有机械数 + 本期增加数 - 本期减少数 \qquad (13\text{-}1)$$

实有机械台数按技术状况可以分为完好、在修、待修、待报废等。

(2)机械设备实有能力:反映施工企业(通常是期末)所拥有的各类机械设备能力的总水平。它是指各种机械设备能够承担工程量的能力。机械设备能力一般是根据机械的工作装置的容量或动力部分的功率来计算的。

$$\text{某类机械设备能力} = \text{每种机械设备平均台数} \times \text{该种机械设备单台设计能力} \quad (13\text{-}2)$$

$$\text{机械设备平均台数} = \frac{\text{报告期每日拥有的机械设备实有台数之和}}{\text{报告期日历日数}} \quad (13\text{-}3)$$

(3)机械设备的总功率:它是报告期末最后一天机械设备的总功率。可以间接反映施工企业机械设备的装备程度。机械设备总功率是按标定能力或查定能力计算的,单位是 kW。但不计算变压器、锅炉的能力。

(4)机械设备的总价值:指本单位自有的全部施工机械设备的总价值。为了计算方便,一般采用报告期末最后一天机械设备的总价值。

机械设备的价值按原值和净值计算。原值反映机械的重置价值,净值是反映全部机械设备实际的价值,从某种意义上说,它可以反映机械的新旧程度。

现行制度规定采用净值来计算机械设备的技术装备率。因为它比较符合实际。

2.机械设备装备程度统计

在机务统计中,技术和动力装备率是反映施工企业技术装备程度的指标,而装备生产率是反映企业装备净值与产值的比值,是考核施工企业占有机械设备在施工生产中创造产值大小的指标。

(1)技术装备率:

$$\text{全员或工人技术装备率}(\text{万元/人}) = \frac{\text{报告期末自有机械设备净值}}{\text{报告期末全员或工人人数}} \quad (13\text{-}4)$$

从式(13-4)看出:技术装备率是指每人所分摊的机械设备价值的多少,用来说明技术装备程度的高低。也可以用下式计算:

$$\text{全员或工人技术装备率}(\text{台/人}) = \frac{\text{报告期末自有机械设备总台数}}{\text{报告期末全部职工数}} \quad (13\text{-}5)$$

$$\text{全员或工人技术装备率}(\text{万元/km}) = \frac{\text{报告期末自有机械设备净值}}{\text{报告期末公路养护里程}} \quad (13\text{-}6)$$

(2)动力装备率:

$$\text{动力装备率}(\text{kW/人}) = \frac{\text{报告期末自有机械设备动力数}}{\text{报告期末全员或工人人数}} \quad (13\text{-}7)$$

从式(13-7)看出:动力装备率是指每个人所分摊的机械设备动力数多少,来说明装备程度的高低。也可以用下式计算:

$$\text{动力装备率}(\text{kW/km}) = \frac{\text{报告期末自有机械设备动力数}}{\text{报告期末公路养护里程}} \quad (13\text{-}8)$$

3.机械设备完好情况统计

机械完好率是反映机械完好状况的主要目标。它可以按机械设备台数计算,也可按机械台日数计算。

(1)机械数量完好率:

$$\text{机械数量完好率} = \frac{\text{报告期末完好机械台数}}{\text{报告期末实有机械台数}} \times 100\% \quad (13\text{-}9)$$

(2)机械台日完好率:

$$\text{机械台日完好率} = \frac{\text{报告期制度台日数内完好台日数} + \text{例假节日加班台日数}}{\text{报告期制度台日数} + \text{例假节日加班台日数}} \times 100\%$$

$$(13\text{-}10)$$

日历台日数:是指报告期内全部机械台数(不管机械技术、工作状况如何)乘日历日数之积。

例假节日台日数:是指报告期内全部机械台数(不管机械的技术、工作状况如何)乘国家规定的例假、节日数之和。

制度台日数:是指报告期内全部机械台数(不管机械的技术、工作状况如何)乘制度日数(日历日数减例节假日数)之积;或用日历台日数减例节假日台日数求得。

完好台日数:是指报告期内日历(或制度)台日数内处于完好状况下的机械台日数。包括修理不满一日的机械。不包括在修一日以上、待修、送修在途的机械。

4. 机械设备利用情况统计

机械利用率指标用来反映和考核企业机械设备的实有利用情况,也是企业的主要技术经济指标之一。

(1) 机械台日利用率:

$$机械台日利用率 = \frac{报告期内制度台日中实作台日数}{报告期内制度台日数} \times 100\% \qquad (13-11)$$

实作台日数:不论该机械在一日内实际运行参加生产时间长短,均称为一个实作台日。机械台日利用率可理解为机械的出勤率。

(2) 机械台时利用率:

$$机械台时利用率 = \frac{报告期实作台时数 + 例假节日加班台时数}{报告期制度台时数 + 例假节日加班台时数} \times 100\% \qquad (13-12)$$

5. 机械设备效率统计

(1) 机械效率:是指机械设备额定能力与完成产量之比值。它反映企业机械设备的工作效率,也就是实际干了多少活,这是机械设备各项指标中的一个主要目标。

$$机械效率 = \frac{报告期内机械实际完成总产量}{报告期内机械平均总能力} \qquad (13-13)$$

对不能按能力和产量计算效率的机械,可按台班计算。

即:

$$机械效率 = \frac{报告期内机械实作台班数}{报告期内机械平均总台数} \qquad (13-14)$$

(2) 机械完成产量定额率:

$$机械完成产量定额率 = \frac{报告期内某种机械平均台班实际产量}{某种机械台班定额产量} \times 100\% \qquad (13-15)$$

(3) 装备生产率:是指施工企业机械设备的净值与机械年度完成总工作量之比,也就是企业占有机械设备净值一元能完成机械年度工作量若干元。这是反映企业的机械设备投资在施工生产中创造价值的大小。

$$装备生产率(元/元) = \frac{机械年度完成的总工作量}{机械设备的净值} \qquad (13-16)$$

装备收入率(或利润率)是每元机械装备每年创造的收入(或利润),能更准确地反映机械的经济效益。

$$装备收入率(或利润率,元/元) = \frac{年机械收入(或利润)}{机械装备净值} \qquad (13-17)$$

6. 施工机械化程度统计

施工机械化程度是反映施工企业机械化施工水平的重要指标。反映机械所完成的工程量（或工作量）占总工程量（或工作量）的比重大小，可按机械化程度和综合机械化程度分别统计。

$$机械化程度 = \frac{利用机械完成的实物工程量（或工作量）}{全部工程量（或工作量）} \times 100\% \quad (13\text{-}18)$$

$$综合机械化程度 = \frac{\sum 各项工程利用机械完成的实物工程量 \times 各该项工程定额工日系数}{\sum 各项工程已全部完成的实物工程量 \times 各该项工程的定额工日系数} \times 100\% \quad (13\text{-}19)$$

定额工日系数：完成某一个单位工程量的定额工日与选定的标准单位工程量的定额工日的比值。

二、机务统计的基础工作

机械设备统计的基础工作包括原始记录、统计台账、统计报表。

1. 原始记录

原始记录是机务管理的工作基础，是用经济手段管理机械设备的依据，是统计质量的决定因素，是开展劳动竞赛的依据，在施工机械管理中有着重要的作用。为了全面完成和超额完成各项技术经济定额和指标，需加强对原始记录的统计与管理。

原始记录的填写要求准确、及时、完整。原始记录包括以下几个方面：

（1）属于机械设备固定资产的原始记录：新增机械设备验收单、机械设备调拨单、机械设备交接清单、机械设备报废申请单。

（2）属于机械设备使用的原始记录：交接班记录、技术试验记录、走合期记录、机械设备评比检查记录、运转使用记录。

（3）属于机械设备维修的原始记录：保养修理记录、大修记录鉴定单、保养修理任务单、修竣验收单。

原始记录的管理方法，应由机务管理部门研究、审定、经主管领导批准后执行，防止各搞一套的混乱现象。同时要防止机械一动便记为八小时，这种运转记录大大超过实际，后果是完好率高、利用率高、效率低、维修间隔短，造成很大浪费，记录靠"回忆录"的办法更为有害。

2. 统计台账

统计台账是大量分散的原始记录的汇总，是编制报表及核算工作的综合性登记表。主要有：机械设备台账、机械设备登记卡片、机械设备运转台账、机械设备保修台账。

3. 统计报表

统计报表是机务统计中反映情况、积累资料的重要方法。主要有：机械设备车辆使用情况报表、主要施工机械设备实有、完好情况年报、技术装备情况（年报）、机械设备保修计划表、机械设备保修完成情况表、机械事故月报。

三、机务统计分析

通过机务统计,收集和整理企业有关机械设备经营活动的一切详细资料,这只是统计工作的第一步,更重要的是通过这些数字资料,说明企业机械设备经营活动的基本情况及其发展变化的规律性,作为指导机务工作的依据,为此就要进行统计分析。

机务统计分析的任务,主要是将统计中反映出来的各项技术经济指标的完成数与计划数进行比较,全面检查各项计划的执行情况,研究和分析机械设备在一切活动中的成绩和薄弱环节,摸清客观规律,找出差距,提出解决问题的办法,据以指导和改进企业工作。

机务分析的内容是:
(1)根据工作时间、完成产量——分析利用率、效率;
(2)根据使用情况——分析机械化程度;
(3)根据完好情况——分析不完好的因素的比例和原因;
(4)根据装备情况——分析机械设备技术状况变化情况;
(5)根据维修完成情况——分析机修单位生产能力和停修期、质量、费用等;
(6)根据机械事故情况——分析产生事故原因;
(7)根据机械使用情况——分析各种油料、材料消耗情况和装备构成;
(8)根据机械完成指标好坏——分析操作人员敬业和技术能力的情况。

统计分析工作又可分为综合分析和专题分析。

(1)综合分析:是对统计资料全面的分析研究,用以说明机械设备的经营活动的基本情况、发展趋势及规律性。如:全面分析机械完好率、利用率、效率的完成情况,可研究挖掘机械潜力。这种分析的内容涉及范围宽、指标广、因素多,一般相隔一定时期组织一次。

(2)专题分析:主要对某项专门问题进行集中而深入的分析。如:可以把机务管理中存在的某个关键问题(如机械事故增多,修理质量下降等)、典型事例(先进事物、薄弱环节)或中心工作等作为分析内容。这种分析的内容涉及的面较窄,指标较少,它的特点是灵活多样,一事一议,简便易行,可根据需要经常进行。

参 考 文 献

[1] 中华人民共和国行业标准.JTG F10—2006 公路路基施工技术规范[S].北京:人民交通出版社,2006.

[2] 中华人民共和国行业推荐性标准.JTJ/T F20—2015 公路路面基层施工技术细则[S].北京:人民交通出版社股份有限公司,2015.

[3] 中华人民共和国行业标准.JTJ F40—2004 公路沥青路面施工技术规范[S].北京:人民交通出版社股份有限公司,2004.

[4] 中华人民共和国行业推荐性标准.JTG/T F30—2014 公路水泥混凝土路面施工技术细则[S].北京:人民交通出版社股份有限公司,2014.

[5] 中华人民共和国行业标准.JTJ T307.1—2000 公路水泥混凝土路面滑模施工技术规程[S].北京:人民交通出版社,2000.

[6] 中华人民共和国行业推荐性标准.JTG/T 3833—2018 公路工程机械台班费用定额[S].北京:人民交通出版社股份有限公司,2018.

[7] 中华人民共和国行业推荐性标准.JTG/T 3832—2018 公路工程概算定额[S].北京:人民交通出版社股份有限公司,2018.

[8] 交通公路工程定额站.公路工程施工定额[M].北京:人民交通出版社,2009.

[9] 郭小宏,王为祖,朱平,等.青海省高新技术研究与发展计划项目:(2015-GX-209)扎碾公路土石高填路基机械化施工与路基质量控制技术研究报告[R].2017.

[10] 郭小宏,刘涛,杨东来,等.广东省交通运输厅2011年度科研项目:(2011-02-049)基于钻爆法的山岭公路隧道开挖与支护机械化施工关键技术研究技术报告[R].2017.

[11] 郭小宏,张道华,等.2013年贵州省交通运输厅科技项目:(2013-123-009)山区国省干线公路沥青路面就地热再生技术应用研究技术报告[R].2015.

[12] 郭小宏,舒琴,黄维蓉,等.2014年贵州省交通运输厅科技项目:(2014-122-017)山岭高温潮湿区省道普通公路沥青路面厂拌热再生技术应用研究技术报告[R].2018.

[13] 郭小宏,刘涛,等.2005年度广东省交通厅科技项目:(2005-26)沥青路面施工配套关键技术研究技术报告[R].2008.

[14] 郭小宏,等.国家高技术研究发展计划项目(863计划):(2001AA422013)机群智能化工程机械分报告:道路施工机群资源配置和计划调度研究报告[R].2005.

[15] 郭小宏,等.九五期间国家级科技成果重点推广项目计划指南项目:(96070208A)高等级公路沥青混凝土路面机械化施工组织与机械综合作业定额应用新技术研究报告[R].2000.

[16] 郭小宏,等.西部交通建设科技项目:(2001 318 223 83)公路工程施工设备与筑路材料产品系列标准研究之西部高原地区公路施工设备选型指南研究报告[R].2003.

[17] 郭小宏.高等级公路机械化施工技术[M].2版.北京:人民交通出版社,2012.

[18] 郭小宏,曹源文,李红镝.公路工程机械化施工与管理[M].2版.北京:人民交通出版社,2009.

[19] 任 征.公路机械化施工与管理[M].北京:人民交通出版社,2011.
[20] 郭小宏.高速公路沥青混凝土路面施工工艺与路面机械性能(1)[J].建筑机械,2011,1.
[21] 郭小宏.高速公路沥青混凝土路面施工工艺与路面机械性能(2)[J].建筑机械,2011,2.
[22] 李福晋.公路沥青路面施工规范实施手册[M].北京:人民交通出版社,2005.
[23] 孙大权.公路工程施工方法与实例[M].北京:人民交通出版社,2003.
[24] 郭小宏.沥青混凝土路面机群施工配置技术的现状与发展[J].筑路机械与施工机械化,2004,10.
[25] 中国公路学会筑路机械学会.沥青路面施工机械与机械化施工[M].北京:人民交通出版社,1999.
[26] 美卓戴纳派克公司.压实与摊铺[M].北京:人民交通出版社,2002.